METROPOLIS GOVERNANCE

大城市治理
——城市副中心建设的理论与实践

THEORY AND PRACTICE OF
URBAN SUB-CENTER CONSTRUCTION

赵立祥　张奉君 / 主编

社会科学文献出版社
SOCIAL SCIENCES ACADEMIC PRESS (CHINA)

目 录

第一部 城市副中心建设的必要性

第一章 大城市病及其治理 ········· 3
- 一 "城市病"的内涵与特点 ········· 3
- 二 "城市病"的类型 ········· 4
- 三 "城市病"的发展规律 ········· 7
- 四 国外应对大城市病的主要举措 ········· 9
- 五 国外治理大城市病的经验与启示 ········· 14
- 六 "城市病"评价指标体系 ········· 18

第二章 大城市交通拥堵问题及其治理 ········· 20
- 一 交通拥堵概述 ········· 20
- 二 国内外大城市的治堵模式 ········· 24
- 三 国内外大城市治堵措施的启示 ········· 31
- 四 几种国内大城市交通拥堵治理模式及评价 ········· 36

第三章 大城市停车难问题及其治理 ········· 41
- 一 停车难与停车引申出来的问题 ········· 41
- 二 停车难的表现和影响 ········· 42
- 三 城市停车难问题的成因 ········· 44

四 国内外大城市解决停车难的做法及启示 …………… 47
五 大城市解决停车难问题的思路 …………………… 51
六 大城市居住区停车问题及其应对策略 …………… 57

第四章 大城市主要空气污染问题及其治理 ………………… 63
一 我国当前雾霾天气的形成原因及治理难点 ……… 63
二 国外空气污染治理经验 …………………………… 68
三 国外空气污染治理技术的应用 …………………… 72
四 我国大气污染防治的主要措施、成效及启示 …… 76

第五章 大城市水污染及其治理 ……………………………… 83
一 水污染的概念 ……………………………………… 83
二 水污染处理主要技术 ……………………………… 85
三 国外跨区域治理水污染的措施与经验 …………… 88
四 我国水污染治理的政策动向 ……………………… 95

第六章 特大城市人口过度集中及其疏解措施 ……………… 99
一 特大城市人口过度聚集的原因分析 ……………… 99
二 特大城市人口的国际比较及其启示 ……………… 102
三 我国特大城市人口规模增长趋势 ………………… 106
四 国外特大城市人口疏解与管理措施及经验启示 … 107

第七章 区域产业协同发展 …………………………………… 118
一 区域产业协同发展的概念 ………………………… 118
二 国内外区域产业协同的模式与经验 ……………… 121
三 国内外区域产业协同发展的启示 ………………… 133

第二部 城市副中心建设的理念和路径

第八章 绿色城市 ……………………………………………… 139
一 绿色城市的内涵 …………………………………… 139
二 绿色城市与其他城市发展理念的比较 …………… 143

三　绿色城市的建设内容 …………………………………… 146

　　四　国外绿色城市建设的策略与经验借鉴 ………………… 150

　　五　国内绿色城市建设经验 ………………………………… 156

第九章　森林城市 ………………………………………………… 166

　　一　森林城市的内涵及建设森林城市的意义 ……………… 166

　　二　城市森林的概念及其生态效应 ………………………… 167

　　三　森林城市和园林城市的联系与区别 …………………… 169

　　四　国内外城市森林建设的成功经验 ……………………… 171

　　五　我国创建国家森林城市的历程及现状 ………………… 176

　　六　国家森林城市建设案例 ………………………………… 178

第十章　海绵城市 ………………………………………………… 184

　　一　海绵城市的内涵及其理念起源 ………………………… 184

　　二　我国海绵城市建设的背景和意义 ……………………… 188

　　三　国内外海绵城市建设的做法与借鉴 …………………… 191

　　四　我国海绵城市建设的进展情况 ………………………… 198

　　五　海绵城市建设的技术措施 ……………………………… 200

　　六　海绵城市－低影响开发雨水系统构建途径 …………… 204

　　七　海绵城市建设的融资模式 ……………………………… 207

　　八　我国推进海绵城市建设的法规政策 …………………… 211

　　九　北京海绵城市建设的进展 ……………………………… 214

第十一章　智慧城市 ……………………………………………… 216

　　一　智慧城市内涵及意义 …………………………………… 216

　　二　我国推进智慧城市建设的政策措施及进展 …………… 219

　　三　智慧城市发展模式与建设路径 ………………………… 224

　　四　国内外智慧城市建设典型实践及启示 ………………… 228

　　五　智慧城市建设的主要内容 ……………………………… 234

　　六　智慧城市建设的关键技术 ……………………………… 240

　　七　智慧城市建设及运营模式 ……………………………… 247

八　智慧城市建设的投融资模式 …………………………… 254
　　九　智慧城市建设的评价及发展趋势 ………………………… 259

第十二章　韧性城市 ……………………………………………… 263
　　一　韧性城市兴起的背景 ……………………………………… 263
　　二　韧性城市的概念及特征 …………………………………… 265
　　三　韧性城市理念与可持续城市理念的比较 ………………… 267
　　四　韧性城市建设的主要内容 ………………………………… 268
　　五　韧性城市建设的新思路 …………………………………… 269
　　六　国外韧性城市建设典型实践与启示 ……………………… 270
　　七　国内韧性城市建设的实践及经验 ………………………… 283

第三部　北京市通州区促进城市副中心建设和发展的实践

第十三章　北京城市副中心位于通州区 ………………………… 289
　　一　北京城市副中心的由来 …………………………………… 289
　　二　北京城市中心区与城市副中心的关系 …………………… 292
　　三　北京城市副中心与通州区的关系 ………………………… 293
　　四　北京城市副中心主要建设内容 …………………………… 294

第十四章　北京市通州区促进城市副中心建设的策略 ………… 304
　　一　北京城市副中心交通堵点分析及治理拥堵的策略 …… 304
　　二　北京城市副中心解决停车难问题的策略 ………………… 312
　　三　北京城市副中心大气污染防治的策略 …………………… 315
　　四　北京城市副中心水污染治理的策略 ……………………… 322
　　五　北京城市副中心人口现状及调控的策略 ………………… 326
　　六　北京城市副中心建设绿色城市的策略 …………………… 332
　　七　北京城市副中心建设国家森林城市的策略 ……………… 336
　　八　北京城市副中心建设海绵城市的策略 …………………… 339
　　九　北京城市副中心建设智慧城市的策略 …………………… 342
　　十　北京城市副中心建设韧性城市的策略 …………………… 352

第十五章 北京市通州区促进城市副中心产业发展策略 ……… 355
  一 北京城市副中心与雄安新区要错位发展 ……………… 356
  二 发展北京城市副中心产业的选择原则 …………………… 359
  三 建设北京城市副中心优先发展的两个产业 …………… 366
  四 促进北京城市副中心产业发展的路径与策略 ………… 382

第十六章 北京市通州区促进京津冀区域协同发展的策略 …… 389
  一 京津冀区域协同发展的现状 ……………………………… 389
  二 京津冀产业协同发展的基础及策略 …………………… 399

后　记 ……………………………………………………………… 413

第一部　城市副中心建设的必要性

第一章

大城市病及其治理

一 "城市病"的内涵与特点

2014年11月20日,国务院发布的《关于调整城市规模划分标准的通知》(国发〔2014〕51号)定义了不同城市的人口规模。

(1) 超大城市:城区常住人口1000万以上;

(2) 特大城市:城区常住人口500万至1000万;

(3) 大城市:城区常住人口100万至500万;

(4) 中等城市:城区常住人口50万至100万;

(5) 小城市:城区常住人口50万以下。

本书所说的大城市病,其实在不同规模城市中都不同程度地存在,研究中人们将其统称为"城市病"。因此,以下我们先从"城市病"说起。本文所说的"城市病"也是指超大城市病、特大城市病、大城市病的意思。

(一)"城市病"的内涵

"城市病"一词最早源于工业革命时期的英国,"城市病"对应英语是 Urban Problems,即"城市问题","城市病"是城市发展过程中出现的一系列问题的形象说法。从这一意义上来讲,城镇化过程中产生的种种负面效应都可称为"城市病"。

全国科技名词审定委员会给出的"城市病"定义是：由于城市人口、工业、交通运输过度集中而造成的种种弊病，即"城市病"。"城市病"，通俗地说是指城市快速发展过程中所出现的各种不良症状，如人口拥挤、交通堵塞、就业困难、住房紧张、贫富两极分化、公共卫生恶化、环境污染、生态破坏等。"城市病"在大城市表现得更为突出，通常也被称为"大城市病"。

（二）"城市病"的特点

（1）复杂性。"城市病"往往是人口、环境、交通、居住、资源各种要素不能合理配置的一种综合性表现，原因复杂。

（2）阶段性。"城市病"不是一开始就有的，也不是永远持续的，在某个时期随着要素之间的失调而产生，也会随着治理而消失。

（3）并发性。在我国，"城市病"与"农村病"并存。一方面城市人满为患，交通拥堵，房价高涨；另一方面优质的农村劳动力都离开农村，留守老人、失学儿童、土地荒芜、基础设施失修等"农村病"显现出来。

（4）可治理性。国际上很多世界城市都经历过"城市病"，纽约、伦敦、洛杉矶、东京等国际大都市莫不如此。经过治理，这些城市逐步解决了相关问题。所以说，"城市病"是完全可以治理的。

二 "城市病"的类型

"城市病"的主要类型有社会病、经济病、生态病，此外还有"非典型城市病"。

（一）城市社会病

1. 人口急剧膨胀，城市密度过大

北京、上海、广州、深圳等一线城市由于聚集了大量优质资源，能够提供大量相对优质的就业机会，加上有着完善的公共基础设施和公共服务，对全国流动人口具有强大的吸引力。2013年上海市中心城区人口密度达到了16828人/平方千米，2015年北京市最核心的东城区和西城区的人口密度分别为21548人/平方千米和25451人/平方千米。城市人口过多，导致大城市生存空间狭窄，人均基础设施和公共服务的占有量偏低，不但影响了人们的生活体验和生活质量，也不利于城市的持续健康发展。

2. 道路拥堵严重，市民出行困难

交通拥堵是世界各国城市所面临的重大难题。交通拥堵使城市应有的功能得不到充分发挥，而且还会造成城市生存环境的恶化。首先，道路拥堵浪费了出行者的时间，将本该用于生产劳动的时间消耗在了路上。其次，交通拥堵增加了出行人的压力，容易引发交通事故，带来身体和经济的双重损害。最后，开车时反复地加速、刹车，不仅浪费能源，也造成空气污染。

3. 社会缺乏信任，人情冷漠危害大

随着城镇化的推进，以地域和血缘为纽带的人际关系逐步被以工作为纽带的新的人际关系所取代，人们在交往过程中的功利意识比重上升，而传统式维系人与人之间关系的情感因素和道德伦理观念则日益式微。人们在交往中下意识地渗透了等价交换原则，人际关系在本质上简化为一种经济关系。社会缺乏信任，人情冷暖会产生很大的负面影响。首先，人们之间的不信任很容易造成个体的孤独无助感，对其正常的工作和生活产生不利的影响。其次，人与人的疏离不断瓦解着传统信任的根基，极易诱发拜金主义和极端个人主义。最后，不信任破坏社会团结，不利于社会正能量的有机整合，同时也增加了社会不安定因素。

4. 就业难

就业问题不仅是经济问题，更是民生问题。根据我国城镇化的发展规划，到2020年还要实现1亿农业转移人口落户城镇，再有每年的大批毕业生，这些人都需要在城镇就业，我国的城镇就业压力空前。就业难会产生一系列社会问题。首先，加速社会分化，在城市中出现新的二元结构。其次，导致失业者长期处于焦虑不安的状态，不利于个体的健康成长。最后，当失业群体达到一个界限以后，失业对稳定造成的威胁将呈几何级数增长。

（二）城市经济病

1. 城市贫困："城中村"和"棚户区"

城市贫困是发展中国家在城镇化过程中出现的一种特有现象，是"城市病"发展到一定程度的结果。在我国，城市贫民集聚的地方被称为"城中村""棚户区"等。"城中村""棚户区"存在着很多问题。首先，安全隐患大，治安形势严峻。"城中村""棚户区"中私搭乱建、违章建筑比比皆是。"城中村""棚户区"的管理也不规范，治安形势堪忧。其次，公共服务设施不到位，卫生条件差。"城中村""棚户区"的交通、供水、排水、垃圾回收处理等都没有被纳入城市的统一管理，卫生状况很差。最后，村民的文化、道德素质偏低。

2. 房价高企："房奴"和"蚁族"

随着城市人口膨胀和地方政府对土地财政的过度依赖，最终导致房价的一路飙升。在高昂的房价下，如果贷款买房，则会成为"房奴"，在人生的黄金阶段，每年收入的40%～60%用来偿还银行债务，从而造成居民家庭长期的生活压力，大大降低了生活质量；到大城市的农民工、高校毕业生等年轻人买不起昂贵的住房，只能居住在狭小的空间内，成为"蚁族"。"房奴"和"蚁族"的出现是房价过高的一个侧影，这说明住房难问题已经成为我国重要的民生问题。房价过高会大幅抑制内需并减少低收入者向上层社会升迁的机会，同时也阻碍了人才的自由流动，不利于城镇化的快速推进。

（三）城市生态病

1. 环境污染严重，生态恶化

城市人口与生产的集聚产生了大量的垃圾，由于垃圾处理设施跟不上，加之环保意识较差，城市垃圾问题十分突出，不仅极大地影响了市容与生活环境，也造成了城市河流和地下水的污染。据估计，流经城市的河流90%以上都受到了不同程度的污染，再加上我国淡水资源储备本来就不充裕，城市用水面临着资源日益匮乏的威胁。同时，随着机动车辆的不断增加，汽车尾气对空气的污染也更加严重。建筑、工业等行业产生的大量粉尘充斥于空气中也加剧了大气的污染。

2. 能源资源紧缺，消耗严重

在相当长的一段时期内，我国的城镇化和工业化走的是"三高"（高投入、高消耗、高污染）换"一高"（高发展）的发展道路，"三高"发展方式固然换取了我国经济的迅速发展，但也造成了资源的过度消耗和环境的严重污染，使我国的经济发展面临着资源紧缺和环境污染的双重压力。我国城市的承载能力和可持续发展能力较弱，能源资源特别是水资源和土地资源对未来城镇化发展的束缚较大。

（四）非典型城市病

"非典型城市病"是指在城镇化快速推进的过程中随着社会问题的出现而产生的与人相关的城市问题。相当多生活在大城市的人患有不同程度的心理问题，城市青少年的犯罪率居高不下等，都是现代"城市病"的非典型表现形式。在城镇化进程中，传统的文化价值和风俗习惯被打破，新的文化价值和生活方式尚未完全建立，特别是在社会制度和社会保障不完善的情况下，社会成员每一个个体都会处在不同程度的压力和焦虑之中，对工作、生活有一种莫名的担心，这种担心常以多类型、个人化和偶发性的方式表现出来，具有一定的"非典型性"。

三 "城市病"的发展规律

"城市病"的显现、发作和康复过程与城市化的生命周期密切相关，有一定的发展规律。城市化是指人们的生产方式、生活方式和居住方式向城市转化的过程，这种转化最终是由社会生产力的变革所引起的，它表现为城市人口和城市数量的不断增加、城市规模的不断扩大、城市等级的不断提高、社会经济结构的不断优化、社会整体物质文明和精神文明的不断进步。有学者研究表明，城市化发展呈现"S"形曲线（见图1-1），而"城市病"则呈现为倒"U"形的演进过程（见图1-2）。

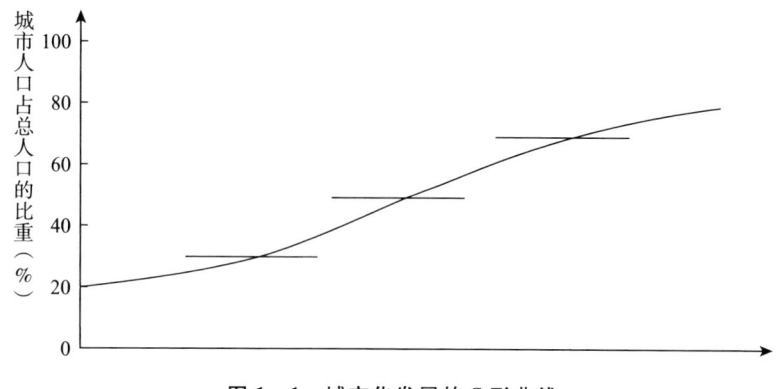

图1-1 城市化发展的S形曲线

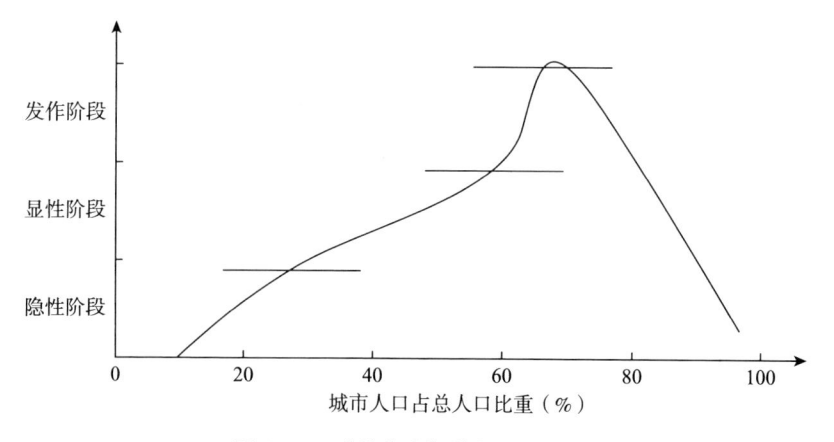

图1-2 "城市病"的倒U形曲线

在城市化初期，城市化水平较低（10%~30%）且发展缓慢，城市化对城市的影响力不大。此时城市人口比重较低且较为分散，城市系统简单、功能单一，"城市病"处于隐性阶段，症状毫不明显。但城市管理模式的僵化和城市规划水平的落后则为后来"城市病"的发作埋下了祸根。

城市化中期属于城市化进程加速发展阶段（城市化水平为30%~60%）。随着人口和经济活动向城市加速集聚，城市规模急剧扩大，系统日益复杂，功能逐渐增多。此时，先前的城市系统与功能已经不能适应城市规模扩大的需要，"城市病"处于显性阶段，交通拥堵、住房紧张、基础设施不足的症状首先显现出来，但症状较轻。同时因城市片面重视经济效益而忽视生态环境的保护，城市环境问题也日益显现出来。

在城市化基本实现阶段（城市化水平为60%~70%），城市规模继续扩大，城市产业结构发生着革命性变化，城市系统与功能更加复杂化、多样化。同时，城市系统的缺陷严重暴露，使"城市病"处于发作阶段，不仅症状最多，也最严重。此时，较高城市化水平所带来的较高的经济效益使人民对生活质量提出了更高的要求，因而引起人们对"城市病"的关注，并呼吁对其进行治理。

在城市化后期，即城市化完全实现阶段，城市化达到了更高的水平（通常为70%以上），但速度趋于平缓甚至回落。此时城乡进入一体化，农村人口向城市流动大幅减少，城市人口增长趋缓。城市系统进入良性循环，城市功能得到完善，"城市病"处于康复阶段。

四 国外应对大城市病的主要举措

交通拥堵、环境污染、就业紧张、住房困难等一系列大城市问题在东京、纽约、伦敦等国际化大都市的发展过程中都曾经遇到过，并不是我国所特有的。在20世纪50年代初，更是出现了诸如"伦敦烟雾"事件等环境污染问题，浓厚烟雾无法扩散。据统计，数天内死亡人数比平时增加4000人。但这些城市都对大城市病高度重视，采取了一系列有针对性的措施，缓解了压力，使城市得到了可持续的发展。

（一）日本东京

病症：1950～1970年，东京经历了高速增长时期。这一时期，东京人口急速膨胀，由628万人增加到1140万人。20世纪六七十年代，也是东京"城市病"最为严重的时期，人口、劳动力的集中导致了地价上涨、环境恶化、生活成本增加等。针对这种情况，东京开辟了一条崭新的发展之路，变被动为主动，从一味关注城市规模转向关注城市布局。

1. 调整产业结构，引导人口分流

1955年至1970年，由于钢铁、造船、机械、化工和电子等产业的迅速发展，东京地区集聚了大量以制造业企业为主的第二产业就业人口。为此，东京都政府通过制定东京圈基本规划，实施《工业控制法》等，使大批劳动力密集型企业和东京原有的一些重化工业相继迁往郊区、中小城市甚至海外，而以研究开发型工业、都市型工业为主的现代城市型工业开始集聚。资本和技术密集型产业代替劳动力密集型产业在东京高度集聚，一方面增加了地区生产总值和人均地区生产总值，另一方面也大大降低了东京的人口总量。

2. 建设城市副中心和新城

为减轻办公和商业活动对市中心的压力，平衡城市土地利用强度，东京于1958年、1982年和1987年分步骤、分阶段实施了"副中心"战略，使副中心和中心城区一起承担起东京的城市功能，逐步形成了"中心区—副中心—周边新城—邻县中心"的多中心、多圈层的城市格局。建立大都市圈的城市群布局，提升周边城市的品质，减轻人口迁入压力，是缓解大城市人口压力的根本性战略。日本采用城市群布局的方式在地域上组成了一个相互关联、相互依赖的城市都市圈，从而扩大了城市的容纳能力，提高了城市的联合影响力。如东京圈是由东京和周边的埼玉县、神奈川县、千叶县组成，是日本最大的金融、工业、商业、政治、文化中心。

3. 重视交通网络建设

在建设副中心的同时，东京也很重视交通网络体系的建设。首先修建一条环市中心铁路，依托各交通枢纽将各副中心串联起来。然后再以各副中心为起点，修建众多呈放射状、向近郊或邻近城市延伸的轻轨线，并在线路末端发展新的中小城市和工业中心。经过多年的建设，东京大都市圈现有280多千米地铁线，铁路近3000千米。轨道交通系统每天运送旅客2000多万人次，承担了东京全部客运量的86%。在早高峰时的市中心区，有91%的人乘坐轨道交通工具。

4. 促进公共服务均等化，避免中心城区公共服务资源过度集中

以教育为例，东京按照日本政府相关规定，通过教育经费投入和教师轮岗制度，大力促进教育均等化发展。在经费保障方面，义务教育经费投入由较高层级政府承担，保障了经费的来源。在师资水平方面，日本公立中小学的教师按公务员对待，由政府统一调剂和管理。根据相关法律规定，一个教师在同一学校连续工作不得超过5年。政府直接主导与调整教师的定期轮转流动，保证了区域师资力量和教学水平的相对均衡。

（二）美国纽约

病症：在工业革命的带动下，美国在20世纪20年代就完成了城市化进程。1921年，纽约市的人口达到618万人。然而城市化过快所导致的一系列问题也接踵而至。最突出的表现就是工厂集中于市中心，导致人口拥挤、空气污染、交通拥堵等问题极为严重。纽约城市规划部门不得不开始调整城市发展战略。

1. 从城市化向"城郊化"过渡

自20世纪40年代开始，纽约开始了城郊化进程，60年代至70年代，纽约市郊区城镇建起了许多大型购物中心，人们不必再为购买生活用品而往返于市中心商业区。同时，城郊与市中心之间的土地差价也使许多企业纷纷向郊区城镇迁移，具有完善城市功能的中

心区域在纽约郊区城镇逐步形成。这一变化给纽约郊区创造了大量就业机会，原来往返于市区与郊区之间的工作和生活方式也随之改变，纽约郊区城镇逐渐成为许多中产阶级人士主要的生活和工作空间。

2. 建立卫星新城

卫星城镇是指在城市周边形成的具备居住、购物、娱乐等城市功能的新城镇。纽约的卫星城镇包括长岛以及与纽约相邻的新泽西州的一些小城镇。这些卫星城镇在很大程度上解决了传统城市普遍存在的噪声、交通、住房、空气污染等方面的问题，也为居民提供了良好的生活环境。

3. 完善公共交通体系，化解交通拥堵

纽约注重发挥公共交通的作用，缓解交通拥堵。与美国人均每天开车41.6千米的距离相比，纽约居民每天人均开车距离仅为14.4千米。在全美各大城市中，纽约公共交通出行比例最高。就纽约市区的情况看，发达的地铁线路纵横交错，工作日每天平均运送500多万人次，比美国其他所有城市地铁运送的乘客总和还要多；纽约的公交与地铁线路均为24小时营运。同时，为了保证交通顺畅，如同大多数城市一样，纽约市政府也在交通流量大的路段开辟了公交专用道。

4. 公共资源均等化配置

纽约非常重视郊区公共服务设施建设，政府不仅直接进行大量投资，而且给予政策吸引和鼓励私人投资。同时，加强教育资源配置，1994年，纽约为每个郊区学生支出达9688美元，而城区仅为8205美元。通过完善大城市近郊及周边地区的交通、教育、医疗等公共设施和服务配置，可以有效地减少周边居民对中心城区的依赖。

（三）英国伦敦

病症：伦敦开始工业化进程以来，人口也经历了先增加后减少的过程。1939年，伦敦人口达到顶峰——约为860万人，之后的近

50年里伦敦人口一直呈下降趋势，到1988年，伦敦人口达到最低点673万人。在20世纪初期到中期的几十年内，伦敦人口由400万增加到800多万。在这一过程中，急剧膨胀的人口使得城市住房短缺，贫民窟广泛分布；公共设施严重不足，道路拥堵以及环境污染严重。

1. 制定城市规划，主动调控人口流动

1944年颁布的著名的《大伦敦规划》直接对伦敦地区人口的规模、分布做出了规划。《大伦敦规划》提出了"控制市中心区、发展分散新城"的规划模式，规定规划区面积为6731平方千米，人口为1250万人。规划的主要内容是把距伦敦中心半径约为48千米的范围内，由内向外划分为四层地域圈：内圈、近郊圈、绿带圈、外圈，分别确定其发展目标。规划从伦敦人口密集的内圈地区迁出工业，同时也迁出100万左右的人口。其中，40万人疏散到外圈新建的新城中，另外60万人疏散到外圈地区原有的小城镇中。近郊圈和绿带圈不再设新居民点，并对原居民点采取控制发展的政策。

2. 建立城市新区，分流城市人口

伦敦在20世纪60年代时重新制定了伦敦的区域布局模式，改变了大伦敦规划中同心圆封闭布局模式，使城市沿着三条主要快速交通干线向外扩展，形成三条长廊地带，在长廊终端的南安普顿—朴茨茅斯、纽勃雷和勃莱古雷分别建设三座具有"反磁力吸引中心"作用的城市。70年代时又提出把原有"城镇聚集体"的人口规模扩大到100万人以上，把东南部人口分到各"城镇体"中，形成多中心结构的模式。

3. 构建完善的公共交通体系，提高私人交通成本，缓解交通拥堵

构建发达的地铁网络和完善的公交系统，是伦敦应对交通拥堵的重要方式。伦敦地铁线路超过400千米，目前，75%在中心区上班的人群都是通过铁路网络抵达的。此外，伦敦还大力发展公交车专线，拥有近300千米的公交车专线，并且采用低票价吸引公众通过乘坐公交车的方式出行。例如，伦敦18岁以下的青少年都可以免

费乘坐有轨电车和公交车。并且,伦敦提出"为拥堵买单"的计划,即征收拥堵费,通过实施这一计划,在伦敦中心区特别路段的交通量明显减少了10%~30%。

4. 完善多样化、分层次的住房保障体系

20世纪70年代以前,保障城市居民的基本居住空间是伦敦住房政策的核心问题。这一时期,主要侧重于单纯的住房政策和金融政策。自20世纪70年代开始,伦敦政府加强政策调控,实行住房制度改革,并于1980年、1984年、1986年相继颁布了《住房法》《住宅与建筑法》《住宅与规划法》等,自此之后,政府持有的公房开始大规模出售给普通居民和其他私人机构,鼓励居民通过租房、抵押贷款购房等方式解决住房问题。总体上,伦敦住房供应转向市场机制,但也通过住房补贴等保证了弱势群体的住房问题。伦敦的住房居住方式分为三种类型:一是自住住房,二是租住私房,三是租住政府公房。目前,英国居民中有68%的居民拥有自有住房产权,另外32%的居民租赁住房,其中22%的居民从当地政府租赁公有住房,10%的居民租住私人房屋。

五 国外治理大城市病的经验与启示

(一)做好规划布局、功能定位等顶层设计

1. 应当合理规划布局,重统筹、重合作

大城市规划常见的是"摊大饼"模式:以老城区为中心,一圈一圈往外摊,就业、消费、公共服务等在老城高度集中,新城则一片空白。城市职住分离,居民两头奔波,连接老城新城的道路越来越堵。

而国外的"串葡萄"模式给人启发。20世纪50年代,伦敦在周边规划建设了8座卫星城,除住宅外,每座卫星城都有配套的产业和生活服务设施。卫星城的建立,使多达3650万人的伦敦都市圈并未感到太大的人口和交通压力。

有学者认为，先有业再有城，而不是先有草坪和住房。人口集聚以就业岗位为基础，"摊大饼"会增加出行需求，因此，规划设计宜采用"串葡萄"模式，让新城多串联一些配套产业、基础设施等。

此外，对一些超大城市而言，腾挪空间已经有限。要治理"城市病"，应打破自家"一亩三分地"的思维定式，从"跨区域合作"中寻找答案。比如，在京津冀协同发展的大框架下，通过区域协调发展使人口、产业、生态布局更合理，从而在发展区域经济的同时也为北京治理"城市病"拓展空间。

2. 应当明确功能定位，不贪大、不求全

城市，如果不管资源环境容量大小，只要是能大量创造 GDP 的产业都欣然接受甚至拼命争抢，这样"暴饮暴食"，自然会因"消化不良"而"生病"。从深层次看，应当改革和完善过于看重 GDP 指标的政绩考核体系、以土地财政为代表的不合理财税体制等。

量力而行，就不会"累出病"。对于每座城市来说，首先要看清楚城市发展的格局、态势和在区域经济社会分工中能够担当的角色，然后结合自己的资源、环境、文化特点，努力满足生产、消费和服务需求。

（二）精细管理应到位

1. 管理重"细"

细节决定成败。细微处的管理优化，很可能带来全局性变化。比如停车管理问题，就有许多细节问题需要解决好。

在伦敦，市政府建立了收费停车场网站，详细列出了市中心停车场的位置、收费标准和流量等信息。车主出门前，只要在网上预订自己需要的停车位置和时间，并输入信用卡号码即可。在伦敦市区街道内，看不到停车收费人员，收费由电子计时的咪表完成，杜绝了人工收费的随意性。这些细致的管理措施建立起良好的停车秩序，真正发挥了停车管理及收费在缓解拥堵方面应有的作用。

2. 管理贵"新"

技术进步让楼房越来越高、交通工具和设施越来越完善，有效缓解了住房和交通拥挤；在街上安装摄像头，违规率和犯罪率会有显著下降。不断吸收新技术和新理念，对城市管理至关重要。

芬兰大城市空气质量的改善，主要得益于工厂不断改进废气排放的过滤技术，以及城市居民逐渐放弃石化能源，越来越多地使用清洁能源。如今，除天然气和核能外，芬兰还广泛采用地热、太阳能、风能等可再生能源。

3. 管理宜"实"

控制交通需求是不少大城市治理交通拥堵乐于采用的手段，比如提高停车费、摇号控制车牌、车辆限行等措施。但由于这些措施没有实质性减少汽车出行需求，只能缓解一时的拥堵。

从国内外经验看，治堵需要建立立体化轨道交通。建设地铁等轨道交通固然重要，但更重要的是实现地铁、公交、自行车等交通工具的优化配置、无缝对接，这样才有可能使交通顺畅、快捷。以美国波士顿为例，其公共交通包括地铁、轻轨和公交等，全部划归一个总公司统一规划、管理、建设，离地铁口20米内必须设公交车站，乘客出行实现一票制和零距离换乘。

（三）市场、政府形成合力

大城市"治病"，说到底是资源配置问题。建立防治"城市病"的长效机制，市场的"无形之手"和政府的"有形之手"形成合力是关键。

大城市的很多治理难题最终都落在人口管理上。在国际上，主要靠市场来自发调节大城市人口规模。随着人口的涌入，房价等生活成本的上涨，会使一部分人逐渐离开大城市。我国的特大城市要在基础设施供给上加快市场化步伐，在城市市民生活成本充分市场化之后，价格和生活成本的市场化调节也自动会导致人口分流。

人口流动，政府也可以适当引导。按行政级别配置资源的体制让大城市获得更多优质资源，比如医疗、教育、文化等公共服务。目前，北京、上海、广州等大城市已成为资源洼地，这一基本形态不改变，人口还会像水一样向洼地中心流。应当通过努力实现大城市和中小城市之间的分工互补以及在公共服务和基础设施方面的均等化，来引导人口合理流动。日本就曾通过推行"全国综合开发计划"，缩小各地方与东京的差距，从而减少人口与产业过分向首都圈集中。

在治理"城市病"的过程中，另一个富有争议的话题是，在资源的重新配置中，大城市是应当"甩包袱"还是疏散优势资源？城市既要有白领、教授、工程师，也要有保安和清洁工，是多层次人口的组合。据测算，在美国的特大城市中，一个高端从业者的日常生活至少需要5个服务性岗位，其中3个是家政、餐饮等基础服务性岗位。低技能劳动力向大城市集聚符合经济规律，如果限制其流入，必然会提高相应岗位的成本，反而不利于城市生活质量的提升。在曼哈顿繁华的奢侈品专卖店边，杂货、小吃等流动摊贩比比皆是；而在当前的东京市区，就业劳动力中还有近10%的人口为中学以下学历。无论是纽约的移民，还是东京大量的文化程度相对较低的劳动力，他们都是大城市发展不可缺失的劳动力资源。

关键是优势资源的疏解。一些大城市优势资源过于集中，商业中心、学校、医院等吸引力较强，容易造成交通拥堵、人均资源紧缺；如果将这些过于集中的优势资源部分疏散到大城市周边，则会带动更多人口转移。最典型的例子是大学。根据相关研究，高校每迁出1万名学生，将会带动1.9万名相关服务人员就业，就能形成一个宜居的高质量的小城镇。

从世界上看，几乎每座大城市在其发展过程中都或多或少地出现过"城市病"。"城市病"的根源，不在"大"，而在"大而不当"。对当前我国一些大城市出现的"城市病"，我们既要高度重视，又不必过于恐慌，应当找准病根，对症下药；同时，应充分认识大城市在我国新型城镇化中的重要地位和作用，继续重视和推动大城市的健康发展。

六 "城市病"评价指标体系

有学者将"城市病"的主要表现归纳为自然资源短缺、住房紧张、环境恶化和交通拥堵四个方面,据此建立了"城市病"的评价体系。该研究的特色之一是针对每一指标将"城市病"划分为五个等级,并由此确定相应的评价值(见表1-1)。

表1-1 "城市病"指标体系及不同等级城市病的数值

	指标	一级城市病	二级城市病	三级城市病	四级城市病	五级城市病
自然资源短缺	人均水资源(立方米)	≥3000	[1000, 3000)	[500, 1000)	[300, 500)	<300
	人均能源缺口(吨标准煤)	0	(0, 2]	(2, 4]	(4, 6]	>6
住房紧张	人均住宅建筑面积(平方米)	≥50	[36, 50)	[20, 36)	[10, 20)	<10
环境恶化	生活污水未处理率(%)	0	(0, 10]	(10, 20]	(20, 30]	>30
	生活垃圾未处理率(%)	0	(0, 10]	(10, 20]	(20, 30]	>30
	空气质量未达二级以上天数(天)	0	(0, 37]	(37, 73]	(73, 110]	>110
	区域环境噪声平均值(分贝)	≤50	(50, 55]	(55, 65]	(65, 70]	>70
交通拥堵	工作日交通拥堵指数	≤2	(2, 4]	(4, 6]	(6, 8]	>8

这个评价体系选取了9个城市作为样本城市进行测算,采用的是2010年的数据。从综合评价指数方面来看,排名从高到低为北京、南京、上海、武汉、天津、石家庄、广州、重庆、杭州。北京市"城市病"无论是综合评价指数还是各单项评价指数均较高,排名靠前。北京市的"城市病"综合评价指数为79.64,排名第1,属于四级"城市病"。从各单项来看,北京市"城市病"的四个方面均比较严重,其中自然资源短缺的评价指数为34.41,排名第3位;住房紧张的评价指数为8.02,排名第3位;环境恶化的评价指数为

26.89，排名第 2 位；交通拥堵的评价指数为 10.32，排名第 1 位。

表 1-2 是北京的"城市病"综合测度指标体系，相比于表 1-1，其考察得更详细。

表 1-2 北京"城市病"综合测度指标体系

表现层	领域层	序号	指标层	方向
自然资源短缺	水资源	1	人均水资源/m³	反向
	土地资源	2	城市人口密度/（人/km²）	正向
	能源	3	能源日均消费量/万 t 标准煤	正向
生态环境破坏	大气	4	可吸入颗粒物年日均值/（mg/m³）	正向
	水	5	化学需氧量（COD）排放量/万 t	正向
	噪声	6	区域环境噪声平均值/分贝	正向
	固废	7	生活垃圾产生量/万 t	正向
基础设施不足	供水	8	万人供水管道长度/（km/万人）	反向
	供能	9	万人集中供热管道长度/（km/万人）	反向
	道路	10	人均城市道路面积/m²	反向
	环境	11	每万人拥有公共厕所/座	反向
公共服务紧张	文化教育	12	普通小学生师比	正向
	医疗卫生	13	每万人医院和卫生院床位数/张	反向
	社会保障	14	每万人收养性单位床位数/（张/万人）	反向
生活质量下降	交通	15	工作日道路网平均日交通指数	正向
	住房	16	城镇居民人均住房建筑面积/m²	反向
	健康	17	甲乙类传染病发病率/（1/10 万）	正向
	就业	18	城镇登记失业率/%	正向
	人居环境	19	人均公园绿地面积/（m²/人）	反向
	生活成本	20	房价收入比	正向
公共安全弱化	社会治安	21	每万人刑事案件立案数/（起/万人）	正向
	财产安全	22	人口火灾发生率/（1/10 万）	正向
	人身安全	23	交通事故死亡率/（1/10 万）	正向
社会隔离加剧	贫富差距	24	最高最低 20% 居民收入比	正向
	人际疏离	25	离婚率/‰	正向

第二章
大城市交通拥堵问题及其治理

一 交通拥堵概述

(一) 交通拥堵的内涵

交通拥堵是交通拥挤和交通堵塞的笼统称谓。交通拥挤是指当交通需求（一定时间内想要通过道路的车辆数）超过道路的实际通行能力时，超过通行能力的那部分车辆滞留在道路上形成排队的交通现象。交通堵塞是指由于交通事故或交通拥挤规模较大，导致某一道路在较长的时间内车辆无法通行的交通现象。

我国公安部对拥堵路口和拥堵路段分别给出定义：车辆在无信号灯控制的交叉路口外车行道上受阻且排队长度超过250m，或车辆在信号灯控制的交叉路口，三次绿灯显示未通过状态定义为拥堵路口；拥堵路段则定义为车辆在车行道上受阻排队长度超过1km的状态。

目前在我国主要采用以下标准来划分城市交通拥堵：当城市主干道的车速高于30km/h时为道路畅通；当车速在20km/h和30km/h之间时，划分为轻度拥堵；如果车辆行驶速度在10km/h和20km/h之间时，便可以划分为交通拥堵；如果车辆行驶速度低于10km/h时，即为严重拥堵。

交通拥堵的具体含义可以从以下四个部分来理解。

（1）持续时间，指的是交通拥堵影响交通系统运行的总时间。

（2）影响范围，是指受到交通拥堵影响的车辆或人的总数。描述交通拥堵影响范围的量化指标有受影响的人口、车辆数量和地区面积等。

（3）影响强度，是指交通运行系统受交通拥堵影响的严重程度。确定交通拥堵影响强度的因素包括交通量与通行能力的比值和道路服务水平等。

（4）可靠性，通过对道路交通事故进行分析，确定各区域方式和函数等级的可靠性。这对管理者采取措施缓解交通拥堵有很好的帮助。

（二）交通拥堵的时间特征

首先，交通拥堵时间具有规律性。一般情况下，交通拥堵的时间是有规律可循的，主要发生在工作日的早上7点至9点和下午5点到7点，因为这两个时间段是上下班高峰，交通拥堵出现的概率极大。另外的时间段就是国家法定节假日，由于民众放假出行相对集中，因此，交通拥堵的情况也常发生。

其次，交通拥堵具有波动性。通常情况下，因为周末，每周周一早上和周五下午的高峰时间段交通流量相对较大。除了上述情况外，周一至周五出现交通拥堵的时间基本一致，都是早晚高峰交通流量大，其余时间段相对车流量小，波动比较明显。周末与工作日相比，一天中基本无明显高峰特征。

最后，交通拥堵还具有季节性。在春季、夏季、秋季，这几个季节的温度更适宜人们出行，因此，造成交通拥堵的可能性大。而寒冷的冬季，人们出行往往较少，交通拥堵也会相对减弱。

（三）交通拥堵的类型

交通拥堵通常分为以下两种类型。

一是常发性交通拥堵。通常指由于交通需求量过大、道路超负载运行导致的拥堵，例如上下班高峰期间所发生的拥堵现象。对于这种情况，一般采用预案管理和现场指挥相结合的方式对这类交通拥堵进行管理。因为这类交通拥堵，在经过长期的观察和分析之后，可以在很大程度上估算出瓶颈的大致位置和时段，然后能够用科学的方法和手段来解决。

二是偶发性交通拥堵。这是由于道路上的随机事件，如交通事故、车辆停驻、恶劣的天气（雨、雪、冰、雾）、大宗货物掉落或道路设施临时维护所引起的延误和危险构成的交通拥堵。由于这种交通拥堵产生的时间和地点都是随机的，难以预测和掌握，因此，只能依靠现场的组织、协调、指挥等手段对其进行管理。

另外，根据拥堵形成的先后次序，还能将交通拥堵分为初始交通拥堵和后续交通拥堵。

（四）交通拥堵的成因和影响因素

交通拥堵的产生有路网结构不合理的因素，也有城市布局不合理的因素，上与国家政策法规、下与个人的微观行为都有密切的关系，同时也有可能是交通控制措施不当、突发事件、天气等因素所致。

单从技术角度来讲，主要归因为以下三个方面。一是城市交通需求与交通供给失衡是交通拥堵的根本原因。城市道路交通流大面积持续地高负荷运行，道路交通流处于弱稳定状态。二是城市道路交通流运行状态失稳是诱发原因。运行中的交通由于受到某种干扰而失去稳定，造成局部路段的交通堵塞。三是上述二者严重且同时出现制造的交通拥堵。基于以上原因，现阶段需要充分发挥现有道路系统的功能，提升城市交通系统的供给能力。利用各种信息手段，诱导车辆在交通网络中合理分配，尽量避免车流处于弱稳定状态，减少使道路交通流运行失稳的因素。

下面几个因素会导致道路的通行能力降低而诱发交通拥堵。

1. 道路因素

在道路通行能力有限，而交通量迅速增加的情况下，就容易发生交通拥堵。这种情况的典型代表就是在每天的上下班高峰时段内，短短的几分钟内交通量会急剧增加到原来的数倍以上。随着城市的发展，需要建设大量的道路与迅速增加的汽车数量相适应。但是在城市中，由于城市用地非常紧张，道路的修建和拓宽改造变得极其困难。

在道路上容易发生交通拥堵的瓶颈有道路从宽变窄、车道数目减少的过渡处，辅路与匝道汇入主干道的地方以及道路交叉口等。

2. 车辆因素

道路上行驶的车辆分为机动车和非机动车两大类。随着社会经济的快速发展，人与人之间的交往频率和商业出行需求等都大大增加，居民的出行日益频繁，导致道路上行驶的汽车数量也迅速增加，使现有的道路设施远远不能满足数目巨大的机动车和非机动车的行驶需求。

在我国，道路上机非混合行驶的现象普遍存在。低速且轨迹多变的非机动车在道路上行驶时大大降低了道路的通行能力，使得在道路上容易发生交通拥堵。

此外，车型不同也可能引发交通拥堵。其原因是不同型号的车辆行驶速度、驾驶行为和灵活程度等均存在很大的差异，进而使得各型号车辆之间的行驶步调不一致，容易导致交通拥堵的发生。

3. 道路管理政策因素

对在道路上行驶的车辆实行收费、限速、载重限制等措施时可能会导致道路的通行能力及行驶偏好存在差异，使得交通分布不均匀，容易产生交通拥堵。

4. 驾驶员因素

由于不同驾驶员对道路的熟悉程度、驾驶技术水平以及性格特征均有很大的差别，不同驾驶员所驾驶车辆的行驶行为也是不同的。

5. 天气因素

当遇到雨、雪、雾以及冰雹天气时，由于能见度降低以及路面湿滑或结冰,驾驶员将采取在道路上低速行车并且增大车辆之间的间距的办法,导致道路的通行能力大大降低,当交通量增大到一定程度时就会发生交通拥堵。

(五) 交通拥堵的影响

交通拥堵是城市交通系统出现中性乃至恶性运行状态的表现,一旦成为交通问题,城市交通必然会表现出多种显著的负面效应。例如带来巨大的经济损失、导致不良心理现象的产生及对环境构成严重的影响。对于交通拥堵而言,其危害归纳起来有五个方面:一是浪费运行时间,二是燃油消耗上升,三是交通事故增多,四是排放污染恶化,五是影响相关产业的发展。由上述五点可以看出,城市交通拥堵的直接危害很多,其造成的间接损失更大。

时下的我国,道路交通拥堵被喻为"头号城市病",交通问题已经日益引起各城市政府的重视,并已成为民众关注的焦点。然而,越来越多的事实表明,通过技术进步在硬件上推动城市交通系统的扩容,并未使拥挤的交通状况从根本上得到明显改善;相反,城市与城市交通互动已经陷入了"面多加水,水多加面"的恶性循环局面。实践证明,采取"头痛医头、脚痛医脚"的办法医治"头号城市病"是难以解决根本问题的。

二 国内外大城市的治堵模式

(一) 美国模式

美国是世界第一汽车大国,在治理交通拥堵的问题上已经有了一段历史。美国主要采取了大力发展轨道交通、形成以公共交通为主线的交通系统,提倡"绿色交通"、方便自行车出行等措施。以公共轨道交通为载体,发展公交优先的运行方式使得美国中心城市可以实现有效的人群疏导。美国地广人稀,人口密度较低,住宅和工作地大都相距较远,因此,私家车的普及率很高。芝加哥早在20世纪 80 年代拥有 700 万人口，其中有驾驶执照的人口就达到了 210 万，在整个城市的车辆构成里，私家车以 1241646 辆的惊人数量占到了整个城市车辆总数的 75.7%。由于该市当时中心城区有 2.6 平方千米，每平方千米只有 2000 人，城市规划者选择了大力发展公共轨道交通，使其成为世界上最早建造高架轨道的城市。在其城市发展过程中，兼顾经济与交通两个方面，以大力发展公共交通为主线，以提高中心城区通往新建郊区、工业集中区域的公交服务水平为目的，这就使芝加哥成了以私家车为主同时优先发展公共交通的城市典范。

美国政府极度重视自行车交通的发展，由于自行车交通无污染、占地少，是减少交通拥堵、提高人们生活质量而被大力提倡、资助的"绿色"交通形式。为了鼓励、便利自行车交通，地铁站大都设有自行车停放点；旧金山湾区的地铁站除设有自行车停放点外，还允许自行车上公交车及地铁。加利福尼亚州政府制定了三级自行车道的设计标准，25% 的高速公路的路肩上允许自行车通行，一些停车场内除设置一般自行车停放处外，还有全封闭可上锁的自行车停放箱；新的市政府楼内专为骑自行车上下班的职工设有洗澡间、更衣室。芝加哥在其公交局（CTA）管辖下的 20 座火车站内设置有安全的全天候自行车停放设备。美国对自行车交通提供的方便，提高了居民对绿色交通的热情和支持。

（二）英国模式

英国主要使用收取交通堵塞费的办法来解决交通拥堵的问题。

英国是欧洲使用机动车最多的国家，公共机动车能到达的路程只占全国路程的 12%，私家车则占据了 87% 的路程。因此，确保公路交通畅通无阻，是一个复杂而全面的系统工程。英国交通的一个最大特点是没有人车混合交通，城市中心主要为机动车辆交通，基本没有自行车道，因此，要解决拥堵问题，最直接的办法就是减少交通参与量。为达到这一目的，伦敦在 2003 年开始对进入市中心的车辆收取交通堵塞费。

按照 2003 年的规定,在早上 7 点到下午 6 点半之间通过伦敦市中心的车辆,必须每天缴纳 5 英镑的交通堵塞费。2005 年,伦敦市又宣布,从当年 7 月起,把伦敦市中心交通堵塞费从每天 5 英镑提高到每天 8 英镑。伦敦内环路以内的封闭区域无论当时是否堵车,都属于收取交通堵塞费的地区。这一收费区域占伦敦面积的 1.3%,共有近 200 个出入口。肯辛顿路、海德公园等都在收费区域以内。要进入伦敦市中心收费区域的车主可以提前 90 天购买通行证或者在进入伦敦市中心收费区的当天缴费。如果在进入收费区后的第一天结束前缴费,费用将增加到 10 英镑。如果到第一天结束时仍未缴费,那么有关当局会对车主开出 100 英镑的罚单。按月缴费或者按年缴费可以获得一定的折扣。

并且,伦敦在收费区域的各个入口、出口和区域内的重要地点建立起了一个摄像机网络,使用系统监控未付费车牌。这些摄像机记录当地的交通画面,并把图像传送给中央处理设备,该设备可以读取车辆的牌号,并检查该车是否已经付费。使用收费方法后,取得了显著的成效,交通得到明显的改观。在实施收取进城费的计划以前,每天早上 7 点到 10 点之间经过伦敦市中心的车辆多达每小时 4 万辆,而从早上 7 点到下午 6 点半,大约有 25 万辆车在这一区域进行 40 万次移动。但是在这一计划实施 1 年后,到 2004 年 3 月为止,伦敦市中心收取进城费的地区的交通堵塞减少了 30%,机动车数量减少了 30%。每天机动车在伦敦市中心移动的数量减少了 65000 次。与此同时,公共机动车和出租车在这一区域的移动有所增加,早高峰期间,每天的公共机动车乘客人数增加了 2.9 万人次。伦敦市中心的公共机动车线路晚点或遭遇堵车的情况也减少了 60%。

(三) 日本模式

日本是一个岛国,在 37.8 万平方千米的国土面积上容纳下了 1.25 亿的人口。东京的人口密度达到 13158 人/平方千米(1992

年)。日本的道路交通十分发达。2003年机动车保有量为9013万辆,占世界机动车总量的10%,排世界第二位,极小的空间内,如此大的保有量,日本的交通并没有发生严重的拥堵现象。究其原因,主要得益于其极高的公共交通发展水平、安全高效的公共交通网络。另外,日本国民强烈的交通法律意识也是日本交通较为畅通的一个重要原因。

日本新干线贯穿日本东京、大阪、福冈三大都市经济圈,串连日本东西部,搭乘人次已突破41亿,不仅是交通重要干线,也是经济大动脉。东京都40千米范围内有高速铁路13条,地铁10条,高速公路9条,短距离轻轨2条,加上公共机动车,公共交通通达到了每个街区,每日负担接近3000万人次的客运量。日本把地铁、城铁、新干线、公交、机动车停车、自行车停放和商业网点组织在一起,缩短了乘客的换乘时间,而且换乘站内的各种指示标志充足,简明易懂,换乘十分方便。新干线到达时间可以精确到秒,平均晚点时间只有0.3分钟。安全、高效、便捷的公共交通网络,使得选择公共交通出行方式的日本人达到65%以上,东京达到85%以上。

另外,日本的法律对无照驾驶、超速行驶、闯红灯、酒后开车、违法停车等行为的处罚相当严厉。这从客观上加强了日本国民的交通法律意识,促使他们形成了良好的交通秩序意识。在遇有交通拥堵时,所有车辆都依次排队按顺序通行,基本没有越线行驶的现象。

(四) 新加坡模式

新加坡市中心城区道路较狭窄,但交通十分畅通,这要归功于政府大力扶持公共交通,并采用行政、经济等辅助措施进行综合管理。

新加坡是一个只有620平方千米国土面积和250万人口的小国,全国由本岛和54个小岛组成,是一个高度城市化的国家。值得一提的是,新加坡几乎没有自行车,只有少量三轮车供游览观光使用。道路交通量中小汽车约占60%,货运车约占10%,摩托车约占

30%，新加坡全市道路总长2677千米，这就大约占到了国土面积的10%。在当地政府严格的交通管制下，交通秩序井然，汽车畅通无阻。

针对其中心城区道路狭窄的情况，新加坡采取了单向交通体系，实行市区交通限制制度，建立电脑化交通控制系统，对私家车以加重收税的办法加以限制，同时用严格的交通法律法规强化交通管理。由于新加坡对汽车控制极严，其交通情况可以说是世界上所有大城市中最好的。新加坡通过"全面控制交通法"达到了遏制私家车交通需求、大力扶持公共交通的目的，形成了一个很有特色的"法治"交通模式。

（五）库里蒂巴模式

库里蒂巴市（Curitiba）位于巴西东南部，以可持续发展的城市典范享誉全球。该市是巴西拥有私家车最多的城市，全市共有50多万辆小汽车，约每3人拥有1辆私家车。尽管库里蒂巴市人均小汽车拥有率居巴西首位，但是该市实现了城市交通顺畅，究其原因，主要有如下两点。

第一，库里蒂巴市的公共交通系统非常有特色。包括设立公交专用道，将公交车站修建成圆筒式，分散运输线路和在公交车站设立售票点等。该市的交通运输系统为了适应用户的需要，采用了运输线路和专用道一体化的做法，从而大大提升了该市公共交通系统的运行效率，完善的公交系统大大地降低了城市高峰时的出行率，约有75%的交通参与者在工作期间选择乘坐公交车。

20世纪70年代初，巴西政府大力支持该市的城市轴线的建设。1974年，特快公共汽车开始在城市轴线上投入使用，交通规划者务实地选择了技术含量和成本较低的汽电车为城市公共交通主体。从20世纪70年代末期开始，该市在增设新的特快公共汽电车线路的同时，又将计算机管理引进交通系统中，从而实现了公共交通工具在交叉路口优先通过率的提升。将大部分非特快公共汽车线路与特快线路连接，形成一个完整的公共交通系统。用独特的色彩区别为避免穿越市中心的跨区线路、在区域之内行驶的区域线路、专门服务于主要线路的辅助线路和班车线路，使人们能很直观地识别自己需要的公交线路。

20世纪80年代以后，该市推行了一体化的公共交通体系，其中包含了两个基本内容：首先是公共交通线路的一体化，即安排好公交线路和中转站的位置，使人们能够方便地在各线路之间转换。其次是操作的一体化，即统一安排公交车发车时间，使不同线路的公交车能更好地得到衔接，同时推行统一票务和票价，无论短途还是长途，都采用统一的"公益性票价"。布局合理的公交换乘站和密集的公交线网，使在该市范围内实行"统一票价"成为可能。乘客只需要购买一次车票就可以在全市范围内乘坐公交车，在公交站内换乘其他线路的公交车时，也不需要再次买票。这样在规定的1.5小时内用同一张票就可以任意换乘其他公交线路，既方便了乘客，也节约了成本。

第二，库里蒂巴市通过设置公私合营的公司，统一负责管理城市发展项目资金和公交一体化进程，实现了高效的交通运营管理。

库里蒂巴市有一个库里蒂巴市城市化有限责任公司（URBS），这是一个公私合营机构，主要业务是负责公共交通、基础设施等城市发展项目资金的筹集和管理，公交一体化的进程也由其全面负责。库里蒂巴市的所有公交线路分别由10家私营公司经营，URBS的一个重要职能就是对这些公司进行协调和管理，避免它们形成各自为政的局面，从而提高服务质量。其中，协调私营企业的运行费用和盈利与公交事业的再发展之间的关系很重要。它们的具体做法是将所有公交运营收入归入一个统一的基金，然后根据各公司的运行里程数向它们支付费用。这样做的好处是在充分保证各个公司的收入的情况下，使它们不会因为某一线路的乘客少就难以为继；同时从效益好的公司提取部分资金到统一基金中，用于该市公交事业的再发展。库里蒂巴市城市化有限责任公司每月向公共汽车运营公司提供1%的车辆购置费用，保证它们的车辆在使用一定时限后能淘汰下来改造为流动学校或者作为免费运送市民的交通工具。正是这些做法，使库里蒂巴市的公交车能不断更新，保证了优质的服务标准。

（六）我国香港的治堵经验

香港的交通具有大流量高度集中、非单向性以及长时间的特点，这主要是由香港的地理环境以及人口情况决定的。由于香港是个港岛城市，土地资源匮乏，该市在使用土地的过程中就充分体现了多中心、高密度、多用途的特点。香港道路总长为2050千米，人均道路总长不足0.3米，很多道路宽度不足20米。市民对交通的需求不仅仅限于上下班高峰期，其生活的多方需求都依赖交通的支持，这也使香港成为世界上交通密度最高且持续时间最长的城市之一。

虽然香港的交通需求大、交通密度高，但是由于香港大力发展城市公共交通系统和多种多样的公共交通服务机构，保持交通规划的连续性以及严格控制私家车的发展，香港交通比较畅通。

第一，香港的公共交通业相当发达。公共交通系统相对比较完善，交通工具多样化，例如其交通工具就拥有地铁、出租车、公共汽车、电车、小型公共汽车和渡轮等多种，各种公共交通工具之间功能互补，共同承担起了香港公共交通的重担。除了上下班高峰时间段出现车行缓慢的现象外，其他时间段道路基本畅通无阻。但就算是在上下班高峰期，主要道路的车辆平均时速也基本能保持在22千米左右的水平。香港每天载客超过1000万人次，这其中90%都是通过公共交通工具来完成的。香港中心城区很多街道相当狭窄，为了充分利用有限的道路空间，该市的城市管理者采取了发展小型公交线路、修筑地铁等办法，按照舒适、快速、廉价的原则，在人口密集区域发展高容量的快速公交，使公共交通网络更加经济、方便、安全、有效，实现了公交服务的高水平。

第二，香港拥有多种多样的公共交通服务机构，既有政府运营的，又有私人运营的。为了使各种交通工具在不会重复服务和浪费的原则下，维持和发展一个安全、有效且覆盖全地区的公共交通网，香港特区政府通过管理机构在一定程度上通盘考虑各种交通工具的长远效益来协调。

第三，保持规划的科学性、全面性、连续性。规划方面，香港对公共交通的发展是根据现行交通政策、城市环境、市民意愿及人口等因素建立科学的体系进行研究，力争保持规划的连续性。

第四，严格控制私家车的发展。通过大幅度地提高私人车辆的登记税和驾驶执照费，增加私人车辆的油料税率，对一些区域实行收费出行通行制度的方法来严格控制私人车辆拥有量。在香港，不但新车登记费用极高，停车位费用也贵得惊人，一项调查显示，香港停车场月费大约为5800元，这就使香港的私家车的使用费用在亚太地区名列前茅。香港的私家车大约为40万辆，拥有率仅为52辆/千人，但其日载客量仅有100万人次左右，公交车和私家车的日载客量比例分别为87%和13%。香港特区政府通过这种抑制措施，将私家车的使用成功地控制在了一个较低的范围内。此外，香港还很好地采取了利用停车场来控制汽车数量的办法。香港中心城区很多大楼都没有停车场，不仅是商业区，特区政府也严格控制个人住宅区的停车场的规模和数量。例如汇景花园，一个拥有将近1万户的住宅区里，只设置了不到300个停车位，迫使很多市民放弃了对私家车的购买。

三 国内外大城市治堵措施的启示

（一）注重城市规划对市民出行的引导作用

国外大城市在治理交通拥堵的问题上，十分重视城市规划的科学性，并且将城市交通问题与城市规划紧密相连，实现二者的协调发展。比如伦敦、纽约和东京通过建立副中心，增加火车站和地铁站周围的居住人口和就业岗位，以解决市民活动向中心城区集中的问题。日本国土交通省执行了以公共交通为导向的城市土地发展政策。东京市政府将城市向单中心集聚的结构调整为多中心结构。这种交通功能和商业功能的一体化有效缓解了城区交通压力。法国巴黎通过促进城市中心区就业向郊区疏散，有效减轻了中心城区交通网络的负荷。美国则在便利的公共交通设施如地铁站周围建立基础设施齐全的居民区。

随着我国城市化进程的不断加快，交通拥堵问题已经成为影响城市空间布局和城市发展的重要因素。我们的城市交通规划者在借鉴国外大城市经验的基础上，应该明白只有在充分认识到城市规划与城市交通之间的关系时，才能科学地制定出城市交通发展规划，从而实现二者的协调发展。

首先，合理匹配城市交通枢纽和各功能区。定好城市交通发展战略规划是解决城市交通问题的关键环节。随着我国城市化进程的不断加快，中心城区人口增长十分迅速，如果此时再因商业利益而把更多商业项目规划到人口密集的中心城区，那么这种规划就会导致人口流向更趋于向中心城区集中，由此带来的交通拥堵问题就会更加难以解决。我们的城市规划者们应该考虑到他们做出的规划对市民出行会起到什么样的引导作用，有意识地采取分散型的规划，将对中心城区过分集中的市民出行方向分散引往各个不同方向，减少市民对中心城区作为出行目的选择。规划者在制定商业集中区域和居住集中区域的规划初期，就要把交通因素考虑进去，充分考虑到居民工作和生活的需要，使居民能够方便地乘坐到公共交通工具，并且能够在比较短的时间内到达目的地。另外，在城市规划和建设过程中，要特别注意避免单中心城市结构的形成，商业活动区和行政区的过分集中势必会加大中心城区的交通压力。对此，城市规划者可以采取建设城市副中心或者多中心城市结构的策略，这样既可平衡城市土地利用问题，也可起到缓解交通压力的作用。

其次，合理的规划必须建立在各部门联合制定的基础上。由于我国目前的交通规划和城市规划是由交通部门和规划部门分别独立制定的，在规划制定中存在的问题不能得到有效的沟通，规划结果的科学性与合理性无法得到保证。因此，必须加强各部门联系，整合资源，共同制定规划并实施。

最后，规划切忌朝令夕改。在规划制定以后，执行过程中要根据实际变化情况进行合理的调整，但切忌朝令夕改。在城市规划和管理过程中，要避免资源浪费和决策失误，就要贯彻可持续交通理念，可以采取将相关规划用长期规划、中期规划、短期规划的方式来制定，长期规划基本不改，中期规划和短期规划则可以适度调整，以保证城市化进程和交通建设的协调发展。

（二）大力发展公共交通

北美国家因充分小机动车化交通而付出了巨大代价，北美城市居民因大量用小机动车通勤出行，出行距离大增，要求有更高的行驶速度，因而大量的土地被用来铺筑道路，建造停车设施和基础设施。我国要避免这种现象的产生。

通过对新加坡、库里蒂巴和我国香港的治堵经验的梳理，我们发现它们不约而同地选择了大力发展公共交通的方法。究其原因，大致可分为以下两个。其一，私人交通工具和公共交通工具具有不同的特点，各有出行距离以及适用范围。通常公共交通满足的是居民频繁、常规的出行需要，其出行目的地相对比较固定，且距离适中。而私家车则是保证满足出行者个人的高质量和高效率出行要求的重要方式，其出行目的地多为比较随意，距离比较远，这种目的地通常是普通公交不太方便到达的区域。就出行距离而言，公共交通通常适用于 20 千米以内区域的活动，私家车则在这个距离以外比较合适使用，因此，二者并不是矛盾关系，而是一种相互补充的关系。城市的中心城区通常在 20 千米以内，这就印证了为何多数大城市将公共交通作为中心城区交通方式的首选。其二，从交通运输的效率来看，公共交通在运输量、人均道路占用面积、资源消耗、人均环境污染等方面所具有的明显优势均是私家车无法比拟的。

对于占全世界总人口 1/5 的中国来说，土地资源不足已经成为突出问题。因此，我国的城市交通应该以发展公共交通模式的库里蒂巴、东京、新加坡和我国香港等城市为借鉴，大力发展城市公共交通，以迅速、方便、安全、准点、经济、舒适的公共交通吸引出行者，从而达到交通畅达和节约用地的双重目的，防止私人交通的膨胀和道路的无限制地扩修。

城市公共交通占道率低、载客率高，可大幅度提高城市客运的综合效益和城市劳动生产率，有利于城市结构的优化和新土地利用的开发。此外，公共交通在改善城市生态环境，减少建设用地、运输成本，提高运输效率，降低油料消耗等方面比其他城市交通具有更大优势。

（三）加强城市交通管理

加强城市交通管理主要体现在两个方面。一方面，要设置全面、系统、严格的交通法律体系。以"法"字当头，则是保证交通管理公正有效的前提条件。无论是美国的芝加哥、旧金山，欧洲的伦敦、巴黎，还是亚洲的新加坡、东京、我国香港等城市，在其良好的城市交通秩序后面，都有一个强大的法律体系在不断发挥作用。所有交通参与者的行为都受到相应法规的约束，行人不能违法，机动车驾驶员不能违法，交通管理者更不能违法。一旦出现事故或者纠纷，由于法规清晰，哪个部门承担什么责任，发生交通纠纷该找哪个部门，就会一清二楚。如果管理部门与别的部门间出现了"踢皮球"现象，当事人就可以依据法律起诉管理方的责任人。例如，美国的旧金山市的交通法规就规定，道路标志必须明确醒目，任何道路转弯路口或交叉口都必须有标志，否则，车辆如果在这些路口发生事故，事故方就有权起诉该道路管理部门。同时，为了使当地每一户居民公平享受公共交通服务，该市的相关法规还规定城区内的任何居民，如果走出家门步行到最近的公共交通车站超过5分钟，就有权要求公交公司在其所在的更近范围内增加站点，而且公交公司若未能在规定时间内解决，该居民就可提起上诉，将公交公司告上法庭。这就说明，这些大城市在立法和执法过程中，经过长期发展，已经能够考虑得比较周全，形成了较为良好的法制环境。

另一方面，要建立完备的管理机制。完备的管理机制是保证城市交通系统有序运转的前提条件。综观国外大城市的交通管理，其管理体制上除了像新加坡这样采取单一层次政府管理的典型城市外，其他绝大多数国家的城市基本都采取中央政府和地方政府两级管理体制。这些国家的中央政府主要负责国家交通政策和计划的制定，道路管理的基本使用规则、管理行业结构的原则、法规、车辆标准以及进入市场的准则都是由中央政府制定的。到了地方政府这一层面，由于处于中间层次，它们将享有的法律和行政方面的授权，按其职责、性质划分给各个部门。为了便于管理和控制，部门的规模不宜过大、集中程度不宜过高。因此，通常要根据相对技术要求和合理的组合来划分部门，一般包括交通基础设施、土地使用规划、道路和轨道交通规划、公共交通发展与管理、道路和道路使用管理、财务和投资等方面。从这些可以看出，国外在中央一级的管理机构相对比较统一，而且通常情况下不与城市交通、大交通分割开，在城市这一级的管理机构设置专门采取分类管理制度，这样不但保证了管理者对管理对象的协调性，而且其管理信息也能够得到有效、及时的传递。国外的管理体制很值得我们借鉴。

（四）重视经济杠杆的调节作用

从以上国内外治理交通拥堵的实践中可以看出，大多都采用了一种经济手段——合理征收交通拥堵费来缓解交通拥堵。新加坡从1975年就开始实行区域通行证制度，韩国首尔也在"南山一号隧道"和"南山三号隧道"实施征收交通拥堵费，英国伦敦也在2003年正式开始实施征收交通拥堵费用。从以上三个城市实施征收交通拥堵费的效果来看，对交通拥堵的治理起到了极大的缓解作用。而在我国，目前虽然北京、广州、深圳等一线城市也正在研究征收交通拥堵费的相关政策，但还都没有正式开始实施。

此外，日本东京还通过征收高额的停车费用这一经济手段去治理交通。征收高额停车费和征收交通拥堵费的目的是一样的，都是通过这种方式去引导人们选择出行方式，放弃私家车而选择公共交通，减少城市道路上私家车的数量，缓解交通拥堵。国内城市可以考虑实施差异化的停车收费，在高峰出行期，适当提高停车费用。

(五) 重视当代信息技术的应用

在技术方面，新加坡的智能交通管理系统连接着出租车系统、轨道交通系统等，功能非常强大，能预先为出行者提供最合理的交通路线供出行者选择，甚至于征收交通拥堵费的装置都是智能的电子道路收费系统；韩国首尔的公共交通智能化也非常高，在市内的公交站台上都设置有二维码，出行者只要通过扫描二维码就可以知道该公交站台所有的车辆抵达时间，非常快捷方便，给出行者带来了极大的便利；英国伦敦在公交站设置电子站牌，为出行者提供各种线路的车辆、车辆目前所在的位置以及车辆的抵达时间。从以上可以看出，我国许多城市的智能交通管理技术水平还很低，尤其是公共交通的智能管理系统，很多城市的公交站台根本没有设置类似于韩国首尔的二维码或者伦敦那样的电子站牌，为出行者提供该站台公交的抵达时间。由于不知道车辆的抵达时间，出行者只能盲目等车，就有可能耗费大量的时间，因此，必须加快提高交通管理智能化水平，节省出行的成本。

四 几种国内大城市交通拥堵治理模式及评价

(一) 济南：增加供给的模式

济南主要以加强城市交通设施建设为交通管理的重点，提高路网的交通容载量，对于初期的发展有着至关重要的作用，但新的交通道路供给又会诱发新一轮交通量的增长。

由于土地的稀缺性，单纯依靠增加道路交通基础设施、增加供给对于解决城市交通拥堵效果是微乎其微的。增加供给模式并不是主张单纯依靠增加道路交通基础设施来解决城市交通拥堵问题，更重要的是针对已有路网中存在的问题和缺陷采取措施。比如不合理的城市交通规划以及城市交通规划中的结构等问题，导致原有道路交通网利用率低下，甚至存在较高错误率，致使交通拥堵状况恶化。因此，增加供给模式其实是主张通过交通资源和土地资源的合理规划和配置提高交通效率。

（二）成都：交通管制为主的模式

成都交通需求这些年急速膨胀，交通拥堵状况日趋严重。

成都自2009年起陆续将三环路17处路口及立交桥划入管制范围，在早晚交通高峰时段，禁止除公交车、出租车、校车、交通车和特种车辆以外的车辆由射线道路直行入城；中心城区推行了单行（或潮汐）交通模式，设置单行道133条，长度69.7千米。此外，还有相当多路口实施车辆禁止左转弯。为提高公共服务水平，成都中心城区设立了公共专用道网络，长度达到198.2千米，30%以上的主干路及快速路均设有公交专用道，使用时段为7：00-20：00。还实行了车辆禁行与单行等交通管理措施。

二三十年前，美国也曾通过增加基础设施的办法来解决交通问题，但是后来的实践说明，一味通过修路增加基础设施的办法是行不通的。因此，成都在"治堵"的道路上仍需努力，以探索符合市情、科学智慧的城市交通拥堵治理模式。

（三）上海：智能交通基础建设为主的模式

在上海市区，进入延安、南北、沪闵等高架路上匝道时，许多人都会看到一块"红黄绿"三色牌。这些被称为"诱导板"的牌子，可以每天为市民报告道路信息。"诱导板"还会根据道路现状及时发布信息。"诱导板"是上海城市交通智能诱导系统的一部分，而交通智能诱导系统又是上海市交通综合信息平台的一部分。

当前上海市主要是通过道路信息展板以及城市交通台向市民发布各类道路交通信息、突发事件，并没有通过各种通信终端，例如手机、网络等，帮助市民获取交通出行信息的交通信息公众服务平台。实现智慧的交通管理系统关键在于对交通信息的数学建模和对交通数据的分析，用它的"预测"能力帮助行人提前做出决策。最重要的一点是，上海虽然在现阶段大力发展智慧交通，将车联网、物联网等技术加以推广和运用，但是，如何从体制机制上进行改进和完善，克服职能部门职责混淆不清、相互推诿、部门与部门间的协作不强、用户主体和服务主体的协同较弱等，仍是上海在探索交通拥堵治理模式中亟待解决和考虑的问题。

（四）国内大城市交通拥堵治理模式存在的共性问题

国内许多大城市的交通状况都呈现一定程度上的相同态势，其主要矛盾在于交通资源供需不平衡，政府对于交通资源的供给难以满足居民出行对于公交资源的需求。

政府在解决交通拥堵问题中最常用的方法是增加道路交通供给，只注重解决眼前问题，带来的问题是：（1）使得一些地区道路交通基础设施条件落后、配套不合理；（2）未能科学计算重要路段和节点的承载能力，承载力不足；（3）交通管制与交通供给不同步，不能根绝违法、违章、乱停乱放等问题。

在交通基础设施方面仍存在较多问题：新旧路线的重复规划和互相干扰问题；十字路口的交通信号灯设置不科学、不合理造成拥堵、塞车甚至事故等状况；基础设施维护缺失，如标志牌遮蔽或损坏对行车的影响；基础设施建设规划未按计划进行，改道、改建延时延期等情况。

市民交通安全意识方面：用户主体中有一大部分交通意识薄弱，违规违章严重，对良好的交通秩序有极其负面的影响。行人和非机动车无视交通信号灯，横穿、斜穿马路甚至逆行；出租车、中巴车违规超载、随意乱停、违法占道，占用有限的交通资源和稀缺的土地资源等。这些违反交通法规的行为不但使道路实际通行能力下降，更对出行者的安全带来了不可估量的威胁，使得城市交通事故率上升，加重了城市的拥堵。尤其是在经济快速发展的今天，人们对于生活品质的追求使得私家车拥有量持续上升，短期培训的新驾驶员开车上路，对于交通情况的应变能力弱，再加上安全意识和交通法规执行能力弱，使得一些轻微的交通事故就引起大范围的拥堵。

交通管理水平和资源整合方面：目前我国城市交通管理仍是较为粗疏的模式，缺乏智慧化管理系统的支持。长期以来，相关部门对于城市交通措施的有效性、道路基础设施建设的完备性、城市道路规划的延续性等方面都缺乏深入的研究，现有交通资源和交通规划缺乏系统的整合，资源利用率低，交通拥堵问题在所难免。整合不单单是管理的整合，更要从源头的规划设计、落实和运营、服务各个环节上考虑。交通资源合理配置和充分利用，包括公共交通资源之间的整合，如站与站的无缝衔接，也包括交通资源使用各主体运营的协同、共享、整合。对交通拥堵没有预防机制和应急机制，将导致治理缺乏连续性和规范性。另外，治理城市交通拥堵的智慧化刚刚起步，目前仍没有一个标准的参考指标体系，交通管理指挥控制中心的信息化水平和协调管控仍处于较低水平，管理人员的能力、水平和综合素质也是制约交通事业进步和发展的一大因素。因此，急需一个智慧、高效、协同、共享的交通拥堵治理模式，以弥补现有交通管理体制中的不足。

虽然国内许多大城市目前都在鼓励城市公共交通的发展，但是规划不完善使得交通服务主体间难以协调共赢，各自为政使得交通服务整体效率低下。轨道交通在我国大城市目前的承载量仍较为有限，并且轨道交通"最后一公里"问题突出；很多地区的公交车、出租车和轨道交通难以实现无缝对接，致使"黑车"屡禁不止，不仅让本就不乐观的交通状况雪上加霜，还带来很多安全隐患。另外，相关部门对于出租车的管理也存在很多不完善的地方。除了衔接问题，缺乏合理规划的公交线路，不但对用户主体的出行带来了不便，造成了公交系统的结构性动力失衡，而且对交通资源和社会资源形成了巨大的浪费。

第三章
大城市停车难问题及其治理

一 停车难与停车引申出来的问题

由于城市机动车保有量迅猛增长，而停车设施建设速度远跟不上小汽车的增长速度，停车供需矛盾日益激化，大量车辆无泊位停放，从而出现乱停车问题。目前，国内大城市普遍出现以下几种停车问题。

（一）占用小区道路、空地及消防通道停车，危及消防安全

停车供需矛盾不断激化，大量车辆停放在小区道路或空地上，严重影响正常交通秩序和小区居住环境；停放车辆堵塞消防通道，存在严重的消防安全隐患。

（二）私划车位侵占小区公共空间，损害业主利益

早期建成住宅区规划配套停车位难以满足停车需求。受利益驱动，物业在小区道路甚至在消防通道上私自划设停车位，利用公共空间私自增设车位收取费用损害了全体业主的利益。

（三）住宅开发商变相买卖停车位，引发争议

目前没有停车位买卖的相关法律法规。开发商采用"以租代售"的形式变相进行停车位买卖，强迫业主购买所谓的"长租"车位，这种"以租代售"的形式激起了业主的强烈反对。

（四）路内停车位，占用社会公共资源

大量的免费停车位占用宝贵的道路资源，不仅影响周边道路交通的正常运行，还会对社会资本投资建设停车场带来消极影响。

二 停车难的表现和影响

（一）停车难的表现

总体来说，"停车难"的"难"大致有车主"想停而不能停"、"能停又不愿停"和沿街店家"可停而不让停"三种情况。

1. 无位可泊导致"停车难"

各停车场（点）尤其是繁华商业区、综合医院、学校等场所的停车场（点）以及配建停车设施不足的老旧小区、城市主要干道的路内停车点，遇有重要节庆日，大多车满为患，一位难求。

2. 导引不足产生"找位难"

有些停车场位置偏远，出入不便，且周边又缺乏可达性强的停车导引信息，使车主一时难以找到停车位置，不能迅速到达空闲的泊车点。目前，虽开发运用了停车诱导系统，并开通了手机短信、12319热线咨询、电台播报等多种诱导途径，但由于目前系统覆盖范围不是很广，再加之车主个人路况熟悉程度的差异等原因，停车诱导的实际效果大打折扣。

3. 路况繁忙诱发"抵达难"

一些停车场（点）虽有空位，但由于驶经的路况不佳，难以抵达。如城市中心商圈一些停车点，在高峰时段即使有空的泊位，要

想迅速抵达，也极为不易。

4. 费高位偏致使"进场难"

一些热点景区，如杭州的西湖景区，遇旅游旺季，收费昂贵，即使有空位，也令一些车主难下决定，而不停地在附近"折返跑"，以寻找免费或费用可以接受的停车点。还有一些停车场尽管车位充足，但位置偏远，使既想省钱又想图方便的车主望而却步。

5. 店铺圈地引起"愿泊难"

在城市的一些路段，人流和车流并不是太稠密，本不应产生"停车难"的问题，但由于存在管理"真空"，可泊空地皆被一些沿街店家或住户以种种名目圈为私有，外来车辆要想泊车，必须向其缴纳高额费用。

（二）停车难的影响

城市交通分为动态交通和静态交通，动态交通是指人、车、物的流动，静态交通是指车辆的停放，包括因乘客上下或货物装卸的短时间停放，以及在停车场的长时间停放。当它们处于静止状态时，就要占据一定空间。车辆越多，占据的空间越大。动态交通与静态交通是城市交通不可或缺、相辅相成的两个方面。车辆急剧增多无处停车，很多都停在马路上，本来很顺畅的道路，因为两侧停放了机动车而发生了阻塞，甚至造成了交通事故；因为车辆占路停放，严重影响了整个路网功能的发挥。在未来的一个时期内，随着机动车数量的不断增加，停车问题将会更加突出。

"停车难"的存在，产生了一些被广为诟病的负效应，成了社会和个人不能承受之"痛"，主要影响有以下几个方面。

一是停放出入导致交通拥堵。尽管产生交通拥堵的原因是多方面的，诸如路网密度不够、道路过窄以及人为因素等，但毋庸置疑，一些停车场出入口处，尤其是路边停车场和占道车辆横七竖八地倒车，使本不宽阔的道路行车、行人受到严重影响，进而产生"行车难"和"行路难"。

二是寻位泊车产生无效交通。一般来说，车辆为实现既定的出行目的而产生的驾驶行为才是"有效交通"，而因寻找泊位产生的"里程"和交通流量纯属空耗，只能算是"无效交通"。

三是低速行驶造成环境污染。研究表明，汽车在低速行驶中的尾气排放量要明显高于高速行驶时，其对环境造成的危害更严重。

四是反复空驶增加成本消耗。本可迅速停车入位的汽车因一时难以找到合法、便捷的泊位，在无奈的往返中产生了计划外驾驶成本支出。

五是随意停放埋下隐患。由于没有停入合法、安全、处于监管之中的停车场（点），路边汽车的随意和无序停放导致交通事故、汽车刮擦等事件频繁发生，汽车被盗事件也时有所闻。据统计，广州市每年因无位停车产生的汽车被盗数量在 300 件以上。

六是问题累积降低生活品质。因"停车难"产生的环境污染、交通拥堵、出行不畅、市容受损等问题进一步降低了城市的宜居度和居民的生活舒适度，也影响了人们对城市的总体好评度，并进一步制约了城市经济和社会的发展。

三　城市停车难问题的成因

（一）城市规划配套性不足，预见性不够，操作性不强

1988 年，公安部和建设部联合编制了《停车场建设和管理暂行规定》和《停车场规划设计规则》，但规划对未来汽车发展的形势明显估计不足，又一直未能根据情况的发展及时地修改完善，因此指导性不强，难以操作。我国的一些大、中城市未能将城市建设与交通和停车场建设同步规划，早年建设的小区也未有配建停车设施的明确要求，致使停车设施建设先天不足或滞后。

（二）城市功能区规划不合理，停车马太效应愈演愈烈

由于我国城市传统的"单中心"发展布局，人流、车流和物流

向某个区块过度集聚，由此产生的强大吸附力加剧了汇集趋势；而远离中心的市郊却每况愈下，日趋冷落，由此产生了"堵者愈堵，稀者愈稀"的怪圈。

（三）设施建设少，历史欠账多

一方面是汽车保有量和停车需求的大幅增加，另一方面却是停车泊位供给的严重不足。近年来，由于我国大、中城市土地资源日趋紧张，可供新增停车场建设用地的弹性空间极为有限；同时，政府自身对停车设施建设投入明显不足，在批地、税收、贷款等方面对社会资本投资的政策支持也不够，导致投资体制过于单一；而停车场建设短期投资大，资本回收期长，利润空间小等特点，使社会资本注资的动力不足，停车产业化进程缓慢，停车泊位的有效供给因之难以解决，问题将长期存在。

（四）汽车普及明显加快，停车需求与日俱增

改革开放30年来，我国经济一直保持了较高的增长速度，人均收入水平逐年提高，原属大宗奢侈品的小汽车在大、中城市的不少家庭已成为一种生活必需品，汽车的私人购买力和购买量近年来一直保持在高位。北京市虽然实行了摇号控制新增车辆，但机动车还是保持了较快增长，尤其是外地牌照车辆增加较快，加上小汽车存量高，停车位历史欠账严重。

（五）配套设施跟不上，社会资源难利用

目前，在北京市的一些主要干道以及停车场附近，还缺乏足够醒目的停车导引电子提示牌，以及能及时播报路况、停车场路线和泊位使用等的信息；一些停车场也缺乏指示牌、保安、灯光等配套管理措施，增加了车主进场停车的难度和顾虑。而一些设计先进、泊位充足的停车场，却由于体制和边界的壁垒，难以统筹利用，不能成为停车高峰时的"备份"，导致了空置和浪费。

（六）停车管理手段落后，收费价格杠杆失灵

一是监管手段落后。我国的一些大、中城市，如上海、杭州等，21世纪以来虽然也在一些繁华地段的停车场安装了电子监控和指挥系统，但智能化水平还不高，在进场、缴费等方面也不够便利。二是监管依据缺乏。截至目前，我国尚没有出台权威的"停车法"，各地虽然出台了有关规范停车的条例或规定，但由于缺乏上位法的支撑，不是失之空泛，就是自说自话，朝令夕改的情况也时有发生。三是监管存在真空。如对新建楼宇或小区配建停车设施规划的编制、执行和使用等方面缺少监管，致使给停车场建设留下了很多需要社会买单的欠账。对违规、占道停放行为虽然实施了"严管重罚"，但执行还不够坚决、彻底、透明，执法违法、抄单、销单等随意执法、人情执法现象并未销声匿迹，降低了执法的权威性，削弱了对乱停乱放行为的震慑力。四是监管部门众多。目前，对占道停车实施监管的主要是城管和交警部门，也涉及工商、规划、建设等部门，管理体制有待进一步理顺。此外，停车收费价格机制还不尽合理，虽说已基本实现了分时段、区块、车型等的级差收费，但未能全面、客观地反映市场变动对价格的影响，停车收费对某些时段和区域停车需求的抑制作用还不够明显，还不能让大量停于路边的车辆有序"回流"到路外停车场去。

（七）公共交通难尽人意，绿色出行尚需提倡

近年来，北京虽在"绿色出行"方面落实了许多举措，诸如"轨道交通""公租自行车""快速公交""公交优先"等，但目前尚未产生规模效益和"趋光效应"。主要原因是：道路资源的日趋紧张导致行车不畅，影响了乘客的出行效率；车内氛围的脏、乱、差和某些环节服务的滞后，降低了乘客的出行质量；对其他机动车随意占用公交车道的处罚缺位，使"公交优先"未能得到真正的体现。公共交通的不够发达导致了自驾的大幅增加，既给城市的停车管理

造成了压力，也大大降低了道路资源的利用效率。

（八）公民意识成"短板"，"公地悲剧"频发生

经济生活的富裕并没有带来自身素质的同步提高。有些车主只图自己方便，或因缺乏交通法规意识，随意乱停乱放；有些停车场开发商为攫取高额利润，蓄意压缩泊位开发设计面积或将停车场挪作他用，而将停车压力推给社会；有些店家或个人随意画线，肆意将公共空间占为己有，由此产生难以治理的"破窗效应"和"公地悲剧"，如此这些都需要"文明停车"意识和现代公民精神的"补课"。

四 国内外大城市解决停车难的做法及启示

（一）国内外大都市的停车管理措施

西方发达国家对"停车难"问题的治理，大致经历了增加停车泊位、控制城市中心区停车容量和利用停车政策促进城市交通结构调整三个阶段，并形成了各具特色的停车设施建设和停车管理经验，如美国的智能停车诱导系统、日本的"购车自备车位政策"等，停车管理措施也逐步由被动变为主动，由治标逐步变为标本兼治。

1. 东京

（1）拥车停车：拥车停车就是购车必须自备停车位，鼓励民间资本参与。购车自备车位不仅刺激了停车设施需求市场，形成供需之间的良性循环；还间接抑制了车辆拥有和低效使用，实现了社会资源的优化配置。以"自备车位"为核心的路外停车场（库）建设与管理模式还促进了法令制度完善、民间力量参与和立法从严、执法彻底局面的出现。

（2）用车停车：社会投资停车场自主定价，抑制小汽车使用。民间投资的停车场实行自主定价。路内限时停车，白天只准停30~60分钟，超时罚款1200元人民币；但晚上大部分车位免费向车主

开放。

（3）停车管理：严厉执法，以法定机构协助交警执法。严厉处罚违章停车，坚决实施拖吊作业。违章停车罚款和拖车费相加，一般要花去2500~3000元人民币，同时驾驶执照扣分。为了扩展执法范围，还组建法定机构进行违章执法。

2. 新加坡

（1）拥车停车："有车必有位"。要求新建大楼必须配套停车场，并保证每户至少配备一个停车位；若未达到配建指标，则需征收停车位供应不足费，并严格控制以防止其改作他用，一旦发现将施以极重的处罚。

（2）用车停车：限制市中心商业办公类停车供应。市中心区不提供容量过大的商业、办公类停车场。各类停车场收费标准不低于政府颁布标准，停车费率因停车区位不同、时间长短不同有所差异，累进计费。

（3）实行车牌拍卖和征收车辆拥堵费。为了限制小汽车增长，实行车牌拍卖制度，定期对车辆增长进行检讨，实现小汽车与道路设施同步增长。此外，通过征收交通拥堵费，调控高峰时段中心城区的小汽车使用。

3. 中国香港

（1）拥车停车：开展停车需求评估，根据拥车需求变化调整停车供应。每3~5年进行一次停车需求和管理研究，根据整体交通需求态势，研究解决未来城市交通问题的停车供需平衡策略。

（2）停车建设：利用市区重建，要求开发商增建公共停车位。在重建时要求开发商提供额外的公共停车位，以满足区域性的泊车需求，额外的车位面积不计入可建楼宇面积内。另外，通过采取税费优惠等措施鼓励民间资本参与停车场建设。

（3）停车收费：停车收费市场化，实现居住地"一位一车"。允许居住地停车位买卖，车位销售价格和出租价格主要取决于附近车位供需情况，由市场机制调节。

4. 首尔

（1）拥车停车：社区街道停车制度。实行社区街道停车制度，在居民区街道一侧全部划定停车位，并建立家庭停车场支援制度，对利用自家庭院或空地建设停车场的居民给予援助。

（2）停车收费：差别化停车收费。对不同地区采取差别化收费标准，抑制中心区停车需求。夜间路内停车位对附近居民实行优惠，居民每月只要支付很少的费用，就能优先使用固定的路内停车位。

5. 伦敦

（1）停车位供应与交通困境。伦敦一直以来采取的停车策略并没有考虑停车位供应对动态交通的影响，结果造成越来越多的人开车上班，CBD区域道路交通严重拥挤。

（2）道路拥挤收费与停车税。由于大量停车位都属于私人所有，无法通过提高中心区停车收费来限制进入的车辆数量。因此，伦敦市政府在CBD区域实施道路拥挤收费，每日进入CBD区域内的车辆一次性收费5英镑，并建议雇主收取停车费来缓和城市交通拥挤。

（3）停车位供应与公共交通可达性。伦敦市政府认识到只有控制不同区域停车位供应规模，制定分区停车规划标准，才能避免中心城区的交通拥挤，于是实行停车位配建标准与公共交通可达性指标挂钩，依据城市不同区域的公共交通可达性指标，制订全市停车位配建指标分区图。

（二）国内外停车管理措施的类型

在解决"停车难"问题上，国内外一些大、中城市积累的有益经验值得借鉴，包括技术型、管理型、建设型等。

一是泊位适度控制型。如美国在20世纪70年代加强了对停车场停车的控制和管理，提出了征收就业地点停车税方案，部分城市实施"业主现金支付停车费来代替其他的任何停车津贴"方案，以减少交通拥挤，增加公交出行量。

二是泊位供给自备型。如日本十分重视停车设施建设，大力推行"购车自备车位"政策，致使路边停车日趋减少。韩国政府也明确规定，停车泊位是任何人拥有机动车的先决条件，没有自己的停车泊位，不予办理车辆登记、不予核发牌证。

三是技术开发智能型。德国的 Aachen 市是世界上最早（20 世纪70 年代）建立停车管理系统——停车引导信息系统（Parking Guidance Information System，简称 PGIS）的城市，该系统包含停车引导系统和停车换乘系统（Park-and-RideSystem）两个部分，主要功能是为驾驶员提供停车泊位信息，使其迅速找到当地最适合的停车位置。20 世纪 90 年代后，英、美的多个城市都开始使用停车管理系统。

四是停车发展产业型。如美国停车业每年营业额高达 260 亿美元，提供了 100 万个就业岗位。日本还采取税收减免、资金补助、鼓励融资贷款等政策，鼓励社会资本参与城市停车场建设，推动了停车业的产业化。

五是政府严管重罚型。对违法停车，韩国和日本等国都采取严格管理与重罚相结合的手段，违法必究，追究必定重罚，彻底断绝违章者的侥幸心理，不敢重犯。

六是换乘设施补充型。在德国柏林，为了吸引乘坐小汽车的人使用公共交通工具，分别在地铁、快速铁路站修建了停车换乘设施，为市民换乘各种交通工具提供了便利，有效减少了市区车流，改善了中心城区交通拥堵状况。

七是完善法规支撑型。如日本涉及停车场建设和管理的相关法规就有停车场法、城市规划法、道路法、道路交通法、消防法、建筑基准法和确保自行车保管场所的有关法律等。

（三）经验总结

从上述城市的停车政策可以看出，城市停车政策必须与城市整体交通发展政策相一致。从国内外大城市停车发展经验来看，城市停车发展一般分为五个阶段（见图 3-1）。

20 世纪 60~70 年代，发达国家和地区已相继进入第四阶段。中

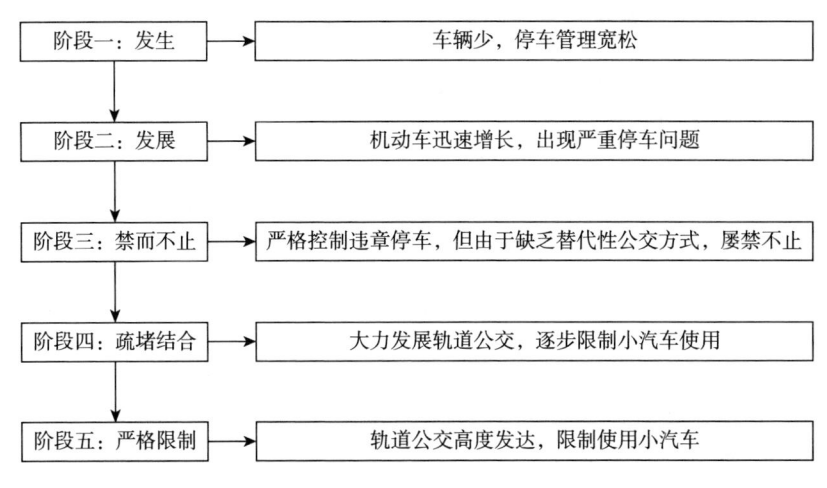

```
阶段一：发生    →    车辆少，停车管理宽松

阶段二：发展    →    机动车迅速增长，出现严重停车问题

阶段三：禁而不止 →    严格控制违章停车，但由于缺乏替代性公交方式，屡禁不止

阶段四：疏堵结合 →    大力发展轨道公交，逐步限制小汽车使用

阶段五：严格限制 →    轨道公交高度发达，限制使用小汽车
```

图 3-1　城市停车发展阶段总结

国香港、首尔是第四阶段的代表，而东京、新加坡已逐渐跨入第五阶段。目前国内许多城市在大力发展公交和建设轨道交通的同时，小汽车持续增长导致的停车供需矛盾日益突出，正处在停车发展的第三阶段或刚刚进入第四阶段。

五　大城市解决停车难问题的思路

解决"停车难"问题是一个涉及全社会的系统工程，需要全社会坚持不懈地努力。要坚持完善规划、推进建设、强化管理、发展技术等多管齐下，努力保持停车需求和供应的平衡，把"停车难"这一"城市病"控制在可防、可控、可治的良性层面上。

（一）治理关口前移，致力于治"本"

1. 编制"三位一体"的城市规划、城市交通规划和配建停车场规划

通盘考虑，科学布点，对城市的宏观布局和总体规划进行适当的完善和充实，明确将配建停车场的内容纳入新建楼宇的刚性规划，并加强对停车设施建设规划的执行力度，确保"有规必建，有建必

全",坚决防止新建停车场的擅自压缩和挪作他用等,不给未来社会停车留下新的历史欠账。

2. 制定科学的"停车难"问题治理战略,掌握未来停车管理主动权

结合当前"停车难"的实际情况,确立"当前以适度增加泊位数量为主,以控制停车需求为辅;未来以控制停车需求为主,以适度增加泊位数量为辅"的思路,在停车场建设上坚持"以路外停车场建设为主,以配建停车场为辅,以路内停车场建设为补充",始终保持停车管理的有序、良性、高效发展。

3. 摸清停车场库的家底,盘活现有存量,适度扩充增量

组织相关职能部门,如城调队或数字城管信息采集人员等,对城市停车场库存量情况进行全面的摸底,全面掌握停车场库的"家底"。要坚持"盘活存量,适度增量;保底补缺,均衡发展;资源互补,统筹利用"的原则,按照"保住现有的,落实新建的,调剂闲置的,增补紧缺的"保障和建设思路,实现中心城区范围内泊位的互补利用,提高泊位利用率。根据对泊位需求计算的国际惯例,即新增汽车与新增泊位比为1∶1.2至1∶1.3,将城市泊位的总缺口数作为未来停车场建设的刚性指标,有重点、分层次分配给各相关城区(部门)。

4. 坚定实施城市发展既定战略,逐步纾解城市中心区块停车压力

根据城市发展规划,合理布局城市副中心和重点新城,完善交通和市政配套措施,带动中心城区产业组团和居民群体向副中心或重点新城及周边迁移,构建布局更加均衡、合理和舒适的新型城市交通。还要继续推进城市轨道交通及其换乘配套体系建设,实施事关全局的重要城市道路工程改、扩、增建计划,进一步打通城市路况筋络,促其改观,打造通达、便捷、舒适、美观的出行环境。

5. 加强对车主的"文明停车,和谐交通"意识教育,着力培育具有现代公民精神的"新型市民"

要通过社区教育、街头橱窗、媒体宣传、法规大讲堂等多种形

式在全社会开展现代公民精神教育，大力营造"有序停车光荣，占道乱停可耻"的社会氛围，积极倡导"购车有位，停车入位，停车设施有偿使用"的现代城市交通意识，切实增强车主的法规意识和社会责任意识。

6. 理顺停车管理体制，提高停车监管效率

进一步完善现有的停车管理体制，在市级层面成立高位的停车管理协调小组，进一步强化城管执法和交警部门的监管权威，实现监管职能的相对集中，改变目前"政出多门、效率不高"的现象。

7. 开展停车管理立法调研，切实规范停车监管行为

要加大停车管理的立法研究，对全市停车场规划、建设、审批、验收、经营、管理，以及对相关部门管理职能、收费监管、执法程序、考核评价等方面做出详细的规定，为日常监管提供法理上的依据。

（二）从供求两个方面入手，借助现代技术手段推进"停车难"综合治理

"停车难"主要治理手段概括起来包括促进泊位供应适度增加、抑制停车需求过快增长以及推进停车管理智能化等。

1. 采取可行措施，促进泊位供应适度增加

（1）增建路外停车场。路外停车是指设置于城市道路红线范围以外的各种停车设施，主要包括建筑物配建停车场（库）和社会停车场，是停车的主要方式。根据泊位存量的普查信息，在泊位供应尤其短缺的地段，立足现有土地资源挖潜，适度增建路外停车库。

（2）落实配建停车场。根据新建楼宇规划的要求，切实落实"应建必建"的要求，并加大巡查整改力度，坚持发现一个，查处一个，整改一个，确保停车场建设规划不落空、不走样、不虚化。同时，要坚持"自建为主，政策扶持"的方针，鼓励热点区域的大型楼宇改、扩建或新建停车场（库），千方百计增加泊位供应量。

（3）共享社会停车场。目前停车治理措施已共享了一部分社会

停车场,对缓解停车、行路"两难"起到了一定的缓解作用。今后还要借停车管理服务系统升级拓展之机,落实交警、城管等部门牵头,进一步摸清并整合共享更多的社会停车场资源,并纳入全市停车管理系统,提高泊位周转和利用率。

(4)发展立体停车库。实践证明,机械立体式停车库具有占地少、容积大、选型多样等特点,是当前城市土地资源紧张的情况下显著增加泊位供应的有效形式。据测算,这种被称为新型多层升降横移式的立体停车系统占地160平方米,可停车47辆,其停车效率相当于占地1500平方米的传统停车场,整个存取过程平均耗时约1分钟;一般来说,这种停车库的占地面积为平面停车场的1/2~1/25,其空间利用率比建筑自走式停车库提高了75%以上。而且,机械式停车泊位每个投资为3万~12万元,而平面停车库的每个泊位造价约15万元,价格优势明显。在一些规划不到位、泊位紧张的老旧小区,尤其适合推广这种停车库。

(5)建设地下停车库。这也是节省城市用地的有效措施,可显著改善城市停车状况。可利用新建项目的配建工程或大型公共设施的地下空间,如公共绿地、菜场、广场等,采取平战结合的方式建设地下人防工程兼停车库。

(6)相对提高供应量。在土地使用复合度较高、建筑密度较大的地区,实施共享停车("错时"的土地使用)、合并停车以及根据小区和单位上下班停车的"潮汐"特性实施"错时"停车等,都能相对提高道路的利用率和停车泊位的供应量。鼓励相邻社区签订资源共享协议书,利用上下班的时间差,相互提供各自空置时的泊位,实现资源共享。

(7)提高泊位利用率。一是通过将停车位改"售"为"租"以及限制停车时间等,提高利用率。二是大幅减少固定停车位,改固定式为随到随租式,使停车位流动起来,让有限的资源发挥更大的效益。三是鼓励各配建项目的车位对外开放,减少空置率。

(8)推进停车产业化。要扭转目前停车场建设投资体制单一化的局面，逐步实现以"政府投资为主"向"政府和社会资本共同投资"或"政府投资建设、民资参与管理"的转变，坚持"谁投资，谁管理，谁受益"的原则，并加强政府对社会资本投资停车场建设的贷款支持、税收贴息以及土地审批等方面的支持力度，实现投资主体多元化，推动停车行业产业化。

2. 采取有效措施，抑制停车需求过快增长

（1）完善停车管理收费体系。通过提高市中心、路内停车点、热点地区和时段停车点的收费价格，对泊位紧缺地段实施累进递增收费，促进泊位的快速流转，充分发挥价格杠杆调节机制的作用，以调节进入市中心和热点区块的车流量，抑制过快增长的停车需求。同时，进一步延伸管理触角，本着"应划尽划、应管尽管"的原则，不留管理死角和盲区。

（2）重点健全公共交通体系。积极发展轨道交通，缓解市民出行对私家车出行的过度依赖，减轻路面车流和停车频次。同时，切实落实"公交优先"措施，进一步加大投入，科学规划、适当调整现有的公交布局，并适度增加线路和停靠站点；要坚持"小区建设到哪里，公交线路就覆盖到哪里"，更好地方便市民出行；要进一步提高公交服务质量，适当延长部分线路的营运时间，扩大公交覆盖面；要继续发展"快速公交"，增开线路，切实保障其"路权"和"优先通行权"；要继续完善"慢行系统"，科学布点，拓展覆盖，增设24小时服务点，完善和优化系统功能，加大"公租自行车"投放量，做好定时检修和维护，提高人们的"绿色出行"质量，从而逐步减少私家车的出行率。

（3）加大违章停车查处力度。通过执法权力阳光系统建设和提高执法队伍监管信息化水平，进一步提高执法队员出勤率和到岗率，加大巡查力度，实施严管重罚，并定期开展城管执法和交警部门的联动，实施突击整治和联合检查行动，推行"违停记录上限警戒制"，对多次发生违停记录的车主将采取扣押驾照等处罚。

3. 积极应用信息技术，推进停车管理智能化

（1）推广智能停车系统。先在大型和热点地区的停车场安装智

能停车系统,对车主的进场停车行为实施全方位的自动监管,再逐步推广到其他区域。

(2) 升级停车诱导系统。对已经投入运行的道路停车诱导系统进行升级,进一步优化功能、提高性能,并建立全面的停车网(点)本地库,扩大系统覆盖,拓宽诱导渠道,使诱导更为便捷高效。

(三) 加强停车服务和管理,防控结合

1. 增设导引设施

在城市主次干道、停车场周边以及停车热点区域,增设停车导引提示屏,提示附近停车场的行车路线、泊位使用情况、泊车建议等有效信息,减少司机因寻找泊位而产生的空驶里程。

2. 编制停车手册

组织参与停车管理的相关部门共同编写城市停车指南"一本通"或者开发城市停车指南 App,全面介绍市区内停车场点分布、收费标准、相关法规以及"停车难"高发、频发区块的停车方法等内容,减少每次出行盲目、无序停车的发生车(人)次。

3. 成立停车协会

筹建由全市停车主管部门牵头,各相关城区(部门)行业人员以及热心市民参加的停车行业协会,经常就本市"停车难"问题、现状进行研讨,并建言献策。

4. 组建"义务泊车员"队伍

动员熟悉市情路况的在校大学生以及社会热心市民参加,并定期开展市区停车业务知识培训,颁发相关证书,在大型节会、重点路段担当"市区泊车义务引导员"。

5. 借鉴学习,引进人才

立足当前破解"停车难"的实际需求,组织业务人员赴外学习其他城市在停车管理、设施建设、智能诱导等方面的成功经验。要强化与高校、科研院所以及相关行业人才的沟通联系,一方面引进成熟的知识和技术,另一方面引进专业人才,并为"人尽其才,才

有所用"搭建广阔的平台。

6. 主防主控

尤其要将中心城区、繁华商业街、大型超市、综合医院等人流、车流和物流密集的地区作为防控"停车难"的重点,既定期部署突击整治,又狠抓落实长效,力求以点带面,逐步推进。

7. 边防边控

对一时难以根治的"老大难"地区,立足停车位难以增加的现状,一方面要强化管理力量,做好有序疏导;另一方面要坚决查处乱停放行为,防止进出车辆对通行道路的进一步挤占,着力控制现状、巩固成果。

8. 未发先防

对有可能发生大面积"停车难"的潜在区域,如在建的火车站枢纽工程,要未雨绸缪,督促施工方严格按规划要求兴建停车场,确保必要的资金、人员等管理资源投入。

六 大城市居住区停车问题及其应对策略

综观各大城市的停车状况,最为严重的是居住区停车,其主要原因是没有实行拥车停车政策或拥车停车政策没有得到落实。因此,应该重点分析拥车停车政策的核心问题与解决思路。

(一) 核心问题及其解决思路

1. 核心问题

停车位产权不明晰、停车管理不到位是造成居住区停车位与车辆不平衡的两个关键因素。由于停车位产权不明晰,停车位不能买卖,较低的车辆停放管理费并没有体现建设经营成本,停车场投资建设回报周期较长。为了节省成本,小区开发商按低值配置车位,导致停车位配建不足。对于小区附近的公共停车场,由于路内违章停车监管不足,加之公共停车场不具备竞争优势,开发商建设积极性不高。另一个增加车位的途径是小区空间挖潜，但需要征得2/3以上的业主同意，实施难度较大。在停车位供需矛盾不断加剧的情况下，由于停车位使用权为全体业主共有，每个业主都可以使用车位，业主的购车欲望没有受到限制，客观上造成业主拥车数量远远大于配建车位，加之小区公共空间监管缺失，出现私划车位或占用小区公共空间乱停乱放等现象。图3-2是对拥车停车问题产生的分析，从中可以看出产权在问题解决中的重要性。

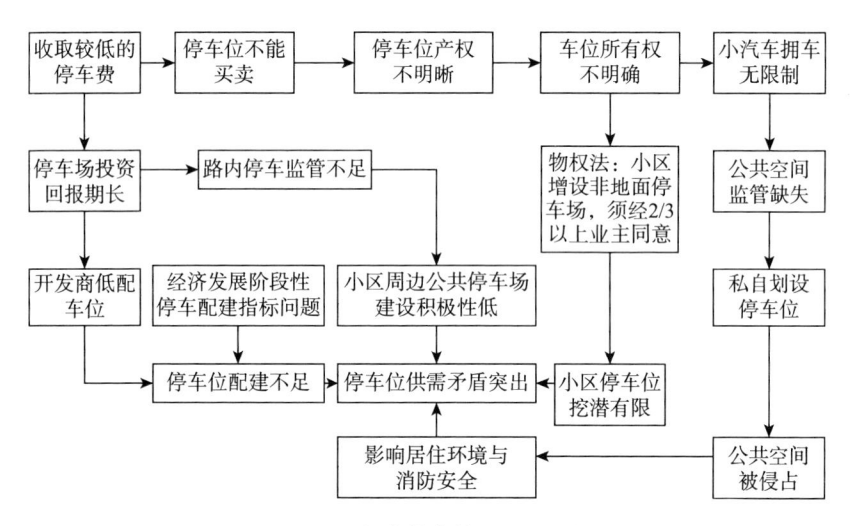

图3-2 拥车停车核心问题分析

2. 解决思路

（1）新建居住区：通过制定停车位市场化办法，明晰停车位产权，实现"用者自负"，由拥车者承担停车位的建设营运成本，同时严格管理小区公共空间。停车位私有化后，最终达到一位一车平衡。

（2）旧居住区：首先，加强停车管理，开展停车位专项普查工作，全面清点核查合理车位，取消不合理车位；其次，实行路边停车收费，加大违章执法力度，引导车辆转移到公共停车场内；再次，将周边政府办公停车场夜间向居民开放，并参照类似停车收费；最后，适度增加停车规划用地，出台鼓励政策，引导市场增建停车场。

(二) 治理居住区停车问题的政策措施

1. 拥车停车政策及措施

政策一：完善居住地停车配建标准，与未来拥车需求相适应。为保证新增住宅区停车位"自给自足"，不再产生新的停车问题，提高新建住宅停车位配建标准，基本满足家庭拥有小汽车的需求。

措施：提高新建住宅停车位配建标准。根据不同类型居民拥车水平的变化，确定相应的停车位供应水平，并每3~5年根据供需情况变化对停车位配建标准进行调整。

政策二：推动拥车自备车位制度，实现车位与车辆动态平衡。从国外经验来看，居住地停车问题的最终解决办法是实行拥车自备车位，通过明晰停车位产权，逐步使停车位私有化，最终达到一位一车平衡。

措施1：制定（新建）住宅配建停车位产权化办法。研究停车位市场化办法，明晰停车位产权，使车位可以合法出让，建设经营停车场有利可图，鼓励民间资本投资建设停车场。

措施2：研究制定居住地私家车自备停车位制度。逐步推行居住地私家车自备停车位制度，规定每一辆机动车必须在居住地拥有一个具有产权证明的停车位。

政策三：挖潜增加旧居住区车位供应，清理不合理停车。对于已有居住区停车位短缺问题，政策导向是挖潜增加供应，解决大量占用消防通道、人行通道和市政道路等不合理停车，同时加强管理，保证公共空间不被占用。

措施1：开展停车位专项普查工作。完善停车位申报审批和管理制度，加强对临时停车位的管理，登记核实所有合理停车位，取消自行划定的不合理停车位。

措施2：合理增加路边停车位。在不影响动态交通和路外停车场正常经营的前提下，利用城市次干道等级以下的路网合理增加路内停车位，作为路外停车位不足的补充。

措施3：加大违章停车执法力度。加大对居住地消防通道以及周边道路夜间违章停车的执法力度，杜绝公共停车场改变功能。

措施4：在办公时间以外对周围居民开放办公停车场。商业办公地与居住地停车需求呈错峰形态，可考虑在办公时间以外，开放办公楼配建停车场，实行统一收费和管理。

措施5：恢复私自改变用途的停车场（库）。对未经批准擅自挪作他用的路外停车场进行核查，并限期要求其恢复停车功能。

措施6：利用绿地或空地建设地下停车库或因地制宜建设简易式、机械式停车库。鼓励引入停车企业进行产业化建设和营运管理，政府可给予一定的建设经营优惠。

措施7：鼓励公共停车场用地混合开发。为了吸引社会资金投入停车场建设，适当允许开发商利用公共停车场用地进行混合开发。

措施8：居住类更新项目适当加配社会公共停车位。结合城市更新项目，在新配建标准的基础上，要求开发商增加可独立管理的社会公共停车位，弥补历史欠账。

措施9：推动公共绿地地下空间复合利用。在有条件的情况下，利用公共绿地地下空间增设停车位，并与垃圾转运站、变电站等市政设施相结合。

措施10：临时用地和国有储备用地设置临时车位。在停车位严重缺乏的地区，可利用国有储备用地、短期未有开发建设计划的农村红线用地等空闲土地建设临时公共停车场。

政策四：推动停车建设市场化，鼓励开发商投资增建停车设施。按照"用者自负"原则，依靠市场力量推动停车位的大规模建设。政府应出台政策，实现停车位的市场化供应，引导停车行业的健康良性发展。在没有形成一个规范、成熟的市场之前，政府应出台优惠政策，鼓励社会各方面共同参与停车场开发、建设和经营。

措施：研究制定停车场建设土地出让地价优惠政策。在停车产业市场成熟之前，给予停车场建设土地出让地价优惠政策，扶持停车场建设走产业化道路。

2. 用车停车政策及措施

政策一：进一步调控工作地停车规划供应。过多地提供工作地停车位，会吸引更多的人开车上班，导致公共交通使用率降低以及高峰时间道路拥堵，因此，应合理提供工作地停车位，满足必要的工作和办事停车需求。

措施1：优化调整停车规划分区。综合考虑不同地区的土地利用性质与强度、交通设施供应水平、交通运行状况以及交通出行特征等因素，优化调整停车规划分区。

措施2：制定办公区和商业区停车分区配建标准。根据未来不同停车分区上班出行公交分担率控制目标，确定办公、商业停车分区配建标准，调控中心区车辆使用，保证调控区域外公共交通不发达区域的停车位供应。

措施3：提高公共设施停车配建标准。目前医院、公园和教育等公共配套设施停车压力大，同时出行对象涉及病人和儿童，有时更宜采用小汽车出行方式，且部分需求与通勤交通错峰，因此，应适度提高公共设施停车配建标准。

政策二：加大停车管理力度。停车管理政策的目标：一是改善停车执法手段，加大停车管理力度，规范停车秩序；二是积极利用先进科技，推进智能停车系统的开发，提高路外停车位的使用效率。

措施1：加强路边停车收费管理。对路边停车实行收费，收费方式建议采用咪表方式，提高停车位周转率。

措施2：加大路边停车收费稽查和违法停车查处力度。执行严格的路边停车管理，在人手紧张、警力不足的情况下，建议成立法定机构协助路内停车收费稽查以及违章停车查处。

措施3：推广建设停车诱导系统。利用先进科技，提高已有停车设施的使用效率。在社会公共类停车设施密集的区域，规划建设停车诱导系统，完善停车信息的提供。

政策三：优化收费标准结构，完善停车收费方式。通过提高停车收费价格，有效抑制私家车的快速增长；通过制定不同区域、不同类型停车设施的收费标准，引导车辆合理使用停车设施。

措施1：优化调整停车收费分区。考虑现有公共交通的发达程度，在提高停车收费的同时，充分考虑是否有其他替代方式（主要是公共交通）。

措施2：提高非居住地停车费用。根据不同收入人群对停车费用的敏感性，按照分时、分区差别收费的原则，采用时间累进式计费方式，优化非居住地停车费用标准。

措施3：将停车收入按一定比例纳入公共交通补偿基金。采用"收支两条线"模式，将由政府投资建设（含合资建设）停车场的停车收入纳入财政，专项发展公共交通。

措施4：大力推行停车电子收费系统。对停车场的收费和使用进行统一管理，逐步建立停车收费联网系统，使停车收费更加透明，更有效地管理停车位使用。

总之，城市停车难问题是一个复杂的社会民生问题，影响了居民生活品质，制约了城市可持续发展。造成停车难问题的根本原因是停车位产权不明晰和停车管理不到位。因此，停车位发展策略的核心是通过制定停车位市场化办法，明晰停车位产权，同时加强停车管理，提高停车收费，逐步实现位、车平衡。

第四章
大城市主要空气污染问题及其治理

一 我国当前雾霾天气的形成原因及治理难点

(一) 雾霾的形成原因

雾霾的成因很复杂,主要由气候要素和环境要素共同作用形成,相对湿度高和静稳天气是雾霾形成的基本气候条件,而大气污染则是雾霾形成的主要诱因。一方面,雾霾形成有赖于特定气象条件,如温度湿度、辐射强度、风力风向、降水降雪等,雾霾形成与静风天气、低气压、高湿度等气候要素联系密切;另一方面,雾霾形成与二氧化碳、二氧化硫、氮氧化物、交通排放的废气、燃油产生的污染物、道路粉尘等可吸入细颗粒物(PM2.5)环境要素密切相关。

据北京PM2.5来源的一项研究分析报告,北京市PM2.5排放源细气溶胶污染来源包括:机动车燃油排放约为23%,工业燃煤和工业燃油排放分别约为18%和5%,生活燃煤排放约为14%,居民日常生活及其他活动排放约为19%,农业活动和秸秆燃烧贡献分别约为7%和4%,城市道路开挖、未覆盖道路、建筑工地、工业烟尘和城市外矿物粉尘约为7%等。根据2013年1月我国环境监测总站发布的主要城市空气质量监测数据,对北京、天津、石家庄、太原、西安、郑州、济南、武汉8个雾霾期间污染严重的城市进行大气污染特征分析表明，PM2.5和PM10的浓度与机动车尾气污染和煤烟型复合污染等具有较强的相关性。我国化石能源中煤炭和石油在能源消费中占90%左右，全国有31个城市的汽车数量超过100万辆，燃煤和燃油产生大量污染物，建筑工地扬尘、道路粉尘以及露天燃烧等这些是雾霾形成的直接原因。

概括来看，雾霾形成的原因分为自然原因和社会原因两个方面。

1. 自然原因

据统计，大范围的雾霾天气多出现在秋冬交替季节，这在我国北方和中东部地区常见，主要取决于该季节的气候因素。

（1）季节因素影响。雾霾多出现在秋冬季节，昼夜温差大，地面散热较夏季更快，当空气湿度达到80%～90%时，空气中的雾滴易与细颗粒物结合成污染物进而沉积。当干气溶胶粒子和雾滴混合后严重影响空气能见度。而现实中我们会将PM2.5和PM10结合起来共同描述能见度，但以颗粒直径更小的PM2.5为主。

（2）地形因素影响。随着城镇化进程的加快，建筑物集中化现象导致空气污染物难以有效疏通扩散，最终导致污染物以雾霾的形式存在于大气中。这从侧面反映出我国城市规划存在一定的问题，居民住宅区与空气污染区的重叠会引发大面积雾霾难以扩散，甚至造成跨区域雾霾严重问题。

（3）气象因素影响。从纯气象角度看，产生雾霾的气象条件有三个：一是近地面空气相对湿度比较大，空气的垂直运动受阻，使得悬浮颗粒停滞在近地面；二是冷空气活动比较少，大气层相对来说比较稳定，悬浮颗粒聚集在空气中，不易扩散；三是天气晴朗少云，有利于夜间的辐射降温，促进雾的形成，而雾和空气中的悬浮颗粒结合，形成雾霾。

2. 社会原因

（1）生活污染排放。首先，随着城镇化进程的不断加快，棚户区改造已呈规模化，保障房、经济适用房的大举建设，其间必然会产生大量粉尘、扬尘等悬浮颗粒物。这些颗粒物不断沉积难以扩散，势必会带来空气污染问题，并引致雾霾天气几近常态化。其次，居民生活水平的提高，机动车购买量持续增长，这里主要指物流和家用两种用途。众所周知，近年来物流运输、快递行业呈井喷式发展，包括重型卡车、厢式货车以及轻型轿车等，其大量使用并排放的氮氧化物、二氧化硫及颗粒物在很大程度上造成雾霾的加剧。机动车尾气排放带来空气污染物的集聚。据统计，2014年我国汽车保有量将近1.4亿辆。每100辆汽车每天排放一氧化碳约300千克、碳氢化合物25.50千克、氮氧化合物5.15千克。再次，农忙季节农作物秸秆的焚烧带来污染。由于各项配套设备不完善，农民因高成本放弃使用相对应的技术设备，直接采取就地焚烧方式，不但没有实现资源重复利用，反而在一定程度上带来了大范围的空气质量恶化。最后，冬季居民生活取暖对燃煤需求量的急剧增加，采暖锅炉燃烧大量煤炭提供热量，尤其是北方居民以及学校等单位的集中供暖。煤的燃烧产生大量一氧化碳、二氧化硫、烟尘和粉尘等，这些污染物排放到空气中会加速雾霾的形成。

（2）工业污染排放。虽然自然原因和生活污染排放是雾霾产生的重要原因，但是工业污染带来的废气排放才是根源。这里的工业污染源主要包括化工厂、炼油厂、航空航天制造厂和钢厂，以及各种小污染源，如干洗店、商业消毒器、再生铅冶炼厂和铬电镀设备等。

（3）污染物跨区域转移。综观我国版图发现，省际、区际界限不是特别明显，空气污染物易转移至下风口所在区域，这就造成了空气污染的联动效应。京津冀地区的工业发展带来的空气污染物随风扩散，逐渐转移至周边省市，可以说全国的老百姓都在为一些区域的大气污染买单，有悖于"谁污染、谁治理"的准则。

（二）我国当前雾霾治理的难点

1. 成因复杂，难以靠某一条措施解决问题

雾霾的形成通常要经历霾气溶胶积累、霾雾转化和混合及减弱

三个主要阶段。这里既有污染源确定的困难，也有颗粒物在特定的条件下发生生化反应引起二次污染的问题。过度的工业污染物排放、交通运输中产生的机动车尾气、裸露工地产生的扬尘、农田里的秸秆燃烧、露天烧烤乃至我们日常生活中厨房里的油烟都对雾霾的形成起到了推波助澜的作用。虽然各有数据支撑，但也有其他说法，雾霾的成因不应该这样单一。结合前文所指出的各地雾霾从发生到消散全过程的特点看，雾霾的形成已经不再是各种细颗粒的简单混合，而是存在较为复杂的生化反应。

2. 治理的协调性差，存在治理的碎片化及不同部门博弈的"囚徒困境"等流弊

大气污染问题的跨地域性质决定了区域间联合治理的必要性，但各方利益协调是一个难题。目前，我国空气污染的府际协同治理水平仍停留在初级阶段，缺乏制度化规范、合作治理机构，组织化程度较低。京津冀区域大气联合治理开启了府际合作长效机制的探索，但其实际效果还有待进一步观察。

3. 气候条件带来的不确定性

有研究表明，雾霾天气的形成与厄尔尼诺现象有关。厄尔尼诺现象使北半球出现暖冬，极地冷气团向南伸展的幅度会缩小，因而我国的大风概率将减少，容易出现静稳天气，导致雾霾出现的频率增加、污染程度加重。2015年是有历史统计以来的"最强厄尔尼诺年"，本次厄尔尼诺于11~12月达到峰值，持续至2016年春季。受此影响，华北地区大范围处于"高湿度""低风速""强逆温"的极端不利气象条件，助推了污染物持续积累。2015年下半年入冬以来，北京的雾霾正是受此影响而变得更为严重。虽然说雾霾来临时政府采取了一系列的措施缓解和控制空气质量的进一步恶化，但我们也很无奈地看到，驱散雾霾还是只能靠风，这也说明了保持空气流动性的重要性，给各级城市规划、城市设计部门提了个醒。

4. 人类活动加剧，污染物的排放一直在增加

我国大范围雾霾的形成有气候方面的自然因素，但究其本质则

是源自人为的因素，依然粗放的经济发展模式是雾霾产生的根本原因。有研究显示，一座城市的工业增加值占 GDP 比重每提高 1 个百分点，则其雾霾天数将增加约 4 天。而在污染源的控制方面，各方的博弈也很激烈。以部分城市实行的机动车限购、限行为例，争论一直很激烈。我国正处在工业化、城镇化、现代化过程中，既要完成发展经济、消除贫困、改善民生等任务，也面临着保护环境、应对气候变化等挑战。雾霾和工业化、城镇化都有一定的关系，但无疑，我们不可能因噎废食。雾霾的成因有很多，有天气条件，但更多的是人为造成的各种污染，包括汽车尾气、燃煤、扬尘、工业排放。

5. 产业结构、能源结构是根本性的决定因素，但其优化调整的难度是有目共睹的

产业结构与雾霾污染呈正相关关系，即工业占 GDP 比重的增加会加剧雾霾污染程度，城市化进程的推进对雾霾污染具有正向影响；地区生产总值与雾霾污染显著呈负相关；贸易开放度与雾霾污染显著呈正相关；能源消费和人力资本对雾霾污染的影响不显著；城市化水平越高，产业结构对雾霾污染的影响越大，产业结构越不合理，城市化对雾霾污染的影响也越大。沿海地区产业结构和城市化以及二者的交互项对雾霾污染的正向影响均大于内陆地区。2014 年，我国的煤炭产量为 38.7 亿吨，占一次能源生产的 72%；煤炭消费量则为 41.6 亿吨，占一次能源消费总量的 66.2%。环保部数据显示，我国现有燃煤工业锅炉约为 62 万台，年煤耗量达 7 亿多吨，大部分燃烧方式粗放，缺少末端处理环节，且使用点分散，难以监管和整治。分析显示，以煤炭为主的化石能源燃烧排放的烟粉尘、二氧化硫、氮氧化物占我国空气污染物的比例分别为 70%、85% 和 67%，但是富煤、贫油、少气的能源资源禀赋特点，决定了今后相当长一段时期内，煤炭作为我国主体能源的地位难以改变。我国中东部地区城镇人口密集度高，火力发电厂密布，产业发达，尤其是东北地区，产业结构偏重型化，能源消费以煤炭为主，在中小城市和乡村集中

供暖不足，因而在环境容量进入临界状态后，在特定的气象条件下极易发生雾霾。

此外，我国雾霾污染治理还存在治理模式落后、治理对象单一、法律规范缺乏等问题，这些在一定程度上制约了雾霾的治理绩效。这些都说明了消除雾霾的任务十分艰巨，必须要有长期努力的准备。在治理手段上，既要有应急的措施，更要靠长效机制。

二 国外空气污染治理经验

(一) 英国伦敦治理雾霾的措施

在工业化进程中，世界上很多国家都遭遇过大气污染的问题，有的甚至非常严重，其中最广为人知的是1952年发生在英国伦敦的"杀人雾霾"。

1952年12月，伦敦出现了持续4天的雾霾，其间死亡人数为4703人，大大超过了前一年同期的1852人。调查显示，雾霾是导致伦敦死亡率骤然上升的元凶。从那时起，英国即开始了其漫长的雾霾治理过程。

一是严格立法。雾霾事件发生4年后，英国政府于1956年讨论产生了世界上第一部空气污染防治法案——《清洁空气法》，规定关闭伦敦城内的电厂，要求工业企业建造高大的烟囱以更好地疏散大气污染物，大规模改造城市居民的传统炉灶，逐步实现居民生活燃气化，减少煤炭用量，冬季采取集中供暖等。1968年以后，又出台了一系列空气污染防控法案，严格约束各种废气排放，并制定了明确的处罚措施，有效减少了烟尘和颗粒物。1995年，英国又制定了国家空气质量战略，强制各城市限期实现空气质量达标。

二是治理措施要适应时代要求。20世纪80年代后，交通污染取代了工业污染，成为威胁伦敦空气质量的首要因素，政府随即出台了一系列抑制交通污染的措施，包括优先发展公交网络、限制私家车发展、减少机动车尾气排放以及整治交通拥堵等。根据伦敦市政府的《交通2025》方案，计划在20年内，减少私家车流量9%，此举将使每天进入拥堵区域的机动车减少6万辆以上，废气排放降低12%。伦敦市大力倡导以自行车为标志的"绿色交通"，从首相到市长都是"绿色交通"的崇尚者。据估计，目前伦敦每天有55万人骑自行车出行。从2003年开始，伦敦对进入市中心的私家车征收"拥堵费"，此笔收入被用于改善公交系统。欧盟要求其成员国2012年空气不达标天数不得超过35天，否则将被课以4.5亿美元的罚款。

三是积极改善生态环境。在寸土寸金的伦敦市中心，保留着海德公园以及詹姆斯公园等大片绿地。自20世纪80年代开始，伦敦市即在城市外围建设大型环形绿地，至今其面积已达4434平方千米，人均绿化面积24平方米。2007年9月，英国政府宣布将在全国建设10个生态镇。政府要求从2016年开始，所有新建住宅都必须是"零排放"，达标住宅将享受免缴印花税的政策优惠。

四是改善产业和能源结构。作为老牌工业化国家，英国已经摆脱了对制造业的单纯依赖，开始大力发展服务业和高科技产业。按照英国政府2012年的计划，到2020年，可再生能源在能源供应中要占15%的份额，40%的电力来自绿色能源，既包括对依赖煤炭的火电站进行"绿色改造"，也包括发展风电等绿色能源。到时英国温室气体排放要求降低20%，石油需求降低7%。

此外，英国在治理空气污染的过程中，也十分注重采用先进的科学技术。如伦敦就尝试在人口嘈杂、污染严重的城区使用一种钙基黏合剂吸附空气中的尘埃。

英国经验最根本的一条就在于强调政府的主体责任，实施综合性治理。可以看出，在"杀人雾霾"发生后的50多年时间里，英国不间断地发挥价格、税收、补贴、罚款等激励、约束措施，包括采取必要的技术手段，强有力地发挥了政府的导向作用，努力降低乃至消除大气污染。在投入巨大人力、物力的持续努力下，今天伦敦的雾霾已大为减少。

（二）美国洛杉矶光化学烟雾治理的措施

1943年7月，洛杉矶遭受雾霾攻击，政府成立的专门烟雾委员会调查证实，烟雾为光化学烟雾，主要来源于汽车不完全燃烧尾气排放、汽车漏油、汽油挥发以及油田、炼油厂油气排放物。科学家哈根斯米特进一步证实，空气污染的罪魁祸首就是汽车尾气。自此，洛杉矶采用综合治理、制定标准、立法保障、数据共享等多管齐下的治理模式展开雾霾治理。

一是加强综合治理。1945年洛杉矶当局成立了大气污染治理监督办公室，1947年划定了洛杉矶郡大气污染控制区，采取区域环境管理框架模式。二是设定科学标准，加强立法保障。先后出台了《空气污染控制法》《清洁空气法》《机动车空气污染控制法》等。三是重点限制机动车及电厂排污。1975年规定所有汽车安装空气净化装置，此举被认为是治理雾霾之关键。四是全民数据共享。1997年7月美国环保署率先提出将PM2.5作为全国环境空气质量标准，并在政府官网上实时公布，全民共享，2006年美国环保局针对PM2.5标准进行了修订，制定了24小时周期内PM2.5最高浓度、年平均浓度标准等。

经过几十年的努力，现今洛杉矶一级污染警报天数从1977年的121天下降到0天，已扔掉了"烟雾城"的帽子，找回了昔日的蓝天。

（三）东京大气污染治理的措施

20世纪80年代中期以后，东京大气污染公害事件受害人数骤然激增，日本通过出台法律条例、建立环境标准、实时数据共享、整治汽车尾气、加大城市绿化力度等策略展开长期治理。

一是出台法律条例。从20世纪50年代开始，日本政府颁布了《公害对策基本法》《噪声规制法》《大气污染防治法》《排烟规制法》，构建了较为科学和完备的法律体系。二是建立环境标准。2009

年9月9日，日本环境省公布了PM2.5环境标准。三是加强环保检测，实时数据共享。日本环境省设有大气污染物质广域监视系统，对包括PM2.5在内的各种大气污染物质进行监测并通过网站实时发布。四是整治汽车尾气。1992年日本环境厅制定《汽车氧化氮碳氢颗粒法》，鼓励发展小型车及低排放车种，规定了机动车在行驶过程中产生和排放的废气的最高量，并设置废气浓度测试点，严禁超标车辆投入运行。五是加大城市绿化力度。东京市政府规定新建大楼必须有绿地，楼顶必须绿化，在注重绿化面积的同时重视绿化体积，绿化措施以种植树木为主。

（四）德国鲁尔工业区空气污染治理的措施

20世纪中期，德国鲁尔工业区曾出现过严重空气污染状况，后来通过100多个"空气清洁与行动计划"使莱茵河流域焕然一新。

一是立法制定排放标准。1974年德国出台《联邦污染防治法》主要针对大型工业企业进行整治，通过立法制定空气污染物排放标准，这项法律后来成为欧盟范围内的典范。二是限制可吸入颗粒物的排放。主要有两种手段，第一种是车辆限行、限速，对污染严重地区车辆禁行、工业设备限制运转等，同时在超过40个城市设立了"环保区域"，不符合排放标准的汽车不允许驶入环保区。第二种是用技术手段减少排放，例如开发清洁能源、安装颗粒过滤装置。三是提倡绿色出行，提升市民环保意识。德国十分注重加强民众环保宣传教育和提高全民环保意识，作为世界主要汽车生产大国，德国大力提倡市民选择绿色出行，许多公司80%的员工每天都乘公共交通工具或骑自行车上班，绿色出行已成为一种潮流和共识。

表4-1是英国、美国、日本和德国治理雾霾的主要策略的汇总。

表 4-1 雾霾治理的国际经验

国家名称	出现时期	出现地区	主要成因	开始治理时间	采取的主要策略
英国	19世纪中叶	伦敦	煤炭燃烧	1952年	制定法律法规控制污染，确立空气质量监测标准，控制超大城市的规模和人口密度，实施产业转型，出台一系列抑制交通污染的措施，大力建设城市绿化带
美国	20世纪40年代	洛杉矶	汽车尾气	1947年	加强综合治理；设定科学标准，加强立法保障；重点限制机动车及电厂排污，全民数据共享
日本	20世纪70年代	东京	工业污染、汽车尾气	1970年左右	出台法律条例；建立环境标准；加强环保检测，实时数据共享；整治汽车尾气；加大城市绿化力度
德国	20世纪中叶	鲁尔工业区	工业污染	1960年左右	立法制定排放标准；限制可吸入颗粒物排放；提倡绿色出行，提升市民环保意识

三 国外空气污染治理技术的应用

（一）欧盟

2008年欧盟委员会公布了《能源和气候变化一揽子方案》，旨在制订能源战略计划，加强欧盟在能源领域的安全，促使欧盟走低碳、环保、可持续发展道路。方案共涉及三种技术：碳捕获与封存技术、可再生能源技术和节能技术。

1. 基于温室气体减排的碳捕获与封存技术

为避免全球气候变暖逼近峰值，欧盟决定将温室气体到2020年从1990年基础上减排20%，倘若计划顺利实施，各国努力配合，该比例将升至30%。若实现工业革命前的排放水平，到2050年需减排50%，在这一过程中碳捕获与封存技术的作用尤为重要。目前，欧盟研发一种先进技术，首先捕获工业、运输业产生的二氧化碳，然后将其注入地质层中封存起来，主要应用于煤炭、石油、天然气、钢铁、水泥等碳密集型行业。

2. 开发和利用可再生能源的技术

可再生能源无论短期还是长期都将惠及公众,相伴而生的好处也得到了广泛认可。欧盟的可再生能源目标是到2020年使可再生能源在能源消费中的比例达20%。实现可再生能源转换意味着每年减少化石燃料2亿~3亿吨,温室气体减排量为6亿~9亿吨。可再生能源技术减小了欧盟能源的对外依存度,使其在国际油价动荡中相对安全。

3. 提高能效的节能技术

众所周知,提高能源效率可以促进经济发展,创造就业机会,减少家庭、企业成本。欧盟计划到2020年在2005年的基础上减少能源消费量达20%,该目标促使欧盟积极开发节能产品、技术,主要表现为两个方面。一方面是内置节能设备的绿色建筑。绿色建筑近来颇受瞩目,设计之初参考低碳环保标准,集照明、供暖、热水器等于一体构造节能设备。另一方面为生态标签制度。交通运输领域向来是雾霾产生的主要源头,表现为燃料燃烧不彻底,因此使用节能汽车、步行和乘坐公共交通工具成为热门选择。此项节能汽车认证标准,我们可称为"生态标签",帮助我们区分生态友好型产品和服务。

(二) 美国

美国《清洁空气法》(Clean Air Act, CAA)几经演变至1990年修正案,对燃煤发电厂、清洁交通以及新建节能住宅提出了若干要求。

针对燃煤发电厂,环保署有权向有关企业分配"排放配额"(Allowances),每个可交易的"排放配额"准许排放1吨二氧化硫。环保署还采用激励机制,鼓励发电厂使用符合要求的节能手段和可再生能源。氮氧化物管理项目要求燃煤发电厂采用"低氮氧化物燃烧技术"(Low NOx Burner Technology)和清洁燃煤技术,使氮氧化物的排放总量在 1980 年的基础上削减 200 万吨。

清洁交通方面，特斯拉电动汽车技术，凭借创新和技术领先优势，使其在新能源领域技术日趋成熟。科技进步会带来相关产业技术模仿、消化和吸收，推动相应立法出台，如 CAA：①针对重卡、轻卡采取综合措施以减少污染排放。鉴于其尾气排放与发动机密不可分，力求柴油燃料与发动机标准统一，规定制造商生产清洁发动机，炼油厂生产高标准清洁燃油。②要求柴油机动车必须配用超低硫柴油（Ultra-Low Sulfur Diesel，ULSD），鼓励区域实行客车检查与维修项目（Passenger Vehicle Inspection And Maintenance Program，PVIAMP）。③EPA 对载客轿车、柴油机车限制其汽油含铅量，鼓励汽车制造商对全部新车安装催化式排气净化器，规定使用"改良汽油"、可替代燃油以及可再生有机燃油。

节能住宅领域，主要通过对"能源与环境设计先锋"（Leadership in Energy & Environmental Development，LEED）评价体系的合理运用，该体系通过对房地产开发项目选址的低碳性、水资源利用效率、能源和空气的利用、室内空气质量达标率等进行评分，以此判断住宅是否符合绿色环保标准。

（三）日本

日本是个以技术著称的国家，积极发展自己的技术优势参与国际减排，并将其先进技术成果出口至其他国家。主要技术类别界定为 3 类：新能源技术、环境技术和节能技术。

早在 2008 年 G8 峰会上，日本就曾利用东道主这一特殊身份将会议主题定为气候变化，并引导与会各方达成到 2050 年削减一半的减排目标。不难看出，日本争当技术创新的先行者，努力实现能源领域低碳化、零排放，不断开发新能源技术，如兼具低成本和高效率的太阳能发电技术、绿色信息技术及利用作物秸秆和木材制作生物乙醇的技术。

此外，日本凭借其环境友好技术积极寻求广大发展中国家的支持，制定自身的低碳战略，国内实行排放交易体系，贯彻落实对外援助。据报道，日本同中国、印度等发展中国家进行环境友好技术合作，通过向伙伴国提供低碳技术和设备，换取"污染权信用"，并且派驻高技术专家到伙伴国进行相关指导。

日本的节能技术主要体现在产业领域，该技术处于世界最高水平。掌握"联合循环"阶式利用技术的企业主要有川崎重工、三菱重工等，它们具备先进技术和避免浪费的精神是日本的骄傲、世界的典范。

（四）印度

国际碳减排中印度一贯被贴有"不合作"标签，缘于其拥有较低人均温室气体排放量，因此单方认为自身在国际碳减排工程中可以减少责任分担甚至免责。日本、英国等持积极态度的国家强烈谴责印度的不作为，敦促并帮助印度参与到全球低碳行动中。《清洁发展机制》吸引印度积极应对雾霾难题，另辟太阳能发电技术、绿色生态技术和超临界技术等。

首先，印度的太阳能发电技术是该国技术领域最具竞争力的，并广泛应用于农业、工业和商业圈，可以实现每年增加1000兆瓦光电产量，建造装机容量达10000兆瓦的太阳能热电站。

其次，政府当局强制关闭低效率的燃煤发电厂。同欧盟一样，电器采用标签制度，从节能环保角度做足工作，以价格政策支持节能设备产销。例如，重视城市环境建设，将提高能效作为城市规划的核心，倡导废弃物回收利用原则，充分利用废弃物发电。

最后，农业生态关系印度国民经济命脉，提高水资源利用效率是关键。鉴于印度以喜马拉雅山为主要水源地，雾霾问题引发的水体破坏，向农作物灌溉和粮食安全问题提出了挑战。因此，印度着重发展水资源利用技术、绿色生态技术，以便于服务这个人口众多的发展中国家。

四 我国大气污染防治的主要措施、成效及启示

（一）我国大气污染防治主要措施及成效

为彻底扭转我国大气污染防治面临的严峻形势，切实改善大气环境质量，党中央、国务院密集出台了一批重大举措，主要有以下几个方面。

1. 加强顶层设计与战略部署，把大气污染防治放在突出位置

党中央高度重视生态文明建设，党的十八大首次把生态文明建设纳入中国特色社会主义事业"五位一体"总体布局；十八届三中全会提出加快建立系统完整的生态文明制度体系；十八届四中全会要求用严格的法律制度保护生态环境；十八届五中全会提出"五大发展理念"，把绿色发展作为"十三五"乃至更长时期经济社会发展的一个重要理念，成为党关于生态文明建设、社会主义现代化建设规律性认识的最新成果，为我国的大气污染防治工作提供了根本指引。

在加强顶层设计的同时，党中央、国务院进一步对我国大气污染防治工作做出了一系列战略部署。2013年9月，国务院印发了《大气污染防治行动计划》（"大气十条"），该计划是有史以来力度最大、措施最综合、保障措施最周密、考核最严厉的空气治理行动计划，充分彰显了我国政府治理大气污染的决心。2015年5月，中共中央、国务院发布《关于加快推进生态文明建设的意见》，该意见设定了"实现生态环境总体改善"的目标，提出要"继续落实大气污染防治行动计划，逐渐消除重污染天气，切实改善大气环境质量"。2016年12月，国务院印发了《"十三五"生态环境保护规划》，为"十三五"期间统筹部署全国生态环境保护工作提供了基本依据。该规划正式提出"制定大气、水、土壤三大污染防治行动计划的施工图"，同时要"分区施策改善大气环境质量"。

2. 加强立法工作，用最严格的法律向大气污染宣战

近年来我国先后修订了一批重要法律法规，进一步健全和完善了大气污染防治的法律体系，"重典治理大气污染"的法律法规格局开始形成。2014年，全国人大常委会通过了新修订的《环境保护法》，并于2015年1月1日开始实施。新《环境保护法》，强化了政府的监督管理责任，加大了对违法行为的惩处力度，确立了"公益诉讼""按日记罚、上不封顶""查封扣押"等制度，被称为"史上最严环保法"，成为沉重打击环境违法者的有力武器。2016年开始实施的新修订的《大气污染防治法》，不仅在法条数量上几乎翻了一倍，内容也基本上对所有现行法条做出了修改。新修订的《大气污染防治法》突出源头治理，强化政府责任，对加强区域联防联控、实施排放总量控制和排污许可、推进科技治霾等做出了明确的制度安排，被称为应对大气污染严峻形势的"撒手锏"。2016年7月全国人大常委会修订了《环境保护评价法》，并于2016年9月1日开始实施。修订后的《环境影响评价法》对环境影响评价做出了更为具体、细致的规定，强化了环境影响评价的法律责任，进一步筑牢了大气污染防治工作的法律堤坝。

3. 加快产业结构升级和能源结构调整，切实降低污染物排放总量

长期以来，我国偏"重"的产业结构、能源结构以及生活水平提高所带来的非绿色生活方式，致使我国污染物排放总量居高不下，是造成我国大气污染严峻形势的重要因素。党中央、国务院从这一实际出发，加大了产业结构升级和能源结构调整工作力度，推出了一系列重要举措。一是积极稳妥化解过剩产能。2012～2015年累计淘汰落后炼铁炼钢产能9000多万吨、电解铝100多万吨、水泥2.3亿吨、平板玻璃7600多万重量箱，提前一年全面完成了"十二五"落后产能的淘汰任务。二是加快调整能源结构。合理控制煤炭消费总量，加快淘汰老旧低效锅炉，到2017年，地级及以上城市建成区基本淘汰了每小时10蒸吨及以下的燃煤锅炉。三是加快淘汰黄标车

和老旧车，积极促进油品质量提升。2014~2016年，全国累计淘汰1600多万辆黄标车和老旧车，实现全国全面供应国四标准车用汽柴油，北京、天津、上海等地率先供应国五标准车用汽柴油。四是发挥价格、税收、补贴等的激励和导向作用。中央财政设立专项资金，对重点区域大气污染防治实行"以奖代补"，制定重点行业能效、排污强度"领跑者"标准，对达标企业予以激励。积极推广新能源汽车，完善购买新能源汽车的补贴政策。

4. 加大环保督察力度，压实地方党委政府环保责任

为进一步落实地方政府的环保责任，中央成立环境保护督察组，代表党中央、国务院对各省（自治区、直辖市）党委和政府及其有关部门开展环境保护督察。中央环境保护督察组在2016年先后开展两批共15个省（区、市）的环保督察，共计受理群众举报3.3万余件，立案处罚8500余件、罚款4.4亿多元、立案侦查800余件、拘留720人，约谈6307人，问责6454人。中央环保督察解决了一批突出环境问题，有力地推动了地方党委、政府环境保护责任的落实。以中央环保督察为契机，很多省级党委、政府也在建立本级环保督察机制，环保责任正在逐级压实，"一级抓一级，层层抓落实"的环境保护格局正在形成。

中央治理大气污染的方向是正确的，措施是科学的、有效的、管用的，既符合治理大气污染的一般规律，又符合我国实际，收效明显。从2013年启动"大气十条"开始，经过这几年持续不断地努力，我国大气环境质量改善还是非常明显的。2016年，京津冀、长三角、珠三角等三个重点区域PM2.5与2013年相比，改善的幅度约为30%；74个重点城市PM2.5浓度与2013年相比改善的幅度也在30%左右。

（二）北京市大气污染防治措施及成效

北京市作为首善之区，社会关注度大，采取的大气污染防治措施力度更大，也更严格。

1. 严格落实大气污染治理责任

在2016年1月和11月，先后出台了《关于全面提升生态文明水平推进国际一流和谐宜居之都建设的实施意见》《"十三五"时期环境保护和生态环境建设规划》等一大批政策措施，制定了大气污染防治专项行动方案，成立了由市长任组长、由常务副市长任总指挥的空气重污染应急指挥部，定期分析大气污染防治形势。坚持落实党政同责、一岗双责要求，层层传递压力。将空气质量改善、主要污染物减排等指标列入全市和各区经济社会发展主要指标，与各区各部门都签订了目标责任书。建立了以环境质量改善为目标导向的绩效考评制度，强化责任落实。2013年以来，对一批违反环境保护法律法规和落实责任不到位的党政干部进行了党纪处分和行政问责。2015年对未完成环保年度目标任务的3个区政府开展了核查问责。

2. 重拳治理重点问题

2013年制订了清洁空气行动计划，开展压减燃煤、控车减油、治污减排、清洁降尘等8大工程，部署84项重点治理任务，推动大气污染防治向纵深发展。在压减燃煤方面，全市燃煤总量从2300万吨削减到今年的950万吨，提前一年实现目标，四大燃煤热电中心全部置换成天然气，核心区基本实现了"无煤化"，城六区和市级工业园区基本实现了"无燃煤锅炉"，优质能源消费比重达到86%；2017年城乡接合部和南部四区平原地区也将实现"无煤化"，农村地区基本实现了优质燃煤全覆盖。控车减油方面，在全国率先淘汰了全部黄标车，累计淘汰老旧车191万辆，发布了国Ⅰ、国Ⅱ排放标准机动车限行政策。对8800多辆柴油公交车实行了升级改造，单车氮氧化物减排60%左右。重点行业新增重型柴油车全部安装了颗粒物捕集器，提前执行了机动车新车和油品第五阶段标准，2017年1月起执行油品第六阶段标准。在治污减排方面，继完成首钢搬迁后，又解决了东方化工厂搬迁问题，水泥产能从1000万吨削减到400万吨。实施200多项"环保技改"工程，在石化、汽车制造等重点行业减排挥发性有机物 5.1 万吨。在清洁降尘方面，对全市所有规模以上建筑工地安装视频监控系统，对扬尘问题严重的施工单位暂停投标资格。完成 8000 多辆渣土车密闭化改造，道路清扫新工艺作业率提高到 86%。

3. 综合施策打好大气治理组合拳

一是坚持依法治理环境，制定了大气污染防治条例，修订了市容环境卫生、绿化等条例，启动了排污许可证管理、危险废物污染防治的立法工作，强化环境执法检查，对污染源实施"双随机"抽查制度，开展公安环保联合执法试点，综合运用上限处罚等严厉措施惩处各类违法行为，对情节严重的环境违法行为公开曝光并纳入社会信用体系。二是注重发挥经济杠杆的调节作用。设立了专项资金保障治污工程实施，将四项主要污染物排污收费标准提高到国家标准的 15 倍左右，实施严格的差别化水价、电价，倒逼节能减排；实施"电采暖"峰谷电价和农村地区"煤改清洁能源"补助政策，引导绿色生产。三是建立更严格的环境保护强制性标准。针对燃煤锅炉等主要污染行业，制定了 62 项地方标准，标准体系全国最全、标准限值全国最严，倒逼排污单位加快治理、转型升级。四是重视发挥科技作用。完成了空气质量监测网络升级，实现了重点污染领域在线监测管理，全市 PM2.5 自动监测站点从 35 个增加到 67 个，并加强卫星遥感监测力度，空气质量预测预警水平进一步提高。五是加大公共政策引导力度。实施严格的机动车总量管理措施，大幅压减年度小客车指标，加大新能源车补贴力度，新能源车配备比例达到 40%。六是建立了重污染天气预案制度。针对重污染天气制定了最严格的应急预案制度，包括一批健康防护提醒措施、建议性减排措施、强制性减排措施和保护措施，取得了明显成效。

4. 建立了京津冀区域联防联控协作机制

在合作治污、信息共享、执法联动、空气重污染预警会商和应急响应等方面形成了完善的工作体系，区域大气污染防治协作形成了长效机制，推动并统一了区域重污染应急标准，加大了生态功能区、产业对接协作力度。

通过努力，在城市化进程不断加快，经济、人口、机动车、能源使用总量持续增长的大背景下，北京市的空气质量得到明显改善。从2013年开始监测以来，PM2.5浓度由89.5微克/立方米分别下降到2014年、2015年的85.9微克/立方米、80.6微克/立方米，2016年又下降到73微克/立方米。特别是二氧化硫浓度在北方城市中最低，接近欧洲水平。

（三）我国大气污染防治工作的启示

1. 必须充分认识我国大气污染防治的长期性

我国仍然处于工业化进程之中，大气污染问题的发生有其阶段性和复杂性特征，某种意义上还具有必然性。既有的产业结构和能源结构决定了解决大气污染问题不是一蹴而就的，而是需要一个长期的过程。要积极行动，综合施策，既打好攻坚战，也要打好持久战。同时要及时调整社会预期，引导社会大众充分认识到我国大气污染防治的艰巨性，正确认识雾霾，让科普宣传进课堂、常态化，不断提高公众认识，凝聚社会共识。

2. 必须坚持政府主导、全民参与的治理模式

治理大气污染的艰巨性决定了其不是某一方面、某一部门可以单独完成的任务。必须坚持党和政府的领导，充分发挥社会主义制度可以集中力量办大事的优势，统筹协调各方力量，扎实推进大气污染防治工作。同时，要积极引导全民参与大气污染防治工作，从自身做起，积极倡导绿色低碳生活方式，主动举报违反大气污染防治法律法规的行为，打好大气污染防治的人民战争。

3. 必须加强区域联防联控

以京津冀地区为例，该地区同处一个大气流场，三地间污染物相互输送、相互影响。"一荣俱荣，一损俱损"的客观现实决定了联防联控才是务实之举。对于京津冀地区而言，"协同"治理大气污染应当是题中应有之义，这意味着三地都要守土有责、守土负责、守

土尽责，处理好局部与全局的关系，强化区域互动、资源共享、相互倚重，力争实现"1+1+1>3"的效果。

4. 大气污染防治要在能源结构、产业结构调整方面下更大功夫

这些年我们大气污染防治更多的是在末端治理上下功夫，包括超低排放、提标改造等。实践证明，现有排放量虽有所减少，但效果还不是很明显。下一步还是要加强源头治理，在能源结构和产业结构调整上做更多的工作，实现源头治理。

5. 要高度重视冬季雾霾的防控

比如在北京地区，全年污染物排放基本都集中在10月以后到来年的3、4月份，尤其是冬季燃煤供暖大幅增加了污染烟尘排放，加上受气象条件的影响较大，大气扩散条件不利，雾气多发，极易形成长时间大面积的严重污染，治理起来难度非常大。一定要把应对工作做在前面，多措并举，用铁的手腕加强督察和治理，最大限度降低空气污染物浓度。

第五章

大城市水污染及其治理

一 水污染的概念

(一) 水污染的含义

根据1984年颁布的《中华人民共和国水污染防治法》，水体因某种物质的介入，而导致其化学、物理、生物或者放射性等方面特征的改变，从而影响水的有效利用，危害人体健康或者破坏生态环境，造成水质恶化的现象称为水污染。

水的污染有两类：一类是自然污染，另一类是人为污染。当前对水体危害较大的是人为污染。水污染可根据污染杂质的不同而主要分为化学性污染、物理性污染和生物性污染三大类。从污染源来看，水污染分为点源污染和面源污染两大类。从空间上看，水污染分为地表水污染、地下水污染和海水污染等。

(二) 水资源污染状态

人类的活动会使大量的工业、农业和生活废弃物排入水中，使水受到污染。目前，全世界每年有4200多亿立方米的污水排入江河湖海，污染了5.5万亿立方米的淡水，这相当于全球径流总量的14%以上。

随着我国城市规模的不断扩大,排出的污水数量也在不断增多,水质发生恶化,水体遭受污染,从而影响水资源的可持续利用。

根据《2015 中国环境状况公报》,2015 年我国 972 个地表水国控断面(点位)覆盖了七大流域等 423 条河流和太湖、滇池、巢湖等 62 个重点湖泊(水库)。监测表明,Ⅰ类水质断面(点位)占 2.8%,比 2014 年下降 0.6 个百分点;Ⅱ类占 31.4%,比 2014 年上升 1.0 个百分点;Ⅲ类占 30.3%,比 2014 年上升 1.0 个百分点;Ⅳ类占 21.1%,比 2014 年上升 0.2 个百分点;Ⅴ类占 5.6%,比 2014 年下降 1.2 个百分点;劣Ⅴ类占 8.8%,比 2014 年下降 0.4 个百分点。Ⅳ类以下水体占比 35.5%,超过 1/3 的地表水体污染较严重。

根据《2014 中国环境状况公报》,2014 年全国 202 个地级及以上城市的地下水水质监测情况中,水质为优良级的监测点比例仅为 10.8%,较差级的监测点占比达到 45.4%(见图 5-1)。尤其是城市区域污染源点多、面广、强度大,极易污染水资源,即使是发生局部污染,也会因水的流动性而使污染范围逐渐扩大,严重威胁着我国的水资源和水环境安全。目前,我国工业、城市污水总的排放量中经过集中处理的占比不到一半,其余的大都直接排入江河,对于污水的排放约束力不大,导致大量的水资源出现恶化现象。

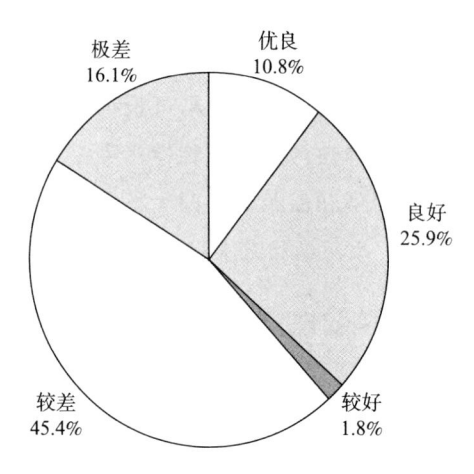

图 5-1 2014 年全国 202 个地级及以上城市地下水水质所占比例

二 水污染处理主要技术

现代污水处理技术，按处理程度划分，可分为一级、二级和三级处理。

一级处理，主要去除污水中呈悬浮状态的固体污染物质，物理处理法大部分只能完成一级处理的要求。经过一级处理的污水，BOD 一般可去除 30% 左右，达不到排放标准。一级处理属于二级处理的预处理。

二级处理，主要去除污水中呈胶体和溶解状态的有机污染物质（BOD、COD 物质），去除率可达 90% 以上，使有机污染物达到排放标准。

三级处理，进一步处理难降解的有机物、氮和磷等能够导致水体富营养化的可溶性无机物等。主要方法有生物脱氮除磷法、混凝沉淀法、砂滤法、活性炭吸附法、离子交换法和电渗分析法等。

整个过程为通过粗格栅的原污水经过污水提升泵提升后，再经过格栅或者砂滤器，之后进入沉砂池，经过砂水分离的污水进入初次沉淀池，以上为一级处理（即物理处理）。初沉池的出水进入生物处理设备，有活性污泥法和生物膜法（其中活性污泥法的反应器有曝气池、氧化沟等，生物膜法包括生物滤池、生物转盘、生物接触氧化法和生物流化床），生物处理设备的出水进入二次沉淀池，二次沉淀池的出水经过消毒排放或者进入三级处理，一级处理结束到此为二级处理。三级处理包括生物脱氮除磷法、混凝沉淀法、砂滤法、活性炭吸附法、离子交换法和电渗析法。二次沉淀池的污泥一部分回流至初次沉淀池或者生物处理设备，一部分进入污泥浓缩池，之后进入污泥消化池，经过脱水和干燥设备后，污泥被最后利用。

当前，我国城市水污染治理中的污水处理技术最主要的仍是传统的 SBR 技术和氧化沟技术。城市水污染治理新技术则包括人工湿地生态系统技术、生物浮岛技术、悬浮填料移动床技术、蚯蚓生态滤池技术、人工水草技术等。

（一）SBR 技术

SBR 技术所进行的水污染处理是以活性污泥、污水等一系列的污染物质进行先沉淀，然后再排水、排泥的一项循环性污水处理过程，这些过程都由自动化设备进行综合调控完成，再进行间歇性的循环处理。在此过程中，SBR 技术能够很好地与其他新型技术进行组合。这套水污染处理系统，具有成本低、有机物及抗冲击膨胀、沉淀污染物质速度快的特点。因此，这套技术被广泛运用于国内外水污染治理机构中。但是这项技术也还有很多缺点，比如说，运行费用高、操作烦琐、处理过程复杂等。

（二）氧化沟技术

氧化沟技术作为 SBR 技术的一种衍生，其外形为封闭的沟渠，采用了悬浮生物处理技术，具有极低的使用成本和极高的污水处理效率，因而是我国应用最广泛的城市污水处理技术。氧化沟技术又称作连续环状反应器，从机理上采用了延时曝气技术，并在发展应用过程中得到不断的创新与完善，得益于其流程短、操作便捷、成本较低及稳定性较强的特点，氧化沟技术在我国得到迅速的推广和应用。从多年的实践和发展经验看，由于该技术低成本、高回报，不单单是国内的使用，在国际上也广受欢迎。在操作中效率高，很多中小型国家在污水治理中都采用这种技术，此技术有很大的发展前景。

（三）人工湿地生态系统水资源污染治理技术

人工湿地是人为建造的干预性生态系统，目的是通过人工湿地将污染水体进行有效控制，它对污染水的处理分为前期的预处理，再通过湿地土壤、植物和微生物对污水进行物理性和化学性的共同作用。人工湿地系统对污水净化处理是有效的，这种废水处理技术的应用可以有效地去除水体中的有机物,去除率可以达到80%以上。同时,该技术还具有其他优点,如工程建设和运营成本低,强负载适应性,相比其他水污染处理技术,人工湿地技术由于其低成本,对自然环境影响小等优势目前在我国得到了广泛的运用。

人工湿地系统中污水以表面流湿地、潜流湿地和垂直流湿地三种形式存在。在这三种人工湿地污水处理过程中,对表面流湿地和潜流湿地治理具有广泛的应用范围。在目前阶段,由于人工湿地的建设趋势改变,人工湿地应用的类型也相应做出了调整,形成了复合应用形态,被称为复合流人工湿地系统,有效地改变了原有的污水处理的单一结构,实现了高效净化。

(四) 生物浮岛技术水资源污染治理技术

流经城市的河流和其他水体污染一般都存在严重的水体富营养化,加速了周围生态环境的恶化,也给城市水污染治理带来了困难。出现在国内外的各种水体富营养化的净化处理技术主要有生物浮岛技术、人工水草净化技术。生物浮岛污水处理技术主要利用植物生长的自然规律,它的生产过程是:建立浮体——依靠根部吸附——去除污染物——净化水质。应用这种水污染处理技术,不仅可以有效地去除水体污染物,净化水质,并且投入少可以反复应用,生存和繁殖的水生生物还可以为城市创造一个良好的生态环境条件。

(五) 悬浮填料移动床技术

这种污水处理技术主要应用于对污染河流的治理中,将悬浮填料直接加入曝气池。悬浮料在曝气池中的比重和水基本相似,让它作为微生物活动的区域来和流经曝气池的水流互相作用,将活性淤泥和生物膜法结合使用,达到去除污染物的目的。

(六) 蚯蚓生态滤池技术

蚯蚓生态池技术是一种利用蚯蚓及其他微生物对污水进行过滤

和分解处理的污水处理技术，能够对污水中的污染物进行吞噬或降解，从而实现污水的净化。与其他技术相比，蚯蚓生态滤池技术的能耗更低，并且具有极高的处理效率，经过生态滤池处理的污水几乎去除了全部污染物，是一种符合我国节能减排号召的新型环保型污水治理技术。

（七）人工水草技术

与天然水草不同，人工水草是一种人工制造的聚合物，其外形比天然水草大，利用人工水草技术将人工水草置于污水之中，能够在水中形成良性的生物链，促进有益微生物的生长，抑制有害微生物的生长，通过食物链去除水中的污染物，实现对水体的净化。整个净化过程操作简便，且运行费用较低，具有一定的推广应用空间。

近年来，我国在城镇生活污水处理与资源化领域开展了许多科技攻关，在污水处理工艺优化、现代生物技术及其污水处理工艺、物化处理技术等方面开展了大量的技术研发工作。针对我国城市污水的特点，我国重点支持开发了以下技术：一是城市污水处理氧化沟工艺技术，重点开发了氧化沟工艺的关键设备并实现成套化；二是污水处理膜生物反应器，从膜材料开发、膜生物反应器研制和工程化应用等关键环节进行了研发并取得了创新性成果；三是生活污水处理的物化——生化组合技术，开发出一系列物化生物一体化反应器，并进行了应用示范。这些研究成果对于提升我国城镇污水处理与资源化技术和设备科技水平，促进水务企业联盟的形成，带动我国环保产业的发展具有重要意义。

三 国外跨区域治理水污染的措施与经验

在工业化发展进程中，国外某些大江、大河流域也曾同样遭受过严重的污染，走过"先污染、后治理"的弯路，承受了巨大的损失,其治理经验对我国有重要的借鉴作用。

(一) 莱茵河

莱茵河是欧洲第三大河,流经瑞士、法国、德国、卢森堡、荷兰、比利时、奥地利、列支敦士登、意大利9个国家,流域周边工农业都较为发达。

莱茵河在20世纪50年代初还很清澈,50年代初到60年代末是莱茵河流域各国经济高速发展的黄金时期,大批能源、化工、冶炼企业同时向莱茵河索取工业用水,同时又将大量废水再排进河里。莱茵河水质急剧恶化,莱茵河周边生态也遭到毁灭性的打击,被冠以"欧洲下水道"的恶名。

在莱茵河流域各国的共同努力下,通过几十年的治理,莱茵河近年来终于逐渐恢复了原先的自然风貌。其主要治理措施和经验可归结为以下几点。

1. 建立完善、高效的流域跨国管理体制

为了重现莱茵河的生机,恢复重建莱茵河流域的生态系统,莱茵河流经的国家于1950年7月11日成立了保护莱茵河国际委员会(ICPR)。ICPR的成立,对莱茵河的治理工作起到了极其重要的作用。

ICPR的主要任务包括:根据预定的目标准备对策计划和组织莱茵河生态系统研究,评估每项计划及签约方的行动效果,协调各签约方行动并进行决策;每年向签约方提出年度报告,向公众通报莱茵河的水质状况和治理成果。

ICPR通过"责任到户"的方法,把治理工作具体化、可操作化。如委员会下设若干个专门工作组,分别负责水质监测、恢复重建莱茵河流域生态系统以及监控污染源等工作。

ICPR还制定了严格的排污标准和环保法案,强行对排入河中的工业废水进行无害化处理。为减少莱茵河的淤泥污染,ICPR严格控制工业、农业、生活固体污染物排入莱茵河,违者罚款,罚金在50

万欧元以上。

1987年，ICPR还通过了重在全面整治莱茵河的"莱茵河行动计划"。从最初治理污染到寻求莱茵河地区的可持续发展，ICPR一系列措施让莱茵河生态逐步进入良性循环。

2. 明确的治理规划与目标

ICPR从河流整体的生态系统出发，制定了明确的治理目标和规划，把大马哈鱼回到莱茵河作为治理效果的标志。例如，莱茵河2000年行动计划分为3个阶段实施：第一阶段为1987~1990年，首先通过调研确定优先治理的污染物质清单，分析这些污染物的来源、排放量；第二阶段为1990~1995年，ICPR制定了具体措施和标准，要求工业生产和城市污染处理厂采用新技术，减少水体和悬浮物的污染；第三阶段为1995~2000年，是强化阶段，即采用必要的补充措施全面实现治理目标。

3. 先进的治理手段

ICPR根据莱茵河流域的特点，采用了先进的治理手段，进行生态系统治理和排污、清污两手抓。

河流本身是一个生态系统，人为地去改变它的生态构成要素，只能导致河流变成死河，使它失去自净能力。ICPR各部门相互协调，采取了一系列恢复河流自然生态的措施：拆除不合理的航行、灌溉及防洪工程，拆掉水泥护坡，以草木绿化河岸，对部分改弯取直的人工河段重新恢复其自然河道等。同时，ICPR对河流进行24小时全方位监测，全面控制污染物排入莱茵河，坚持对工业生产中危及水质的有害物质进行处理。

莱茵河治理主要是解决排污问题，其中95%是企业排污，不是采用简单地关闭工厂，而是通过建立污水、垃圾处理厂，采用完善的环保设施手段。例如在德国巴斯夫设有蔚为壮观的污水处理厂，共有5个生化处理池，每个相当于两个足球场大，每一环节都进行电子监测，中央系统还有总监测，企业污水处理厂还负责净化整个城市每天约20×10^4立方米的生活污水。

4. 高度的环保意识

莱茵河水终于在 1995 年开始重返清澈，但花费却非常巨大。因此，现在的莱茵河畔人民视环保高于一切。目前，其中的德国企业将其销售额的 5% 左右用于环保。

（二）泰晤士河

横贯英国的泰晤士河是英国的母亲河。但随着工业革命的兴起及两岸人口的激增，每天排放的大量工业废水和生活污水使泰晤士河迅速变得污浊不堪，水质严重恶化。20 世纪 50 年代末，水中的含氧量几乎等于零，鱼类几乎绝迹，肮脏的河水还成为沿岸疾病流行的罪魁祸首。而通过 100 多年的治理，这条河流重新焕发了生机。现在的泰晤士河水质好、清洁度高，是世界上最干净的水系之一，居民用水清洁标准也是很高的。泰晤士河整治卓有成效，经常有来自世界各地的官员和技术人员前去取经，其主要治理措施和经验如下。

1. 高效运作的管理机制

与莱茵河一样，鉴于水的自然属性，首先成立了高度集权的跨地区的泰晤士综合治理委员会和泰晤士水务公司，对泰晤士河流域进行统一规划与管理，制定水污染控制政策法令、标准，并进行治污工作。根据规定，所有生活污水都先通过下水道集中到污水处理厂处理。污水处理厂负责把污水中的废物杂质去掉，把细菌杀灭，让污水变清之后再排进泰晤士河。至于工业废水，按法律规定，工厂必须自行处理并使其符合标准后，才能排进河里。没有能力处理的，可排入河水管理局的污水处理厂，但要收排污费。检查人员经常不定期地到工厂检查监督，达不到要求又不服从监督的工厂将被告上法庭，轻则罚款，重则关门。船舶排水也由环保部门制定排污标准，不得违规排入。水务公司监管人员经常要测试河中水质，如发现河中某段水质出问题，立即寻踪追根，直至查到污染源，将相关的单位告上法庭。

2. 充分的治理资金保障，加大科技投入和基础设施建设

泰晤士河100多年来的治污费用高达300多亿英镑，泰晤士河的治理有充足的资金保障，其来源主要是依靠供水收费、上市公司股票及市场集资、融资等渠道。

把资金转化为科技和设施投入，这是污水治理的重大要素之一。近十年来，泰晤士水务公司仅在伦敦地区的治污投资就超过了65亿美元，其中15亿美元用于污水治理厂的建设。全流域建设污水处理厂470余座，日处理能力为360×104吨，几乎与给水量相等。水务公司雇员中有约20%的人员从事研究工作，有专门的研究部门，科学研究帮助水务公司制定合理、符合生态原理的治理目标，根据水环境容量分配排放指标，及时跟踪监测水质变化。对于居民用水，科研人员要进行各种项目的一系列测试，以确保用户的供水清洁度。

3. 加强宣传，提高市民环保意识

泰晤士河的演变使伦敦市民非常重视河流的保护。一些民间环保组织还动员学校将课堂搬上轮船，向学生传授一些泰晤士河的奥秘和历史知识，其目的就是加强人们与泰晤士河的联系，保护这条母亲河。

（三）密西西比河

密西西比河流域包括美国31个州的全部或部分地区以及加拿大的两个省，沿岸都是一些工农业发达区域，内河航运也非常发达，流域水污染的治理非常有效，避免了欧洲"先污染、后治理"的弯路，其最根本的治理经验主要包括下列两条。

1. 高效集权的统一管理机构

早在1879年，美国国会就成立了密西西比河管理委员会，统一负责密西西比河的污染整治工作。美国大量拨款给该委员会，在密西西比河管理及环境保护方面，该委员会拥有很大的行政权力和财政实力，负责统一整治密西西比河的环境及安全，取得了非常好的

效果。

2. 加强立法管理

美国是个非常讲究法制的国家，对密西西比河的水资源管理同样也纳入了法制化轨道。美国制定了很多相关的法律，流域内的广大企业和居民用法律维护自身用水合法权益，国家依法开发、利用、管理密西西比河的水资源，并依法严厉惩罚违反水法或对水环境造成危害的行为。政府的主要责任是加强监督和检查，发现违法行为，政府不直接处理，而是向法院提起诉讼，由司法机关根据危害的情节予以处罚，把行政权和司法权分离，以便互相制约，互相监督，互相配合，从而在法律上保证了密西西比河水资源的高效管理。

（四）日本琵琶湖污染综合整治

20世纪50~60年代，日本发生了多次环境污染事件。

20世纪70年代，琵琶湖赤潮频发，1978年16次，1979年17次，1985年8次。

日本在30年内采取了一系列整治措施，收到了明显的效果。

（1）调查表明农田排水是主要污染源。大力推行清洁与循环农业，提高施肥效率，减少施肥量，加强农田排水管理。

（2）对工业废水的排放实行了比国家排放标准更严格的标准。

（3）建设了4座城市污水处理厂。

（4）禁用含磷洗衣粉。

（5）实施浸润灌溉、喷灌、滴灌等。

（6）严格处置养殖业的牲畜粪尿。

（7）大搞绿化，广植树林。

（8）控制丘陵、山地的面源污染。

（9）加强科普教育，提高民众的环保意识。

（五）国外跨区域治理水污染的经验借鉴

1. 建立统一管理、垂直领导的流域管理体制

流域作为一个整体概念，包括水量、水质、地表水和地下水等各个部分。因此，必须有一个统一管理、垂直领导的管理体制。近年来，我国流域管理与区域管理之间的冲突有所增加，必须尽快建立与区域管理相协调的流域管理体制。

2. 加快流域立法进程

从国外经验可以看出，不论是现实流域管理的需要，还是今后管理发展的需要，流域管理机构应该是流域管理中最重要的管理机构。因此，应该提高流域管理机构的法律地位，使流域管理机构运用行政、法律、经济和科学技术等综合手段，保护当地有限的水资源免于污染，尽可能满足社会和国民经济发展对水的需求。

3. 流域投资运行机制市场化

把市场经济引入水污染治理中，使水资源管理机构企业化，激励流域管理委员会进行合理的国内融资和引进外资，从而开辟更广阔的资金来源，减轻政府负担。这就需要赋予流域管理机构更大的权力，增强流域管理机构利用经济手段进行调控的能力。

4. 建立流域企业化管理体制

把流域水资源开发利用与环境保护、维持生态平衡等结合起来，建立集水资源开发利用和保护于一体的企业化管理体制，实现资源与环境一体化管理，以提高水资源利用率。

5. 优化流域管理机构内部结构

由于我国现行的流域管理机构多是国家为了对主要江河实施大规模治理而设置的，客观上导致了流域管理机构忽视水域、水资源和水行政管理，难以承担起流域水行政主管部门的职责，且流域管理机构内部政企职责不分，人员结构不合理，造成其流域管理与执法能力不足。因此，应对流域管理机构进行改革，逐步建立符合我国国情、权利和责任统一的高效流域管理机构。

四 我国水污染治理的政策动向

(一) 新《环境保护法》正式实施

2015年1月1日,新的《环境保护法》正式颁布实施,据相关部门统计,这一年,全国各地共检查污染企业177万家次,查处各类违法企业19.1万家,责令关停取缔2万家,停产3.4万家,限期改正8.9万家。实施按日连续处罚715件,罚款数额达5.69亿元;实施查封扣押4191件,限产停产3106件。各级环境保护部门下达行政处罚决定9.7万余份,罚款42.5亿元,比2014年增长了34%,公布了74个典型环境违法案例。上述措施显著提升了政府、企业、公众的环境责任、义务和权利,促使全社会共同认识到,改善环境必须调整社会利益关系,必须严格实行法治。

(二) 推进环境污染第三方治理

2015年1月14日,国务院办公厅印发了《关于推行环境污染第三方治理的意见》,对改革治污模式、吸引和扩大社会资本投入环境污染治理、促进环境服务业发展等方面做出了部署。

(三) 《水十条》开启治理行业发展

2015年4月2日,国务院印发《水污染防治行动计划》(简称《水十条》),从全面控制污染物排放、推动经济结构转型升级、着力节约保护水资源、强化科技支撑、充分发挥市场机制作用、严格环境执法监管、切实加强水环境管理、全力保障水生态环境安全、明确和落实各方责任、强化公众参与和社会监督十个方面部署了水污染防治行动,共制定了10条35款76项238个具体措施。

根据行业机构的相关测算,如果《水十条》按计划实施,今后5年,我国水污染治理行业的年销售总收入将激增3~5倍,市场规模理论上将有2.85亿~6.75亿元的发展空间,这将使我国水污染治理产业及其他环保产业得到空前发展。《水十条》的另一个重要亮点是它不再停留在减排量、排放标准等旧时代的手段上，而是直接将河流等水体的改善程度作为考核标准，包括七大水系的水质标准、地级市以上城市黑臭水体的数量和发达区域的水体断面标准等刚性指标，彰显了中央要绿水青山的决心，标志着以环境质量和环境效果为核心的环保时代已经来到。

在促进多元融资方面，《水十条》明确提出，采取环境绩效合同服务、授予开发经营权益等方式，鼓励社会资本加大水环境保护投入。

（四）多部门联合推广 PPP 模式

2015 年 4 月，财政部、环保部联合下发《关于推进水污染防治领域政府和社会资本合作的实施意见》，在水污染防治领域大力推广运用政府和社会资本合作（PPP）模式，提出逐步将水污染防治领域全面向社会资本开放。

2015 年 5 月，国务院常务会议通过《基础设施和公用事业特许经营管理办法》，明确将能源、交通运输、水利、环境保护、市政工程等五大吸纳资金规模巨大和投资收益含金量高的行业，开辟为特许经营的领域，并提出最长 30 年的运营期限，明确国家鼓励包括政策性、开发性金融机构参与。这意味着国内 PPP 领域有了可以依据的部门层面的规章制度，由之前的合同合约形式上升到了法律层面，增强了社会资本介入 PPP 项目的信心，这对于国内 PPP 项目的长远发展具有决定性意义。

（五）《水十条》带动城市黑臭水体治理

2015 年 8 月 28 日，住建部与环保部联合发布《城市黑臭水体整治工作指南》（以下简称《指南》），对于城市黑臭水体整治工作的目标、原则、工作流程等问题均做出了明确规定。同时，《指南》对城市黑臭水体的识别、分级、整治方案编制方法以及整治技术的选择和效果评估、政策机制保障提出了明确的要求。值得注意的是，此次将群众的感受作为是否为黑臭水体的主要评判标准，而非"劣Ⅴ类"这样的专业名词。

根据《指南》要求，到2015年底前，地级及以上城市建成区应完成水体排查，公布黑臭水体名称、责任人及达标期限；2017年底前，地级及以上城市建成区应实现河面无大面积漂浮物，河岸无垃圾、无违法排污口；直辖市、省会城市、计划单列市建成区基本消除黑臭水体。

与此同时，2015年7月9日财政部和环保部共同发布《水污染防治专项资金管理办法》，制定并推行《水污染防治专项资金管理办法》，其中将"城市黑臭水体整治"列入了专项资金重点支持的范围。

（六）排放标准修订预示未来污水处理厂将提标改造

2002年颁布实施的《城镇污水处理厂污染物排放标准》（GB18918-2002）有效促进了我国污水处理厂的有序建设和发展，对水环境的改善起到了非常重要的作用，然而该标准已有十多年未修订。为了顺应更高的水环境保护需求，2015年11月，环保部发布《城镇污水处理厂污染物排放标准》（征求意见稿），向外界广泛征询意见。相比当下执行的排放标准，此次意见稿在原有一级A标准和一级B标准的基础上，增加了一项新标准——特别排放限值，规定生态环境敏感区的污水排放须提高至地表水Ⅳ类水质要求。根据环保部估算，目前各类提标改造投资费用达336亿元，新标准出台后，新建及现有污水处理厂将掀起提标改造的高潮。

（七）全面推进河长制

中共中央办公厅、国务院办公厅2016年12月印发的《关于全面推行河长制的意见》明确提出，我国将全面建立省、市、县、乡四级河长体系，坚持依法治水、管水，建立健全保护监督考核和责任追究制度，拓宽公众参与渠道，加强社会监督。该意见强调，要强化考核问责，根据不同河湖存在的主要问题，实行差异化绩效评价考核，将领导干部自然资源资产离任审计结果及整改情况作为考核的重要参考。

第六章
特大城市人口过度集中及其疏解措施

一 特大城市人口过度聚集的原因分析

伴随着快速的城镇化,大量农村人口涌向城市,而城市发展无力承担如此快速的城镇化压力,从而导致城市出现人口严重超载、资源供给紧张、交通堵塞、环境污染等问题,威胁着特大城市的可持续发展。究其原因,人口膨胀无疑是造成"城市病"最为重要的方面。因此,对特大城市人口规模进行合理调控是有效应对"城市病"、提高城市发展质量的关键。西方发达国家城镇化发展的历史表明,城镇化进程会经历一个S形曲线,当城镇化比重在30%~70%时,城镇化将处于加速发展阶段,而我国正处于这个阶段。

下面以北京为例分析特大城市人口过度聚集的原因。

(一) 北京占据"天时、地利、人和"

改革开放后北京进行过三次城市总体规划,但每次对人口增长的预计都大大落后于实际人口的增长速度,究其原因,恰恰是对北京特殊性认识不足、对北京超强的集聚能力认识不足。

北京超强的人口集聚能力可以归纳为"天时、地利、人和"三个方面。"天时"主要是指首都效应,北京是我国的政治、军事、文化中心。虽然北京的城市规划文本不提经济中心，但事实上的北京是不提经济中心的经济中心。因为政府权力集中在北京，中字头的国有企业全在北京。此外，北京还是事实上的金融中心，因为四大国有银行总部在北京，银保监会、证监会全部在北京，金融资产的60%以上集中在北京。因此，北京实际上是我国政治、经济、军事、文化、金融、交通信息、国际交往、旅游的八大中心，具有超强的综合性城市特征。

"地利"是指北京是一个拥有14亿人口的东方大国的首都，而不是一般中等国家的首都。世界上的首都有两种类型，一种是小首都，诸如华盛顿、渥太华，首都人口约占其全国人口比重的1.5%，假若以北京现有2151万的人口规模来衡量，显然北京不属于小首都类型；大首都的概念则是占全国人口的1/3，虽然北京未来的人口不至于发展到占全国人口1/3的比重，但压力非常之大，还会有大量的外来人口融入北京，可以预测的趋势是在我国城市化完成以前，在全国人口稳定以前，北京人口增长控制是个大问题。

而"人和"则是指北京是全国各行各业精英汇聚的地方，因为全世界没有哪一座城市有70多所高等院校，还不包括专业的高等院校和部队院校，海淀区就有20多所高等院校，这也是独一无二的。北京未来发展的主要产业是高端服务业，高端服务业的决定性因素就是人才，而北京汇聚了全国的精英。对知识分子来说，北京是高校和科研院所多、思想多、研讨会多、媒体多的地方。对演艺界和艺术圈的人来讲，北京是功成名就、人脉集聚、机遇多多的地方。对媒体人来讲，北京是政策起源地、新闻高发地、专家聚集地。对于父母来说，北京是教育资源最好、考大学最易、距离实现望子成龙梦最近的地方。

即使房价高、交通拥堵、空气污染、水源枯竭，人口的集聚也是北京未来一个不可回避的重要发展趋势。也正因为如此，北京给外来人口提供了广阔的空间延伸的可能。

(二) 北京呈现高就业率、高收入水平、消费支出层次化

北京在全国的失业率是最低的，并且2009～2011年均稳定维持在1.4%左右，而同比之下，上海的失业率约是北京的3.2倍，天津的失业率约是北京的2.6倍，其他省份的失业率大抵也在2倍以上；就业人员的平均工资，北京比上海略低，但远高于天津、重庆以及其他省份。就2011年的数据来看，北京的收入大概是天津的1.36倍，是重庆的1.91倍。但就居民的消费支出来看，北京是全国最低的，以最终消费支出100计，2012年，北京是58.2，比上海的75.6低了17.4个百分点，也比全国居民消费支出比较低的其他省份低10个百分点左右。

从这个数据来看，我们大致可以看到北京市民"两高一低"，即高就业率、高收入水平、低消费水平的特征。农民工进入城市打工，留在城市生活、工作，这是城市化的必然趋势。北京是我国城市化程度和经济社会发展水平最高的城市之一，以其就业机会多、报酬高的优势，吸引了大批外来人员，特别是对于周边的农民有着强大的吸引力，吸引了大量外来人口。

(三) 北京的高密度人口和优质公共服务

高度拥挤对于外来人口来说，群居或者选择在四环、五环甚至六环外租房是最优的经济选择。据调查，目前唐家岭拆迁后，北京北五环外的北四村成了"新蚁族"的汇聚地，该村人口6000人，外来人口9万人，租房屋9.2万间，以其低廉的房租而吸引了大批来京寻找就业机会的大学毕业生，这里是名副其实的群租村，离大部分人的上班地点均有一个半小时以上的行程，并且得倒几趟车，但这里租房价格便宜，月租金平均在518元。2013年的调查数据显示，"蚁族"平均租房面积在6.4平方米左右，基本的生活月支出在1530元。与2009年相比，"蚁族"群体的学历有所提高，2009年这个群体中本科学历仅占31.9%，2013年本科学历达到43.9%，较4

年前提高了12个百分点，研究生学历也有显著提高，由1.6%增加到7.4%。数据显示，"蚁族"群体的收入水平并不低，平均月工资超过了4000元，但他们的生活质量由于居住贫困而显著降低。他们是名副其实的"青春，在拥挤中爆发"。在体制惯性和各种资本的约束下，他们的居住空间受到极大的挤压。

对外来人口而言，北京市大量的优质公共资源也是广为外界所关注的。北京无疑是全国教育最为发达的地区。尤其在高等教育方面，北京集中了原"985"高校8所（全国38所），上海4所，天津2所；前20强高校，北京4所；原"211"高校23所（全国100所），上海9所，天津3所，重庆2所。尤其是最知名的清华大学、北京大学均在北京，给全国人民以巨大的吸引力，并且在北京考上清华、北大等知名高校的概率比外省市要高很多。另外，北京拥有全国最好的医疗资源，是全国公认的医疗设施最好最全、医术最高明的地方。北京优质医疗卫生资源过度集中，大量外地人口进京看病就医，一方面，使北京三级医院拥挤不堪，加剧了医疗资源的供给矛盾；另一方面，大量外来人口进京看病加剧了人口和交通压力。数据表明，北京年看病人次超过2.2亿，每天有超过70万外地患者就医；尤其是近在咫尺的河北每年就有近700万人进京看病，而距离北京仅30千米的燕郊三甲医院病床闲置率却高达70%以上。这在某种程度上加剧了北京的人口、资源、环境的承载压力。

总之，北京"天时、地利、人和"以及"两高一低"的特征对外来人口的空间延伸期望远远超过了北京的"高度拥挤"和"优质公共服务幻影"所带来的时空压缩，这也正是北京市人口治理"越控越多"的根本所在。

国内其他特大城市在人口吸引力上与北京类似，均造成外来人口过快增长。

二 特大城市人口的国际比较及其启示

近年来，特大城市频频出手限制外来人口，但是却很难阻挡其人口增长趋势，特大城市人口规模规划目标屡遭突破。数据显示，2010年底上海常住人口为2301.91万人，大大超过了"十一五"规划所设定的1900万人的目标；2010年底北京常住人口为1961.2万人，提前10年突破了《北京城市总体规划（2004年~2020年）》中所确定的1800万人的目标。

（一）特大城市人口的国际比较

1. 我国与世界特大城市数量比较

联合国发布的《2014年世界城市化发展展望》显示，2015年世界城市人口规模将呈现如下状况：城市人口规模超过1000万人的将有29个，介于500万~1000万人的有44个，100万~500万人的有428个，50万~100万人的有538个，30万~50万人的有690个。而我国人口规模超过1000万人的城市有6个，占世界的20.69%；500万~1000万人的有10个，占世界的22.73%；100万~500万人的有89个，占世界的20.79%；50万~100万人的有155个，占世界的28.81%；30万~50万人的有147个，占世界的21.30%。总体而言，我国各规模的城市数量均占世界的1/5左右，城市规模呈均等化现象。

根据该报告的数据，2015年我国人口规模在500万人以上的城市数量与人口规模在100万~500万人的城市数量之比为0.18；从整个世界来看，该比值为0.17，我国基本处在世界的平均水平。有学者研究表明，我国2009年市辖区年末人口规模超过300万的城市有18个，人口规模介于100万~300万人的城市有106个，二者比率也为0.17。2000年全球人口规模在300万人以上的城市与人口规模介于100万~300万人的城市之比为0.29；而我国同口径测算的比值为0.119。由此可见，虽然自2000年以来我国城市人口在向大城市不断集中，但特大城市数量占比仅为世界平均水平，特大城市并不明显偏多。

2. 特大城市人口规模的国际比较

联合国发布的《城市集聚区2014》列出了世界人口规模最大的

30个城市集聚区,其中,上海排名第3,与最大的城市群东京圈相差1480万人;北京排名第7,与东京相差1830万人;重庆排名第16,与东京相差2490万人;广州排名第22,与东京相差2600万人;天津排名第24,与东京相差2690万人;深圳排名第26,与东京相差2710万人。单纯从人口规模的角度而言,我国的特大城市人口规模并不算特别高,并未达到人满为患的地步。

3. 特大城市人口的集聚程度

从人口集聚程度来看,我国特大城市所集聚的人口占总人口的比重以及占整个城市人口的比重,显著低于世界其他特大城市。布宜诺斯艾利斯集聚了阿根廷35.9%的人口、39.2%的城市人口,东京圈集聚了日本29.8%的人口、32%的城市人口,首尔集聚了韩国19.7%的人口、24%的城市人口。相比之下,上海仅集聚了中国1.6%的人口、3%的城市人口,北京集聚了中国1.4%的人口、2.6%的城市人口,广州集聚了中国0.8%的人口、1.6%的城市人口,天津和深圳集聚了中国0.8%的人口、1.4%的城市人口。

4. 特大城市人口的密度

Demographia发布的《世界城市区域研究第11期年度报告》(Demographia World Urban 11th Annual Edition:2015:01)显示,在世界最大的30个城市区中,上海的人口密度为6100人/平方千米,北京为5500人/平方千米,广州－佛山为6000人/平方千米,深圳为6900人/平方千米,天津为5400人/平方千米,远低于达卡43500人/平方千米,孟买32400人/平方千米,德里12100人/平方千米,首尔10400人/平方千米的数值。由此可见,我国特大城市的人口密度并非世界最高。

(二) 特大城市人口规模国际比较对我们的启示

通过对特大城市数量、人口规模、人口集聚程度、人口密度的国际比较研究发现,我国各规模的城市数量均占世界1/5左右,特大城市并不明显偏多,城市规模呈均等化现象;从人口集聚程度来看，我国特大城市所集聚的人口占总人口的比重以及占整个城市人口的比重都显著低于世界其他特大城市；我国特大城市人口密度也并非世界最高。我国紧张的人地关系以及工业化和城市化的特殊发展阶段等特殊国情，决定着我国的城市化发展应该向集约化、紧凑化方向发展。

1. 遵循特大城市发展的内在规律

特大城市因拥有更多的资源、集聚更多的企业、产生更多的技术创新、更为活跃的商业活动而搭起了更高、更大的平台，创造了更多的就业和选择机会。特大城市所特有的高端医疗、优质的教育资源、完善的公共服务、多元化的文化和艺术，使得人们可以享受更高质量和更丰富的生活。因此，人们向往生活在大城市是情理之中的。

根据城市自组织理论，城市系统是一个非平衡、开放性的自组织系统。自组织系统在远离平衡的状况下会朝着有序、有组织的方向发展，是"从混沌到有序"的演化过程，或从一种有序状态转换为另外一种有序状态的过程。住房价格、土地供应、就业机会等在城市空间上的不均衡，是推动市民迁居和城市居住空间不断演化的动力，而市民的迁居和人口流动又会反作用于房价、土地供应和就业机会。换言之，城市规模会在城市自组织的过程中达到最优，这是城市的发展规律。

2. 用发展的眼光看待城市的承载力

早在很多年前，就有人指出我国特大城市承载力已经不堪重负。尽管特大城市的人口规模目标屡被突破，但这些城市依旧有序地运转着，普通民众并没有感觉到不堪忍受。这并不是人们的忍耐力在提高，而是城市的承载力在变化。虽然城市承载力不是可以无限提高的，但是也不能将城市的承载力视为一个固定值，要用发展的眼光来看它。随着技术进步和城市治理水平的不断提高，城市承载力是可以不断提高的。如随着技术的进步，超高建筑的大量兴建，大大提高了特大城市的土地承载力；轨道交通技术、智能交通系统的出现，可以极大地缓解交通拥堵，提高特大城市的交通承载力；阶梯性水价、气价的出台有助于节约用水和天然气错峰使用，因此水资源、能源的承载力也会相应增加。

3. 提高规划的前瞻性和科学性

当人口持续增长导致城市集聚出现不经济或导致"大城市病"时，市场就会调节人口增长，此时的城市人口实际规模一般会大于经济最大人口规模。由此可见，市场经济有使城市数量过少、规模过大的倾向。纽约、东京、伦敦、巴黎等国际领先城市，在城市发展过程中都曾不同程度受到"城市病"的困扰。除了市场失灵会导致大城市病发生外，城市空间布局的不合理，居住、产业、公共服务等功能布局不匹配，也会直接影响城市运行效率，导致大城市病的发生。因此，提高城市规划的前瞻性和科学性，也是防治大城市病的重要手段。国际领先城市在利用高人口密度带来经济优势的同时，仍能维持民生保障、社会稳定及高效的资源分配利用，与其科学合理的规划是密不可分的。

三 我国特大城市人口规模增长趋势

（一）特大城市人口机械增长高峰已过

特大城市人口有着必然的增长规律，人口增长主要与产业及经济增长有关，行政手段的控制通常以失败告终。我国特大城市人口增长与经济增长基本同步，城市经济增长越快，同期人口增长也越快；除北京因奥运会人口恢复性增长外，东部沿海特大城市人口增长高峰期已过，中西部特大城市因人口外出回流而进入高速增长期；东部沿海非省会城市因外来人口回流过快而导致人口持续减少，如深圳、东莞两市的人口分别由 2007 年的 2000 万、1750 万下降到 2014 年末的 1700 万、1300 万。

（二）特大城市将面临长期的劳动力短缺

虽然国家统计局公布的农民工数量自 2008 年以来连年增加，但增长的幅度在逐年下降。更应引起人们重视的是，统计数字上的增加并非外出农民工数量真正增加了，而是在外来农民工城镇沉淀、统计范围的扩大、符合统计标准的农民工数量增加这三种因素的作用下增加。在现有的劳动退休政策下，2033 年之后全国农民工每年将减少 600 万人。到 2040 年，全国农民工数量将减少到 20530 万人，比 2013 年减少 7446 万人。

（三）大学生由相对过剩到绝对短缺

国内大学毕业生将在 2015 年形成高峰，自此之后大学毕业生人数也将锐减。因此，以往过剩的大学毕业生也将会变成绝对短缺，大城市之间的大学毕业生争夺也将如同争夺农民工一样激烈。这种争夺战 2018 年开始白热化，针对大学毕业生的很多优惠措施在很多特大城市不断推出，虽然特大城市在整体上相对中小城市更有吸引力，但以高房价为代表的高昂生活成本将放慢大学生进城的步伐，而经济新常态下的地方财政收入放缓，也使得各大城市地方政府对吸引包括大学毕业生在内的劳动力人口力不从心。2018～2033 年，在劳动力退休年龄不变的情况下，我国劳动力年均将短缺 800 万人，2033 年将短缺 1734 万人。

四 国外特大城市人口疏解与管理措施及经验启示

特大城市的人口问题是世界城市化进程中一个非常棘手的问题。近年来，北京等特大城市人口规模的持续攀升，带来了一系列的社会问题，交通拥堵、住房困难、水资源紧缺、环境污染等。北京等城市所遭遇的人口膨胀及所带来的各种问题，国外特大城市如东京、伦敦、纽约、首尔等在其经济高速增长期，伴随着城市化的快速推进，也有相似的经历。

（一）国际特大城市人口调控的常见做法

1. 整体规划，分区控制

通过城市规划确立合理的城市定位与功能分区。韩国制定过多部首都发展规划，包括土地利用、工业人口配置和社会机构布局等，如首尔在20世纪末实施的《首都圈整备计划法》，把首都圈划分为拥挤限制、增长管理及自然保护三种类型地带进行空间管制。当前，世界各大城市都注重在人口承载力基础上制定发展规划，从而影响城市人口规模和分布。如伦敦2004年制定的《大伦敦空间发展战略》，建立了全面的规划框架，确定了不同的发展地区，收效显著。

2. 建立次中心，缓解中心压力

一些大城市通过规划建设副城市、卫星城、新城等办法，创建次中心，分流中心人口压力。东京从20世纪中期开始实施"副中心"战略，分担东京的城市功能，建成了多个各具特色的综合型新中心，形成了"中心区—副中心—周边新城—邻县中心"的多中心、多圈层的城市格局，有效地缓解了由人口密集造成的"城市病"，城市及周边地区呈现全面繁荣的局面。为了控制城市人口规模，巴西首都巴西利亚兴建之初就同步建设了八座卫星城，每座都按功能侧重来布局和建设。首尔卫星城建设采取了由近及远、逐步外扩、设施配套等策略，同时注重生活设施的合理配置。

3. 跨区合作，建设城市群

城市群的建设与发展是解决都市高度集中而产生的城市问题的一大举措。英国于19世纪70年代开始采用城市群布局，组成了相互关联、相互依赖的伦敦—伯明翰—利物浦—曼彻斯特城市群，该城市群以伦敦—利物浦为轴线，包括大伦敦地区、伯明翰、谢菲尔德等城市和众多小城镇。相对于单个城市，城市群确实增强了各种城市功能，扩大了人口容纳量，人口在大区域内实现了合理布局。

日本东京都市圈被认为是复合型多功能综合性大都市圈，包括了东京、琦玉、千叶等8个都（县），形成了以东京为中心囊括周边100千米范围的都市群，起到了减缓人口向东京都市区集中的作用。

4. 完善基础设施建设，大力发展公共交通

密集的东京大都市之所以能够在过去50年里持续发展，完善交通基础设施是关键。其结构性高速公路框架以及高密度铁路交通网络，对处理大城市高密度问题作用巨大，城市得以向外扩展，引导城市人口转向郊外，还使城市无法容纳的工矿企业得以迁入邻近农村，打通了城乡间的天然屏障，促进了农村城市化和大都市圈的形成。人口疏散离不开高效的公交。首尔公共交通非常发达，轨道交通更是首屈一指，50%以上的地区都在距地铁站1千米以内，还有居民区与地铁站之间的巴士专线，纵横交错的地铁网络将首都圈联系了起来。

5. 合理配置资源，促进城乡一体化发展

优质公共资源在空间上的均等化配置是避免人口过度流向城市中心区的关键因素。纽约非常重视郊区公共服务设施建设，不仅政府直接进行大量投资，而且给予政策吸引以鼓励私人投资。同时，加强教育资源配置，1994年，纽约为每个郊区学生支出达9688美元，而城区仅为8205美元。伦敦也非常重视城乡协调发展，在早期就注重保护和发展农业，提高农民收入，完善社会保障制度，促进农民生活方式的现代化，有效缓解了农民进城的压力。

6. 用法律和行政手段进行控制

现代国际大都市一般都没有限制本国人口自由流动的法律，但有部分国家在特定时期，或多或少地寻求一些行政手段解决城市人口问题，如德国就业许可制度、莫斯科居住证登记发放制度等。日本没有"户籍"，也没有限制人口流动的政策，但设立了类似"户籍"的"住民票"，并同社会保障相关联，辅以科学的信息技术，有效地对人口进行了管理。近年来，日本还出台了住民基本信息登记制度，不仅保证了人口有序流动，而且加强了政府与居民的关系。

大部分国际大都市广泛运用法律手段来实现人口的有序管理，如韩国的《人口登记法》、美国的《住房和城市发展法》等。

7. 关注落后地区，实现区域均衡发展

许多国家都已意识到缩小区域差异是疏解大城市人口过度集聚的根本。日本以减少人口过度集中为目标，制订了"全国综合开发计划"，以振兴地方经济，促进中小城市发展。1980年，日本50万人口以下的城市已占城市总人口67.3%，大城市仅占32.7%。巴西将首都从里约热内卢迁到巴西利亚，其初衷就是解决里约热内卢出现的大城市问题，并通过首都的辐射和带动使落后的内陆地区均衡发展。为了缓解首尔的"城市病"，促进各地区均衡发展，韩国将行政首都搬迁至世宗市。

（二）东京调控人口的政策措施

二战后，东京人口规模快速增长，保持着年平均5.8%的增长速度，使得战争因素造成的人口萎缩在10年之内迅速消除。人口短时间内的快速聚集，带来了一系列的社会问题，如地价上升引起的住房价格上升和公共项目经济效益下降、交通问题的恶化、各种废弃物处理设施容量达到极限、城市环境污染等。面对人口快速集中的局势，东京都政府发挥了关键的主导作用。

1. 制定规划，统筹人口发展

东京把人口问题放在城市发展战略的高度进行统筹考虑。1956年，日本政府实行"首都圈整顿方案"，规定在以东京为中心、半径100千米以内的地区构建一个"首都圈"，颁布了《首都圈整治法》，并于1958年编制了《第一次大东京都市圈建设规划》，奠定了区域同城化发展的基础。目前的日本首都圈整备规划已经修订了五次，分别是1958年第一次首都圈规划、1968年第二次首都圈规划、1976年第三次首都圈规划、1986年第四次首都圈规划和1999年第五次首都圈规划。

为了保障制定的规划能够顺利地实施，日本政府和东京都政府自20世纪50年代以来先后颁布了十几部法律,以法律的形式保障规划的实施,这是使规划得以顺利进行的关键。其间,颁布的法律主要包括《首都建设法》(1950年)、《首都圈整备法》(1956年)、《首都圈城市开发地区整治法》(1958年)、《首都圈建成区内工业等设施控制的法律》(即《工业等控制法》)(1959年)、《新产业城市建设促进法》(1962年)、《城市规划法》(1968年)、《首都规划法》(1968年)、《工业布局调整促进法》(1972年)、《多核分散型国土形成促进法》(1988年)等。

2. 转变城市发展理念,提高城市的承载力

控制城市规模,还是发展大城市,一度成为东京的城市管理者头疼的两难选择。20世纪60年代,日本城市规划界开始了有关大城市发展的激烈争论,争论中最根本的分歧就在于是应该控制、分散大城市的人口与产业功能,还是积极发展特大城市。在经济高速增长的环境下,发展大城市的观点占了上风。在东京第一次取得奥运会举办权后,1966年东京都政府首次肯定了东京发展成为巨大都市圈的必然趋势,提出东京的城市政策不应是消极控制,而应是积极引导,东京城市发展政策发生了历史性的转变。东京的发展思路变被动为主动,从一味关注城市规模转向关注城市布局。通过优化升级产业结构、开发城市副中心和新城、建设大都市圈等一系列举措,把人口数量与促进城市发展、提高城市生活性功能结合起来,有效地促进了人口的流动和合理分布,控制了东京都的人口规模,优化了东京都的人口结构。

3. 发展都市圈,减轻人口迁入压力

1956年,日本政府颁布了《首都圈整备法》。首都圈包括了1都7县,分别是东京都、琦玉县、千叶县、神奈川县、茨城县、枥木县、群马县、山梨县。其中离东京最近的琦玉、千叶、神奈川3个县与东京都组成了东京都市圈。

东京都市圈总面积13400平方千米,占全国总面积的3.5%;人口3680万人(2014年),占全国总人口的1/3以上;GDP更是占到

日本全国的一半。城市化水平达到90%以上，是日本最大的金融、工业、商业、政治、文化中心，被认为是"纽约+华盛顿+硅谷+底特律"型的集多种功能于一体的综合性大都市圈。

自20世纪50年代开始，琦玉、千叶、神奈川3个县的人口持续攀升，在70年代东京都人口进入稳定期之后，3个县的人口仍然保持了较快的增速。茨城从20世纪60年代开始，伴随筑波科学城的建设，人口也在逐步增加。都市圈的规划建设，在带动经济发展的同时，扩大了城市的容纳能力，也在缓解东京都的人口压力方面发挥了很大的作用。

为了协调和统筹东京首都圈的发展，日本先后成立了首都建设委员会、首都圈整备委员会和国土厅下设的大都市圈整备局。这些机构的设立，对于首都圈的规划和发展起到了重要的作用。1998年，东京都与周边7个都县，以"七都县市首脑会议"为平台，展开了更为密切的合作和实质性的政策协调工作。

4. 由"一极集中"到"多心多核"，疏散中心区功能和人口

伴随着东京经济的高速增长，核心区的商务功能集聚。20世纪60年代，核心区商务办公用房短缺，为了抑制商务功能继续向都心聚集，东京开始有计划地引导城市由"单中心"向"多中心"结构转移。设立副中心和商务核心城市，逐步形成了"多心多核"的城市结构，成为东京疏散城市中心区人口和功能的关键性措施。

（1）副中心建设。一是东京分阶段实施了副中心战略。1958年，首都圈整备委员会开始将新宿、池袋、涩谷作为城市副中心的规划地区。经过60多年的规划发展，在东京市23区的600平方千米范围内，形成了1核和7个副中心。东京火车站地区为核，是高密度的金融商业贸易地区（CBD）。周围沿着著名的长度超过30千米的环状轨道山手线，自然形成了间距不等、规模不同、功能各异的7个新老副中心：池袋、新宿、涩谷、大崎、上野、锦系町和临海。通过实施"副中心"战略，东京形成了分工明确、协调互补的网络化城市格局。二是通过轨道交通引导副中心的发展。在建设副

中心的同时，东京也很重视交通网络体系的建设。首先修建一条环市中心铁路，依托各交通枢纽将各副中心串联起来，然后再以各副中心为起点，修建众多呈放射状、向近郊或邻近城市延伸的轻轨线，并在线路末端发展新的中小城市和工业中心。经过多年的建设，东京大都市圈现有地铁线超过 280 千米，铁路近 3000 千米。轨道交通系统每天运送旅客 2000 多万人次，承担了东京全部客运量的 86%。在早高峰时的市中心区，有 91% 的人乘坐轨道交通工具。

（2）商务核心城市建设。为了解决对东京都中心地区的依赖与"一极集中"的结构问题，第三次首都圈基本规划提出了在"周边地区"建设"商务核心城市"的政策措施，积极发展横滨、川崎等主要城市成为核心城市，从而推动"多核型区域城市复合体"的形成。通过在 40~50 千米圈的范围内建设"商务核心城市"，促进一些不需要在东京都中心区布局的商务办公类功能向这些商务核心城市分散，从而形成以商务核心城市为中心、居住和就业相近、生活服务充足的具有综合性城市功能的自立型都市圈。1985 年的《首都改造规划——面向多中心联合都市圈的建设》规划的 6 个独立圈层分别是东京中心区、多摩自立都市圈、神奈川自立都市圈、琦玉自立都市圈、千叶自立都市圈、茨城南部自立都市圈。每个自立都市圈都有核心的商务城市，承担独立性的功能。

5. 调整产业结构

产业结构是影响人口规模、人口素质和人口空间布局的重要因素。东京产业结构经历了从城市化初期的劳动密集型向资本、知识密集型逐步过渡的过程。

1955~1970 年，由于钢铁、造船、机械、化工和电子等产业的迅速发展，东京都地区集聚了大量的制造业企业和就业人口，一系列的社会和城市问题凸显。为此，1959 年，国家公布了《首都圈建成区内工业等设施控制的法律》（即《工业等控制法》），其中将首都圈内的部分城市建成区定为工业等设施控制区域，即在包括东京都 23 区、三鹰市、横滨市、川崎市及川口市的部分市区里，对于一定规模以上的工业、大学等设施的新增项目进行控制。这一政策实施之后,工业设施的扩建和新建在控制区域受到严格的限制,许多工厂尤其是大型工厂,更多地开始向地价较低的地区迁移。自实施之年起的20年内,就业人数在300人以上的工厂减少了约40%。这一政策对于控制大型企业设施的增加和人口快速向东京集中起到了明显的效果。

另外,东京商务成本也是居高不下,加速了制造业的不断撤离,低端就业人口无法长期滞留,但以金融业和信息业、传媒产业为首的第三产业,日本大公司的总部,以及外国大公司则纷纷前往东京寻求进一步的发展。伴随着大批劳动力密集型企业和东京原有的一些重化工业相继迁往郊区、中小城市甚至海外,以研究开发型工业、都市型工业为主的现代城市型工业开始集聚。资本和技术密集型产业代替了劳动力密集型产业,一方面增加了地区生产总值和人均地区生产总值,另一方面也大大降低了东京城市的人口总量。

6. 建设新城,转移中心区人口

新城建设是当时缓解中心城区人口压力和分散东京城市功能的一个重要手段。东京周边地区自20世纪60年代以来,规划了包括筑波科学城、多摩新城等多项大型的开发项目。开发建设多摩新城的构想首次出现在"首都圈整治规划"中,为了解决日益庞大的居住问题,规划中提出了包括多摩新城建设在内,埼玉方向、千叶方向在东京郊外共三个方向上规划开发新城的构想。

这一时期的新城开发项目,与战前和战后复兴时期小规模的改善型城市再开发项目和住宅小区建设有很大的不同,不仅在项目规模上,而且在项目内容的系统性、综合性、专业性方面,都比以往有了很大的提高。这些项目的规划和实施使得当地的环境水平得到了极大的提高。当前,东京都市圈有代表性的新城,如东京多摩田园都市、多摩新城、港北新城、千叶新城等,都位于离中心城区核心地带30千米左右的距离,通过城际轨道交通连接中心城区,一方面解决中心城区人口的居住,另一方面考虑他们在中心城区的就业,因此，通勤时间也不太长，都在1个小时左右。而且，这些新城的配套设施齐全，以港北新城为例，公共用地占比31%，公共服务设施及教育设施等用地占比9%，商品房用地与集体住宅用地等占比20%。仅港北新城就有小学15所，初高中8所，大学3所，大规模商业设施7处。交通也十分便利，有2条地铁，11条市区公路，12条过境公路。

新城规划和建设周期一般时间较长。新城建设要遵循城市发展规律和经济发展规律，任何短期内建成一个新城的想法都是不切实际的，超前建设的基础设施会造成很大的资源闲置和浪费。因此，对于新城建设的规模设计、建设规划等，应当更加综合、理性地考量。

7. 分散行政办公设施、商务流通设施和人口

1961年内阁通过了"政府部门迁移"的决议，决定"尽快探讨将不必要设置在东京都内的政府部门及下属机构、国立大学进行集体迁移的方法"。1963年1月，日本内阁决定成立一个委员会以处理涉及政府机构集中迁移的有关问题。同年9月，日本政府内阁就在筑波地区规划成立科学城达成共识。筑波科学城坐落在茨城县的筑波市中心，西南距东京50千米，距新东京国际机场40千米，占地面积28.4平方千米。

日本建立筑波科学城的目的有两个：一个是迎接科学技术革命和教育改革时代的需要，为实现高水平的研究和教育建立筑波科学城基地，其核心就是由从东京及其周围地区迁来的国家级、实验性的研究机构和教育机构，建立筑波大学，创造一个适合实验性的研究和教育机构发展的环境；另一个是应付和减轻东京过度拥挤的环境，换句话说，把那些没有必要留在东京的国家级实验室、研究与教育机构迁入筑波科学城的目的，就是以一个有秩序的方式减轻首都密集地区的人口过度集中的压力，同时适当提高闲置土地的使用率，为首都地区经济的均衡发展作出贡献。到1998年底，筑波科学城有人口18.87万人，其中研究与教育区6.5万人，都市周边区

12.3万人，包括科学研究人员13000人。

根据1966年颁布的《商务流通城市整治法》，东京都政府制定了《东京都商务流通设施整治方针》。这一方针明确了将东京城市中心地区密集的批发业、仓储业、货车中转等商务流通设施，向城市高速公路和主干线道路的节点处及市区周边地区集中迁移的目标。根据这一方针，东京都南部的京浜两区、西北部的板桥区、北部的足立区、东部的葛西区，逐渐发展成为商务流通业的主要密集区。这一分散商务流通设施的方针，一方面促进了城市功能的更新和升级，另一方面转移了中心区人口。

（三）东京都政府调控人口政策措施的启示

东京是世界上最大的超大城市，东京都政府调控人口的政策措施对我国来说具有很强的借鉴意义。

一是对特大城市要有一个正确的认识，对城市的不断扩张、人口的不断膨胀不能只想着使用行政手段来"堵"，更应该在提高城市的承载力方面做努力。解决特大城市问题，更多地需要对城市进行进一步的开发和整备，关注城市的发展和布局，有效促进人口流动和合理分布。

二是政府针对人口调控要制定整体的规划，并且要出台具体的法律法规、政策措施来保障规划的落实。否则，规划会很难持续推进。

三是建立多个次中心，按照近郊、远郊等进行梯度规划，建设多个有特色、公共设施完备的新城、副中心等。多核心城市结构的形成，需要适当疏散城市功能，建设次一级城市中心，同时还需要保持居住功能和其他城市功能的平衡。在城市中心区和副中心区的开发中，不能单纯依赖商务办公功能的集中，而是要强调居住和综合性产业功能的结合，同时注重科研、文化设施和会展、体育娱乐等大型综合性项目开发以及交通枢纽的配套开发，配置教育、医疗等公共和服务设施，以减少周边居民对中心城市的依赖。

四是加强区域一体化，协调都市圈发展，减少人口迁入压力。发展都市圈，使中心城市与周边地区功能互补和相互带动，让产业在整个都市圈范围内进行更加合理的优化配置，一方面有助于都市圈内中心城市的功能升级，另一方面有助于带动周边地区的共同发展。

五是合理调整产业结构。促使劳动密集型产业外迁，适当提高注册企业的门槛，加快向资本密集、技术密集型产业转型。

六是分散城市非核心功能。对于东京都来说，其城市的核心功能就是首都功能，即政治功能，其他功能都是依附于政治功能的需要而存在和发展的，一旦其他功能的存在和发展影响了首都政治功能作用的发挥，其他功能就要给政治功能的存在和发展让路。日本从20世纪60年代就开始讨论首都城市功能迁移方案，至今也未能成行，而其间非首都功能不断外迁就是这个原因。

第七章
区域产业协同发展

一 区域产业协同发展的概念

(一) 区域及区域经济概念界定

人类的经济社会活动都是在一定的时空中进行的,从一般意义上看,区域是指人类活动的一定地域空间。在不同的学科里甚至在同一学科中,由于研究目的不同,人们对区域概念的内涵和外延的理解也会有所不同。在20世纪中叶,区域经济学刚刚起步阶段,美国地理学家哈特向把"区域"理解为与其他地区在某种方式上存在差别的一个具有具体位置的地区,区域内部的某些方面具有同质性,区域与区域之间具有一定的差异性。

也有学者把区域界定为由一定的经济活动与地理区位相结合的系统。这一系统既包含了该系统所处的地域空间,又包括了该系统与系统外部其他相关事物的某些特定联系。区域经济学家布代维尔等学者将区域划分为均质区域、极化区域和规划区域。他们认为,均质区域是由多个不同空间单元所组成的区域。在均质区域中,各个空间单元具有地理或自然要素禀赋或经济社会等方面的共性特征。极化区域是指地理空间中地方化的异质连续地域,其不同部分通过围绕区域增长极(在经济发展中起决定作用的带动单位)的相互关联而相互依存。

规划区域是为实现一定的目标而设定的,与行政调控有关的连续空间。在规划区域中,行政安排的落实或经济政策的实施都便于实现,某些特定需要解决的问题由于规划区的设定而便于解决。

(二) 区域协同发展的含义

协同是指构成系统的各个要素通过协调合作,达到系统整体功能大于各个要素功能之和的一种系统结构状态,它既反映了系统发展的协调合作过程,又反映了系统通过这一过程所达到的结构状态优化的结果。系统内各个要素之间相互协同形成合力,产生协同效应,形成超越各个要素自身功能之和的新的整体功能。要素之间的协同合作使系统的有序结构得以产生、确立,并在系统内部变量的竞争演变过程中推动更高一级的协调运动,达到更高层次的有序状态。

区域经济系统的各个经济要素,人口、资源、科技、环境等都有各自独立的运动发展规律,都在各自的规律支配下进行发展变化。单个经济要素的发展变化对整个区域经济系统的发展是有作用的,但是这种作用是零散的、无序的、盲目的,对经济系统的发展不起决定性作用。只有经济要素之间的相互配合、协同合作形成综合效应,才能决定整个区域经济系统的发展趋向。区域经济系统各个经济要素之间的协同,突出地体现在人口、资源、科技、环境等的可持续发展上。

区域经济的协同发展既是人口、资源、科技、环境等经济要素之间的协同,是三次产业发展上的协同与优化,也是区域经济、政治、文化、生态、社会等发展上的协同,同时,还是不同经济区域之间的互补与合作。协同发展既是对发展过程的要求,又是对发展结果的要求,是过程与结果的统一。协同是多层次的,有自然协同、经济协同、社会协同等。区域经济系统的协同发展,包括区域内经济要素与要素之间的协同,也包括产业与产业之间的协同,要素与产业之间的协同，经济与社会、资源环境之间的协同，可以说，区域经济系统的协同发展是多方面、多层次的。只要有发展，就会有系统由一种状态向另一种状态的转化，就会有协同在起作用。

（三）区域产业协同发展

产业协同发展是指产业要素在区域内有效整合，各地区根据自身的产业特色，明确产业定位，构建完整的产业链，产业链各个环节彼此间相互联系、分工合作、良性互动，共享信息和技术等方面的资源，提升整个区域的产业层次和质量，整个区域内产业实现合理的优化布局。区域产业协同发展主要有以下几种模式。

1. 单核同心圆辐射模式

单核同心圆辐射模式是指在一个城市群中，有一个大型城市作为核心，其首位度和城市能级指数在城市群中处于最高水平，而其余城市的首位度和城市能级指数与核心城市之间存在较大的差距。核心城市依托水陆空等交通条件作为载体，向外辐射和输送人流、物流、信息流和资金流，从而形成由核心向外圈层不断辐射和发展的放射状城市群协同发展模式。

2. 双核心联动模式

双核联动模式是指在一个城市群中，有两个大型城市为核心，两个核心城市依托其政策、产业和区位等方面的优势，集聚要素资源，同时辐射带动周边城市的发展。其中，两个大型城市在首位度、城市能级指数和辐射能力上相差不大，对整个城市群均具有较大的带动作用。

3. 多中心、多极化模式

多中心、多极化模式是单核同心圆辐射模式的演变，指的是在一个区域中，有一个特大城市作为核心，同时有多个大型城市作为次级中心，城市群内部多极化特征相对单核心辐射模式较为明显，各层级城市之间的联系度也有明显的区分。它与单核心辐射模式最主要的区别在于城市群内部非核心城市的地位和作用不同。

4. 网络化空间结构模式

网络化空间结构一般是城市群协同发展的最高形态，此时城市群内各城市经济都较发达，城市规模、经济发展水平相对均衡。各城市之间经济联系密切，并且依据各自的比较优势，职能分工明确，产业结构合理，城市群内各城市实现真正意义上的协同发展。

区域间产业综合协同发展能产生如下积极效果。一是有利于充分发挥各个区域的区位优势、资源禀赋优势，加快区域间产业发展过程中的优势互补，减少整个区域的资源耗损，提高资源利用效率，优化各地区的产业结构，形成结构优化效应。二是有利于资源在区域内得到高效优化配置，有利于形成全方位开放的区域市场一体化。三是有利于缩小区域内居民的可支配收入差距，提高居民的购买力水平，形成关联带动效应。四是有利于促进各区域间科技创新合作的开展，高效整合区域内的创新资源，提高整个区域的技术创新能力，形成科学技术扩散效应。五是有利于统筹规划和互动协调区域内国土资源的开发、利用、整治和保护，有利于各区域经济增长与人口资源环境之间实现协调、和谐发展，形成社会环境效用。

二　国内外区域产业协同的模式与经验

世界各国推进区域经济一体化发展是主流、大方向、大趋势。我国许多大城市出现了日益严重的人口膨胀、交通拥堵、生活环境质量下降、环境恶化、房地产价格暴涨、资源紧张等诸多社会问题，"大城市病"凸显将会加剧城市负担，制约地区经济发展，随着城市集群的加速发展，迫切需要构建以协同发展为特征的都市经济圈。

（一）长三角

长江三角洲经济圈是由江苏、浙江、上海、安徽地理区域相邻、经济联系紧密的 26 个城市组成的区域都市群经济圈。26 个城市分别是上海，江苏省的南京、无锡、常州、苏州、南通、盐城、扬州、镇江、泰州，浙江省的杭州、宁波、嘉兴、湖州、绍兴、金华、舟山、台州，安徽省的合肥、芜湖、马鞍山、铜陵、安庆、滁州、池州、宣城。从这些城市所处的经济层级来看，上海市属于直辖市，人口多达2500万，GDP总量也最大，属于该区域内最大发展极。其次是南京市、杭州市及合肥市，分别是省会城市。其余城市主要是地级市或者县级市，无论从人口还是从经济总量来说都大大小于直辖市和省会城市。随着区域经济一体化加速发展，长三角城市功能分化日益明显，以上海为核心的长三角城市体系正在逐步形成，为资源的跨地区配置和人口的自由流动奠定了基础，各个城市已形成了具有自身比较优势的产业体系。

1. 各自不同的比较优势

上海市是技术创新区，是新技术、新思想、新组织模式、新管理体制等的首创地，同时也是长三角区域要素资源配置中心和文化交流中心，但最重要的是上海为长三角经济圈的经济"发展极"，属于该区域乃至整个中国的经济发展引擎。苏南和浙东地区则依托高速公路、高铁及铁路，形成分布通信、生物产业等高新技术产业的重要产业带。在目前的城市群分工和经济分工体系下，已经形成了各自的比较优势。

从第二产业来看，上海市的优势产业有食品制造业，烟草加工业，印刷业和记录媒介的复制，石油加工、炼焦及核燃料加工业，通用设备制造业，专用设备制造业，交通运输设备制造业，以及通信设备、计算机及其他电子设备制造业。其中石油加工、炼焦及核燃料加工业属于上海的老工业，其他行业基本属于装备制造业。装备制造业是为国民经济和国防建设提供技术装备的制造业，也是上海市的重要支柱产业，充分体现了上海市作为泛长三角经济龙头的重要地位以及所具备的先进生产力。

江苏省的优势产业有仪器仪表机械制造业，也属于装备制造业，其发展得益于上海龙头经济的带动效应。近年来，与上海毗邻的苏州、无锡、常州等城市制造业发展迅速，很大程度上受到上海市的产业波及作用。然而，江苏省工业发展呈现一定的不平衡，苏北地区较为落后。此外，化学原料及化学制品制造业也是江苏省的一大优势产业。

浙江省是我国的纺织大省，其销售收入、营业利润等指标都居于我国之首。浙江省的优势产业主要集中在纺织业，纺织服装、鞋、帽制造业，皮革、毛皮、羽毛（绒）及其制品业，以及家具制造业、造纸及纸制品业、文教体育用品制造业、化学纤维制造业、塑料制品业、工艺品及其他制造业、废弃资源和废旧材料回收加工业，另外还有建筑业。

安徽省的采矿业具有明显优势，这与安徽省境内种类繁多、储量丰富的矿产资源有关。与矿产资源相关的非金属矿物制造业、黑色金属冶炼及压延加工业、有色金属冶炼及压延加工业，在这些行业中，安徽省均占有一定优势。安徽省的农副食品加工业、食品制造业、饮料制造业和烟草加工业在泛长三角地区均处于领先地位，这与当地粮食产量高且劳动力密集有关。此外，安徽省在木材加工及木、竹、藤、棕、草制造业和橡胶制品业中的优势源于本地丰富的森林资源，而电力、燃气及水的生产和供应业的优势则来自水资源丰富以及矿产发电。

从第三产业来看，上海市的金融业具备一定的优势，这也符合目前上海正在进行的国际金融中心建设。上海市的信息传输、计算机服务和软件业的发展也居于泛长三角前列。江苏省的优势产业在批发和零售业以及住宿和餐饮业。安徽省的优势产业主要是交通运输、仓储和邮政业，这与其第三产业整体水平较低有关，但安徽省可以就此充分发挥交通运输的产业优势，从而拉动第三产业的发展，并加强与苏、浙、沪的往来，促进各地经济联动发展。

2. 互联共享的基础设施

一是组建了完善的公共交通网络。上海与周边的苏州、杭州、无锡已经实现公交车一卡通、出租车联网，上海至苏州的地铁延长线、高速铁路等，使得这个有不同省份的行政区划朝着经济区域一体化发展。

二是注重综合枢纽建设。上海、南京、连云港、徐州、杭州、宁波是重点建设的全国性综合运输枢纽，苏州、无锡、常州、镇江、扬州、泰州、南通、盐城、湖州、嘉兴、金华、温州、衢州等区域性综合运输枢纽建设已经成形。各种交通运输方式的衔接，特别是铁路客运专线、城际铁路和干线铁路建设与港口、空港、城市轨道交通等形成了有效的衔接。

三是重视信息基础设施建设。在完善信息资源共建共享机制和统一数据标准的基础上，建立了完整的长三角地理空间信息库，提高了地理空间信息社会化应用与共享程度，不断满足国民经济和社会发展的需求。同时，设立区域地理空间信息分发与交换中心，构建地理空间信息基础数据的汇交、分发服务和交换体系，带动了各领域信息系统的建设。

3. 长三角产业协作模式

长三角产业协作模式基本可以概括为签订行政契约、设置管理机构、搭建民间合作、构建产业链分工这四大类模式。普遍认为，长三角的市场力量较京津冀发达，已经将各区域政府的自发联合与合作进一步升级为三省一市间构建不同层次的政府间、民间制度化合作组织体系，即在不同层面的政府、民间组织、行业协会之间建立制度化的合作联系，并且这类制度化的合作组织体系多以非政府组织的形式出现。与京津冀产业协作"政府热、民间冷"的状况相比，长三角在不同层级的政府之间，不同地区的行业协会与民间组织之间，不同地区的企业、公民之间，构建了形式多样的"座谈会""协调会""论坛会""研讨会""行业协会"等各类非政府组织形式，从而将长三角区域治理水平提升至一个更高的层次。截至目前，长三角地区的上海、江苏、浙江、安徽4个省市参与合作共建园区已逾200个。其中，江苏、安徽数量最多，江苏已建成39家。

一是发展各类工业园区。包括采取股份合作的方式设立共建园区，交由合作双方成立的合资股份公司管理，收益按照双方股本比例分成。如上海市北高新（集团）有限公司与南通市港闸区人民政府合作开发上海市北高新（南通）科技城。整个项目由上海市北高新（集团）有限公司现金出资90%，南通国有资产投资控股有限公司现金出资10%，共同成立上海市北高新集团（南通）有限公司，以土地一级开发商的身份，参与规划5.24平方千米范围内的市政基础设施和配套建设。就建设生产基地模式而言，园区合作采取"总部经济、异地生产、统一经营"的方式，生产基地转移至异地工业园区。

二是管理与品牌输出模式。如上海漕河泾开发区2009年11月与江苏盐城共同成立了上海漕河泾开发区盐城分区公司，漕河泾以园区品牌入股占股60%，授权园区使用开发区的品牌，以提供咨询顾问服务、功能服务输出，同时输出管理团队，重点发展新能源汽车、零部件、新光源和新能源装备制造等项目。

三是产业链整体转移。为利用长三角腹地的廉价土地和劳动力资源，大量劳动密集型企业迁移，并带动配套企业协同迁移。如2015年末，京东方第10.5代薄膜晶体管液晶显示器件（TFT-LCD）生产线在合肥新站区开工建设，吸引康宁公司（10.5代液晶玻璃基板项目）等多家配套企业落户合肥，形成半导体显示产业链集群化布局。

（二）珠三角经济圈

珠江三角洲位于广东省中南部，珠江入海口与东南亚地区隔海相望，包括广州、深圳、佛山、中山、惠州、东莞、珠海、江门、肇庆以及深汕特别合作区10个地区，大珠三角还包括香港特别行政区、澳门特别行政区，被称为中国的"南大门"。

珠三角协同发展的显著特点是在一省范围内推进的，产业协作的阻力较少。大珠三角涵盖了香港、澳门，两地都有完善的市场，通过协议的方式就可以进行，因此推进力度大，步伐易于一致，效果显著。

1. 加强顶层设计，积极推进产业协作

早在 2005 年，广东省政府就提出了"产业集群示范项目"，出台了"腾笼换鸟"政策，加大珠三角与粤东、粤西北地区的产业联系。2008 年颁布了《珠江三角洲产业布局一体化规划（2009~2020 年）》，进一步加强了珠三角内部产业分工与协作，并促成了"市际合作领导小组、市长联席会议、联席会议办公室和专责小组"四位一体组织协调机制的建立。从 2010 年开始，广东省相继颁布了《广东省产业转移工业园管理办法》《广东省产业转移目标责任考核评价方法》《广东省珠三角地区产业跨市转出建立资金管理办法》《关于优先扶持产业转移重点区域重点园区重点产业发展的意见》，使产业转移工业园的日常管理逐步走向规范化、合理化。

2. 合理规划产业空间布局

珠三角产业协作是典型的专业镇背景下的产业转移模式。专业镇在珠三角的空间范围不局限于一个城镇，而是形成了产业集聚区和集聚带。广州东部和中部—东莞—深圳等东岸地区，重点布局发展金融、物流、会展、信息服务、专业服务、文化创意等现代服务业，以及电子信息、新能源、新材料、生物医药等战略性新兴产业和高技术产业，形成服务化、高端化的知识密集型产业带。而广州北部和南部—佛山—中山—珠海等西岸地区，重点布局发展汽车、轨道交通、船舶及海洋工程装备、核电、风电、光伏发电及输变电设备、通用专用机械、航空等装备制造业和家电、金属制品、纺织建材等优势传统产业，以及外包服务、教育服务、物流等现代服务业，形成自主化、集成化的技术密集型产业带。肇庆作为西岸腹地，重点要延伸沿岸产业链，成为重要的配套产业基地。此外，惠州—深圳—珠海—江门等珠三角沿海地区，重点布局发展石油化工、精品钢铁、海洋工程装备、海洋生物医药、油气勘探开采等先进制造业，以及商务休闲、文化创意、教育培训等现代服务业，形成规模化、集约化的临港产业带。

3. 推进广佛同城化产业发展

一是两地合作编制《广佛同城化产业发展"十三五"规划

（2016～2020年）》。广州市工信委同佛山市经信局联合牵头编制两市同城化产业发展规划，为两市产业布局一体化提供顶层设计和长远规划。《广佛同城化产业发展"十三五"规划（2016～2020年）》于2017年1月17日印发实施。

二是推进广佛同城合作示范区产业合作建设。结合荔湾区东沙智能制造产业园规划，打造"三山—东沙粤港澳高端服务产业合作区"，重点推进和完善岭南V谷、中烟、东沙经济区工业园、立白科技园、国际医药港、广州圆等产业项目建设，发展电子商务、3D打印、生物医药等新兴产业，促进传统制造业智能化转型提升。

三是推动广佛两地制造业分工合作。近年来，广佛两市依托各自产业比较优势，加强制造业重点领域的分工与合作，产业关联度进一步增强，形成优势制造业链条互补。如在汽车制造领域，广州拥有广汽本田、广汽丰田、东风日产三大整车企业，珠三角地区汽车零部件企业1000多家，其中广州有500多家，其他主要分布在珠三角的佛山、东莞、惠州、中山、深圳、肇庆等城市。广州市2016年实现汽车制造业产值4346亿元，其中规模以上汽车零部件工业总产值1187亿元（占全市汽车制造业产值的27.3%），佛山市汽车零部件产值600多亿元，汽车产业已形成广佛一体化发展格局，特别在广佛交界的佛山南海、顺德五沙等区域已形成汽车零部件集聚发展态势。定制家居龙头企业尚品宅配在广州设立运营研发总部，在佛山设立生产基地，全国300多家专卖店订单集中到广州总部处理，统一由位于佛山南海的工厂生产，再发货到各地销售安装。广州珠江钢琴集团股份有限公司总部及卧式钢琴、立式钢琴生产基地在广州市，木材加工处理基地位于佛山大沥，是全球同行业设施最完善、规模最大的现代化木材处理和加工基地，保证了钢琴质量的稳定性。

四是引导产业集聚化发展。广佛两市重点围绕培育壮大主导产业、传统优势产业、战略性新兴产业，促进产业链延伸和产业集群的发展，构建了产业集聚发展载体。"荔湾—南海""花都—三水""番禺—顺德"等共建广佛同城化合作示范区，成为推动产业集聚发展和优化升级的重要平台；发挥广州南站商务区核心带动作用，串联佛山顺德北部片区，打造辐射泛珠区域的现代服务业集聚高地；借助佛山中德工业服务区、广州国际创新城国家级平台效应，协同推进佛山中欧城镇化合作项目，打造华南制造业高端服务平台。

4. 广佛肇（怀集）经济合作区建设

一是加强汽车零部件产业配套。广州市印发了《广州国际汽车零部件产业基地建设实施方案》，将按照差异化发展原则，围绕传统汽车整车企业，大力发展配套产业，在现有产业基础上选址番禺、增城、花都、南沙、从化建设五大新产业园区。同时，逐步拓展肇庆市、梅州市辐射区，依托肇庆（高要）汽车零部件产业园、广州（梅州）产业转移工业园，重点发展传统汽车零部件，承接珠三角汽车整车配套零部件项目转移。

二是进一步促进两地企业交流合作。将从服务企业、服务项目角度，配合做好合作区招商引资工作，组织优势、优质企业赴肇庆市进行实地考察，积极向广州相关企业进行宣传和项目推介，促进两地产业交流合作。

（三）东京都市圈

东京都市圈以政府为主导的发展模式是政府通过行政、经济和法律手段，实现资源要素的空间配置，组织和协调区域产业布局，更快地推动区域产业整合。

1. 建立了统一协调的管理机构

在日本东京圈的规划过程中，日本的区域性规划机构发挥了相当重要的作用。日本首都建设委员会最早成立于 1950 年，是日本最早的区域性规划机构，是以当时美国独立管制委员会为蓝本设置的行政机构，由建设大臣、众议院议员、参议院议员、东京都知事、东京都议会议员及学术界代表等九方代表组成，规格高，有中央部门、立法机构参与，又有专家代表加入。该委员会的主要职责是制定东京都区域内部重要设施的项目规划，推动相关项目的实施，以及对中央政府、相关地方公共团体、相关企业提供政策性建议。建设委员会下设有事务局。

1956年,日本首都建设委员会更名为"都市圈整备委员会",并首次确立了基本规划、整治规划和项目规划的三段式规划体系。从这一时期开始,都市圈规划作为真正的区域性规划开始起到了协调跨行政区域范围内开发活动的政策性作用。与首都建设委员会相比,都市圈整备委员会成了真正的区域规划协调机构,不再仅仅考虑东京都内的规划和发展问题。这一时期的都市圈整备委员会,不仅与东京都政府及相邻3个县保持着良好、密切的合作、协调关系,各地方政府的积极参与也使得都市圈整备委员会成了相关各方协商讨论和决策的公共平台,同时还起到了在各地方政府和中央各省厅之间进行沟通、协调的积极作用。从1956年到1974年国土综合开发厅成立之前,都市圈整备委员会完成了第一次和第二次都市圈规划,在继承首都建设委员会规划设想的基础上,进一步促进了20世纪50年代至70年代都市圈的有序发展和城市建设。日本都市圈整备委员会的出现促进了都市圈区域内的统一协调发展,使得区域内各个成员之间有了统一的领导机构,有效地推动了日本都市圈内项目的建设。

2. 明确疏解承接城市的功能

日本政府早在20世纪60年代后就一直致力于解决地区均衡发展问题,特别是针对东京所出现的交通、环境、居住等一系列城市问题。为此,1986年提出的第四次都市圈基本规划就明确指出要将中心城市功能向周边地区分散,并设立了14个业务核心城市,要把东京打造成多中心、多圈层的城市圈。1999年日本政府提出了第五次都市圈规划,将战略思路调整为通过培育和利用业务核心城市,推进广域道路交通体系基础设施的建设,实现都市空间职能的重组。

为了解决东京过度集中的问题,必须分散其部分功能。在分散功能区之前要做的工作就是明确各个核心城市的主导业务,例如多摩自立都市圈,包括业务核心城市八王子市和立川市,次核心城市是青梅市,区域主要职能为商业中心以及大学集聚区;神奈川自立都市圈,包括业务核心城市横滨市和川崎市,次核心城市为厚木市,主要职能为国际港湾和工业聚集区;琦玉自立都市圈,包括业务核心城市大宫市和浦和市,次核心城市为熊谷市,区域职能为居住区以及政府集聚区等。通过对核心城市的业务明确以更好地将繁多的城市功能进行划分,由区域中心城市分散到各个业务核心城市,通过广域交通以及通信基础设施的建设,业务核心城市通过吸收周边资源、扩散业务优势促进周边区域的快速发展。

3. 建立了较为完善的法律体系

日本都市圈规划建设的成功之处还在于不断完善的法律体系的保障。日本是非常重视通过立法推动政策实施的一个国家,法律的颁布对于一项政策的实施效果具有相当重要的影响。为了保证都市圈规划的顺利实施,日本政府先后制定了十几项相关法律条文。日本都市圈规划是在1950年制定的《都市圈建设法》和1956年制定的《都市圈整备法》的基础上制定形成的,奠定了都市圈规划的法律基础。为了有效地推进市街区域的开发设想,日本政府于1958年制定了《都市圈市街地开发区域整备法》,在1959年制定了《都市圈建成区工业限制法》。

(四) 纽约都市圈

市场主导的产业协同模式主要是依靠市场因素和产业集群、梯度转移等效应,通过城市自身的发展,自发地形成具有一定分工协作布局的区域产业协同化。区域经济的自组织,即通过经济活动在中心城市与中小城镇及其更为广阔的经济腹地之间的空间集群与空间扩散,使中心城市与中小城镇和经济腹地之间不断进行着物质与能量的交换,实现结构调整、功能转化和空间形态的变化,自我诊断、自我完善,以适应环境变化和经济发展的需要,实现要素的空间优化配置。

1. 产业结构经历了逐步调整的过程

早在殖民地时期,纽约就依据天然的地理优势,成为连接欧洲的商业中心。20世纪信息经济的腾飞使得具有港口优势的纽约吸引了众多人员加入制造业和服务业中来，他们在纽约成立公司，并利用低运输成本优势迅速发展，可以说纽约的制造业和服务业是同时发展起来的。由于商贸集中了大量的资本，为制造业的发展提供了必要的条件，使其在19世纪末就已成为美国一大制造业中心。资本的积聚，也为日后纽约成为金融中心奠定了基础。由于纽约自然资源缺乏而劳动力、资本充足，纽约制造业以劳动密集型、资本密集型的轻工业为主，并且门类较为齐全，主要部门有服装鞋帽、印刷、皮革、食品加工、机械制造等。另外，在工业革命初期，纽约制造业型企业规模较小且数目众多，市场适应能力强。二战结束后，随着美国产业结构的调整以及传统工业部门的衰落，纽约制造业也开始步入衰退期，但仍保有一定份额，如与服装制造业、旅游、娱乐、广告咨询相关的制造业。这种衰退还涵括了制造业从中心城市迁出的现象。

服务业在纽约一直有着雄厚的基础及稳定的发展势态，制造业的衰退又为服务业的崛起创造了时机。20世纪七八十年代，服务业中除个人服务业（宾馆、餐饮业、娱乐业、家庭服务业等）外，生产服务业及社会服务业（政策部门、教育、医疗卫生服务等）都出现了持续快速的增长，尤其是金融保险、房地产服务业以及各级政府部门，就业人口和比重都持续上升。作为后工业化时期的国际性大都市的纽约，其功能正越来越从物质生产中心功能向为生产和流通服务的金融中心、服务中心、信息中心、管理中心、科学、文化、教育中心等多功能演变，也正是在生产性服务业的带动下，纽约摆脱了制造业下滑的阴影，实现了二度飞跃。

随着纽约市产业结构的调整，产业集群逐渐体现出来。留在纽约市的制造业开始自发地从大批量标准化生产转为小批量、非标准化生产，同时，产业部门的集聚也逐渐增强，如服装业、印刷出版业。这些产业都符合大都市的生产特性和市场特性，又带有纽约市的一些特点，大量聚集在纽约市中心——曼哈顿，其他聚集在这里的产业还包括批发、房地产、教育、专业技术服务等。因曼哈顿地价昂贵而迁移出来的厂商落户于纽约市郊区或者更远的地方。

2. 各个城市找准功能定位，实现差异化发展

（1）从总体来看，几个城市的功能定位是很明确的。纽约的金融业是该城市的核心产业，并形成了强大的集群优势，这里集中了大银行、保险公司、交易所及上百家大公司总部和几十万就业人口，是世界上就业密度最高的地区。不仅如此，纽约都市圈有着最发达的专业服务业、创意产业和信息服务业等生产性服务业，为纽约大都市圈提供多种重要的服务。波士顿集中了高科技产业、金融、教育、医疗服务、建筑和运输服务业，其中以计算机为代表的高技术研究开发业在美国乃至全世界都有着重要的影响。费城依据优越地理位置，其港口发展带动了费城整个交通运输业的扩展，费城港是美国最繁忙的港口之一，集装箱容量在北美各大港口中位居第二，使得费城成为纽约都市圈的交通枢纽。华盛顿市作为全美政治中心，世界银行、国际货币银行和美洲发展银行的总部均设于此。

（2）同样是港口城市，实现了错位发展。在纽约都市圈内有纽约港、费城港、巴尔的摩港和波士顿港等，其中，纽约港是美国东部最大的商港，重点是发展集装箱运输；费城港主要从事近海货运；巴尔的摩港作为矿石、煤和谷物的转运港；而波士顿港则是以转运地方产品为主的商港，同时兼有渔港的性质。这些港口通过有序分工，构成了一个分工合理、运营灵活的美国东海岸港口群，而纽约港则是这一港口群的中心枢纽。

（3）同样发展金融保险业，几个城市也实现了错位发展。纽约已发展为国际金融中心，是各大跨国金融机构首选之处，主导着国际金融交易。波士顿则积极发展服务于本地企业的金融业务，北英格兰储蓄银行、洛克斯贝里高地储蓄银行等在此开设，基本目的是为社区提供银行服务和为地方商业活动提供贷款。地方金融机构还为本地的中小企业、个体业主、本地居民提供资金融通、养老保险、货物保险、购买住宅贷款等一系列服务。长期以来，波士顿的互助

基金和风险投资基金在全美国有着重要的地位。

三 国内外区域产业协同发展的启示

从国内外区域产业协同发展来看，尽管有很大差异，路径各不相同，但有一些共同点。

1. 无论是哪种协作方式，政府发挥的作用都很重要

政府作用主要包括规划引导、政策支持、协调平台。在长三角经济圈中，通过直接投资的方式，引导民间资本参与地区间的合作。在珠三角经济圈中，政府持续出台产业协同发展相关规划，为协同发展做好保障。东京都市圈中，日本政府通过出台政府规划，明确承接疏解城市的不同分工。

2. 区域协同发展关键是要找准定位

差异可以协同，相同的也可以协同，都是同样的产业，也可以找准定位。比如长三角，互补性不强，照样可以协同发展。同一产业，也可以协同发展，也都有必要协同。例如，珠三角城市中，广州和佛山实现了产业链条的互补，整车企业聚集在广州，零部件产业集中在佛山，形成广佛汽车产业一体化格局。纽约都市圈也是如此。同样是港口城市，通过有序分工，实现了协同发展；同样发展金融保险业，也各自着重不同的具体业务，以此实现协同发展、错位发展。其共同点都是充分利用各自的区位优势或资源禀赋，在原有基础上发展，找准优势做大做强。

3. 区域协同发展中大多有核心城市发挥引领作用

上海、广州、东京、纽约分别是各自经济圈的核心城市。正是因为日本东京的权威引领以及区域都市圈内利益的合理协调，得以在有限的资源基础上，不断地调整优化产业结构，走环境友好型、资源集约型的发展道路，日本首都经济圈形成了互惠共赢的良好局面。京津冀的核心城市一是北京，二是天津，都具有很大的带动作用。北京地区最大的优势在于它是我国的政治中心、文化中心、国

际交往中心、科技创新中心，主要发展高新技术产业和现代服务业，并且努力向高端服务业迈进。天津市具有很好的制造业基础，目前主要发展现代制造业，并且拥有港口优势，航空航天产业也在不断地发展壮大。河北省相对京津地区，自然资源丰富，农业基础比较雄厚，主要发展基础产业。在这种产业基础上，京津冀三地应扬长避短，找准三地间的利益契合点，进一步细化产业分工，加快产业合作，发挥比较优势，最大限度地释放产业协同红利，实现京津冀产业协同发展的良好局面。

4. 外向型经济是促进区域协同发展的有力举措

尤其珠三角地区是高度的外向型经济区域，外贸依赖度高，利用外资带动区域经济发展，积极发展对外贸易，积极学习外国的管理经验，使得本地企业积极投身于世界市场。京津冀地区应该努力借鉴珠三角地区的经验，促进外向型经济的发展，提高区域的对外开放水平；促进本地企业严格按照国际市场的标准生产产品，提高产品质量，让更多的本地产品"走出去"，进而提高京津冀地区的企业在国际市场上的竞争力，努力开拓国际市场；加大对公共服务设施建设的投入力度，努力营造良好的投资环境，争取外来资金和技术的大量投入，同时提高利用外资的效益；加快基础配套设施的建设，不断满足地区发展对外贸易对物流运输的需求，推进京津冀地区市场一体化进程，加快京津冀地区与其他国家的产业交流与协作。

5. 区域联动机制是促进区域协同发展的重要手段

地方政府要积极参与区域间的分工与合作，建立一系列的规章制度和体制机制对于保障区域经济协同发展非常重要。在构建联动机制方面，京津冀地区与长江三角洲地区相比还不够完善。长三角地区已经形成了包括省际举行的磋商机制、常务副省（市）长定期主持召开座谈会机制、市级间举办的协调会机制以及部门与行业间的协调机制的四级层次分明的区域联动机制。京津冀地区应该以中央政府顶层设计为导向，积极构建和完善区域合作利益协调体制机制，根据区域整体规划，积极探索纵向和横向相结合的协调机制。

地方政府可以定期举行联席会议，共同协调各自利益，形成区域间平等对话，促进区域协同发展，形成横向的联动机制。

6. 创新是推进区域经济不断向前发展的不竭动力

一个区域的创新能力是提高区域经济综合实力的关键性因素。京津冀与长三角、珠三角相比，经济发展相对落后。虽然京津冀地区汇聚了大量的科技创新资源，但是整个区域的科技创新能力很不平衡，技术资源在京津冀区域内自由流动受到阻碍，河北与京津相比，科技资源禀赋、科技创新的投入都存在较大不足，京津冀三地间的科技创新合作比较薄弱，缺乏实质性的合作。北京地区虽然拥有丰富的科技创新资源以及科技成果，拥有众多大学和科研院所以及知识密集型企业，科技型企业发展迅速，但是与先进地区对比来看，自主创新能力不强，缺乏核心技术和高端创新人才。京津冀地区政府应该适当地通过行政手段为区域内的创新活动提供服务。例如，通过制定优惠政策吸引并留住优秀的技术人才，加大对科学技术的财政投入力度，完善法律法规，加强对知识产权的保护。完善京津冀地区的科技创新体系，提高创新产出效率以及科技成果产业化的能力，加强科技领先城市北京的创新引领作用、辐射带动作用，基于三地的创新资源比较优势，推进京津冀联合创新研发，促进创新资源的高效率利用。

第二部 城市副中心建设的理念和路径

第八章
绿色城市

一 绿色城市的内涵

(一) 绿色城市的概念

绿色城市的内涵可以概括为兼具繁荣的绿色经济和绿色的人居环境两大特征的城市发展形态和模式。具体见图8-1。

繁荣的绿色经济和绿色的人居环境之间存在相互支撑、相互促进的关系。繁荣的绿色经济有助于减轻城市社会经济发展对环境的负面影响,是绿色的人居环境的基础和保障;而绿色的人居环境有助于提升城市竞争力,促进技术、资本和人才的聚集,为城市社会经济发展提供源源不断的新动力。

1. 繁荣的绿色经济

繁荣的绿色经济是指绿色城市的经济系统应该是绿色且充满活力的。

首先,应该具备绿色的生产和消费方式,具体包括绿色产业、绿色能源、绿色建筑、绿色交通、绿色消费、绿色城市化等维度,以及促进这些维度向更加绿色模式转变的技术和措施,如绿色创新、智慧城市建设等。其次,应该具备高效的废弃物回收利用和处理体系,以减轻城市生产和消费系统对生态环境的负面影响。再次,应

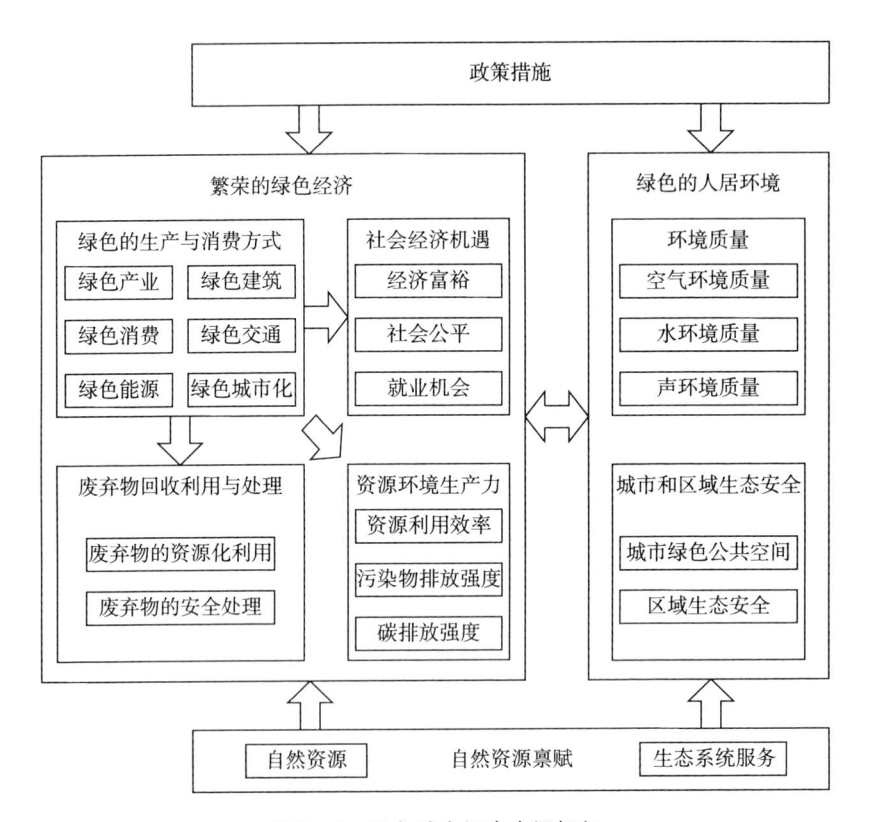

图 8-1 绿色城市概念内涵框架

该具备国际领先的生态效率。不断提高生态效率，是促进城市经济发展与资源环境脱钩、实现经济绿色增长的必由之路。最后，应该具有更多、更好的绿色机遇，城市的绿色发展不应以牺牲社会经济的发展为代价，而应通过推动产业的绿色化和绿色新兴产业发展，带来更多的经济机遇和就业机会，促进城市社会经济的持续发展和长期繁荣。

　　繁荣的绿色经济所需具备的几大特征之间存在紧密的相互联系。绿色的生产和消费方式以及高效的废弃物回收利用和处理体系共同决定了城市的生态效率，而上述三者共同决定了城市绿色转型所带来的绿色社会经济机遇。

　　2. 绿色的人居环境

　　绿色的人居环境是指绿色城市的人居环境必须是绿色、宜居和健康的。

首先，良好的环境质量是绿色城市的底线要求，也是保障城市居民身体健康的最基本需求，城市社会经济发展不能以牺牲城市环境质量为代价。其次，充足可达的绿色公共空间是绿色宜居城市所需具备的基本条件。绿色公共空间是城市重要的基础设施，在净化空气、调节生态平衡、提供美学价值、控制城市无序蔓延等方面起到重要作用。最后，健康稳定的区域生态环境是指城市的发展必须加强生态红线管控，维持其所在区域的生态系统健康、生物多样性和生态系统服务功能供给，使城市融入自然并确保城市的生态安全。

绿色城市建设既受城市所在的区域自然条件，如水资源禀赋、可再生能源禀赋等的影响，也受各种政策因素如投资、税收、补贴、法律法规等的驱动。良好的自然条件是绿色城市发展的重要基础，但其本身并非绿色城市必须具备的特征。积极的绿色政策是推动城市向更绿色模式转变的驱动力，是绿色城市应该具备的基本特征。

（二）绿色城市提出的背景

20 世纪 90 年代，一些新的全球性环境问题，如臭氧层破坏、全球变暖、生物多样性消失等逐步被人们所认识，第二次环境觉醒和全球环保浪潮随之兴起。城市生态学、城市社会学、人类环境生态学等交叉学科的相继诞生，促使人类社会多角度、多视点、深层次地重新思考和认识城市建设的目标，从而逐步衍化出生态城市的概念。生态城市与其后形成的可持续发展理论催生了绿色城市概念。1990 年，David Gordon 主编的《绿色城市》一书出版，书中系统地提出了"绿色城市"的概念、内涵以及实现策略，至此，"绿色城市"概念在国际上正式诞生，标志着人类城市建设史上的一个崭新开端。

进入 21 世纪，人类越来越意识到走绿色发展道路的迫切性。2005 年，全球 50 多个城市的市长在美国旧金山市签署了《城市环境协定——绿色城市宣言》，协定关于能量、废物减少、城市设计、城市自然、交通、环境健康、水等绿色城市建设所需考虑的七项内容。2008年以来，在联合国环境规划署（UNEP）、经济合作与发展组织（OECD）等国际组织的倡导下，绿色城市相关概念受到众多研究机构与学者的高度关注。

(三) 绿色城市提出的意义

从国际看，当前全球正处于第三次城市化浪潮时期，世界人口城市化率已超过50%，城市的经济产值达到全球经济总量的3/4；预计2050年全球人口城市化率将达到70%。城市人口与产业的双重集聚将给生态环境带来愈加严峻的挑战。转变粗放低效的城市发展方式，改善城市生态系统服务功能和环境质量，寻求适宜高效的城市可持续发展道路已迫在眉睫。2008年国际金融危机以来，绿色城市不仅被视为可持续发展背景下城市应对全球严峻的环境风险、气候变化、能源危机、社会分化等问题的全新理念，而且正在全球范围内酝酿和催生一场新的科技和产业革命，并带来新的社会经济机遇。近年来，纽约、伦敦、温哥华、首尔、名古屋、哥本哈根等城市都将建设全球最绿城市作为重要的战略目标。

从国内看，我国正处于城市化快速发展与工业化转型升级的关键阶段，基于我国人多地少、资源匮乏的限制条件，以及以要素驱动的粗放经济增长方式、严重的生态破坏与环境污染、经济增长乏力的严峻现实和对新的增长源泉的强烈需求，绿色城市理念对于我们探索一种基于可持续准则的崭新的城市发展形态和模式具有十分重要的现实意义。

中国的城市化进程一直伴随着巨大的资源环境压力，粗放的城市化进程使生态破坏、环境污染等城市发展的不可持续问题迅速积累并集中爆发，给我国城市居民的健康和城市的可持续发展带来了巨大的挑战。同时，受国际金融危机和我国产业发展比较优势丧失的影响，传统基于要素驱动的经济增长方式难以为继，我国城市普遍面临经济增长乏力的挑战。未来数年内中国将有数亿农民进城，据预测，到 2025 年，中国将有大约 10 亿人居住在城市，人口超过 100 万的城市将达 221 个。这样大规模的城市化将使我国能源、矿产、土地、水、木材等资源的需求在未来一段时间内呈刚性上升态势，并给我国的资源安全带来严重威胁。可以预见，传统的基于要素驱动的发展模式难以支撑我国城市的繁荣和可持续发展，急需新的城市发展理念和模式的引领。"绿色城市"作为近年来国际社会广为推崇的城市可持续发展理念，在应对我国严峻的资源环境危机和经济增长乏力挑战方面具有独特的优势，应该作为未来我国城市发展与管理的战略支柱。

二 绿色城市与其他城市发展理念的比较

与人类城市化过程中出现的问题相随，对城市发展的研究也在不断发展，先后形成了田园城市、紧凑城市、生态城市/生态文明城市、低碳城市、绿色城市等一系列各有侧重又互有继承与发展的城市可持续发展理念。

城市可持续发展领域的每个概念均有特定的时代背景、目标定位、内涵与侧重点，田园城市、紧凑城市、生态城市/生态文明城市、低碳城市的理念与绿色城市相比，既有区别又有联系，其相关关系见表 8-1。与田园城市、紧凑城市不同，绿色城市是动态的发展模式，且不仅仅是城市形态设计规划意义上的可持续区域。"城市"在这里是以一定区域为依托的社会经济综合体，是吸纳了城乡结合、紧凑精明发展理念，但内涵更丰富、更立体的开放发展系统。与生态城市/生态文明城市、低碳城市相比，绿色城市是融合了人、自然、经济、社会的和谐、高效的综合发展模式，生态城市/生态文明城市对人与自然和谐的追求以及低碳城市对气候变化、能源危机等问题的回应都可被视为这一概念中的组成部分或支撑体系。

值得注意的是，已有百年历史的"田园城市"理论所实现的效果与绿色城市理念实际上是背道而驰的，因为这一模式中的高质量

表 8-1 绿色城市与其他城市发展理念的比较

城市可持续发展理念	时代背景	目标定位	内涵关键词	与绿色城市的关联	与绿色城市的区别
田园城市	英国工业革命背景下的快速城市化，农村人口大量涌入城市，城市地价飞涨	对旧有大城市起到分散人口、平衡地价、减少环境污染的作用，同时提升居民的居住质量与社会福利	乡村自然环境、城市产业发展、居民健康生活	均注重城市自然环境和产业发展	(1) 田园城市强调乡村带环绕城市中心的绿色生态系统城市强调乡村与城市的融合；(2) 田园城市强调城市产业发展之间的平衡、有序，而绿色城市强调城市绿色产业的发展
紧凑城市	"二战"后，西方国家城市重新进入扩张与繁荣期	解决城市发展过程中出现的城市中心人口衰减、近郊区城市化的城市蔓延问题	高密度、土地功能混用	均强调对城市生态环境资源的节约、高效利用	紧凑城市通过紧凑、高密度的城市形态规划实现城市对资源的节约与高效利用，而绿色城市通过技术创新、产业结构升级等手段实现城市对资源的高效利用
生态城市/生态文明城市	20世纪60~70年代，城市发展与自然日益对立，生态危机频发	致力于解决人与自然的和谐问题	城市社会—经济—生态系统的和谐	均强调城市与生态环境的和谐	(1) 生态城市主张城市与自然和谐共存，良性循环，绿色城市更加注重城市社会经济发展方式提高城市在谋求经济发展的同时图为危机后的城市寻求新的活力和新的发展机遇，强调绿色经济在城市发展中的地位

续表

城市可持续发展理念	时代背景	目标定位	内涵关键词	与绿色城市的关联	与绿色城市的区别
低碳城市	近十几年来全球气候变暖，能源危机频发	最大限度减少温室气体的排放	节能减排、低碳产业	均强调节能减排、低碳环保	（1）绿色城市涵盖的范围要大于低碳城市，"低碳"是绿色城市的重要诉求，但不是唯一诉求；低碳是绿色新兴产业的重要内容，但不是全部内容。（2）独特的后金融危机时代背景，使"绿色城市"理念的提出与全球经济复兴、创造就业等内容深刻联系起来，而不是仅仅对气候变化、能源危机等问题的解决
绿色城市	2008年国际金融危机爆发，全球气候变暖、生态危机等问题加剧	减少城市生态足迹和环境影响，解决危机后城市绿色增长问题	生态环境友好、资源高效利用、绿色经济与绿色增长	—	—

的生活环境高度依赖于对其他地区的资源消耗和环境破坏，在部分发达国家追求实现"田园化"的同时，全球环境也在继续恶化。以加拿大为例，"花园洋房"构成该国基本的城市形态。如果全世界人口现在要达到20世纪末加拿大人的生活水准，人类至少需要255亿公顷土地，约为地球全部土地88亿公顷的3倍。

相对于其他城市而言，绿色城市涵盖了绿色科技、能源、住宅、消费等多方面内容，内涵更加丰富，目标层次更合理，绿色城市作为当代最理想的城市模式，在思想高度、居民接受度以及现实操作等方面都更具优越性。正因为如此，从推崇田园城市、紧凑城市、低碳城市、生态城市/生态文明城市等其他城市模式到追求绿色城市模式成为一种历史的必然。

三 绿色城市的建设内容

（一）发展城市绿色经济

发展城市绿色经济，应该确定具有城市特点的节约资源，减少排放和实现高效、高附加值的基本方略，提高整体经济的绿色性。

1. 调整产业结构

绿色繁荣的产业结构更加注重经济增长和资源环境保护的双赢性。第一，产业结构在经济上应该是有效与合理的，既遵循产业结构演变的一般规律，又符合市情特点和国家经济大势。第二，产业结构及其演变方向符合城市绿色发展的原则要求。城市的产业结构与资源结构应该相互适应，能够充分发挥城市的资源优势。城市内部的产业应该提升绿色关联度，城市产业结构的绿色演化应该适应区域整体产业结构的优化与协调。

2. 优化经济布局

城市应该整合自己的资源、环境容量和比较优势，打破行业与行政分割，从整体利益和长远发展考虑，提出优化经济布局的战略对策和措施。可以从划分优先、重点、限制和禁止开发等类型功能区入手，坚决调整和淘汰不适合绿色发展的地域空间与产业。

3. 改善微观经济运行

企业应该以推广应用清洁生产工艺和生命周期管理为主要内容，进行技术和管理创新，从源头上减轻城市经济对资源环境的压力。实现资源消耗和污染控制方式的转变，要从资源密集型的生产消耗方式向资源节约型的生产消耗方式转变，要从传统末端污染治理和浓度控制向以预防为主的生产全过程控制和总量控制与浓度控制相结合转变。

4. 尝试低碳经济模式

从中国城市发展看，由于达到同等富裕程度城市的能源效率较高，城市化可以视为多数人口财富增长与二氧化碳排放（相对）"脱钩"的一种过程。使二氧化碳排放与增长脱钩的更为适当的途径，就是改善能源结构、节能和减排，即发展低碳经济。发展环境友善的能源，提高能源效率，改善能源基础设施，发展低碳生产、低碳运输和低碳社区等，全面进行经济社会结构的调整；同时要维护稳定的能源供应，发展再生能源，确保每户家庭特别是社会弱势群体能负担且合理的能源价格。这种低碳经济模式为中国城市的经济结构转型和绿色繁荣提供了新契机。

5. 建设绿色经济园区

绿色经济园区可以成为中国城市绿色繁荣的一种重要实践形式。应该建立更科学的绿色经济园区指标体系和评价标准，对园区进行科学规划，尤其注重工业产业布局的生态化，新兴产业的绿色化发展与传统产业的绿色型改造并重，生态经济、低碳经济与循环经济相互借力，融合发展。

（二）推进绿色社会建设

绿色城市型社会的建设必然要以资源节约和环境友好为主要内容，同时，还需在减小人口增长和高消耗生活方式对城市发展压力的基础上，探索新型城市社会的管理模式，全面改善民生。

1. 科学地规划城市人口

在常住人口不断增加的情况下，必须科学地规划城市人口规模，促进人口结构优化和人口素质的提高，减少人口超量、人口结构不合理和人口素质下降造成的城市绿色繁荣的压力和损害。城市人口规模与城市经济功能始终是紧密联系在一起的，城市人口规模应当与城市经济功能相适应，并随城市经济功能的变化做出相应的调整。

2. 推行绿色消费方式

随着城市现代观念的转变，使生活和消费方式占主导地位，必须提倡适度消费和绿色消费，引导建立具有城市特色的绿色消费方式。绿色消费以有益于人们身体健康和保护生态环境为基本要求，涵盖生产和消费的各个方面，城市绿色消费方式的转变也将对农村的社会经济发展产生深刻的影响。

3. 探索社会管理新模式

城市生活方式已经成为主导的社会形态，必须使良好的自然环境与和谐积极的社会环境相得益彰，发展新型社区，探索新型的城市社会管理模式。注重以人为本，将管理寓于服务之中，尊重市场的内在规律，实现政府职能向服务型政府转型，同时加快推进管理方式多元化，实现管理职能的科技化、现代化。

4. 全面改善民生

促进城市功能多层次发展，满足城市居民不同层次的需要，缩小城市资源使用的贫富差距。一方面，依托城市经济的发展繁荣而非城市土地出让取得财政收入，大幅度提高城市民生领域的投入，使教育、医疗、社会保障和城市基础设施向更高级的城市型社会迈进；另一方面，最大限度地降低城市经济的进入门槛，稳定和扩大城市就业，保障低收入人群在城市中的权益。

（三）强化绿色城市建设与管理

建设绿色城市要以促进绿色繁荣为目标进行系统的规划、建设和管理，推进有利于绿色发展的空间形态建设和功能建设。

1. 转变建设和管理模式

绿色城市与传统城市相比有着巨大的差异，绿色城市具有和谐性、高效性和整体性的特点。因此，转变城市建设和管理模式，要由灰色发展转向绿色发展，建设低碳城市、紧凑城市、网络城市和智慧城市等。此外，还要进行绿色改造、绿色管理，治理"城市病"。

2. 优化建设布局

按照协调发展的思想，安排城市的绿色区划，调整和功能优化。推进重点区域的绿色发展，加快绿色新城建设，支持有条件的郊区乡镇加快绿色产业的集聚。建设枢纽型、功能性、网络化的绿色交通、能源和基础设施体系，形成符合资源环境禀赋特性的绿色城市形态结构。

3. 创造绿色空间

城市的绿色空间是城市复合生态系统的重要组成部分。城市的绿色空间应该以协调人与自然的关系为目标来进行创造。创造绿色空间重点要进行绿色生态空间和休闲空间的建设与示范，结合绿色建筑的推广与改造，迅速提升城市的绿色品质。

4. 推进绿色房地产开发

推进绿色房地产的开发，就要建立节约和高效使用资源的房地产生产和技术体系，包括以节地、节能、节材和高效率为中心的房地产生产体系，以节能、节材、节时和高效为中心的房地产服务体系。倡导发展城镇居民节能式住宅和公寓式住宅，大力发展便捷的公共交通系统和公园、公共体育休闲娱乐设施。在市场和政策领域，要建立起促进绿色房地产发展的市场机制和政策激励机制，包括绿色税收政策和绿色价格政策等。

5. 统筹城乡发展

中国城市的绿色转型和繁荣，必须实施统一的绿色城乡建设规划，统筹考虑城乡绿色公共产品的供给，在交通、能源和环保等基础设施建设与教育、文化和保障等社会发展方面合理布局，推动城乡均衡发展。

四 国外绿色城市建设的策略与经验借鉴

（一）国外绿色城市典型案例

城市的低碳、生态、绿色发展是解决资源能源危机、缓解生态环境恶化、应对气候变化等问题的重要途径。我国很多城市都不同程度地受到空气污染、资源短缺、交通拥堵等问题的困扰，也存在看病难、就业难、房价高、环境差、食品安全、缺乏特色等问题，亟须转型发展。在国家可持续发展和生态文明战略引导下，各地均提出建设生态、绿色城市的发展目标，并在最近几年陆续开始了实质性建设，特别是生态新城建设呈现数量多、规模大、速度快的特点。但由于理念、政策、技术、管理等方面尚未形成系统的标准体系，部分项目存在理念和技术的偏差而受到专家和公众的质疑。很多国家都把建设绿色城市作为公共政策来推动和引导城市发展，并积累了诸多成功经验，值得我们学习、借鉴。

1. 瑞典斯德哥尔摩

斯德哥尔摩曾是一个空气污浊、水污染严重，甚至不能在湖中游泳的工业城市，但经过一系列努力现已成为世界著名的生态城市。2007年被欧洲经济学人智库评为"全球宜居城市"，2010年被欧洲委员会授予"欧洲绿色之都"称号。斯德哥尔摩在能源、交通、资源回收利用等领域均有突出表现。

在能源方面，斯德哥尔摩自20世纪50年代以来利用电加热系统逐步取代燃煤和燃油锅炉为商业和住宅楼宇供热，部分地区的居民采用海水制冷系统调节室温。建筑规范规定所有新建建筑一次能源最大使用量100千瓦时/平方米，并大力推动既有公共建筑的节能改造。城市能源利用要求60%的用电量和20%的一次性能源消费要来自可再生能源。该市有12%的家庭购买独立认证的由可再生能源产生的电力，污水处理过程产生的沼气可用于居民做饭。

在交通方面，斯德哥尔摩通过一系列创新措施来实现绿色交通。第一，在市中心建设功能混合的生态居住区来减少出行需求，降低私家车使用。第二，通过改造街道来增加步行和自行车道，建设轨道交通，增加通勤公交运量，使每平方千米城市用地的步行和自行车道长度达到 4 千米，人均专用自行车道达到 1 米。第三，在市中心易引起交通拥堵的地区征收每天最高 6 欧元的通行税，提高了拼车和非机动出行比例。第四，大力鼓励交通工具使用可再生能源，目前 75% 的公共交通利用可再生能源产生的电力、生物燃料和沼气，100% 的公共汽车使用可再生能源，9% 的私家车采用乙醇、沼气、混合动力电动或超低排放汽车。在这些政策的综合作用下，全市 93% 的居民步行、骑自行车或乘坐公共交通工具上下班。

在土地利用方面，斯德哥尔摩出台政策鼓励利用存量土地进行开发。如 2001~2007 年约 1/3 的新建住宅利用棕地（Brownfield Site）进行开发。斯德哥尔摩有可达性良好的公园体系，全市公园绿地占城市面积的 36%，距公园绿地 200 米范围内居住着约 85% 的居民，300 米范围内达 90%。

2. 英国生态城镇

英国在生态城镇建设方面有良好的传统和实践经验。从 19 世纪乌托邦式的新城镇到霍华德提出的"明日田园城市"，都在探索既能提供足够就业机会，又能亲近自然，还可提供各类服务设施、化解社会矛盾的小城镇。在应对全球气候变化的背景下，为实现低碳减排目标，2008 年，英国提出生态城镇建设目标，并要求各地自愿报名，最终确定 4 个生态城镇。这些生态城镇基本为大城市卫星城，有公共交通覆盖，发展目标是探索零碳排放的开发和建设运营模式，要求每个生态城镇至少在环境可持续的某一个领域具有示范意义。

该项目要求每个城镇至少要包括 5000~10000 个家庭，要配置高质量的服务设施，如学校、商店、办公、娱乐等。生态城镇 30%~50% 的住宅应为低价或廉价住房，出售、租赁比例配置合理，面积适中，功能混合，能满足不同人群的需求。每个城镇设有管理机构，负责生态城镇的开发建设与管理，完善建设目标措施，为居民提供各种服务。

英国生态城镇在技术层面也有较完善的规范，其出台的生态城镇规划政策分别从碳排放、应对气候变化、住房、就业、交通、生活方式、服务设施、绿色基础设施、景观与历史环境、生物多样性、水、防洪、废弃物处理、总体规划、实施交付和社区管制等方面提出了具体的要求。如在能源方面，要求建立全覆盖的可再生能源系统，实现城镇的零碳或较低的碳排放；在交通方面，建设功能混合的社区，提高步行、骑车和公交出行比例，使居民在10分钟内能到发车间隔短的公交站点或社区服务设施；在建筑方面，要在全寿命周期达到英国Build For Life银奖或可持续住宅标准四级等相关标准；在绿色基础设施方面，要建设高质量的绿色开放空间网络，保证绿色空间面积大于40%，其中一半是公共绿地；在社会经济方面，要制定可持续经济发展战略，保障本地居民就业，并提供各类品质的生活设施。

3. 加拿大温哥华

温哥华是加拿大西部最大的城市，在2003年、2004年被美洲旅行社协会授予"美洲最好的城市"，2004年被国际城区协会授予"城区建设奖"，2005年被英国经济学家智库（EIU）授予"世界最适宜居住的城市"。温哥华在高密度城市环境下创造了宜居和充满活力的空间，市内交通便利，公共服务完备，景观优美且丰富多样，是大城市建设生态宜居城市的典范。

温哥华为应对全球气候变化和实现城市可持续发展，提出了未来10年城市发展指标体系，明确了可持续发展方向与要求。该指标提出到2020年，共产生2万个新的绿色工作岗位，温室气体排放在2007年基础上降低33%，新建建筑实现碳中和，既有建筑提升20%，超过50%的出行不需要汽车，人均垃圾产生量下降40%，人均生态足迹、水消耗量、食品碳排放量均减少33%，并种植15万棵树，让人走出家门5分钟便可亲近自然。

在土地利用方面，为减少土地消耗，防止低密度扩张，温哥华坚持集约和精明的土地利用政策，把城市未来发展集中在存量土地范围，鼓励发展中高密度社区，便于就近工作和居住。利用公交系统和社区服务设施，避免城市无序蔓延。在交通方面，温哥华通过大力推广公共交通系统鼓励市民改变出行方式，降低对私家车的依赖。其交通通行优先次序为步行、自行车、公交系统、货物交通，最后是私人汽车。在绿色空间建设方面，利用开敞空间体系将建成区分为若干独立规划的居住组团，合理布置低层和高层住宅，在保持人性化尺度的同时实现居住高密度。在城市空间结构方面，通过营造多中心、多层级的都市中心，运用"集中增长模式"，在划定范围内统一配置公共基础建设及其他城市服务。在社区建设方面，温哥华坚持为社区提供更多服务设施和工作机会，使居民的工作、生活与娱乐无须长途出行，并通过设施完善的社区建设实现区域增长。

4. 新加坡

新加坡是亚洲著名的花园城市，连续多年被评为"全球宜居城市"，10次当选"亚洲人最适宜居住城市"。新加坡生态城市建设特点主要表现，一是在城市生态建设方面，早在1965年就提出建设花园城市的设想，20世纪60年代开始环境整治、种植树木、建设公园，要求每个镇区中应有一个10公顷的公园，距居民区500米范围内应有一个1.5公顷的公园。20世纪70年代重点进行道路绿化，要求每条路两侧都有1.5米的绿化带。80年代通过实施长期生态保育战略计划，将5%的土地设为自然保护区，要求每千人享有0.8公顷的绿地。90年代建设连接各公园的廊道系统，建设绿色基础设施。二是在公共交通发展方面，通过建设贯穿全国的地铁、轻轨系统和陆上公交汽车网络系统来解决市民的出行问题。通过GPS自动调动系统提高出租车效率，通过电子收费系统限制公交车以外的车辆在高峰时间进入闹市区，实行年度汽车限购政策，防止车辆快速增长。三是在城市住房方面，新加坡通过推进"居者有其屋"计划，共建成12万多套公寓和店铺来解决城市的人口住房和就业问题，既实现了社会公正，又推动了城市建设。四是在绿色建筑方面，新加坡从2008年开始要求所有新建建筑都必须达到绿色建筑最低标准，超过5000平方米空调面积的新建公共建筑达到绿色标志白金评级。既有公共建筑到2020年超过1万平方米空调面积的要达到绿色标志超金标准。政府在出售土地时，要求工程达到较高层绿色标志评级（白金和超金）。

（二）国外绿色城市建设启示

综合世界各地绿色城市建设做法，其经验启示可归结为以下四个方面。

1. 创新制度设计，健全绿色政策法规支持体系，促进生产和消费结构绿色化

首先，需要政府自身具有建设绿色城市的意识，例如美国很少批准境内的油田矿产资源开发，保护国内资源并出台有效的节能环保政策。其次，从国际经验来看，绿色城市建设必须依托城市产业结构的演进升级，纽约城市的转型轨迹主要是通过产业的转型来实现城市经济、社会、文化等全面转型，表现出由制造业到服务业再到高端的知识型服务业、文化服务业和绿色发展的演进历程。但产业结构向绿色转型不能单纯依靠市场自发力量。除借助市场机制推进综合的环境和经济政策外，在纽约的产业转型中，联邦和地方政府还通过政策支持引导，包括灵活运用财政政策、增加研发资金鼓励企业创新等，选择高端产业领域进行集中发展和重点突破，大力发展先进制造业和战略性新兴产业，掌握高端产业链的主动权，促进城市产业结构向绿色转型。此外，产业结构绿色化离不开推崇绿色消费的市场环境，城市也需制定激励绿色消费的政策法规，并注重以法律手段规范城市相关利益主体的行为。例如，纽约市在"2030规划"中宣布政府投入"绿色"的资金不会因金融危机而减少，规划出台减税措施鼓励居民绿化屋顶，出台补贴政策鼓励市民拼车、使用混合动力型节能车辆、乘坐公共交通工具和非机动车类

交通工具以节能降耗减排。

2. 重视民间组织，政府与社会之间建立绿色城市建设合作互动机制

绿色城市建设需要城市所有的利益相关主体参与其中，政府、企业、公众之间能够良性互动。因此，普及绿色理念、培育绿色文化、增强公众的绿色发展意识、重视民间组织的作用则可以有效促进全社会投入绿色城市建设进程。例如，1993年成立的非政府、非营利组织"美国绿色建筑协会"，现已成为全世界最具影响力的绿色建筑评定机构，许多建筑以达到其制定的绿色建筑标准（LEED）、获得由其颁发的绿色建筑标识为荣，各地政府纷纷邀请该协会参与城市规划，美国的大学生也积极参加其组织的最佳绿色建筑方案设计竞赛；2008年在纽约成立的"走向绿色"展览组织，一年在美国各地举办数十次"走向绿色"演讲和展览；社区内成立的绿色社区志愿者协会定期开展社区之间、家庭之间、业主之间的能源节约竞赛，这些民间组织在激励市民建设绿色城市的同时，也形成了一种政府和社会之间的良性互动机制。

3. 发展绿色科技，建立富有竞争力的绿色科技创新体系

建设绿色城市离不开绿色科技的支撑，以住房建设领域的绿色科技为例，无论在研发领域还是在应用领域，发达国家都遥遥领先。杰里米·里夫金在《第三次工业革命》一书中甚至提出，未来的建筑可就地收集可再生能源转化为微型发电厂，通过在每一栋建筑物以及基础设施中使用氢和其他存储技术存储间歇式能源，并利用互联网技术将所有的电力网转化为能源共享网络。从绿色科技推动城市发展绿色转型的国际经验来看，一方面要发展以污染治理、保护绿色为特征的"深绿色科技"，例如污水处理技术、垃圾无害化处理技术、防治荒漠化技术等；另一方面要发展以开发绿色能源，推行清洁生产、推进绿色化为特征的"浅绿色科技"，例如混合动力及电动汽车开发技术、绿色建筑智能技术等。绿色城市建设必须要紧跟世界科技革命和新兴产业发展潮流，加快创新驱动，将绿色科技创

新作为整合和转化城市竞争优势的主线，不断延伸和完善城市绿色科技创新价值链，增强城市绿色科技竞争力。

4. 城市规划融入绿色理念，建设紧凑型城市，重视旧城区绿色改造

从欧洲许多高密度发展城市的经验来看，就我国城市发展阶段和人多地少、资源匮乏的具体国情而言，紧凑发展不失为中国城市化进程的优选方向之一，紧凑发展的城市形态有利于节约土地、降低资源能源消耗以及有效提高城市的运作效率。此外，除在城市地域扩大，即新城区建设过程中注重绿色化以外，发达国家的城市也重视对老城区的绿色改造。例如，纽约市在《纽约规划2030》中就明确提出纽约市政府将对旧城区所有的棕地进行整治，资助改造老式住宅和商业建筑，确保所有纽约居民的10分钟步行圈内有一个公园等。一个城市如果不大力发展绿色公共交通系统以改善原有单中心城区人口密度过高、交通过于拥堵、空气污染过重等现象，不采取行动改变城市布局的单中心集聚趋势，就难以谈及成为宜居城市，更遑论建设绿色城市。

五　国内绿色城市建设经验

（一）珠海坚持生态优先，打造绿色城市样本

珠海市坚持"生态优先"，坚定不移走绿色发展道路，2015年珠海市空气质量达标率为90%，在全国74个重点城市中长期保持在前十位；全市各主要河流、饮用水水源地水质、近岸海域水质保持100%稳定达标。与此同时，全市地区生产总值达2024.98亿元，增速居广东省首位。珠海已成为珠三角地区环境质量最好、土地开发强度最小、人口密度最合适、低端产业布局最少及社会最和谐、最平安的城市之一，先后获得首批"国家环保模范城市"、"中国十大最具幸福感城市"、"中国最宜居城市"、"国家文明城市"、"国家生态园林城市"、"国家生态市"等称号。2016年6月5日，珠海市获

得"中国生态文明奖"先进集体。"中国生态文明奖"是我国设立的首个生态文明建设示范方面的政府奖项,也是目前我国级别最高的生态文明专项奖之一。

1. 加强领导,规划先行

为有效推进创建全国生态文明示范市工作,珠海市成立了创建全国生态文明示范市领导小组,市委、市政府先后印发了关于创建全国生态文明示范市的"决定""四年行动计划"以及考核办法等纲领性文件,明确了建设的主要路径、重要举措和重点生态民生工程。在规划控制上,推进城乡规划、主体功能区规划、土地利用总体规划、国民经济和社会发展规划、生态文明建设规划"五规融合",努力实现一张蓝图管到底。

2. 完善制度,加强考核

加快建立系统完整的生态文明制度体系,是珠海市在推进环境保护和生态文明建设中的突破口。与北京大学合作建成了全国首个地级市生态文明研究机构——北京大学生态文明珠海研究院,开展生态文明建设制度的前瞻性研究;筹建全省首个环境宜居委员会,为市政府提供生态环境宜居建设事项的议事咨询意见。先后制定、实施了与生态环境相关的17件地方性法规和12件政府规章,不断完善以生态文明建设为核心的法规体系;2014年出台了党的十八大以后全国首部生态文明建设地方性法规——《珠海经济特区生态文明建设促进条例》;珠海市生态文明法制建设经验荣获"全国生态环境法治保障制度创新最佳事例奖"。自2015年3月30日起,在全国率先每周向公众发布各区生态环境指数;探索生态补偿机制,累计向斗门区饮用水水源保护区发放生态补偿资金3.85亿元,成功打造了"十里莲江"生态旅游品牌。

珠海实施生态文明考核,考核结果与干部选拔任用挂钩,初步形成以生态文明建设制度管人的环保治理新常态。2015年6月11日,珠海市首次生态文明建设考核评议会举行,对全市8个区(功能区)和17个职能部门进行了生态文明考核。

3. 严格准入，绿色发展

珠海市在招商引资中严把环保审批关，坚持"破坏生态环境的项目一个都不能批"的原则，坚决杜绝电镀、造纸、制革、印染等项目。通过建立实施招商引资项目环境影响预评估机制，从源头将环境保护融入经济建设。大力实施污染减排，为新一轮经济发展腾出环境容量。据统计，"十二五"期间，珠海市共否决建设项目224个，全市化学需氧量、氨氮、二氧化硫、氮氧化物4项主要污染物排放量分别削减21.4%、18.4%、32.5%、39.8%。

一方面，珠海市坚持"高端起步、双轮驱动、合理布局、集聚发展"的方针，通过支持总部经济发展、扶持企业上市等举措，发展了长隆国际海洋度假区、中国北车珠海基地等一批高端产业项目，充分带动全市先进装备制造业的发展。通过产业链、创新链和服务链的加速融合、演绎，努力成为珠江西岸先进装备制造产业的龙头。

另一方面，大力实施清洁生产，改造升级传统产业。高栏港经济区在全市率先启动热电联产，初步形成50多千米的集中供气管网；石化龙头企业珠海碧辟化工有限公司PTA三期项目采用最新一代技术，减少75%的废水排放、65%的温室气体以及95%的固体废物排放。高栏港经济区也成功申报"广东省绿色升级示范工业园"，正在验收过程中。

2015年，珠海市完成规模以上工业增加值980亿元，同比增长9.7%，增速位居珠三角地区前列；其中，先进制造业、高技术制造业、装备制造业增加值增长均超15%。现代服务业占服务业增加值比重提升至57.6%。

4. 提升环境，改善民生

为持续改善珠海空气质量，2015年底前，珠海发电厂、金湾发电厂共4台机组全部完成全负荷脱硝改造；全市已完成省政府下达的2014~2017年燃煤锅炉治理任务，完成省政府下达的工业挥发性有机物治理任务量达77%；全市累计淘汰黄标车超过3.6万辆，超额完成省政府下达的黄标车淘汰计划考核任务。

加快提升污水处理能力,"十二五"期间全市污水集中处理率达到95.7%。特别是斗门区,因地制宜,加快农村分散式污水处理设施建设步伐,并将其纳入幸福村居建设的重要内容。

为进一步改善前山河水质,珠海市正在实施前山河流域环境综合提升工程,并将其作为"三个一把手工程",纳入"向社会公开承诺十大重点项目"。

邀请国内外一流专家和规划机构,对"国际宜居城市"建设进行高端谋划。2015年8月15日,中国社会科学院城市与竞争力研究中心发布《2014年宜居城市竞争力前200名城市》,珠海市排名第一,蝉联全国最宜居城市。

5. 软硬兼顾,培育自觉

在注重硬指标的同时,珠海市也从未忽视软实力的提升,始终把培育生态自觉作为推动全民参与的核心内容。多年来,以学校、社区等为细胞,共创建各级"绿色学校"165所、"绿色社区"61个、环境教育基地12个,形成了从学校到社区、从家庭到社会全覆盖的生态文明教育网络。市民的自觉追求凝聚成生态文明建设的强大力量,推动珠海市蹄疾步稳地迈向"生态文明新特区、科学发展示范区"。

(二)苏州高新区生态文明建设的绿色样本

苏州高新区将建设经济发达与生态宜居协调相融、都市风貌与山水风光相映生辉、人与自然和谐共生的美好家园作为始终不懈追求的目标,取得了生态文明建设的丰硕成果。

1. 整合资源,发掘"绿色"新优势

苏州市高新区依据自身丰富的生态文化底蕴,把生态文化休闲产业作为服务业发展的重要内容,培育新的战略增长点。高新区紧紧围绕城乡一体化发展综合配套改革目标,充分依托太湖自然生态文化优势,以规划为引领,以项目为依托,以惠民为目标,通过实施镇村布局规划和村庄整理,整合优质资源进行整体开发保护。对全区49个山体的文化渊源展开调查挖掘和整理传播。规划开发"城市绿肺",坚持森林生态环境保护第一的原则,大力建设大阳山国家森林公园,在注重生物多样性保护的基础上进行合理开发利用,形成以森林生态环境为主体,以森林生态游憩为特色,融合生态保护、休闲度假、生态科普教育等功能于一体的综合性森林公园。依托大运河申遗,建设东吴博物馆和明清特色街区,保护和恢复大运河历史风貌。建成苏州太湖国家湿地公园,融原生态人文自然保护、休闲观光旅游、科普教育及吴文化展示于一体,成为目前环太湖地区规模最大、文化底蕴最深厚、原生态保护最完善的湿地公园。与之毗邻的刺绣之乡镇湖,拥有目前国内规模最大的专业性刺绣展馆——中国刺绣艺术馆,并与"绣品街"和"创意绣坊"组成了中国刺绣艺术馆景区,获批全国首家刺绣文化产业4A级景区,成为生态旅游、休闲旅游和文化旅游的标志性景区,是特色文化产业与自然优美环境相融合的成功范例。

与此同时,高新区还将大力整合区域内外更为丰富的生态文化资源,探索生态文化资源的产业化和资本化,把建设现代生态文化新城区确定为未来5~10年的战略目标,推进苏州高新区整体全面转型。

2. 生态优先,构筑"绿色"新城区

近年来,苏州高新区遵循与现代"山水城市"理念相契合的原则,积极实施生态优先战略,全面推进西部生态科技城建设,着力打造国家生态文明示范区和城乡一体化先行区,全力构建宜居宜业、具有创新能力和发展活力的新型城市结构。重点发挥苏州西部"真山真水、青山绿水"的生态优势,紧紧围绕"显山露水、依山傍水"的设计思路,把山的厚重、水的灵气融入人的创造之中,加快建设"山隐城中,城映水中"的科技新城,真正展现"科技和生态齐飞,山水与城市一色"的独特魅力。经过多年发展,一个"山水城市"已经呼之欲出。为苏州建设生态型城区树立新的典范,对建设具有苏州特色的生态城市,有着极为重要的参考与启迪意义。

苏州西部生态城建设突出做好四篇"文章"。一是构建新型农业发展区，加强原生态资源保护。积极调整区域农业结构，在大规模开展绿化建设的同时，大力发展蔬果、园艺、水产品等特色精品农业。引入"Farming Mall"的农场建设新理念，融入商业、旅游、休闲娱乐等多种业态，探索都市农业园新型开发经营模式。规划"一体二街四区十五会所"的空间布局，通过加大土地流转、统筹规划管理、实现规模经营，打造生态农业、休闲观光农业特色品牌。二是依托太湖沿岸资源，打造大湿地生态景观。经过几年的精心培育，区内全长25千米的太湖大堤，已经形成了以"自然、生态、野趣"为主题的"四时八景"。规划总面积4.6平方千米、一期开放2.3平方千米的太湖国家湿地公园，呈现水为灵魂、植物为生命的生态湿地景观。三是加大投入，加快实施区域水环境建设。计划再投资20亿元，实施一批太湖水环境综合整治项目，夯实太湖水保护基础。四是打造"绿色生态小镇"，加快城市生态化试点建设。在5.7平方千米启动区，一个总投资超30亿元的"绿色生态小镇"已经启动建设，将为苏州的生态城镇建设提供新的样本。这个由中国节能环保集团有限公司主导打造，由绿色居住、绿色教育、绿色商业和文化产业组成的综合体，将在材料、能源、水资源利用、废物处理和利用以及生态环境建设等方面广泛应用绿色技术，以最前沿的科技为这座小镇注入绿色生态理念。

高新区的交通发展也凸显"绿色特点"。不断完善交通格局，逐步形成了一张由有轨电车、公交车和公共自行车构成的高新区"绿色交通网"。生态环保、低碳出行的"绿色生活"方式正在成为高新区的新风尚。

"山水城市"建设在高新区正得到积极有序的推进。2015年，高新区充分利用本区自然环境优势，提出加快出形象、出亮点，迅速打响"生态牌"的新目标，把太湖沿线生态做成精品，把太湖资源引入城市腹地，将环境建设与旅游发展相结合，把绿水青山打造成美丽的城市游园。山隐城中，城映水中，一个集自然与人文于一体的"美丽高新区"正逐渐呈现在世人眼前。

（三）扬州市建设绿色城市的经验

扬州在过去5年经济总量连续跨上3000亿元、4000亿元两个大的台阶，GDP在全国百强城市中的排位比2010年提升16位，人均GDP在苏中、苏北地区率先超过省均水平，创造了经济发展的新高度，而且收获了一系列生态环境"奖牌"，先后荣膺国家园林城市、国家生态市、国家森林城市、全国水生态文明建设示范市、全国文明城市等一系列殊荣。中国社会科学院发布的2015年"城市竞争力蓝皮书"显示，扬州生态城市竞争力获得全省唯一五星评定。

"十二五"期间，扬州市在全省率先提出"生态强市"发展战略，多年来探索出一条生产发展、生活富裕、生态良好的文明发展道路，正致力于打造美丽的扬州样板。

1. 绘制"绿杨城郭新扬州"美丽画卷

绿色是扬州的城市底色，"绿杨城郭"是扬州的代名词。如今，扬州人赋予了"绿杨城郭"新的内涵。扬州依水而建、缘水而兴、因水而美，水绿交融是扬州着力打造的城市名片。但城市黑臭河道、雨季汛期城市漫灌也一度困扰着扬州。几年来，扬州市坚持每年从土地出让金中提取10%用于水生态文明建设。特别是累计投入120亿元，推进"清水活水、不淹不涝"城市建设，铺设地下管网582千米，不仅经受了多次强降雨的严峻考验，告别了城市逢雨即涝的历史，而且实现了城市黑臭河的有效治理。2015年9月29日，扬州2500周年城庆之日，"九闸同开、活水润城"工程启用，大运河以西主城区90平方千米内总长140千米的35条河流实现了活水环绕，一举解决了部分河道水系断头、水质黑臭等水生态难题，惠及百万扬州市民。

作为长江和大运河交汇点、南水北调东线源头城市，扬州自觉担当起区域生态环境保护的责任，扎实推进长江大保护，首倡建设江淮生态大走廊，致力于打造纵贯江淮、守护全域的清水大走廊、安全大走廊、绿色大走廊，确保水质长清、净水北输，挺起扬州绿色发展的脊梁。

过去几年，扬州持续推进"绿杨城郭新扬州"行动计划，每年从土地出让金中提取5%专项用于城市绿化，每年新增植树500万株，新增城市绿地100万平方米，基本完成了"七河八岛"、清水潭、枣林湾等9个10平方千米以上的生态中心建设。

扬州还打响了"雾霾攻坚战"：治企、管车、限煤、禁燃、抑尘，通过"五气"同治，实施"共保蓝天"专项行动。关停一批生产线，压缩钢铁、水泥等行业，倒掉一批"黑烟囱"；淘汰黄标车和老旧机动车14772辆，斩掉"黑尾巴"；扬州还出台史上最严的渣土车管理办法，通过"三管一重一评比"的办法来遏制"飞扬的尘土"。2015年，扬州共有245个"蓝天"，市区空气质量优良天数始终保持在320天以上，PM2.5比2014年下降6.6%，空气优良天数居江苏省第二位。

2. "绿色铁律"为百姓谋求快乐健康福利

实现生态保护和经济发展的动态平衡，设置"绿色门槛"，保障长远发展，成为扬州秉持"生态优先"的一贯做法。2015年1月，《扬州市生态文明建设规划（2014~2020）》经市人大常委会审议通过。扬州主城区与江都区之间"七河八岛"区域，是南水北调东线工程输水通道和淮河入江水道，也是扬州城市饮用水源保护地。"七河八岛"规划建设之前，扬州人定下了一个"四控一禁"的"铁规矩"：严格控制廊道宽度、建筑高度、开发强度、污染排放，严格禁止违法建设，并以人大决议的形式上升为法律意志。"七河八岛"约51.5平方千米区域中，禁止商业开发的生态"留白区"占总面积的近60%。

以人为本，从百姓需求出发，通过建设不同等级的公园，在为市民提供休闲场所的同时，也为绿色发展奠定了基础。这正是扬州城市发展全新理念：把城市中心最好、最金贵，很多城市用来建设CBD（中央商务区）的寸金之地，用来打造绿色开放、运动休闲的

CAZ（中央活动区）和 CEAD（中央生态和活动中心）。宋夹城体育休闲公园与蜀冈体育休闲公园、扬子津古渡体育休闲公园一道拉开了扬州城市公园体系建设的序幕。全市共建成开放各类生态体育休闲公园近百个。

扬州全面推进古运河沿线两岸生态保护、景观提升和步道建设。目前，古运河城区段两侧慢道已全部完成，徐徐展开一幅"水景大观园"的美好图景。位于古运河畔的三湾生态中心，按照以林为根本、以水为主脉、以绿为色调、以土为特色的工作思路，遵循原生态、低干扰的开发原则，科学实施植树造林、湿地恢复、岸线复绿等生态修复工程，特别是坚持"海绵城市"建设理念，开发建设湿地水净化塘、透水路面及雨水收集池。经过生态修复，三湾湿地公园出水水质检测后已达到Ⅱ类水标准。

市区全面实行排污许可证制度，城市水环境功能区水质达标率稳定在100%；连续5年组织开展集中式饮用水源地专项整治行动，城市饮用水源地水质达标率稳定在100%；加大小化工、小电镀企业整治力度，规定除化工园区外只减不增化工企业。

通过这些"绿色铁律"，扬州划定了"生态红线"，让广大百姓畅享生态福利。扬州生态文明创建做法及成效得到环保部、省政府的高度肯定，并被作为经验在全省推广。在近年来的城市环境综合整治定量考核中，扬州各项指标均高于全国平均水平，尤其在公众对城市环境保护的满意率方面，扬州连续3年在全省名列前茅。

3. 追求经济发展、城市扩容和生态建设"多赢"

2012年，扬州市旗帜鲜明地提出把瘦西湖景区打造成"世界级公园"，以"世界级"胸怀，追求"最扬州"味道，先后投入40多亿元，重点实施了文化提升、生态建设、功能完善、产业发展四类30多个项目，开展了总面积达70万平方米的"三拆三整治"和城中村改造，双峰云栈、大明寺西花园、鉴真广场、虹桥坊等一批产业、生态、景观设施建设投入使用，一座生态、文化、产业有机融合、互动发展的世界级公园初具规模。

扬州市努力在发展与环保之间找准平衡点，让生态环保变成一个可持续发展的正向经济链条，最终用较低代价解决环保问题，将静态的生态资产转化为推动生产力发展、拥有蓬勃生机的资本。生态科技新城成立两年多来，努力把生态文明融入新城建设发展的全过程，着力修复区域生态环境，借鉴国内先进产业园区发展模式，加快科技创新产业集聚，吸引了马可·波罗花世界、儿童乐园等项目的入驻。而今，以功能复合叠加的廖家沟中央生态公园、世界首座"文化+花卉"双主题乐园、马可·波罗花世界、聚焦"三室经济"发展的创智坊等为代表，新城载体打造、功能完善和环境提升步伐进一步加快。

这几年，扬州市在项目招商引资上，始终秉持"生态优先、绿色发展"理念，严把项目审批关，对存在污染隐患的项目实行"一票否决"。在项目选择上，设置了不进工艺技术水平低、投资强度低、环境污染重、安全隐患重的"四不进"门槛。

在城市开发建设中，始终坚持产业门槛、空间布局、技术物理、执法监管、生态保护"五条底线"。尤其是把加快转变经济发展方式作为主攻方向，优先发展契合扬州城市特质的汽车、机械、软件和互联网、旅游、建筑、食品六大基本产业，积极推进科技创新和产业升级项目，着力构建具有扬州特色的现代产业体系。目前，扬州市作为国家循环经济示范城市，正全面实施市级以上开发园区生态化、循环化、低碳化改造，市开发区已成功获批国家级循环经济试点园区。

高邮电池工业园是2012年省环保厅批复的全省唯一的电池专业化生产基地。园区以专一的产业定位、严格的技术门槛、规范的安全控制和完善的环保系统，着力集聚一批行业内领军企业。目前，入园企业已达12家，其中7家已投入生产，园区正朝着全国一流储能产业示范特色园区的目标迈进。

在协调经济发展、城市扩容和生态建设的互动中，扬州市成功实现了多赢，生态竞争力已成为扬州城市最核心的竞争力。

第九章
森林城市

一 森林城市的内涵及建设森林城市的意义

(一) 森林城市的内涵

1971年,联合国教科文组织在第16届会议上提出了"关于人类聚居地的生态综合研究","生态城市"的概念应运而生。1999年10月,美国世界观察研究所在一份题为《为人类和地球彻底改造城市》的调查报告中指出,城市要实现"人—社会—自然"的和谐发展。"森林城市"的理念就是在这种背景下提出来的。20世纪90年代,"森林城市"理念开始传入我国。这一理念的主要内容是:保持近自然状态,城乡一体统筹发展,林水相依、林路相依、林居相依、林村相依、林田相依,具有浓郁鲜明的城市地方特色,具备开放互动的管理模式,节水、节力、节财。

"森林城市"是指城市地域范围内,包括城市建成区及周边区域的城市森林培育良好,森林绿地与城市建设布局合理,以树木为主体的绿色植被面积较大,森林覆盖率较高;城市基本实现绿化、美化,森林绿地对城市环境的改善作用明显,能基本平衡和补偿城市环境的负效应;森林景观与人文景观有机结合,城市居民拥有良好的绿色居住及工作环境,城市生态环境与城市建设和谐发展,可持续发展状态良好的城市。

(二) 森林城市建设的意义

1. 发挥重大生态效益

1公顷阔叶林可以吸收二氧化碳1000千克，释放氧气750千克。森林城市可以给市民提供一个巨型"氧吧"，提高人们的生活质量，减少噪声，增加地下水储量。成系统的森林资源可以改善整个城市的气候条件，减少热岛效应，改善空气质量，增强对水的净化作用，还可以减少光污染，优化人居环境。

2. 产生显著的经济效益

森林城市建设有利于增收致富，实现"变荒山穷山为秀山宝山"。通过速丰林等森林资源价值、企业投资林农产业、农民参与森林工程等多渠道助农增收。可以改善投资软环境，"满目青山"就是吸引力，可实现生存和投资环境的"双赢"，吸引更多经济要素聚集城市。建设森林之城，符合低碳经济的国际大趋势，有利于提升国土资源的整体价值。

3. 发挥重要的社会效益

城市森林具有重要休闲游憩功能。人们在劳动之余，来到林木葱茏、花草繁茂的城市公园，或漫步在城市林荫大道上，满目青翠，新鲜空气迎面扑来，一定会感到神清气爽，无比惬意。森林城市将成为城市的绿色名片，可以间接提升城市的形象，有助于营造高质量的人居环境，对外界的吸引力更大。

二 城市森林的概念及其生态效应

"森林城市"功能发挥的载体和依托是城市森林。何谓城市森林，不同的国家有不同的理解。美国对城市森林的理解比较广义，泛指一般意义上的城市范围内的所有树木。而欧洲一些国家，像德国、芬兰等把城市森林主要定义为城市内的较大林区和市郊森林。

国内一般认为城市森林是指在功能上发挥巨大生态效益、位于人类聚居区内以及周围的所有植被。国内也有学者将城市周围或附近一定范围内以景观、旅游、运动和野生动物保护为目的的森林称为城市森林。

国家林业局2012年2月发布的《国家森林城市评价指标》中对城市森林的定义是：在市域范围内以改善城市生态环境，满足经济社会发展需求，促进人与自然和谐为目的，以森林和树木为主体及其周围环境所构成的生态系统。

城市森林以花草林木构筑景观多样性、生态系统多样性和生物物种多样性为特征。城市森林可分为三个层次，即城区森林、近郊森林和远郊森林。城区森林包括城区内的城市公园、环境保护林、风景林、片林、护路林带、水域、户外娱乐场所、社区街头的美化绿化以及立体绿化等。近郊森林包括郊区环境保护林、自然休养林、森林公园、野生动物栖息地以及近郊经济林及苗圃、花圃等生产绿地。远郊森林主要是水源涵养林、薪炭林、生态防护林、生态休闲林、经济林等森林密集区、自然保护区。

城市森林在城市生态系统中起着动态调节作用，其主要是通过森林生态效益来实现。城市森林的生态环境效益主要有以下几个方面。

（一）改善城市小气候

城市森林是气温和地温的"调节器"，太阳辐射的"吸收器"，对改善城市小气候有明显的作用。

（二）维持二氧化碳和氧气的平衡

由于城市人口稠密，工业生产密集，呼吸和燃烧消耗大量氧气，并积累二氧化碳。如果在无风或微风的情况下，大气交换不充分，势必会造成城市局部地区氧气供应不足，对人体健康带来危害。

(三) 缓解热岛效应

当前,随着城市化速度的加快,城市的热污染越来越严重。城市的下垫面除少量公共绿地外,绝大部分地面为砖石、水泥、柏油或混凝土铺砌,使城市热量增加,导致温度升高形成"城市热岛",对人体健康产生危害。城市森林通过蒸腾作用将液态的水由叶片的气孔以气态形式散发到空气中,并从环境中吸收热量,降低周围环境的温度,增加湿度,达到植物蒸发冷却的效果。此外,森林树冠还能遮挡来自太阳的直接辐射热和来自地面、墙面和其他相邻物体的反射热,从而使森林有了降温的效果,进而缓解城市的"热岛效应"。

(四) 防止和降低污染

城市森林有吸附、吸收污染物或阻碍污染物扩散的作用。树木能吸收二氧化硫、氮氧化物、氨、HF 和汞、铬等重金属。比如,工厂周围如有 500 米宽的林带,就会减少空气中 70% 的二氧化硫含量、67% 的氮氧化合物含量。城市森林可以吸附灰尘及悬浮颗粒,随降水冲刷到地面,每公顷绿地每年滞留数百公斤至数十吨灰尘。

目前城市森林在涵养水源、保育土壤、固碳释氧、净化大气环境等方面的生态功能已得到较为充分的认知和研究,但对城市森林在休闲游憩、生物多样性保护、社会服务、文化服务等方面的重要性,尚待深入研究。

三 森林城市和园林城市的联系与区别

我国曾经提出了一系列城市发展和建设模式,如花园城市、山水城市、绿色城市、卫生城市、园林城市、环保模范城市、生态城市、低碳城市、森林城市等。其中森林城市和园林城市在很多方面有相同之处,但也有明显的区别。

（一）共同性表现

森林城市与园林城市的建设目的都是改善城市人居环境，发挥森林和园林的生态、经济和社会三大效益；都是在生态学、林学、城市科学等理论指导下，使用乔、灌、花、草等植物进行建设的；在建成之后，市民都可在其中通过观赏、休闲、游憩、锻炼、科研和艺术创作等方式进行利用或享用。森林城市与园林城市评审考核的方法和程序基本相同，甚至考核指标体系中的部分指标和建设要求都是一致的。

（二）森林城市和园林城市的区别

1. 范围规模不同

园林城市建设一般主要在城市城区或延及城乡接合部的近郊，而森林城市建设范围不仅包括城市区域，而且还包括近郊、远郊以及所辖的区市县。因此，森林城市的建设范围及规模远大于园林城市。

2. 结构内容不同

园林城市是以大面积乔、灌、花、草等植被构成园林小区，形成一道道风景亮丽、美不胜收的园林景观。而森林城市除涵盖上述内容外，突出以高大乔木及灌木为城市森林生态系统主体，特别是在城市的近郊、远郊区域建有大面积的高标准林带、林网以及植物园、森林公园等，构成以林木为主体，总量适宜、分布合理、功能完善、生物多样、景观优美的城市生态网络体系，实现城区、近郊、远郊协调配置的绿色生态圈，形成河流及道路宽带林网，森林公园、城区公园及园林绿地相结合的城市森林体系。

3. 功能作用不同

园林城市的功能效益是以社会效益和景观效益为主，以生态效益和经济效益为辅。森林城市的功能效益是以生态效益和经济效益为主，以社会效益和景观效益为辅。园林城市主要功能作用是以优美的环境和突出的景观效应给人以美的享受，而森林城市是以其独特而强大的生态功能对城市生态环境改善起着不可代替的作用。因此，森林城市的建设使城市的生态价值、文化价值、历史价值以及社会、经济价值更能完美地体现出来。

4. 评价的部门不同

园林城市由住建部评定，森林城市由全国绿化委员会评定。

除此之外，森林城市和生态城市、低碳城市都有很多相似之处。20世纪90年代后期，"生态城市"被国际公认为是21世纪城市建设的方向。"森林城市"作为"生态城市"的一种发展模式，以生态效益为主，创建森林城市的过程就是创建生态城市的过程，二者是相互促进、相辅相成的。森林城市可以直接吸收城市中释放的碳，同时森林城市通过减缓热岛效应，调节城市气候，减少人们使用空调的次数，以间接减少碳的排放，最终目的是降低二氧化碳的排放量。因此，森林城市创建过程也就是创建低碳城市的过程，二者经常被合称为低碳森林城市。

四 国内外城市森林建设的成功经验

（一）将城市森林作为城市的生态基础设施纳入城市总体规划

现代城市发展趋势表明，城市基础设施建设不仅是传统意义上交通、住房等灰色空间的扩展，还应该包括森林、水为主题的绿色空间、蓝色空间建设。国外城市森林的快速发展，得益于其把城市森林作为城市有生命的生态基础设施，作为城市基础设施的重要组成部分，进行统一规划建设。一方面规划的制定保证了城市绿化成为城市建设的重要内容，另一方面规划的稳定性也确保了城市绿化建设的持续健康发展。1990年，美国农业部建立林业基金专户，用于保证城市森林计划的顺利实施，还成立了全国性的城市和社区森林改进委员会，拨专款促进城市森林计划的实施。

（二）面向包括城区、郊区的整个城市化地区开展城市森林建设

城市是处在一个区域环境背景下的人口密集、污染密集、生态脆弱的地带。实践表明，环境问题的产生与危害带有跨区域、跨时代的特点，这在客观上要求以森林、湿地为主的生态环境治理也要跨区域、跨部门的协同与配合，按照区域景观生态的特点在适宜的尺度上进行。从国外的城市绿化发展来看，也经历了景观化与生态化、林业与园林部门管理权限的争论，但随着现代城市化进程的快速发展，面向包括建成区、郊区甚至是远郊区整个城市化地区开展城市森林研究已经得到广泛的认可。这对中国长期以来以城区为主、过分强调景观效果、职能部门分割管理的问题的解决有着非常重要的借鉴意义。

（三）近自然林模式是绿化建设的主导方向

城市绿化建设的根本任务就是要改善城市生态环境和满足人们贴近自然的需求，因此，近自然林的营造和管理是城市绿化建设的方向。目前，美国、加拿大、英国等许多国家的城市森林建设都体现了近自然林的理念。近自然森林的建设理念是在反思重美化、轻生态的绿化现象基础上提出的，力图通过利用种类繁多的绿化植物，模拟自然生态系统，构建层次较复杂的绿地系统，实现绿化的高效、稳定、健康和经济性，倡导营造健康、自然和舒适的绿色生活空间。具体在我国城市森林建设中，一是要注重乡土树种的使用和保护原生森林植被，强调体现本地特色的森林景观；二是要提倡近自然的森林和绿地养护，减少人为干扰，建设能够自维持的森林。

（四）通过森林生态、产业和文化三大体系来推进城市森林的建设

城市森林建设要满足城市和居民对森林绿地的多功能需求，发

挥生态、产业和文化的综合效应。在森林生态体系建设方面重点布局规划建设城区绿岛、城边绿带、城郊森林，构建城市、乡村一体化，水网、路网、林网结合的城乡森林生态网络体系；在林业产业体系建设方面重点规划布局生态旅游、种苗花卉、经济林果、工业原料林、林下经济等，通过产业发展促进地方经济增长，增加农民涉林、涉绿收入；在生态文化体系建设方面，选择有代表性的森林公园、湿地公园、城市公园重点规划建设森林文化、湿地文化、园林文化展示系统，建设生态文化馆，开展生态文化节庆活动。

（五）发挥城郊森林对控制城市无序扩张的调控作用

城市化的快速发展对城市建设用地产生了前所未有的巨大需求，一方面单个城市规模的不断扩大，城市周边的土地被大量地转化为城市建设用地；另一方面卫星城的不断出现也加剧了城市地区的用地矛盾。在此过程中，森林、湿地等生态用地往往成为建筑用地拓展的首选。国外许多国家在城市化过程中都非常注意森林、湿地等的保护工作，制定了长期稳定的保护规划，并通过政府、市民以及非政府组织监督落实，许多城市的周围都保留有大片的城郊森林，以控制城市的无序发展。我国北京、上海、长沙、广州、贵阳等城市相继规划实施了环城林带建设工程，形成了森林围城、进城的城市森林建设格局，为城市建起了绿色生态屏障，促进现代城市空间扩张由传统的摊大饼式向组团式方向发展，发挥了限制、切割等的重要作用。

（六）注重提高整个城区的树冠覆盖率

国外城市非常注重提高整个城区的树冠覆盖率。如美国，在全国开展"树木城市"发展计划，美国林学会也提出城市树冠覆盖率发展目标：密西西比东及太平洋东西部的城市地区，全地区平均树冠覆盖率40%，郊区居住区50%，城市居住区25%，市中心商业区15%；西南及西部干旱地区，全地区平均树冠覆盖率25%，郊区居住区35%，城市居住区18%，市中心商业区9%。

（七）保护河岸自然植被，建设会呼吸的生态河流

国外许多城市非常注重沿河植被、自然景观的保护。在莫斯科、温哥华、多伦多、华盛顿、布达佩斯等城市，河岸森林植被得到了很好的保护，形成林水结合的自然景观带，有效地发挥保护河流、连接城内外森林、湿地的生态廊道功能，即使是对休憩型水岸的处理也非常注重绿化贴近自然。穿过多伦多市区的3条主要河流所经山谷都受到保护，自然形成贯通整个市区的3条森林生态廊道，城市居民走在河谷内的林荫道上仿佛置身于原始河岸林中。

（八）重视城市绿地土壤保育，利用有机覆盖物覆盖绿地

城市绿地土壤不仅直接关系树木的健康生长，还影响城市水土的流失和空气中粉尘的播撒。据研究，北京粉尘大部分来源于本地，其中很大一部分是由于绿地水土流失导致的。国外在城市森林、绿地的营造和管理过程中，土壤的覆盖处理是一项很重要的技术。利用树皮、树枝、碎木、树叶、树根等树木材料加工形成的有机地表覆盖物，作为一种新型覆盖材料，既能显著改善城市土壤性状、促进树木健康生长、抑制杂草生长，又能起到防尘、装饰的良好效果，已在国外城市绿化建设中得到广泛应用。

（九）注重发挥城市森林在保护生物多样性方面的作用

人口密集的城市化地区，森林、湿地等自然景观资源破碎化问题是造成该地区生物多样性丧失的重要原因之一。而城市森林作为城市生态系统的主体，既是一些物种重要的栖息地，也是许多鸟类等动物迁徙的驿站，在维持本地区生物多样性和大区域生物多样性保护方面都发挥着重要作用。因此，在绿化建设过程中，部门要非常注意生态廊道建设，加强本地乡土树种的使用与保护，从而使整个城市森林生态系统的主体具有地带性植被特征，保证森林生态系

统的健康稳定。

（十）通过农林复合经营，发展可持续城郊森林建设模式

大力发展生态经济型林业产业，依托区域独特的自然、人文景观和历史文化资源，可以把林业生产发展和开发第二、三产业有机统一起来。通过建设特色经济林果基地、发展林木种苗花卉产业、打造生态采摘基地、开发乡村生态旅游等农林复合经营模式，促进林业生产经营模式由传统的单一功能向集生产、生态、旅游、文化、教育等多功能综合的方向发展，引导综合开发，实现一业多赢，把城市郊区环境改善与农民致富相结合，调动农民保护生态林、发展产业林的积极性，提高郊区农民收入，促进城郊森林的可持续发展。

（十一）建设绿道网络，满足城乡居民日常游憩和低碳出行需求

绿道是城市森林的一种重要表现形式，它是指连接开敞空间、连接自然保护区、连接景观要素的绿色景观廊道，具有娱乐、生态、美学、教育等多种功能。它能延伸并覆盖整个城市，使市民能方便地进入公园绿地与郊野林地，同时也提高了绿道沿线各类绿地的景观和生态价值。在绿道建设中，应针对行人和非机动车交通，集生态、景观、游憩和健身于一体，利用与城市道路、河流并行的绿色健康走廊相互串联，将城市绿地与郊区风景林有机联结成独立于城市机动交通网络的城市健康森林绿道网络。

（十二）群众或社团组织积极参与是城市森林建设的动力

城市林业牵连着城市的千家万户，涉及众多的社会团体。群众既是城市林业的最终受益者，也是直接参与者，因此，群众的环境意识对城市林业的理解及其重要性的认识显得格外重要。在许多发达国家，市民保护生态环境的意识很强，对城市绿化建设给予极大的关注，特别是群众和社团组织发挥了重要作用。只有通过立法、行政和宣传发动的方式调动一切积极因素，取得各部门、机构、市民的支持与拥护，形成全社会爱绿、兴绿、护绿的良好氛围，开源与节流并举，形成个人、社会参与互动的正反馈机制，城市森林的建设才会有一个美好的未来。

（十三）城市森林建设有比较完善的政策法规支持和经济投入保障

由于城市中的树木、森林更易受到各种不良因素的影响，一方面，要从行政管理体制上协调林业、城建、园林的关系，把原本在城区和郊区割裂的城市绿化建设体系纳入一体化管理中，依法行政；另一方面，要建立健全法律法规制度和管理规范，强化城市绿线管理等法律意识，维护城市树木、森林的健康，达到绿化规划的预期目的，实现城市森林功能和效益的最大化。此外，开拓多元化的资金来源渠道，除了政府拨款、销售收入、企业支持外，还要开展形式多样的募捐筹款活动，使城市森林建设和维护管理的顺利进行得到资金保障。

五　我国创建国家森林城市的历程及现状

为积极倡导我国城市森林建设，激励和肯定我国在城市森林建设中成就显著的城市，为我国城市树立生态建设典范，从2004年起，全国绿化委员会、国家林业局启动了"国家森林城市"评定程序，并制定了《国家森林城市评价指标》和《国家森林城市申报办法》。同时，每年举办一届中国城市森林论坛。2004年以来，全国绿化委员会、国家林业局先后授予贵阳、沈阳、长沙等96个城市"国家森林城市"称号。

国家森林城市是指城市生态系统以森林植被为主体，城市生态建设实现城乡一体化发展，各项建设指标达到规定指标并经国家林业主管部门批准授牌的城市。

中国城市森林建设的总体思路是以林网化—水网化的中国城市森林建设理念为指导，服务城市发展和人居环境需求。其基本原则是：(1) 坚持城乡统筹，政府主导原则；(2) 坚持生态优先，师法自然原则；(3) 坚持林水相依，以乡土树种为主原则；(4) 坚持人与自然和谐相处原则。

（一）申报国家森林城市的条件

(1) 申报城市有创建"国家森林城市"领导机构、工作机构及工作人员，要求主要领导挂帅，同时要有创建"国家森林城市"的方案、计划、动态、信息等资料。

(2) 申报城市各项指标必须符合《国家森林城市评价指标》标准。评价指标从组织领导、管理制度和森林建设三方面规定了"国家森林城市"的评价标准，在"国家森林城市"主要量化评价中有17个指标。

(3) 申报城市要有创建"国家森林城市"工作方案，编制有《城市森林建设总体规划》并通过专家论证。

(4) 申报城市按照《城市森林建设总体规划》开展创建工作，力争达到国家森林城市各项评价指标。根据评价指标，国家林业局将对森林覆盖率、森林生态网络、森林健康、森林文化、城乡绿化一体化等达到一定标准的城市授予"国家森林城市"称号，以宣传推广"让森林走进城市，让城市拥抱森林"的城市森林建设理念。

（二）申报国家森林城市的程序

由申报城市人民政府向国家林业局提出申请，附上《国家森林城市自评报告》。提交申请一年后，国家林业局组织创建"国家森林城市"评审专家组进行考察并写出考察报告。按照惯例，省会城市申报"国家森林城市"，应该先申请主办"中国城市森林论坛"。具体程序是由承办城市向省级人民政府提出报告，省级人民政府向国家林业局行文申办"中国城市森林论坛"提交创建"国家森林城市"的申请。全国关注森林活动委员会和国家林业局组织专家组到每一个申报城市考察,全国关注森林活动委员会和国家林业局将根据专家组的报告召开新闻发布会,并宣布主办"中国城市森林论坛"的城市。根据惯例,如获得"中国城市森林论坛"的举办权,国家林业局将会授予主办城市"国家森林城市"称号。

(三)创建国家森林城市应注意的问题

(1)创建国家森林城市不仅要注重结果,更要注重过程。国家森林城市创建管理部门重视的是创建过程,而不是指标的评审过关。

(2)创建国家森林城市不仅要注重指标,更要注重内涵。国家森林城市本意是要从和谐城乡的要求出发,促进城区、郊区绿化的协调发展;尊重人民的要求,增进人民的健康,改善人居环境,惠及人民的生产、生活;进一步加强城市森林理念的提升和传播,弘扬森林生态文化,提高全社会的森林和生态意识,这才是森林城市创建的初衷和根本。

(3)创建国家森林城市不仅要注重达标,更要注重彰显特色,防止出现所有创建城市千城一面、南北无异。

(4)创建国家森林城市不仅要注重建设,更要注重管护。第一,要提高对管护好城市森林重要性的认识。第二,要充分认识到城市森林作为有生命的基础设施,建设周期长,涉及环节多,管护、维护、保护任务繁重。第三,要严格执法,严厉打击破坏行为。第四,要注重制定地方法规,使执法部门有法可依、有章可循。

六 国家森林城市建设案例

(一)洛阳市森林城市创建之路

每个城市都有各自独特的自然特征,森林城市创建也要充分考虑城市自身禀赋。洛阳市河流、水系众多,城市跨河而建,仅流经市区的景观水系就达 60 多千米，水域面积超过 2000 万平方米，这样丰富的水资源，在北方城市中是比较少见的。鉴于此条件，洛阳市努力创建森林城市，在"水韵城市""牡丹花城""千年帝都""文化名城"上又增添了"森林之城"的新名片。

创森之前，洛阳市在森林城市的硬件建设方面已经打下了坚实的基础。1999 年以来，洛阳市先后实施了荒山绿化、通道绿化、退耕还林、绿色新农村、城郊森林公园建设、城市园林绿地建设等绿化工程；2006 年，洛阳市组织实施了"碧水蓝天青山绿地"工程；2007 年，洛阳市制定了全市林业生态建设规划，决定 5 年投资 30.48 亿元，实施 15 项工程，巩固九大保障体系，初步建成了城乡宜居生态城市和林业生态市。

2008 年 5 月 31 日，洛阳市政府向国家林业局提出创建森林城市的申请，获得同意和正式批复。为成功创森，洛阳市成立了高规格的创森指挥部，下发了《洛阳市创建国家森林城市实施方案》；召开了大规模的动员大会，制定了奖惩办法，加强对创森的督促检查；各县（市）区、各单位也分别成立了创森指挥机构，各部门协调配合，为创森提供了保障。

2009 年 5 月，《洛阳市森林城市建设总体规划》获得一致通过。该规划确立了"牡丹山水林城，宜居生态洛阳"的洛阳森林城市建设基本理念，提出到 2015 年，全市森林覆盖率 45.12%，森林总蓄积量达到 3550 万立方米，人均公共绿地达 15.16 平方米等目标。

洛阳市围绕城市特色，相继建设了洛浦公园及湿地公园、周山公园等大型公园。同时，城郊森林公园面积和各类牡丹园的面积还在不断扩大。目前，全市城郊森林公园面积已达 5 万余亩，这些公园的背后都有相应的主题文化支撑。以上都是洛阳市森林城市建设的特色。

洛阳市还高标准实施宜林荒山绿化和高速、快速公路沿线通道绿化，加快林业生态圈建设，形成"一廊一带三组团"的格局，2015 年全年造林绿化 50 万亩以上，全市森林覆盖率达到了 47.5%。

加快城市公园、广场和公共绿地建设，使城市绿化覆盖率达到40.5%。

2011年6月在大连召开的"第八届中国城市森林论坛"上，洛阳市等8个城市被宣布为"国家森林城市"。

目前，洛阳市区的公园全部免费开放（牡丹文化节期间有部分收费），市民可最大限度享受森林城市建设的成果。

（二）宝鸡市森林城市创建之路

宝鸡市位于八百里秦川最西端，南依秦岭，北靠渭河，属于我国黄土高原的一部分。黄土高原是世界上水土流失最严重和生态环境最脆弱的地区之一。在这片沟壑纵横的黄土地上，年降水量约500毫米，蒸发量却高达1400~2000毫米。宝鸡市陈仓区北坡一带过去曾经是荒山秃岭，黄土裸露。刮风天尘土飞扬，下雨天到处是泥水。渭河河畔过去是荒滩荒地，经常黄沙满天。

宝鸡市经过10年创建"国家森林城市"，城市森林系统已经初步形成，2009年成为陕西首个国家森林城市。在这片1.81万平方千米的大地上，道路水系林网连片，100千米川原绿荫成带，城乡处处见树见绿，森林覆盖率高达55.26%。如今北坡已经成为秦岭一带五彩斑斓、恬静舒适的亮丽风景线。宝鸡市依托全省渭河综合治理工程，硬化绿化堤顶路面65.6千米，营造绿色生态景观长廊70千米。宝鸡的小气候发生了明显变化，市区空气质量二级以上天数连年保持在85%以上，在这里能看到关中"最好的天""最蓝的天"。

早在2005年，宝鸡市就提出了建设国家森林城市的目标，实施城区、台塬坡面、交通道路、水系、城镇、旅游景区等绿化和"三化一片林"生态家园建设等为支撑的"九大工程"，累计建成绿色林带1万多千米，植树2亿多株，实施林业重点工程造林352.3万亩。大面积植树造林还治理了水土流失面积7700平方千米，市区地表水Ⅳ类以上水体比率达到100%。

宝鸡的造林不仅是种植生态树和景观树，全市发展以苹果、猕猴桃为主的水果经济林 180 多万亩，以花椒、核桃为主的干杂果经济林 260 多万亩，森林公园和自然保护区经营面积达到 252 万亩，森林旅游年收入上亿元。

大面积植树造林钱从哪里来？宝鸡市创建了"政府出规划、村组出土地、企业出资金"的"企地共建"模式，鼓励绿化地附近的企业增加绿化投入，配套健身、娱乐设施，建设公园、游园，改善厂区周围的生产生活环境，还向外扩展，让附近的居民也享受到社区、村公园的福利。该模式曾被评为"2012 中国城市十大年度生活现象"在全国推广。

宝鸡市的"企地共建"最早开始于当地一企业的自发行为。企业做绿化的积极性高，一方面是为了给本企业的职工创造一个好的工作和生活环境，另一方面也是树立企业的形象。当年宝鸡石油钢管公司就是因为厂区周围的绿化做得好，给外国客商留下了非常好的印象，一定程度上促成了 5.5 亿美元订单的签订。宝鸡市政府支持这种做法，规定企业用于造林绿化的费用，可按税法规定在税前扣除。

优美的环境，对企业经营活动既是一种激励，也是当地招商引资的一张名片。正因为有了良好的投资环境，宝鸡吸引了德国西门子、法国威望迪等世界 500 强和吉利汽车等国内著名企业来投资兴业。龙头企业扎根了，也带动了配套企业的大批进入。截至 2016 年，宝鸡市配套企业已达 540 多户，市域配套率也由 5 年前的 10% 增长到 35%，成为宝鸡又好又快发展的强大引擎。

（三）合肥市森林城市创建之路

2010 年 10 月，合肥市委、市政府做出加快建设森林城市的重要决策，开启了合肥市历史上规模最大的造林绿化工程。

2011 年到 2014 年，合肥市 4 年完成造林 101.46 万亩，森林进城围城、森林沿河沿路、森林覆岭、森林环湖、森林入村"五森工程"成效显著，已经构筑起城区绿美相融、城郊森林环绕、城外绿海田园的一体化造林绿化新格局。环巢湖形成景观生态屏障，江淮分水岭变身森林长城，构建了主城区东西南北四大绿色休闲区，实现了300米见绿、500米见园，在下属5个县、市打造了四大生态功能区。

2014年合肥市正式获批成为"国家森林城市"。

合肥市通过实行政府引导、企业主体、市场运作、招商兴林的举措，狠抓规划编制、布局调整、政策支持、市场建设、土地流转等环节，积极为林业跨越发展营造良好条件。主要做法和特点有以下几个方面。

一是企业、大户和各种形式的群众造林成为森林合肥建设的主体。通过鼓励各类主体平等参与、公平竞争，促进生产要素流入，形成了全社会大绿化的浓厚氛围。尤其是强化企业、大户和农户的经营主体作用，充分尊重他们享有的林木所有权和经营自主权，使得合肥市成为林业企业竞相逐鹿的战略要地。2011~2014年，802家企业（大户）进驻合肥开展植树造林，投入资金119亿元。

二是市场主体参与，政府全力做好服务和监管。《森林合肥建设规划和合同管理的若干意见》《合肥市植树造林导则》《合肥市绿化施工导则》等一系列管理规定及技术要求陆续出台，进一步提高了合肥植树造林的质量和效益。

三是完善的造林绿化政策支撑体系同步建设。全市各级地方财政采取以奖代补等形式，切实加大了对造林绿化的投入力度。其中，市政府就先后出台了《合肥市促进现代农业发展若干政策》《合肥市植树造林重点工程奖补细则》《合肥市绿化大会战奖补细则》，对符合条件的造林绿化项目，一律给予奖补资金扶持。据悉，4年来，森林合肥建设投入超200亿元，其中各级财政资金达80亿元。

合肥的森林城市创建不仅政府支持，而且通过创新机制，激活各种市场主体的积极性，企业和农民群众也都积极参与，完美地实现了生态效益、经济效益、社会效益的有机统一。

2011年国内著名园林绿化企业浙江滕头园林进入合肥，已经租地2万亩发展苗木生产，一改合肥苗木花卉产业此前"散、弱、小"的态势。伴随着森林合肥建设中一大批优秀企业的进驻，合肥的苗木花卉产业迎来了质的飞跃。以前植树造林是赴外招商，现在都是外地的企业纷纷登门，主动要求落户、寻找土地。

目前，合肥苗木生产面积已达85万亩，年销售额突破35亿元，成为农村经济的重要支柱、农业结构调整和农民增收的重要内容。农民把土地租给企业，1亩地可得租金500元，3年后每年递增。土地流转后，年轻力壮的出去打工，年龄大的可在造林企业里打工，1天也能挣60~70元。因此，很多农民都乐意把土地流转出去。

有了国家森林城市的金字招牌，合肥在绿化上有了更足的信心。据悉，合肥市今后或将申报国家生态园林城市，并谋划申办园博会、花博会等园林绿化行业的"世博会"，借此带动合肥市造林绿化品质和水平的提升。

第十章

海绵城市

一 海绵城市的内涵及其理念起源

(一) 海绵城市的内涵

"海绵城市"就是比喻城市像海绵一样,具有良好的"韧性",以适应环境变化和应对自然灾害等,遇到有降水时能够就地或者就近吸收、存蓄、渗透、净化雨水,补充地下水、调节水循环;在干旱缺水时能将蓄存的水释放出来,并加以利用,从而让水在城市中的迁移活动更加"自然",即通过渗、滞、蓄、净、用、排等多种生态化的技术,构建低影响开发的雨水系统。相对于主要依靠管渠、泵站等"灰色"设施来排水、以"快速排出"和"末端集中"控制为主要规划设计理念的传统城市建设模式,海绵城市建设强调优先利用植草沟、雨水花园、下沉式绿地等"绿色"措施来组织排水,以"慢排缓释"和"源头分散"控制为主要规划设计理念(见图10-1)。

海绵城市建设主要是解决城市内涝排水、缺水干旱和水污染问题,在其设计中主要针对径流量控制、洪峰流量控制、雨水收集回用和点源、面源污染进行控制。根据控制目标低影响开发技术,按照功能可分为渗透、调节、储存、截污、净化等几类,可根据

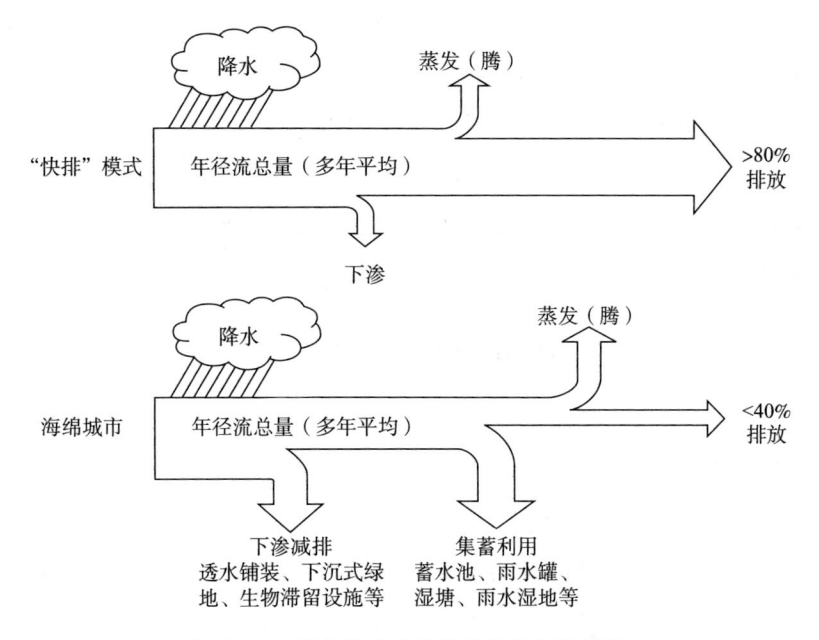

图 10-1 海绵城市转变传统排洪防涝思路

功能将低影响开发具体技术分为入渗系统、滞留系统、存储系统和过滤系统等。

　　海绵城市的建设，强调优先利用绿色、生态化的"弹性"设施，同时也要注重和传统的"刚性"设施相衔接。通过"绿色+灰色"的组合，建立完善的城市雨洪利用与管理体系，从而实现缓解城市内涝、降低暴雨内涝控制成本、削减径流污染负荷、提高雨水资源化利用、改善城市景观等多项目标。

　　海绵城市的核心目标是维持开发前后水文特征不变（径流总量、峰值流量、峰现时间等）。从水文循环角度看，主要从源头、中途、末端采取控制手段，要实现场地开发前后水文特征不变，就得源头多面滞吸、中途多线引导和末端多点蓄积，以达到良好水文循环。

　　需要特别注意的是，虽然低影响开发是海绵城市建设的重点，但海绵城市建设不等同于低影响开发，也不等同于水利工程建设。在海绵城市建设过程中，应避免简单地按此理解来进行规划设计与实施，要衔接好低影响开发雨水系统、雨水管渠系统、超标雨水径流排放系统三个系统的关系，做好总体规划和顶层设计，从系统全局出发，对海绵城市建设的各方面、各层次、各要素统筹规划，将低影响开发核心理念与海绵城市建设规划控制目标有机衔接，通过规划竖向关系形成完整的系统，为海绵城市的建设效果提供有力保证。

（二）海绵城市建设理念的由来

"海绵城市"是城市化发展到一定阶段的产物，是现代城市应对城区缺水、城市洪水、水体污染等城市水危机的新理念，是相对于传统的灰色基础设施而言的。

在城市雨水管理领域中，国外尤其是美国、德国、英国、新西兰等发达国家，在几十年前便开始关注并研究雨水利用问题，经历一系列雨水管理体制改革后，最终都形成了顺应自然的可持续发展管理体系。

20 世纪 70 年代，美国最早提出的最佳管理实践（Best Management Practices，BMP），起初以控制径流污染为主要目标，主要通过雨水塘等末端措施发挥作用，但单纯依靠这种相对集中的处理方式，并不能有效解决相应的水环境问题，也难以恢复良性水文循环，还存在投入大、效率低、实施困难等问题。

针对这些不足，美国随即提出了低影响开发（Low Impact Development，LID）的理念，旨在从源头利用小型、分散措施恢复场地开发前水文循环，更加经济、高效、稳定地解决径流减排、径流污染和合流制溢流污染等问题。1999 年美国马里兰州乔治王子县编制出第一部 LID 设计技术规范。到 2005 年，LID 设计理念被美国联邦政府和各州政府等所认同并采纳。

针对 LID 应对大流域、较大暴雨事件的能力仍显不足，涵盖的措施也不够全面等问题，后来又逐渐提出绿色（雨水）基础设施（Green Infrastructure，GI）的理念。2009 年，美国环保署开始推广

"绿色基础设施"，该设施应用于城市雨洪管理领域，可通过一系列多目标综合性的技术减轻城市排水和处理系统负荷，减少水污染和改善城市生态环境，减轻和适应气候改变，实现生态、环境、景观相协调的可持续城市发展。

英国等欧洲国家提出并推广可持续排水管理（Sustainable Urban Drainage System，SUDS），则是指基于可持续发展的理念，从源头、过程和末端入手，对雨水地面排放实施有效管理。

澳大利亚提出的水敏感城市设计（Water Sensitive Urban Design，WSUD），将水作为城市规划和设计的敏感性要素，减少城市建设对自然水循环的负面影响，保护自然水生态系统。

国际上与"海绵城市"类似的提法还有：新西兰的低影响的城市设计与开发（Low Impact Urban Design and Development，LIUDD），德国和法国的最佳雨洪管理（Best Management Practices，BMPs）。

荷兰是世界上首个采用"海绵城市"名称的国家。

尽管各国有关海绵城市建设的技术体系有所差异，但核心都是一致的，即如何实现可持续的城市雨水系统设计。发达国家这些实践的共同点：一是尊重自然、顺应自然，尽可能减少城市开发建设带来的生态环境影响，恢复城市自然径流特征；二是通过源头减排、过程控制和末端处理等措施，优先利用绿色雨水基础设施，并重视地下管渠等灰色雨水基础设施的建设，绿色与灰色相结合，综合达到排水防涝、径流污染控制、雨水资源化利用等多重目标；三是工程措施与配套管理政策、制度相结合，强调规划优先、多部门与跨专业协作及公众参与。

我国的海绵城市建设与发达国家雨水管理实践理念、目标、措施相似，且符合中国"天人合一"的哲学思想和价值观，更易被老百姓接受。不仅如此，海绵城市将城市雨水问题作为切入点，以解决城市内涝、雨水收集利用、黑臭水体治理为突破口，从水安全、水资源、水环境、水生态等目标出发，推进区域整体治理，是解决大城市病的一种新型、重要的城市发展方式。

二　我国海绵城市建设的背景和意义

（一）海绵城市建设的背景

1. 我国面临着多种严重的水危机

当今中国正面临着各种各样的水危机，水资源短缺、水质污染、洪水、城市内涝、地下水位下降、水生物栖息地丧失等问题非常严重。

我国水危机形成的主要原因有三个方面：一是我国降水受东南季风和西南季风控制，年际变化大，年内季节分布不均，决定了我国多水患、暴雨、洪涝、干旱等灾害同时并存；二是伴随着我国快速城镇化过程，我国对水资源的开发空前过度，地表水和地下水污染严重；三是不科学的工程性措施导致水系统功能整体退化，城市化和各项灰色基础设施建设导致植被破坏、水土流失、不透水面增加、河湖水体破碎化，地表水与地下水连通中断，极大地改变了径流汇流等水文条件，总体趋势呈现汇流加速、洪峰值高的特征。

2. 传统雨洪管理理念不利于城市可持续发展

传统城市雨洪管理理念缺乏水生态系统保护和雨水资源合理循环利用的综合管理思想。一方面体现在传统雨洪管理的主要目标和任务就是安全地排放雨水，市政工程的排水模式属于简单粗暴的快排式思想，只考虑如何让雨水排得更快、更多、更通畅，白白浪费大量的天然水资源。另一方面体现在传统城市建设的高强度土地利用开发模式，忽略并破坏水生态环境：具有透水功能的绿地被大量不透水的人工硬质地面代替，减少了地下水的补给途径；生态河道被截弯取直，加上裸露的水泥垂直驳岸，降低了河流的蓄水能力；高密度建筑群导致生态系统的破碎化，阻隔了生态绿地与河流间的水循环。生态环境受到破坏的城市，普遍存在逢雨必涝、水生态恶化、水资源紧缺、水环境污染、水安全缺乏保障等一系列问题。

3. 城市内涝问题突出，造成了严重损失

目前，"逢雨必涝"已经成为我国城市重大灾害之一。据国家防总统计，2015~2018年，我国超过360个城市遭遇内涝，因暴雨洪水已经直接造成了约数百亿元的经济损失。

内涝频繁发生的原因主要有：一方面，随着我国城市化快速发展造成的"热岛效应"和"混浊岛效应"增强，城市暴雨现象频率不断增加。另一方面，城市存在大量的硬质铺装，如柏油路、水泥路面，降水时水渗透性不好；储水体较少，无法滞纳短期急剧增加的雨水。目前国内许多城市排水管网设计标准普遍较低，有的地方排水设施不健全、不完善，排水系统建设滞后；在城市建设过程中，自然水体破坏严重，变为城市建设用地后，水面率普遍降低，给城市排水造成径流量增加、调蓄能力下降的双重压力。

4. 部分城市旱涝急转现象严重

据住房城乡建设部统计，全国657个城市中有300多个属于联合国人居环境署评价标准中的"严重缺水"和"缺水"城市。其中大部分位于我国温带、亚热带季风区，因此在雨季往往存在降水集中导致的城市内涝现象。当前我国99%以上的城市属于雨水集中快排模式，天然降水对城市干旱现象的缓解非常有限。

5. 管网改造成本高，施工难度大，费效比低

尽管很多城市设计标准低、排水设施建设滞后导致的因雨致涝的现象比较严重，但受制于城区管网线路复杂、改造体量大、资金需求度高而短时间内难以得到改善。我国大部分城市位于季风区，对于很多降水不充沛的地区，降水多集中在很短的几个时点，为此，进行全城范围的"外科手术式"的改造费效比不高，难以获得足够的支持。

（二）海绵城市建设的意义

1. 缓解城市水危机，产生经济效益

海绵城市能够最大限度地留住雨水，可以缓解当前城市内涝灾

害、雨水径流污染、水资源短缺等突出问题。具体来说，就是在城市小区里布置若干地块，用吸水材料建设，作为海绵体，平时是市民的休闲公园，暴雨的时候就作为蓄水的地方。无论是泥地、草地还是树林、湖泊，都能吸收大量雨水。这样，可以把水消化在本地，避免汇集到一起形成洪水。当大量的雨水都被海绵体吸收之后，城市的积水也就无从谈起。那些被海绵体充分吸收的雨水还可以再次利用，如浇花、洗车等，在一定程度上可以缓解水资源紧张的局面。

构建海绵城市的经济效益不可小觑。海绵城市建设注重对天然河道、湖泊、湿地、坑塘、沟渠的保护和利用，可以大大减少建设排水管道和钢筋混凝土水池的工程量。同时，海绵城市建设注重利用适宜当地的生态化设施，如植草沟、雨水花园、雨水塘、多功能调蓄水体等，这些设施可以与园林景观相结合，与城市绿地和景观水体相结合，"净增成本"较低。这些设施还可以充分利用雨水资源，缓解城市径流污染和内涝风险，降低水环境污染巨额治理费用，减少城市内涝造成的巨额损失。

以城市建筑中水回用和市政污水再生水利用为例，通过敷设再生水专用管道，就能够实现再生水的有效利用，从而能大幅降低对水资源的需求。据北京市政部门测算，如果80%的建筑推广中水回用体系，市政污水的1/3能作为再生水利用，每年约可节水12亿立方米，相当于南水北调工程供给首都的总水量。

2. 提升综合生态环境效益，有利于城市可持续发展

海绵城市可以带来综合生态环境效益。对于城市居民而言，海绵城市通过城市植被、湿地、坑塘、溪流的保存与修复，可以明显增加城市绿地，减少城市热岛效应，调节城市小气候，改善城市人居环境。同时，为更多生物特别是水生动植物提供栖息地，提高城市生物多样性水平。

海绵城市建设在发挥减灾节水的直接效益的同时，还可以提升主要海绵体周边地块的经济价值，带来房地产业、商业和旅游休闲

业的发展和繁荣，提升城市形象，增加城市的宜居程度，增强城市对投资和人才的吸引力、竞争力。

海绵城市以生态文明为指导思想，有助于搞好城市的合理布局、完善基础设施、改善环境，有助于协调好社会、经济、环境与发展的关系，对探索建立符合我国国情，既能体现城市社会、经济、自然协调融合，又能满足当前我国城市要求的城市发展建设，具有重要的理论和实践意义。

三　国内外海绵城市建设的做法与借鉴

（一）国外的做法

1. 德国

德国是最早对城市雨水采用政府管制制度的国家，目前德国的雨洪利用技术已经进入标准化。

（1）通过制定各级法律法规引导水资源保护与雨水综合利用。德国的联邦水法、建设法规和地区法规以法律条文或规定的形式，对自然环境的保护和水的可持续利用提出了明晰的要求：除了特定情况外，降水不能排放到公共管网中；新建项目的业主必须对雨水进行处置和利用。

（2）积极推广三种雨水利用方式。目前德国的城市雨水利用方式主要有三种。一是屋面雨水集蓄系统，收集的雨水经简单处理后，达到杂用水水质标准，主要用于家庭、公共场所和企业的非饮用水。二是雨水截污与渗透系统，道路雨洪通过下水道排入沿途大型蓄水池或通过渗透补充地下水。三是生态小区雨水利用系统。小区沿着排水道修建可渗透浅沟，表面植有草皮，供雨水径流时下渗，超过渗透能力的雨水则进入雨洪池或人工湿地，作为水景或继续下渗。

（3）采用经济手段控制排污量。为了实现排入管网的径流量零增长的目标，各城市制定了各自的雨水费用（也称为管道使用费）征收标准，并结合各地降水状况、业主所拥有的不透水地面面积，由地方行政主管部门核算并收取业主应缴纳的雨水费。此项资金主要用于雨水项目的投资补贴，以鼓励雨水利用项目的建设。

（4）建立统一的水资源管理机制。德国对水资源实施统一的管理制度，即由水务局统一管理与水务有关的全部事项，包括雨水、地表水、地下水、供水和污水处理等水循环的各个环节，并以市场化模式运作，接受社会的监督。这种管理模式保证了水务管理者对水资源的统一调配，有利于管理好水循环的每个环节，同时又促使用水者合理、有效地用好每一滴水，使水资源和水务管理始终处在良性发展中。

2. 美国

美国的城市雨水管理总体上经历了排放、水量控制、水质控制、生态保护等阶段，雨水管理理念和技术重点逐渐向低影响开发（LID）源头控制转变，逐步构建污染防治与总量削减相结合的多目标控制和管理体系。

（1）立法严控雨水下泄量。美国国会积极立法保障雨水的调蓄及利用。1972年的《联邦水污染控制法》（FWPCA）、1987年的《水质法案》（WQA）和1997年的《清洁水法》（CWA）均强调了对雨水径流及其污染控制系统的识别和管理利用。联邦法律要求对所有新开发区强制实行"就地滞洪蓄水"，即改建或新建开发区的雨水下泄量不得超过开发前的水平。在联邦法律基础上，各州相继制定了雨水利用条例，保证雨水的资源化利用。

（2）强调非工程的生态技术开发与综合应用。美国的雨水资源管理以提高天然入渗能力为宗旨，强调非工程的生态技术开发与综合运用。在"最佳管理方案（BMP）"中强调与植物、绿地、水体等自然条件和景观结合的生态设计，如植被缓冲带、植物浅沟、湿地等，大量应用由屋顶蓄水或入渗由池、井、草地、透水地面组成的地表回灌系统，以获得环境、生态、景观等多重效益。在"低冲击开发"雨水管理技术中，通过分散、均匀分布、小规模的雨水源头控制机制，用渗透、过滤、存储、蒸发，以及在接近源头的地方截取径流等设计技术，来实现对暴雨所产生的径流和污染的控制，缓解或修复开发造成的难以避免的水文扰动，减少开发行为活动对场地水文状况的冲击。

3. 英国

为解决日益严重的水资源短缺问题，提升伦敦等大城市的市政排水能力，英国政府积极鼓励在居民家中、社区和商业建筑设立雨水收集利用系统，以从根源上解决上述两大问题。

一直以来，英国政府都在采取立法手段，通过《住房建筑管理规定》等法律，间接促进家庭雨水回收系统的普及。在2006年至2015年，英国政府针对新建房屋设立1~6级的评估体系，要求所有的新建房屋至少达到3级以上的可持续利用标准才能获得开工许可，而其中最重要的提升等级方式之一就是建立雨水回收系统。2015年之后，英国政府为更有针对性地控制水资源利用效率，直接要求单一住房单元的居民每天设计用水量不超过125升才能获得开工许可。这一规定也要求开发商和居民更加积极地在家中建立雨水回收系统。

在重视家庭雨水回收、利用的同时，英国也在大力推动大型市政建筑和商业建筑的雨水利用。当前大伦敦区最为典型的就是伦敦奥林匹克公园，园内主体建筑和林地在建设过程中建立了完善的雨水收集系统，通过回收雨水和废水再利用等方式，这一占地225公顷的公园灌溉用水完全来自雨水和经过处理的中水。此外，公园还将回收的雨水和中水供给周边居民，使周边街区用水量较其他类似街区下降了40%。

4. 日本

日本政府十分重视对雨水的收集和利用。早在1980年，日本建设省就开始推行雨水贮留渗透计划，近年来随着雨水渗透设施的推广和应用，带动了相关领域内的雨水资源化利用的法律、技术和管理体系逐渐完善。

（1）发挥规划和社会组织作用。日本建设省在1980年通过推广雨水贮留渗透计划来推进雨水资源的综合利用，1992年颁布的"第二代城市下水总体规划"正式将雨水渗沟、渗塘及透水地面作为城市总体规划的组成部分，要求新建和改建的大型公共建筑群必须设置雨水就地下渗设施，要求在城市中的新开发土地每公顷应附设500立方米的雨洪调蓄池。1988年还成立了民间组织"日本雨水贮留渗透技术协会"。这些计划、规划和非政府性的组织为日本城市雨水资源的控制及利用奠定了基础，保障了雨水资源化的实施。

（2）注重雨水调蓄设施的多功能应用。日本雨水利用的具体技术措施包括：降低操场、绿地、公园、花坛、楼间空地的地面高程；在停车场、广场铺设透水路面或碎石路面，并建设渗水井，加速雨水渗流；在运动场下修建大型地下水库，并利用高层建筑的地下室作为水库调蓄雨洪；在东京、大阪等特大城市建设地下河，将低洼地区雨水导入地下河；在城市上游两侧修建分洪水路；在城市河道狭窄处修筑旁通水道；在低洼处建设大型泵站排水；等等。其中，最具特色的技术手段是建设雨水调节池，在传统的、功能单一的雨水调节池的基础上发展了多功能调蓄设施，具有设计标准高、规模大、投资效益高的特点。在非雨季或没有大暴雨时，多功能调蓄设施还可以全部或部分地发挥城市景观、公园、绿地、停车场、运动场、市民休闲集会和娱乐场所等多种功能。

（3）加大雨水利用的政府补助。日本对雨水利用实行补助金制度，各个地区和城市的补助政策不一。例如东京都墨田区1996年开始建立促进雨水利用补助金制度，对地下储雨装置、中型储雨装置和小型储雨装置给予一定的补助，水池每立方米补40～120美元，雨水净化器补1/3～2/3的设备价，以此促进雨水利用技术的应用以及雨水资源化。

5. 韩国

韩国首都首尔市在城市化进程中地表不透水率增长了6倍，降水、排水越来越多地依赖人工排水设施，削弱了自然水循环能力。为改变这种局面，首尔市政府制定了《建设健康的水循环城市综合发展规划》，从提高地表的渗透性入手，提升土地自身的蓄水能力，提出到2050年大气降水地表直接排出比例下降21.9%，地下基底排出增长2.2倍，使年平均降水量的40%成为地下水的推进目标。该规划的实质就是发挥土壤如海绵似的吸水、储水作用，将首尔市打造成"让水可以呼吸的绿色城市"。该规划提出了五个方面的解决方案。

一是以政府机关为先导，改善地表透水状况。首先在沥青、花岗岩覆盖的道路两侧修建绿化带，同时使道路地形便于雨水的自然渗入，分阶段地将路边人行道和停车场的不透水地砖更换为透水地砖。特别是从2015年开始，首尔市将确保人行道等设施的透水性列为义务性措施。

二是引导城市拆迁改造工程优先考虑水循环恢复。首尔市规定，未来针对老旧小区的拆迁改造工程在设计审核阶段，主管部门必须首先和水循环管理部门对方案进行事先商议，有效降低城市开发对自然水循环的影响。

三是扩大雨水利用设施的普及率。首尔市从2013年下半年开始，积极通过媒体宣传雨水的利用价值，引导市民提高水循环意识，提高雨水在城市农业和景观中的使用率。

四是引导市民积极参与水循环城市建设。首尔市选定几个生活小区进行水循环改造，包括铺设透水地砖、建造雨水花坛、设置雨水收储设施。

五是加强水循环技术研究和制度建设，包括水循环的实地监测体系、水循环技术和改造模型的研究。

（二）国内一些地方的做法

1. 深圳：研究、规范、示范三位一体实践低冲击开发理念

早在2004年，深圳市就引入低冲击开发理念，积极探索在城市

发展转型和南方独特气候条件下的规划建设新模式。10年来，通过创建低冲击开发示范区、出台相关标准规范和政策法规，以及加强低冲击开发基础研究和国际交流，低冲击开发模式在深圳市的应用已初见成效。

（1）开展相关技术交流与研究。2004年深圳市举办了第四届"流域管理与城市供水国际学术研讨会"，深圳市水务局与美国土木工程师协会和美国联邦环保局签署包括流域管理、面源污染控制和低冲击开发的技术交流与合作协议框架。深圳市光明新区低冲击开发示范区成为国家水体污染控制与治理科技重大专项"低影响开发城市雨水系统研究与示范"项目的基础研究与示范基地。通过将课题研究、国际交流与自身实践相结合，促进了城市雨水系统建设理念从快排为主到"渗、滞、蓄、用、排"相结合的转变，为探索"自身可持续、成本可接受、形式可复制"的低冲击开发模式奠定了基础。

（2）编制完善地方相关导则规范。在国家标准《建筑与小区雨水利用工程技术规范》（GB50400-2006）的基础上，深圳编制了一系列关于低冲击开发的地方技术规范，包括：①《雨水利用工程技术规范》，适用于深圳市的建筑与小区、市政道路、工商业区、城中村、城市绿地等雨水利用工程的规划、设计、管理与维护，规定了雨水利用工程的系统组成、设施种类以及设计准则，比较详细地给出了径流污染控制、雨水入渗和雨水收集利用的设计方法，并以附录形式给出径流污染控制设施示意图；②《深圳市再生水、雨水利用水质规范》，规定了深圳市再生水、雨水利用的水源要求、利用水水质标准以及水质监测方法；③《深圳市低冲击开发技术基础规范》，适用于深圳市低冲击开发及雨水综合利用工程的规划、设计、施工、管理和维护，规范要求低冲击开发设施应与项目主体工程同时设计、同时施工、同时使用。

（3）创建国家低冲击开发示范区。针对我国低冲击开发建设模式缺乏规模化应用和实证的现实困境，从2009年起，深圳市政府与住房城乡建设部开始推动深圳市光明新区低冲击开发示范区的创建工作，编制完成了《光明新区低冲击开发雨水综合利用示范区整体工作方案》。2011年9月，住房城乡建设部将光明新区列为全国低冲击开发雨水综合利用示范区。示范区的具体创建工作从2010年开始，通过典型示范项目建设和追踪后评价，逐步完善相关管理条例和技术手册，到2020年全面建成低碳示范区。

2. 福建：以省域专项行动和技术指南引导海绵城市建设

为减缓因城市不透水地表增加引发的城市内涝等系列生态问题，福建省政府开展了提高城市透水率专项行动。福建省住房和城乡建设厅近日组织编制了试行的技术指南，围绕提高透水率的主要实现途径，从规划设计优化和工程措施推广方面，分别提出在规划设计中贯彻透水理念的设计要点和要求。

（1）明确海绵城市建设的具体途径。指南明确了提高城市透水率的途径包括加强城市绿化、推广透水性铺装和强化雨水生态管理。加强城市绿化的主要方式包括通过因地制宜多建设城市湿地公园、郊野公园、小绿地、小公园等，构建完整的城市绿色透水网络；通过采用雨水花园、植草沟等下凹式绿地建设形式，提倡屋顶绿化，提高绿地的雨水滞留和渗透能力；提倡建设城市片林，绿地内宜多种植乔木、灌木等涵养水分能力强的植被。将目前采用的不透水硬化法改为透水硬化法，推广透水性铺装材料，使建筑室外地面、道路、广场和停车场等成为可透水地表，以便雨水入渗回补地下水。强化雨水生态管理主要是利用植物、砾石、沙土等自然要素，通过建造生物滞留池、渗井、渗透沟、砂滤池和采用透水路面、过滤带、植草沟、屋顶绿化等措施，对不透水地表产生的降水径流进行蓄留、过滤、传输、渗透等，实现对地表径流污染物的处理和地下水的补给，缓解因不透水地表面积增加引发的一系列城市和生态问题。

（2）明确规划设计目标和任务。规划设计优化要以建设自然积存、自然渗透、自然净化的"海绵城市"为目标，将透水型城市发展理念融入规划全过程，将低影响开发、精明增长、生态网络、生态补偿等理论内化到城市规划的各个层面，在城市化快速发展的同时，有效地控制城市不透水地表面积，提高城市透水率。

(3) 明确工程设施推广的着力点。在工程设施推广方面，通过各类提高城市透水率工程措施的应用，达到减少暴雨径流量、延缓地表径流洪峰生成时间、减少面源污染以及涵养地下水的目的；通过绿地透水优化措施、城市硬化区域透水优化措施以及入渗、存储设施等，以入渗、过滤、蒸发和蓄流等方式，使地块开发后透水率尽量接近或优于之前的状态。此外，还要充分考虑城市空间布局，综合利用绿地、水体等自然条件，优化园林景观设计，增加园林景观的雨水生态管理功能。

四 我国海绵城市建设的进展情况

(一) 我国海绵城市建设试点工作方案

2014年12月31日，根据习近平总书记关于"加强海绵城市建设"的讲话精神和2014年中央经济工作会议要求，财政部、住房城乡建设部、水利部决定开展中央财政支持海绵城市建设试点工作。海绵城市试点工作方案主要内容有以下几种。

(1) 中央财政对海绵城市建设试点给予专项资金补助，一定三年。具体补助数额按城市规模分档确定，直辖市每年6亿元，省会城市每年5亿元，其他城市每年4亿元。对采用PPP模式达到一定比例的，将按上述补助基数奖励10%。

(2) 试点城市由省级财政、住房城乡建设、水利部门联合申报。试点城市应将城市建设成具有吸水、蓄水、净水和释水功能的海绵体，提高城市防洪排涝减灾能力。试点城市年径流总量目标控制率应达到住房城乡建设部《海绵城市建设技术指南》要求。试点城市按3年滚动预算要求编制实施方案，实施方案编制指南另行印发。

(3) 采取竞争性评审方式选择试点城市。财政部、住房城乡建设部、水利部将对申报城市进行资格审核。对通过资格审核的城市，财政部、住房城乡建设部、水利部将组织城市公开答辩，由专家进行现场评审，现场公布评审结果。

（4）对试点工作开展绩效评价。财政部、住房城乡建设部、水利部定期组织绩效评价，并根据绩效评价结果进行奖罚。评价结果好的，按中央财政补助资金基数10%给予奖励；评价结果差的，扣回中央财政补助资金。具体绩效评价办法另行制定。

（二）我国海绵城市建设试点进展情况

2015年3月4日，财政部、住房城乡建设部、水利部确定22个城市参与国家海绵城市建设试点城市竞争性评审答辩。2015年4月2日晚间，根据财政部网站消息，海绵城市建设试点城市名单正式公布。根据竞争性评审得分，排名在前16位的城市被确定为海绵城市建设试点城市。

住房城乡建设部2015年6月10日下发文件把三亚列入城市"双修"（城市修补、生态修复）、地下综合管廊和海绵城市的试点城市。

2016年2月25日，财政部、住房城乡建设部、水利部发布了《关于开展2016年中央财政支持海绵城市建设试点工作的通知》。2016年4月公布的中央财政支持海绵城市建设试点城市名单为北京市、天津市、大连市、上海市等14个城市被确定为试点城市。

30个试点城市都制定了投资规模巨大的海绵城市建设规划，例如试点城市中贵阳市贵安新区投资46.7亿元，南宁投资95.19亿元，武汉计划2年内投资150亿元，常德投资则高达250亿元。

除了试点城市外，全国多数省区也都出台了规模宏大的海绵城市建设规划，海绵城市建设全面提速。例如河南省要求2020年底各市、县将分别划定海绵城市建设示范区，大城市、中小城市、县城示范区面积原则上分别不少于30平方千米、15平方千米、3平方千米。

（三）我国海绵城市试点存在的问题

针对2015年试点申报城市，存在的问题主要包括以下几个方面。

一是前期工作基础薄弱。城市现有灰色设施本身不完善,同时缺乏规划支持,部分城市连排涝规划都没做,基础工作薄弱。

二是建设目标设置不合理。总量控制率、排水防涝、防洪等指标不符合实际情况,目标设定过高,无法通过考核。

三是实施方案可行性不足。方案细化不够、指标缺少量化,因地制宜体现不够。

四是制度、政策配套措施缺乏。包括协同机制、管控机制、考核机制等制定不完善。

五是投融资模式方案不实。针对不同项目类型,缺乏投融资模式考虑,或有投融资方案但缺乏可行性。

五 海绵城市建设的技术措施

低影响开发(LID)不等同于海绵城市建设,二者是有区别的(见表10-1),但低影响开发是海绵城市建设的重点。因此,这里主要介绍低影响开发的一些技术措施。

表10-1 海绵城市与低影响开发的关系与区别

	海绵城市	低影响开发
优先解决的问题	水生态、水环境、水安全、水资源	水环境、水资源、水生态、水安全
主要特征元素	以天然为主,以"山水林田湖"一些人工建设工程为辅,可大可小	人工建设、透水铺装、植草沟、雨水花园等,变现为源头的、分散的设施
尺度	尺度较大,一般是整个城市	尺度较小,一般是小区、街道
范围	较大,涵盖LID	范围较小,主要是开发建设过程中、城市更新改造
目标	实现良好的城市生态,尤其是水生态	模仿自然,尽量使开发后的水文状况和开发前类似
实施路径	原生态保护,生态恢复修复生态型开发	建设源头分散的设施

低影响开发指在城市开发建设过程中采用源头削减、中途转输、末端调蓄等多种手段,通过渗、滞、蓄、净、用、排等多种技术,

实现城市良性水文循环，提高对径流雨水的渗透、调蓄、净化、利用和排放能力，维持或恢复城市的"海绵"功能。

（一）低影响开发系统组成

低影响开发具体技术可根据功能分为入渗系统、滞留系统、存储系统和过滤系统等。

1. 入渗系统

通过减少不透水面积、增加雨水下渗来补充地下水，并从源头上控制径流以达到径流量控制的目标，同时也具有一定的峰值流量削减和雨水净化的作用。对应的单项技术设施有透水铺装、绿色屋顶、渗透塘、渗井、渗管/渠、植草沟、人工土壤渗滤等。

2. 滞留系统

通过最大化滞留雨水径流，减少洪峰流量，延缓洪峰到来，以达到洪峰流量控制的目标，同时也具有一定的雨水下渗和净化的作用。对应的单项技术设施有下沉式绿地、生物滞留设施、湿塘、雨水湿地、调节塘/池、植被缓冲带等。

3. 存储系统

通过对雨水的存储、集蓄利用，提高水资源综合利用效率，以达到雨水收集回用的目标。对应的单项技术设施有湿塘、蓄水池、雨水罐等。

4. 过滤系统

通过对初期径流的存储净化，强化场地对雨水的自然净化力以达到点源面源污染控制的目标。对应的单项技术设施有绿色屋顶、下沉式绿地、雨水湿地、植草沟、人工土壤渗滤等。

（二）低影响开发分散式技术措施

低影响开发采用的小尺度和分散式技术措施，美国有些部门和研究机构称为综合管理技术措施（Integrated Management Practices, IMPs），常用的 IMPs 有以下几种。

1. 雨水收集

雨水收集装置分为雨水桶和水箱两种。雨水桶是低成本，有效和易于维护的滞留装置，适用于住宅和商业、工业低影响开发场地，一般可以设置于建筑外的下水管附近，以便于雨水收集。雨水径流水箱是屋顶雨水管理设备，一般设置于建筑内部或地下的储罐设备。

2. 绿色屋顶

绿色屋顶是一种比较生态的屋顶绿化形式，主要用于暂存和吸收降水、净化降水和空气、节省建筑能耗等。区别于一般的屋顶花园，绿色屋顶主要以草本植被为主，覆盖面积广，建造绿色屋顶的材质的选取均以满足生态指标为导向。

3. 屋面落水管分流和旱井

屋面落水管分流是指将原本连接给排水管的下水管在地面处断开将屋顶雨水引入地面进行自然下渗的做法，一般情况下可以与旱井相连以减少下落雨水对地面的冲刷。旱井由一个小型回填骨料的挖掘坑构成用于控制建筑物屋顶径流的设施，骨料通常为豆砾石等，流经旱井的雨水进入其他渗透系统。

4. 生态滞留池

生态滞留池是一种浅凹陷型的专门进行雨水过滤渗透和暂时存贮的栽植池，其材质有极强保水性，池底端与溢流管相连，当存水量达到饱和时，多余雨水可以引流至市政排水管网。这种做法被广泛应用于城市道路绿化带、停车场和居住区场地的排水设计中。

5. 植被过滤带

植被过滤带通常是一种生长密集的植被带，植被选择以乡土杂草类为主，种植于污染水体的源区和下游受纳水体之间。一般用于拦截和过滤路面或铺装汇集而来的雨水径流，其下游一般会连接生态滞留池和可满足雨水下渗的区域和水体。

6. 增强型草洼地与植被缓冲带

传统的洼地是仅仅满足简单的排水功能的草地渠道，而增强型草洼地主要具有运输雨水径流远离道路的功能,并通过设计实现最大限度的雨水过滤和下渗。依据此功能,设计人员可以设计此类特殊的草洼地的地形和尺度来优化其各种水文因素方面的性能。植被缓冲区是自然或人工种植的植被带,设计于水体、湿地、林地或易受侵蚀的土壤等敏感区域周围(一般指易被雨水冲刷的地段)。

7. 可渗透铺装

在场地开发中,可渗透铺装是一种通过新建造施工技术以实现雨水正常下渗的铺装类型。铺装的可渗透性实现了雨水就地下渗的可能性,也缓解了雨水径流流量增加带来的排水压力。

8. 其他技术措施

雨水管理技术措施依据场地特征和技术策略的设定,其措施类型和数量并不固定。例如雨水径流分流装置通常是一个分流雨水的出口,转换集中的径流为片流,并将其均匀分散在一个径流区域内以防止土壤侵蚀。另外的技术措施还包括干沼泽和多孔管系统等。

低影响开发技术措施各有各的特点、功能和适用范围,具体见表 10-2。

表 10-2　低影响开发设施比选一览

技术类型 (按主要功能)	单项设施	用地类型			
		建筑与小区	城市道路	绿地与广场	城市水系
渗透技术	透水砖铺装	●	●	●	◎
	透水水泥混凝土	◎	◎	◎	◎
	透水沥青混凝土	◎	◎	◎	◎
	绿色屋顶	●	○	○	○
	下沉式绿地	●	●	●	◎
	简易型生物滞留设施	●	●	●	◎
	复杂型生物滞留设施	●	●	◎	◎
	渗透塘	●	◎	●	○
	渗井	●	◎	●	○

续表

技术类型 （按主要功能）	单项设施	用地类型			
		建筑与小区	城市道路	绿地与广场	城市水系
储存技术	湿塘	●	◎	●	●
	雨水湿地	●	●	●	●
	蓄水池	◎	○	◎	○
	雨水罐	●	○	○	○
调节技术	调节塘	●	◎	●	◎
	调节池	◎	◎	◎	○
转输技术	转输型植草沟	●	●	●	●
	干式植草沟	●	●	●	●
	湿式植草沟	●	●	●	●
	渗管/渠	●	●	●	○
截污净化技术	植被缓冲带	●	●	●	●
	初期雨水弃流设施	●	◎	◎	○
	人工土壤渗滤	◎	○	◎	◎

注：●——宜选用　◎——可选用　○——不宜选用。

六　海绵城市 – 低影响开发雨水系统构建途径

（一）海绵城市建设的途径

根据《海绵城市建设技术指南》，海绵城市的建设途径主要有以下三个方面。

1. 对城市原有生态系统的保护

最大限度地保护原有的河流、湖泊、湿地、坑塘、沟渠等水生态敏感区，留有足够涵养水源、应对较大强度降水的林地、草地、湖泊、湿地，维持城市开发前的自然水文特征，这是海绵城市建设的基本要求。

2. 生态恢复和修复

对传统粗放式城市建设模式下已经受到破坏的水体和其他自然

环境，运用生态的手段进行恢复和修复，并维持一定比例的生态空间。

3. 低影响开发

按照对城市生态环境影响最低的开发建设理念，合理控制开发强度，在城市中保留足够的生态用地，控制城市不透水面积比例，最大限度地减少对城市原有水生态环境的破坏，同时，根据需求适当开挖河湖沟渠、增加水域面积，促进雨水的积存、渗透和净化。

海绵城市建设应统筹低影响开发雨水系统、城市雨水管渠系统及超标雨水径流排放系统。低影响开发雨水系统可以通过对雨水的渗透、储存、调节、转输与截污净化等功能，有效控制径流总量、径流峰值和径流污染；城市雨水管渠系统即传统排水系统，应与低影响开发雨水系统共同组织径流雨水的收集、转输与排放。超标雨水径流排放系统用来应对超过雨水管渠系统设计标准的雨水径流，一般通过综合选择自然水体、多功能调蓄水体、行泄通道、调蓄池、深层隧道等自然途径或人工设施构建。以上三个系统并不是孤立的，也没有严格的界限，三者相互补充、相互依存，是海绵城市建设的重要基础元素。

（二）低影响开发雨水系统构建途径

低影响开发（Low Impact Development，LID）指在场地开发过程中采用源头、分散式措施维持场地开发前的水文特征，也称为低影响设计（Low Impact Design，LID）或低影响城市设计和开发（Low Impact Urban Design and Development，LIUDD）。其核心是维持场地开发前后水文特征不变，包括径流总量、峰值流量、峰现时间等。从水文循环角度，要维持径流总量不变，就要采取渗透、储存等方式，实现开发后一定量的径流量不外排；要维持峰值流量不变，就要采取渗透、储存、调节等措施削减峰值、延缓峰值时间。发达国家人口少，一般土地开发强度较低，绿化率较高，在场地源头有充足空间来消纳场地开发后径流的增量（总量和峰值）。我国大多数城市土地开发强度普遍较大，仅在场地采用分散式源头削减措施，难以实现开发前后径流总量和峰值流量等维持基本不变，因此，还必须借助于中途、末端等综合措施来实现开发后水文特征接近于开发前的目标。

城市建设过程应在城市规划、设计、实施等各环节纳入低影响开发内容，并统筹协调城市规划、排水、园林、道路交通、建筑、水文等专业，共同落实低影响开发控制目标。因此，广义来讲，低影响开发指在城市开发建设过程中采用源头削减、中途转输、末端调蓄等多种手段，通过渗、滞、蓄、净、用、排等多种技术，实现城市良性水文循环，提高对径流雨水的渗透、调蓄、净化、利用和排放能力，维持或恢复城市的"海绵"功能。

海绵城市——低影响开发雨水系统构建需统筹协调城市开发建设各个环节。在城市各层级、各相关规划中均应遵循低影响开发理念，明确低影响开发控制目标，结合城市开发区域或项目特点确定相应的规划控制指标，落实低影响开发设施建设的主要内容。设计阶段应对不同低影响开发设施及其组合进行科学合理的平面与竖向设计，在建筑与小区、城市道路、绿地与广场、水系等规划建设中，应统筹考虑景观水体、滨水带等开放空间，建设低影响开发设施，构建低影响开发雨水系统。低影响开发雨水系统的构建与所在区域的规划控制目标、水文、气象、土地利用条件等关系密切，因此，选择低影响开发雨水系统的流程、单项设施或其组合系统时，需要进行技术经济分析和比较，优化设计方案。低影响开发设施建成后应明确维护管理责任单位，落实设施管理人员，细化日常维护管理内容，确保低影响开发设施运行正常。低影响开发雨水系统的构建途径如图10-2所示。

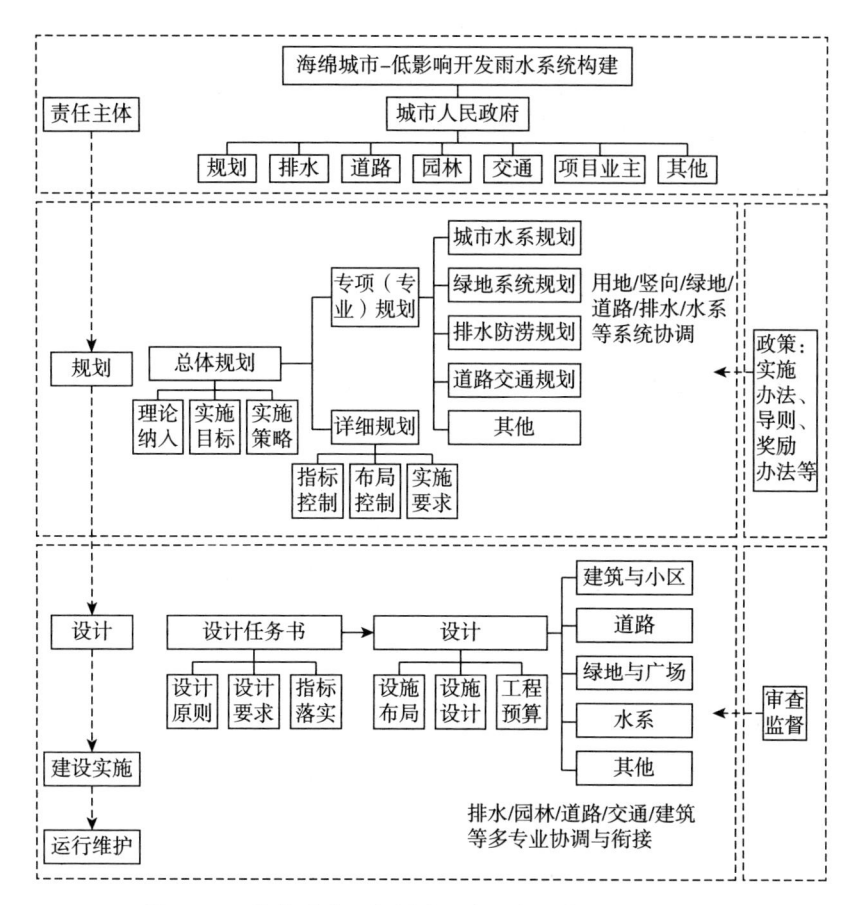

图 10-2　海绵城市-低影响开发雨水系统构建途径示意

七　海绵城市建设的融资模式

（一）海绵城市建设资金缺口巨大

住房城乡建设部数据显示，海绵城市建设投资为每平方千米 1 亿元至 1.5 亿元。因而，打造一座座"会呼吸"的海绵城市，需要的不仅是理念的更新，还需资金的配套、投融资方式的转变。

2015 年 4 月，财政部、住房城乡建设部、水利部公布首批 16 个城市的国家级海绵城市建设试点目录，各地纷纷启动项目。

在巨大的资金需求下，仅靠财政补贴远远不够。3 年建设期的中央资金只有十几亿元，但很多试点提出的建设规模都在百亿元以上。常德已完成的 36 个项目投资 80 亿元；池州规划 3 年内共安排海绵城市试点项目 117 个，总投资 211.62 亿元。分析显示，仅第一批 16 个试点城市总投资需求就在 3000 亿元以上。

以济南为例，市区面积 483 平方千米，如果按照试点方案要求至少需要 483 亿元，才能够完成山、泉、湖、河、城的海绵泉城建设。按照中央财政补助标准，济南是省级城市，每年补助资金 5 亿元，3 年共 15 亿元，存在 400 多亿元的缺口。

海绵城市建设涉及技术服务、材料、工程、仪器、管理、居民生活等多个领域，其市场拉动作用不亚于城市化建设，本质上海绵城市建设就是过去城市化建设的提质"升级版"。海绵城市建设是做"精品工程"，从过去"将就"到"精致"会带来巨大的市场需求。有学者粗略估计，在"十三五"期间最少能制造全国高铁建设 2 倍以上的市场需求，即全国 6 万亿元左右的市场规模。

根据中信证券的一项研究，按照我国目前的城市建成区面积、年均 3% 的城市建成区面积增长率、试点城市投资单价等指标进行测算，要实现这一目标，2030 年前总投资将达到 8.9 万亿元，2020 年前年均投资 4500 亿元，2020～2030 年年均投资 6700 亿元。

如此巨量的资金需求，单靠政府力量是行不通的。国务院常务会议曾提出在海绵城市建设中，要总结、推广试点经验，采取 PPP、政府采购、财政补贴等方式，创新商业模式，吸引社会资本参与项目建设运营。可以将符合条件的项目纳入专项建设基金支持范围，鼓励金融机构创新信贷业务，多渠道支持海绵城市建设。但到目前为止，还没有成熟、有效的支撑海绵城市建设的融资模式。

（二）PPP 融资模式及其应用局限性

PPP 是 Public-Private Partnership 的英文首字母缩写，指在公共服务领域，政府采取竞争性方式选择具有投资、运营管理能力的社会资本，双方按照平等协商原则订立合同，由社会资本提供公共服务，政府依据公共服务绩效评价结果向社会资本支付对价。其基本操作模式是：①社会资本和试点城市政府授权部门联合建立 PPP 项目特许经营公司，负责相关管理、具体工程建设招标及建成后运营；②政府在运营期间依据绩效考核标准进行付费；③合作期满，特许经营权按约定方式移交至政府指定机构，或委托项目公司继续运营。

PPP 是以市场竞争的方式提供服务，主要集中在纯公共领域、准公共领域。PPP 不仅是一种融资手段，而且是一次体制机制变革，涉及行政体制改革、财政体制改革、投融资体制改革。

国家鼓励海绵城市建设试点引入社会资本解决资金问题，对采用 PPP 模式达到一定比例的海绵城市建设试点，按补助基数奖励 10%。

目前国内海绵城市建设主要采取 PPP 模式，但具体如何运作，因受地方债务政策限制，很多地方至今很难落地。PPP 模式在项目能盈利的时候可以运作良好，但海绵城市 PPP 除了政府的支持外，并没有明确的获利模式。因此，在实际推行过程中，PPP 模式的可行性还需要考量。PPP 模式是否适用海绵城市建设，也受到业内人士质疑。海绵城市的很多建设受益的是大众，但市场主体直接得到的收益很少，因此企业的积极性不高。即便有启动资金，但之后的配套资金筹集也将比较困难。

目前海绵城市建设主要融资模式是地方投资平台借债，如浙江嘉兴市曾运用市场化手段，引导金融资本和社会资本共同设立海绵城市建设发展基金，一期规模为 10 亿元。本应是拉动经济增长的海绵城市建设，却增加了地方政府债务。

海绵城市建设中社会资本难以进入，部分原因在于地方政府不愿意放弃平台公司的控股权，从而减少分红和治理架构中的话语权，并且地方政府也希望通过海绵城市 PPP 项目获得额外效益。地方政府的引资标准很现实：能给当地带来什么产业、如何形成税收回哺，PPP 项目如果不和产业挂钩很难持续发展。

目前海绵城市建设主要有 3 种模式，除了被各级政府寄予厚望的 PPP 模式，还有传统的各部门分段实施模式和城投模式。

采用传统方式建设海绵城市，各部门之间缺乏协调和统筹，容易造成项目的碎片化，不利于最后达到良好的整体效果。

城投模式是以城投公司为主来推进整体工程建设，特别是在一些城市的新区由城投公司统筹实施建设，统筹建设也是比较常见的一种做法。

由于缺乏保障，参与建设海绵城市的企业只能依靠政府关系或者成为国家示范项目来降低投资风险。虽然传统模式具有不少弊端，但是反而适宜推进，因为地方政府容易对各部门进行协调，这是企业做不到的。

（三）政策性金融信贷支持

继与国家开发银行携手推进开发性金融支持海绵城市建设之后，2016 年 1 月，住建部再与中国农业发展银行联手，加大政策性金融机构对海绵城市建设的支持力度。双方联合下发的通知要求，地方各级住房城乡建设部门要把农发行作为重点合作银行，加强合作，最大限度地发挥政策性金融的支持作用，切实提高信贷资金对海绵城市建设的支撑保障能力。

通知要求农发行各分行要把海绵城市建设作为信贷支持的重点领域，积极统筹调配信贷规模，优先对海绵城市建设项目给予贷款支持，贷款期限最长可达 30 年，贷款利率可适当优惠。

海绵城市建设是"百年大计"，非一日之功，缺少的资金也并非当下需要全部解决，融资渠道可以不断拓宽，而政策性金融扶持可以保证资金的延续性和稳定性，海绵城市又是国家战略导向，符合政策性金融的投资取向。

通知提出，符合使用抵押补充贷款资金条件的贷款项目可执行人民银行确定的优惠利率。在风险可控、商业可持续的前提下，项目的购买服务协议预期收益等可作为农发行贷款的质押担保。此外，通知还称,农发行各分行要积极创新运用政府购买服务、PPP等融资模式,为海绵城市建设提供综合性金融服务。

允许预期收益质押贷款为PPP项目的融资创造了条件,对鼓励建设和经营类企业进入特许经营领域来说,降低了投资成本门槛和融资难度,有助于吸引更多优质的国企和民企进入海绵城市领域。

八 我国推进海绵城市建设的法规政策

(一)国务院办公厅《关于做好城市排水防涝设施建设工作的通知》

2013年3月25日,国务院办公厅发布《关于做好城市排水防涝设施建设工作的通知》(国办发〔2013〕23号)(以下简称《通知》)。《通知》要求,2014年底前,要在摸清现状基础上,编制完成城市排水防涝设施建设规划,力争用5年时间完成排水管网的雨污分流改造,用10年左右的时间,建成较为完善的城市排水防涝工程体系。而作为未来城市排水防涝基础设施设计、建设的新思路,《通知》也首次明确要积极推行低影响开发建设模式。

(二)国务院《关于加强城市基础设施建设的意见》

2013年9月6日,国务院发布《关于加强城市基础设施建设的意见》(国发〔2013〕36号)(以下简称《意见》)。《意见》提出,积极推行低影响开发建设模式,将建筑、小区雨水收集利用、可渗透面积、蓝线划定与保护等要求作为城市规划许可和项目建设的前置条件,因地制宜地配套建设雨水滞渗、收集利用等削峰调蓄设施。在城市供水、排水防涝和防洪设施建设方面,《意见》规定,在全面普查、摸清现状的基础上,编制城市排水防涝设施规划。加快雨污分流管网改造与排水防涝设施建设,解决城市积水内涝问题。

（三）住建部《关于印发海绵城市建设技术指南——低影响开发雨水系统构建（试行）的通知》

住建部 2014 年 9 月出台《关于印发海绵城市建设技术指南——低影响开发雨水系统构建（试行）的通知》（建城函〔2014〕275 号），对海绵城市与低影响开发系统构建的规划、设计、工程建设、维护管理提出了指导性意见，并提供了部分具体案例。该指南明确，海绵城市的建设途径主要有三方面：一是对城市原有生态系统的保护，二是生态恢复和修复，三是低影响开发。该指南从城市建设理念上扭转了以往城市以道路硬化为特点的粗放型建设方式，将这三条途径统一起来，成为相互补充的整体。

（四）财政部《关于开展中央财政支持海绵城市建设试点工作的通知》

2014 年 12 月 31 日，财政部出台《关于开展中央财政支持海绵城市建设试点工作的通知》（财建〔2014〕838 号）（以下简称《通知》），在资金上对海绵城市建设予以国家财政补助。《通知》确定，中央财政对海绵城市建设试点给予专项资金补助，补助期限为 3 年，具体补助数额按城市规模分档确定，直辖市每年 6 亿元，省会城市每年 5 亿元，其他城市每年 4 亿元。明确对采用 PPP 模式达到一定比例的试点城市，将按补助基数奖励 10%，以此鼓励地方政府拓宽资本来源渠道。

（五）财政部、住建部、水利部《关于组织申报 2015 年海绵城市建设试点城市的通知》

2015 年 1 月 20 日，财政部、住建部、水利部发布的《关于组织申报 2015 年海绵城市建设试点城市的通知》（财办建〔2015〕4 号）附件中《2015 年海绵城市建设试点城市申报指南》首次明确对申报试点城市申请资格审核的要求：城市发展对排水防涝基础设施建设、调蓄雨洪和应急管理能力需求强烈；试点区域总面积原则上不少于 15 平方千米，多年平均降水量不低于 400 毫米；优先鼓励旧城改造项目，包括城市水系统、城市园林绿地、市政道路、绿色建筑小区等。

（六）住房城乡建设部《城市综合管廊工程技术规范》

2015 年 5 月 22 日，住房城乡建设部发布关于国家标准《城市综合管廊工程技术规范》的公告（第 825 号），批准《城市综合管廊工程技术规范》为国家标准，编号为 GB50838-2015，自 2015 年 6 月 1 日起实施。原《城市综合管廊工程技术规范》（GB50838-2012）同时废止。新版的《城市综合管廊工程技术规范》增加了排水管道入廊的技术规定，从而实现了海绵城市与地下管廊的综合建设。

（七）国务院办公厅《关于推进海绵城市建设的指导意见》

2015 年 10 月，国务院办公厅发布的《关于推进海绵城市建设的指导意见》（国办发〔2015〕75 号）提出了总的工作目标：通过海绵城市建设，综合采取"渗、滞、蓄、净、用、排"等措施，最大限度地减少城市开发建设对生态环境的影响，将 70% 的降水就地消纳和利用，到 2020 年城市建成区 20% 以上的面积达到目标要求，到 2030 年城市建成区 80% 以上的面积达到目标要求。

（八）中共中央、国务院《关于进一步加强城市规划建设管理工作的若干意见》

2016 年 2 月 6 日，中共中央、国务院发布的《关于进一步加强城市规划建设管理工作的若干意见》要求推进海绵城市建设。要充分利用自然山体、河湖湿地、耕地、林地、草地等生态空间建设海绵城市，提升水源涵养能力，缓解雨洪内涝压力，促进水资源循环利用。鼓励单位、社区和居民家庭安装雨水收集装置。大幅度减少城市硬覆盖地面，推广透水建材铺装，大力建设雨水花园、储水池塘、湿地公园、下沉式绿地等雨水滞留设施，让雨水自然积存、自然渗透、自然净化，不断提高城市雨水就地蓄积、渗透比例。

（九）住房城乡建设部《海绵城市专项规划编制暂行规定》

2016年3月18日，住建部印发《海绵城市专项规划编制暂行规定》，明确海绵城市专项规划的八项规定内容，要求当年10月底前设市城市要完成海绵城市规划草案。海绵城市规划建设无疑已经成为各市2016年的重要任务之一。

九 北京海绵城市建设的进展

"海绵城市"建设的核心是解决好城市雨水问题。北京作为我国内地最早开展城市雨水利用研究与应用的城市，其对城市雨水问题的技术研究和实践大体经历了雨水直排、排用结合、系统管理三个阶段。

（一）雨水直排阶段

在2000年以前，北京城市雨水采用直接排放的模式进行管理，建设了由社区雨水管网、市政雨水管网和排水河道组成的城市雨水排放体系。

（二）排用结合阶段

2000年以后由于缺水形势严峻，北京市的城市雨洪管理进入了"排用结合"阶段。其城市雨水"排用结合"的发展大体经历了探索（1989~2000年）、研究与示范（2000~2005年）、技术集成与初步推广（2006~2012年）和全面强化推广（2012年至今）四个阶段。

（三）系统管理阶段

近年为了从根本上解决城市发展所面临的雨水径流污染、城市洪涝、水资源短缺与雨水流失矛盾等问题，北京市开始探索统筹考虑径流削减、污染减控、内涝防治、生态环境效果，从上下游和水文过程整体角度系统管理城市雨水的模式，也就是开始步入"系统管理"阶段，这与"海绵城市"建设的理念基本一致。

到 2014 年，全市已建设雨水利用工程 2178 处，其中城镇雨水利用工程 975 处，全年利用雨水量 2092 万立方米，郊区共建成农村雨洪利用工程 1203 处，年综合收集利用雨水 4500 万立方米。

2016 年 4 月，北京市入选中央财政支持海绵城市建设试点城市，其海绵城市建设进入了一个新阶段。

2016 年 7 月 26 日，《北京市中心城排水防涝规划》正式获得市政府批复。该规划提出，北京市将在中心城区建设 73 个蓄涝公园。除了蓄洪蓄涝区以外，北京市还计划在中心城结合公园绿地建设绿色生态调蓄区 71 处，结合广场、体育场等建设调蓄水池 23 处，利用河湖调蓄 5 处。另外，北京市还将在山区规划新建 5 座水库，从东北至西南分别是钻子岭水库、西峰山水库、陈家庄水库、二道河水库和张坊水库。这 5 座水库建成后，北京市共将拥有 93 座水库，可以实现 83% 的山区流域面积控制率。

第十一章
智慧城市

一 智慧城市内涵及意义

(一) 智慧城市的内涵

根据住建部发布的《国家智慧城市试点暂行管理办法》，智慧城市是通过综合运用现代科学技术、整合信息资源、统筹业务应用系统，加强城市规划、建设和管理的新模式。

智慧城市内涵体现在多个方面：从管理者角度讲，就是促使城市"不得病""少得病"，或者得了病之后"快治病"，保障城市健康和谐发展；从企业角度讲，利用智慧城市技术手段，提升企业自身运营效率，降低运营成本，提升竞争力；从百姓角度讲，让民众感受到智慧城市带来的"便民""利民""惠民"，同时也对政府进行有效监督。

在对智慧城市的理解方面，从手段上说，通过全面感知、信息共享、智能解题，在城市规划、建设、管理、运行过程中采用信息化、智慧化、人性化等手段推进管理创新；从内容上说，智慧城市涵盖城市产业、民生、环境、防灾减灾、行政治理、资本配置等；从理念上看，以智慧系统为"黏合剂"，将集约、低碳、绿色、人文等新理念融入城镇化全过程；从难度上看，智慧城市建设最大的难点是将"信息孤岛"连接起来，通过信息共享、系统共生来消除部门"信息孤岛"和利益壁垒。

智慧城市是继数字城市和智能城市后的城市信息化高级形态，是信息化、工业化和城镇化的深度融合。

（二）智慧城市的特点

"智慧城市"具备四大特征：全面透彻的感知、宽带泛在的互联、智能融合的应用以及以人为本的可持续创新。

智慧城市借助新一代的物联网、云计算、决策分析优化等信息技术，通过感知化、物联化、智能化的方式，将城市中的物理基础设施、信息基础设施、社会基础设施和商业基础设施连接起来，成为新一代的智慧化基础设施，使城市中各领域、各子系统之间的关系显现出来，就好像给城市装上网络神经系统，使之成为可以指挥决策、实时反应、协调运作的"系统之系统"。在此基础上，将人、商业、运输、通信、水和能源城市运行六大核心系统整合起来，以一种更智慧的方式运行。

与"信息城市"相比，智慧城市没有停留于信息技术的层面，而是将技术融入城市化，在城市化的进程中注重社会管理、资源节约、环境友好、市民参与、生活品质，将信息化中构建的信息系统发展成为一体共享、无所不在的互动感知网络。与"数字城市"相比，智慧城市的内容更为丰富并更具可持续性；智慧城市实现了数字化、网络化、智能化、互联化的深度融合，将着力点聚焦于社会、环境、管理和市民的生活工作质量，较之数字城市更具有科学发展建设的高度。

智慧城市是一个非常复杂的巨型系统，涉及交通、水利、环保、教育、医疗卫生、公共安全、城市管理等各个领域，关系政府管理和服务、产业带动和发展以及人们生活等各个方面，是一个多层次、有系统的复杂工程，需要各产业立体化配合，智慧城市建设不单是一项业务工作，也不是单个业务部门就能独立完成的，涉及方方面面的多个环节，包括投融资、基础设施提供商、集成商、应用方案提供商、数据提供商等，同时必须政府出面强力推动。

"智慧城市"尚没有一个统一的判断标准，但有三个基本方面，即信息化的基础设施、信息化的民众应用以及信息化的产业应用，以此来提高城市竞争力，方便市民生活。

根据IBM的解决方案，首先，是要实现感知化。所谓感知化，就是通过安装传感器，将数据、系统和人类以前所未有的方式联系在一起。其次，是要实现物联化，即将这些互联互通的物品共同创造一张"物联网"，使得城市框架任意系统中的物品和人之间都能互相沟通、互相协调。最后，也是最为重要的，是要实现智能化。海量存储和更高的计算能力等新模式可以将海量信息转化为智慧，为行动提供决策参考。

（三）智慧城市建设的意义

智慧城市是运用物联网、云计算、大数据、空间地理信息集成等新一代信息技术，促进城市规划、建设、管理和服务智慧化的新理念和新模式。建设智慧城市，对加快工业化、信息化、城镇化、农业现代化融合，提升城市可持续发展能力具有重要意义。

智慧的城市意味着在城市不同部门和系统之间实现信息共享和协同作业，更合理地利用资源、做出最好的城市发展和管理决策，及时预测、应对突发事件和灾害。理想中的智慧城市可以用五个"更"来表示：一是城市更聪明，二是政府更高效，三是企业更智能，四是市民更便捷，五是城市更宜居。

发展智慧城市，是提高城镇化质量，缓解当前日益严重的"大城市病"的重要举措，建设智慧城市是经济"倍增器"和发展方式"转换器"。智慧城市不仅会改变居民的生活方式，也会改变城市生产方式，保障城市可持续发展。当前推进我国智慧城市建设有利于推进我国内涵型城镇化发展；有利于培育和发展战略性新兴产业，创造新的经济增长点；有利于促进传统产业改造升级、社会节能减排，推动经济发展方式转型；有利于我国抢抓新一轮产业革命机遇，抢占未来国际竞争制高点。

世界银行预测，一个百万人以上的智慧城市建设，在投入不变的情况下，实施全方位智慧管理，将增加城市发展红利2.5～3倍，这意味着智慧城市可促进实现4倍左右的可持续发展目标，必将引领未来世界城市发展方向。

二 我国推进智慧城市建设的政策措施及进展

（一）智慧城市提出的背景

为了应对金融危机，使企业取得更高的利润率，IBM公司将业务重点由硬件转向软件和咨询服务，并于2008年11月提出了"智慧地球"的理念，引起了全球的关注，许多国家先后开始大力推进智慧城市建设。

2009年，正当中国提出4万亿投资应对金融危机时，智慧城市这个议题引起了国内社会各界的极大兴趣。IBM公司抓住机遇，趁热打铁，在中国连续召开了22场智慧城市的讨论会，智慧城市的理念得到了广泛的认同，上海、南京、沈阳、成都、昆山等国内许多城市已经与IBM进行了战略合作。

鉴于我国粗放的工业化和城镇化导致的交通拥堵、能源紧张、空气污染、水体污染、垃圾围城、噪声污染、用地矛盾、水资源短缺以及贫富不均等一系列社会问题都充分暴露出来了，智慧城市建设有助于解决这些发展中的难题，推进城市健康可持续发展，受到了我国中央政府和各级城市的重视。在全球经济和我国宏观经济走势都不太景气的背景下，推进智慧城市建设将撬动上万亿元的投资，将为我国信息相关高新技术产业提供巨大的市场，而在此基础上产生的基础设施运营效率、公共服务效率、企业经营效率、居民满意度、城市宜居程度和可持续发展潜力都将大幅度提升，将会产生巨大的经济效益和社会效益。目前，中国的智慧城市建设如火如荼，已有 300 多个城市在大力推进智慧城市建设。

（二）我国智慧城市建设的主要目标

根据住建部等八部门发布的《关于促进智慧城市健康发展的指导意见》，到 2020 年，建成一批特色鲜明的智慧城市，聚集和辐射带动作用大幅增强，综合竞争优势明显提高，在保障和改善民生服务、创新社会管理、维护网络安全等方面取得显著成效。

1. 公共服务便捷化

在教育文化、医疗卫生、计划生育、劳动就业、社会保障、住房保障、环境保护、交通出行、防灾减灾、检验检测等公共服务领域，基本建成覆盖城乡居民、农民工及其随迁家属的信息服务体系，公众获取基本公共服务更加方便、及时、高效。

2. 城市管理精细化

市政管理、人口管理、交通管理、公共安全、应急管理、社会诚信、市场监管、检验检疫、食品药品安全、饮用水安全等社会管理领域的信息化体系基本形成，统筹数字化城市管理信息系统、城市地理空间信息及建（构）筑物数据库等资源，实现城市规划和城市基础设施管理的数字化、精准化水平大幅提升，推动政府行政效能和城市管理效益不断扩大。

3. 生活环境宜居化

居民生活数字化水平显著提高，水、大气、噪声、土壤和自然植被环境智能监测体系和污染物排放、能源消耗在线防控体系基本建成，促进城市人居环境得到改善。

4. 基础设施智能化

工业化与信息化深度融合，信息服务业加快发展。宽带、融合、安全、泛在的下一代信息基础设施基本建成，电力、燃气、交通、水务、物流等公用基础设施的智能化水平大幅提升，运行管理实现精准化、协同化、一体化。

5. 网络安全长效化

城市网络安全保障体系和管理制度基本建立，基础网络和要害信息系统安全可控,重要信息资源安全得到切实保障,居民、企业和政府的信息得到有效保护。

(三) 国家智慧城市试点进展

2013 年 1 月 29 日,公布第一批试点城市 90 个,后增补 9 个。

2013 年 8 月 1 日,公布第二批试点城市 103 个。

2015 年 4 月 7 日,公布第三批试点城市 84 个,扩大范围试点 13 个。

此外,还公布有专项试点 41 个,其中 38 个是企业。

(四) 国家智慧城市试点办法

为规范和推动智慧城市的健康发展,住房城乡建设部办公厅于 2012 年 12 月 5 日正式发布了《关于开展国家智慧城市试点工作的通知》,并印发了《国家智慧城市试点暂行管理办法》(以下简称《办法》)和《国家智慧城市(区、镇)试点指标体系(试行)》2 个文件,即日开始试点城市申报。

《办法》共分为总则、申报、评审、创建过程管理和验收、附则共 5 个部分 16 条,由住房城乡建设部建筑节能与科技司负责解释。

1. 总则中的要点

(1) 本办法所指国家智慧城市试点的范围包括设市城市、区、镇。

(2) 住房城乡建设部成立智慧城市创建工作领导小组,全面负责组织实施工作。

(3) 试点城市(区、镇)人民政府是完成当地试点任务的责任主体,负责试点申报、组织实施、落实配套条件等工作。

2. 申报部分的主要内容

(1) 由申报城市(区、镇)人民政府提出申请,经所在省级住房城乡建设主管部门审核同意后报送住房城乡建设部。直辖市及计划单列市的申报由城市人民政府直接报送住房城乡建设部。

(2) 申报国家智慧城市试点应具备以下条件：智慧城市建设工作已列入当地国民经济和社会发展"十二五"规划或相关专项规划；已完成智慧城市发展规划纲要编制；已有明确的智慧城市建设资金筹措方案和保障渠道，如已列入政府财政预算；责任主体的主要负责人负责创建国家智慧城市试点申报和组织管理。

(3) 申报国家智慧城市试点需提供下列材料。①申请文件及所在省级住房城乡建设主管部门推荐意见（签章）。②智慧城市发展规划纲要。纲要应体现以现代科学技术促进城镇化健康发展的理念，明确提出建设与宜居、管理与服务、产业与经济等方面的发展目标、控制指标和重点项目。③智慧城市试点实施方案。具体内容：a. 基本概况。包括经济、社会、产业发展现状，社会公共服务和城市基础设施情况等。b. 可行性分析。包括创建国家智慧城市的需求分析、基础条件和优势分析及风险分析等。c. 创建目标和任务。根据当地实际情况，对照《国家智慧城市（区、镇）试点指标体系（试行）》提出合理可行的创建目标和建设任务，以及建设期限和工作计划。d. 技术方案。支撑创建目标的实现和服务功能的技术路线、措施和平台建设方案。e. 组织保障条件。包括组织管理机构、相关政策和资金筹措方式等。f. 相关附件。

3. 评审部分主要内容

(1) 住房城乡建设部负责组成国家智慧城市专家委员会，委员会由城市规划、市政、公共服务、园林绿化、信息技术等方面的管理和技术专家组成。专家委员会坚持实事求是的原则，独立、客观、公正地进行评审，并负责智慧城市创建的技术指导和验收评定。

(2) 评审程序包括材料审查、实地考察、综合评审等环节。评审专家组从专家委员会中抽调专家组成。①材料审查。专家组对申报材料的完整性、可行性、科学性进行审查。②实地考察。专家组对通过材料审查的城市进行实地考察，考查内容包括信息化基础设施、应用系统建设与应用水平、保障体系和建设基础等，并形成书面意见。③综合评审。专家组通过查看申报材料、听取工作和试点实施方案汇报、听取实地考察意见和综合评议等程序，对申报国家智慧城市试点工作进行综合评审，并形成综合评审意见。

（3）综合评审意见报住房城乡建设部智慧城市创建工作领导小组审批，批准后的试点城市名单在住房城乡建设部网站上公布。

4. 创建过程管理和验收部分主要内容

（1）住房城乡建设部与试点城市（区、镇）人民政府签订国家智慧城市创建任务书，明确创建目标、创建周期和建设任务等内容。

（2）承担试点任务的责任主体要明确创建工作行政责任人，成立由相关职能部门组成的试点工作实施管理办公室，具体负责创建实施工作。

（3）试点城市在创建期内，每年 12 月 31 日前向住房城乡建设部提交年度自评报告，说明预定目标的执行情况。根据年度自评报告，住房城乡建设部组织专家实地考察建设工作进展，并形成年度评价报告。

（4）创建期结束后，住房城乡建设部智慧城市创建工作领导小组依据创建任务书组织验收。对验收通过的试点城市（区、镇）进行评定，评定等级由低至高分为一星、二星和三星。未通过验收的允许进行一次限期整改，整改结束后组织再次验收。

（5）评定结果报住房城乡建设部智慧城市领导小组核定后，在住房城乡建设部网站上公示，公示期 10 个工作日。公示无异议的，住房城乡建设部命名其相应等级的国家智慧城市（区、镇）。

（五）北京市智慧城市建设情况

2012 年 3 月，北京市经济信息化委员会发布了《智慧北京行动纲要》，其建设目标是：实施"智慧北京"八大行动计划，建成泛在、融合、智能、可信的信息基础设施，基本实现人口精准管理、交通智能监管、资源科学调配、安全切实保障的城市运行管理体系，基本建成覆盖城乡居民、伴随市民一生的集成化、个性化、人性化的数字生活环境，全面构建以市民需求为中心、高效运行的政府整合服务体系，从"数字北京"向"智慧北京"全面跃升，标志着智慧北京建设全面进行。

北京市政府针对"智慧北京"明确了三项基本特征：宽带泛在基础设施、智能融合和信息应用、创新可持续发展环境，以及八大行动计划。八大行动计划是指城市智能运行行动计划、市民数字生活行动计划、企业网络运营行动计划、政府整合服务行动计划、信息基础设施提升行动计划、智慧共用平台建设行动计划、应用与产业对接行动计划、发展环境创新行动计划。截至目前，智慧北京建设已取得了巨大成就。

在宽带城市与无线城市建设方面，2012年底实现了20M有线宽带全覆盖，2015年初3G+WLAN基本实现全面覆盖，4G无线网络覆盖建设同时启动。目前已实现WLAN接入点10.5万个，3G基站2.2万个，7个重点区域为市民提供3年免费无线上网服务。

在政务物联网建设方面，四环内超过95%的范围实现了政务物联专网覆盖，四环以外根据需求实现了区域覆盖，远郊区县实现了行政中心区覆盖。2014年底，北京市建立了完善的物联网应用支撑平台，在统筹管理、信息共享、智慧服务、综合管理等方面，实现了全方位支撑。建立政务云服务体系。按照"市区两级、覆盖全市，物理分散、逻辑衔接"的框架，构建"1+N+16"政务云体系结构。

三 智慧城市发展模式与建设路径

（一）智慧城市发展模式

智慧城市发展模式是由一定的城市主体，在一定的资源条件下，基于特定的驱动因素所形成的智慧城市发展理念、发展目标、发展路径、制度规范、评价体系等方面整体性的认识和规律性的把握。其逻辑思路是谁来建设、靠什么建设、建设的驱动力是什么、怎样建设、如何保障建设、建设成什么样的智慧城市。

目前世界上形成了三大区域智慧城市发展模式：以美国、巴西为代表的美洲模式，以英国、法国、德国、芬兰、意大利等国为代表的欧盟模式，以韩国、马来西亚、日本等为代表的亚洲模式。

（1）美洲模式：以市民为中心，致力于城市治理、可持续发展、经济转型和增长。杜比克（Dubuque）是经济危机促进转型的智慧城市的典型案例。20世纪80年代随着木材加工业的衰退，这个6万人的城市通过使用信息通信技术，优化、运营市民和城市管理资源，从而演变成一个充满活力的可持续发展枢纽，成为美国城市经济转型最快的一个城市，它有着多元化的劳动力以及水、能源和建筑物维系的当地产业。

（2）欧盟模式：从总体上讲是总分模式，强调欧盟委员会在智慧城市建设中的统筹规划作用，同时发挥各欧盟成员国的自主能动性。经济增长是欧盟智慧城市建设的主要动因。欧盟在基础设施建设与相关技术创新、公共服务、交通及能源管理等领域进行了多项成功的实践，且效果良好、进展迅速。

（3）亚洲模式：强调政府牵引和主导地位，普遍以基础设施为着力点，拉动与智慧城市相关的信息化产业发展。韩国在部署宽带基础设施方面大幅度领先，这催生了城市新发展，继"数字城市"之后，韩国推出"U—城市"举措。从2004年起，信息及通信部（MIC）在构建最新信息技术基础设施和智慧城市方面发挥着主导作用。

（二）智慧城市发展模式的决定要素

智慧城市发展模式的逻辑架构应该包括下列6个要素：主体要素、资源要素、驱动要素、路径要素、规范要素、目标要素。

1. 主体要素

主体要素是指在智慧城市建设过程中，追求自我利益的个人、法人和从事社会管理的组织机构，它分为政府组织、企事业组织、民间组织和城市居民。政府组织是智慧城市发展的主导者，同时，政府组织担负着城市规划、建设、经营、管理的责任,是基础设施的主要投资者之一,是城市发展的领导者。企业是智慧城市发展的参与主体。

2. 资源要素

资源要素指智慧城市建设中各种技术、资金、区位等非主体性要素,是主体之外的客观事物。智慧城市主要的资源要素之一是基础设施和应用服务。基础设施包括通信基础设施和提供大量智能的关键的物联网技术。

3. 驱动要素

驱动要素是解决发展的动因问题。经济增长和产业结构调整是智慧城市发展模式的经济驱动要素;城市治理是智慧城市发展模式的管理驱动要素;环境保护是智慧城市发展模式的(可持续)发展驱动要素;以民生服务为导向,增强居民幸福感和满意度是智慧城市发展模式的需求驱动要素;技术进步是智慧城市发展模式的技术驱动要素。

4. 路径要素

路径要素是对智慧城市发展模式的具体践行,是对智慧城市顶层设计方案、任务书、路线、进度表的贯彻落实。发展路径实施涉及智慧城市建设的环节、步骤、方式、方法、措施、进程等多方面内容,是智慧城市建设取得实效的必由之路。从自然选择来看,智慧城市发展的切入点有4种:基础设施驱动启动型、核心技术驱动启动型、智慧应用驱动启动型、混合推动型。

5. 规范要素

规范要素是智慧城市发展模式得以稳定存在并持续开展的行为规范和指导纲领,是智慧城市发展模式实践取得成效的必要保障。规范要素既有制约性制度,也有激励性制度,智慧城市建设应采取制约性制度和激励性制度相结合的动态调整模式。

6. 目标要素

目标要素是指智慧城市发展模式实践的出发点和落脚点,是在智慧城市理念指导下智慧城市所期望达到的理想规格和总体要求。智慧城市的目标因地理、资源、环境等不同而不同，以人为本、造福民生是智慧城市发展模式最基本的目标。

(三) 智慧城市的建设路径

智慧城市的概念自提出后，得到了国内外的广泛关注，实践探索很快被付诸行动，各国开展智慧城市建设的重点也大有不同。根据对国内外智慧城市建设经验和相关研究的总结，智慧城市建设路径大体上可以分为以下 5 种。

1. 创新驱动型

创新驱动型路径是指以新兴信息、网络技术的应用为基础，以创新体系建设为核心，包括智慧城市创新主体、创新基础设施建设、创新管理服务体系、创新人才体系、创新资源环境等。创新驱动型路径的核心是用创新技术促进城市的发展、整体提升。其典型代表城市为阿联酋的马斯达尔市，该市自 2006 年开始智慧城市建设，政府战略投资基金完全控股，建设形成了研究所、创新中心、CDM 开发公司以及实验社区开发等。通过最新技术的使用，旨在成为全球智慧技术革新、研发以及产品中心。

2. 产业驱动型

产业驱动型路径是指以高新信息技术产业为导向，形成以智慧产业链或产业集群为核心推动力的城市发展路径。智慧产业主要包括以信息技术为基础的新兴产业和经智慧化改造后的传统产业。其典型代表城市是中国的佛山。佛山市地处亚太经济发展的交会处，珠江三角洲的腹地，利用得天独厚的地理资源优势，旨在形成与周围产业紧密联系、产业联动以及功能互补的智慧城市发展模式。

3. 管理服务驱动型

管理服务驱动型路径是指利用技术手段优化、提升公共管理服务能力，使城市公共管理功能更精准、高效、智能和便民的城市发展路径。其主要内容包括信息网络的完善、基础设施智能化转型建设、公共管理体系和公共服务体系的智能化全面提升。该类型建设路径的典型城市代表有中国的香港和韩国的首尔。香港自2007年开展了"政府投资、购买服务、企业参与、建设运营"的智慧城市建设模式,以信息化服务全体市民为主要目标。政府投资建设基础设施,实现资源最优化配置。首尔市的公共服务模式则着重于实时、智慧和集成,强化政府服务效率,提升便民效率和公众生活品质。

4. 可持续发展型

可持续发展型路径是指以环境保护、资源可持续发展等为出发点,形成环境资源的智慧管理以及合理、高效、可重复利用,创建可持续发展的环境资源体系与城市发展路径。其典型城市代表是荷兰的阿姆斯特丹。阿姆斯特丹市提出可持续的智慧城市建设计划,旨在建立可持续性生活、可持续性工作、可持续性交通以及可持续性公共空间的城市体系,通过安装和开发可持久和具有经济规模的专案,减少碳排放量。

5. 多目标发展型

多目标发展型路径是指在智慧城市建设过程中综合考虑产业的智慧化升级、公共管理服务的提升、居民生活的改善以及资源环境可持续利用等因素而形成的发展路径。其总体思路是以新一代信息技术发展为依托,坚持以智慧应用为导向,以智慧产业发展为基础,以智慧创新为动力,加快推进智慧应用体系,是以上几种类型路径的综合。其典型城市代表有中国的深圳。深圳市以信息技术为基础,整合城市关键信息,旨在形成生活、产业以及社会管理的综合模式。多目标发展型智慧城市建设框架如图11-1所示。

四 国内外智慧城市建设典型实践及启示

(一) 国外智慧城市建设典型实践

智慧城市建设发展至今,其理念更加丰富、目标更加清晰,并已经受到广泛的认可。国外对于智慧城市的理论和技术的研究成果

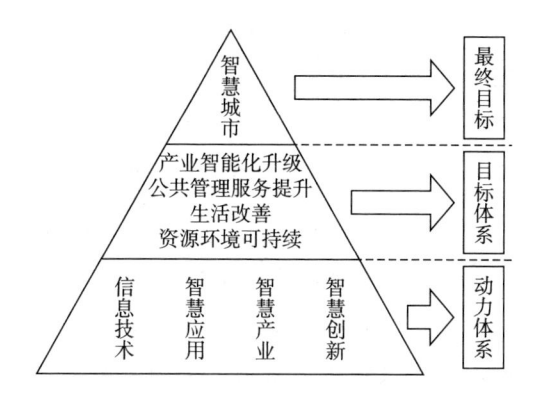

图 11-1 多目标发展型智慧城市建设框架

也在智慧城市的实际建设当中得到了应用,许多国家和地区尤其是欧洲、美国和亚洲等都提出了"智慧城市"建设战略,如欧盟的"智慧城市和社区计划"、美国的"智慧地球"、韩国的"智能首尔2015"计划、新加坡的"智慧国2015"(Intelligent Nation 2015)战略等,在全球掀起了一股"智慧城市"的建设热潮,在智慧城市的建设上也取得了比较突出的成果,具体如下。

1. 佛罗里达——智慧电网

2009年美国总统奥巴马宣布,实施智能电网拨款项目[Smart Grid Investment Grant(SGIG)program],以此带动整个美国地区的智慧电网发展。佛罗里达电力和照明公司从2009年就开始建设智能电网项目,并于2014年4月建成了美国第一个完整的智能电网系统。智慧电网系统取代了传统电表而采用新型智慧电表,在电线杆和电线上安装无线射频通信设备,能够实时监控电网的性能和运行状况,诊断停电故障并实现电力改道,帮助电力更快恢复。

2. 马德里——智慧交通

西班牙首都马德里市区的交通拥堵一直是难以解决的问题,为了提高城市交通运作效率,马德里政府通过在各个街道的十字路口安装一种基于互补技术、含有先进传感设备的专业交通管制系统,实现了对各个十字路口的车流量实时自动探测,利用交通控制器对车辆进行变相引导,使车辆在最短的时间内快速通过路口。这项措施不仅提高了交通通过率，而且减少了污染物的排放，未来该系统将在西班牙其他城市推广运用。

3. 米尔海姆——智慧建筑

德国鲁尔河畔米尔海姆地区从 2012 年开始在大学社区等公共建筑建立含有 ICT 系统的能源监控系统。该系统集成利用先进的物联网技术、智能化统计和计算建筑内的空调、电灯、电视等各项能耗数据，将数据显示在公共显示屏和手机应用程序中，以此来提醒人们节约能源。同时，该系统在建筑物上采用一种多功能节能材料，能够生产和存储能源，并进行自我修复和清洁，不仅大大降低了建筑成本，而且实现了温室气体的零排放。

4. 维也纳——智慧城管

奥地利首都维也纳市在 2013 年"世界十大智慧城市"的评比中获得了第一名。早在 2011 年维也纳就提出了"智慧城市"发展目标，并大力建设智慧化的城市管理系统。如"城市供暖和制冷计划"，在供暖方面，利用新型环保方式将回收的固态垃圾和废水转化成新能源，既满足了城市的供暖需求，又减少了二氧化碳的排放；在制冷方面，在建筑上安装先进的节能制冷系统，使能源的需求降到了传统能源需求的 10%。建成了智慧排污系统，在排水管网枢纽区安装先进的监测设备，对管网内污水的各项指标进行实时动态监测。

5. 新加坡——智慧政府

新加坡政府一直对信息化建设和应用高度重视。目前新加坡正在实施"智慧国 2015"战略。在智慧政府建设领域中新加坡处于全球领先地位，新加坡的电子政府公共服务架构高度整合了各类政府服务项目，为市民和企业等提供了一站式服务窗口，不仅提高了政府的行政效率，改善了企业、民众与政府之间的沟通方式，也推动了新加坡整个社会经济的快速发展。

6. 首尔——无所不在的信息化

韩国首尔市的"智能首尔 2015"计划，借助先进的网络基础和新信息通信技术对公共通信平台进行整合,将首尔市打造成一座信息技术无所不在的智能城市,让市民随时随地享受到智慧城市带来的全面、高效、便捷的服务。例如,首尔市开发出三维(3D)数字地图,市民可以通过手机、电脑等智能终端实现虚拟与现实技术相融合的实景导航、城市街景、环境监测、虚拟游览等服务。

(二) 国内智慧城市建设典型实践

目前国内已经有超过 300 个城市提出建设智慧城市的发展目标和战略规划,全国智慧城市犹如雨后春笋快速发展。根据我国智慧城市建设"一城一策"原则,各个城市的智慧城市建设出发点也各有不同,一些较发达地区和城市也在"智慧城市"建设中取得了长足发展,具体如下。

1. 智慧上海

上海市率先在国内开展"光网城市"工程建设,推动公共场所无线局域网建设,积极开展三网融合、云计算、物联网等技术研发应用,并将信息技术广泛应用于城市各领域;在 2014 年的上海市《政府工作报告》中进一步明确全面、综合地推进智慧城市建设。当前,上海市公共无线局域网覆盖密度和规模、三网融合业务、高清电视、高清 IPTV 等信息消费水平均为全国第一。

2. 智慧无锡

无锡市的物联网产业发展应用在国内乃至国际上都享有较高的知名度。从 2010 年开始,无锡市力争建设具有全球影响力的物联网应用示范先导区。在无锡市"十二五"规划纲要中提出了"感知城市"的建设目标。目前,无锡市基本建成了在交通、工农业、教育、电力等领域的一系列感知示范工程,成为引领全国物联网产业发展和应用的先行区。

3. 智慧深圳

深圳市政府在"十二五"规划纲要中把建设"智慧深圳"作为未来信息化发展的目标。2013 年,深圳市政府发布了《智慧深圳建设实施方案（2013~2015年）》，以建设一座科技、人文和生态的智慧型现代化城市为目标。目前，深圳市正在加速推进"无线城市"建设；发展"云物流"，打造华南智慧物流基地；建成了综合交通运行指挥中心，实施"U交通战略"，成为国内领先的智慧交通城市；推动物联网产业在安防领域的研究应用，被誉为"国家安防之都"。

4. 智慧南宁

南宁市在数字城市的建设上已经积累了丰富的基础实践经验，2012年在"数字南宁"的建设基础上深化推进"智慧南宁"建设的战略。目前，南宁市城市通信网络服务能力和宽带覆盖达到国内先进水平，建成了国际先进的信息化综合服务大楼，整合统一全市电子政务网络平台、公安专网、社会治安监控网等政府公共信息与网络平台，建成了面向东盟的国际信息服务展示中心、数字绩效展示中心，实施了集合公交、医疗、金融等多领域应用于一体的"市民卡"工程等一系列智慧公共服务项目，全方位打造"智慧绿城"。

5. 智慧台湾

中国台湾地区很早就开始了数字信息化建设，目前正在实施"智慧台湾"战略中的"i-236智慧生活科技运用计划"。该计划围绕"智慧小镇"和"智慧经贸园区"两个主轴，整合运用宽带互联网络、数字电视网络和传感网络三种网络，促进智慧技术在农业休闲、舒适便利、安全防灾、医疗照顾、节能环保、智慧便捷六大领域的应用。"智慧台湾"的建设取得了巨大的成就，如台北市、桃园县、台中市、新北市等多次在国际智慧城市的评比中获奖。

（三）我国智慧城市建设实践的启示

1. 智慧城市建设要进一步加强顶层设计和宏观指导

从宏观层面观察分析，目前中国智慧城市建设尚存在项目一哄而上、基础参差不齐、定位各自为政、信息安全缺失等不足，需要在国家八部门《关于促进智慧城市健康发展的指导意见》的引领下，对智慧城市的全国发展和城市群发展以及城市域内发展进行科学布局，统筹协调跨行业部门、跨平台终端、跨运营企业的有关问题，使智慧城市建设本身体现出科学有序的智慧发展。

2. 智慧城市建设要进一步认识智慧城市发展的内涵精髓

智慧城市是通过城市的智能化来实现城市的灵敏便捷、绿色环保和数字惠民，不能将智慧城市建设停留在产业园区发展和硬件技术的层面，一味追求高端和新颖，动辄推倒重来，需要秉持实事求是的精神，因地制宜，不能好大喜功。应深刻理解智慧城市建设的本质追求就是用最少的资源满足最大的需求，是创新、协调、绿色、开放、共享五大发展新理念在城市治理中的体现。

3. 智慧城市建设要进一步推进整合互联

随着全球各类资源日益紧缺，经济增长中的集群整合、密度效能就显得越来越重要。由于缺乏统筹协调，各城市的智慧城市建设规划存在一定程度的盲目性和闭门造车现象，存在资源浪费、效率低下、互通阻隔、城市安全的问题和风险，新兴产业、基础设施、城市管理流程等尚缺乏整合协同和深度融合的标准规范，迫切需要在实践探索的基础上进行战略研究和设计引导，在统筹规划的基础上实现城市总系统与各子系统之间的互联互通与对接互动。通过感知、分析、传输、平台、应用的整合协同和智能互连，构建起自主可控的信息安全保障体系，从而真正实现城市信息化的升级版。

4. 智慧城市建设要重视自主可控

智慧城市作为一个舶来概念，最早出现在新加坡的"智慧岛"，随着 IBM 的"智慧地球"概念的推出以及一些项目的推广，逐渐被国内认可和接受。目前，无论是从顶层设计还是产品与解决方案，国内品牌所占的份额比例都相当低，这与我国强调建设自主、可控、可用的信息安全环境并不相符。智慧城市作为信息技术高度集成的系统工程，解决不好安全问题，将可能是城市的灾难。当然，在强调"自主可控"的同时，智慧城市建设要有开放的战略，在不断引入先进的技术、理念和新的合作过程中，更多地推进自主知识产权产品与系统的集成应用。

5. 智慧城市建设要同管理相结合

我国在城镇化建设的过程中，出现了诸如人口过速增长、环境恶化、城市公共资源不足等各种问题。智慧城市作为城镇化和信息化在城市里的一个融合点，通过信息化手段是否能够完全解决城镇化所带来的问题？智慧城市是一把解决问题的钥匙，可以在有限的空间、有限的范围内，更多更好地承载、协调、分配资源，提高管理、生产效率，这在一定程度上有助于解决城镇化带来的诸多问题。但是智慧城市又不是万能钥匙，不是什么都能解决。智慧城市在建设之后，要更好地发挥智慧的功效，还需要有一套科学的管理、运维体系相配合。

五 智慧城市建设的主要内容

（一）从功能构成看智慧城市建设的内容

IBM发布的《智慧城市白皮书》将中国城市信息化的内容分为四个方面，即网络与信息资源建设、城市管理与运行、社会和社区综合服务以及产业发展和经济运行，并认为"智慧城市"的核心是"建立一个由新工具、新技术支持的涵盖政府、市民和商业组织的新城市生态系统"。

与此类似，智慧城市运营商贝尔信指出，智慧城市的重点内容包括以下几个方面。

一是夯实智慧基础设施。通过建设高速宽带泛在的新一代信息基础设施，同时推进智能交通、智能管网等城市基础设施建设，形成高度一体化、智能化的新型城市基础设施。积极推进"三网融合"，鼓励各方加强合作，共同发展。积极与市政管理等部门沟通，利用物联网等信息技术，实现对城市井盖、路灯、地下管线、景点景观、建筑设施等城市部件的信息采集和运行监测。

二是实施智慧运行。通过加强物联网、云计算、视频监控等技术手段在城市运行中的应用，实现智慧城市运行监测和智能安保应急，提高政府精准管理能力，使城市运行更加安全高效。建立智能信号控制系统，在街道路口安装传感网络，自动监测车流量和车速，实现交通信号灯根据车流状况自动优化调整，提高道路交通的自适应能力。利用物联网、新一代移动通信等信息技术，加强对食品药品、重大危险源、危险化学品的全过程动态监控。

三是开展智慧服务。通过实施智慧医疗、智慧教育、智能金融、智能社区、智能家庭等一系列智慧应用，使城市服务更加及时便捷，有效提高市民的满意度，真正将城市发展的成果惠及大众。智慧服务是智慧城市的普惠基石：一要整合政务资源，促进业务协同，提供优质的智慧政务服务；二要超前部署教育信息网络，促进优质教育资源的普及共享；三要打通分散独立的各类社保系统，提高为民服务效率；四要以新一代信息技术为驱动，实现医疗管理与服务的全程智能；五要智慧化管理社区多种元素，为社区居民提供全方位的服务。

四是发展智慧产业。基于重点领域的智慧应用体系，全面推进物联网、云计算等信息技术在自主创新、产业发展、公共服务、社会管理、资源配置等方面的广泛应用是国内主要城市建设"智慧城市"的长期目标。具体包括建设数据完备、高度共享的公共基础数据共享服务体系，对城市进行全面的自动化、智能化管理的城市运行体系，具有智能分析识别功能的公共安全体系，全流程、全覆盖的社会管理体系，教育、卫生等公共服务均衡化发展的社会公共服务体系，以电子商务、数字内容等为重点的战略性新兴产业体系，信息资源、业务流程、服务及人员高度协同的电子政务体系，等等。

智慧城市建设是一项系统性和长期性工程，重点工作还有，消除部门间、行业间、地区间的数字鸿沟，制定长期发展战略，建立强有力的领导机制，正确评估安全风险等，通过基础设施智能化、城市运行感知化、城市管理网格化、社会服务精细化和高端产业融合化等路径逐步全面推进智慧城市的建设。

(二) 从服务对象看智慧城市建设的主要内容

从服务对象看，在智慧城市建设中，针对城市的三大主体政府、企业、市民，构建面向不同主体的融合服务平台，使各主体能够利用各自的融合服务平台，享受一站式的工作或服务方式。

1. 城市公共信息服务平台

公共信息平台实现智慧城市不同部门异构系统间的资源共享和业务协同，有效避免多头投资、重复建设、资源浪费等问题，使市民、企业、政府可以便捷、多渠道、低成本地获取服务，有效支撑整个智慧城市正常、健康地运行和管理。城市公共信息服务平台可以有效地解决城市"信息孤岛"的问题，实现各部门之间互联互通、资源共享、业务协同，同时通过公共信息服务平台将不涉密信息资源向社会公开，鼓励市场充分利用这些资源进行二次开发利用，从而为社会提供更加丰富多彩的服务，推动信息产业的发展。

此类项目已有实际落地案例，天津市和平区的"智慧和平城市综合管理运营平台"包括指挥中心、计算机网络机房、智能监控系统、和平区街道图书馆和数字化公共服务网络系统四个部分内容。其中指挥中心系统囊括政府智慧大脑六大中枢系统，分别为公安应急系统、公共服务系统、社会管理系统、城市管理系统、经济分析系统、舆情分析系统。该项目为满足政府应急指挥和决策办公的需要，对区内现有监控系统进行升级换代，增加智能视觉分析设备，提升快速反应速度，做到事前预警、事中处理及时迅速，并统一数据、统一网络，建设数据中心、共享平台，从根本上有效地将政府各个部门的数据信息互联互通，并对整个和平区的车流、人流、物流实现全面的感知。该平台在和平区经济建设中将为领导的科学指挥与决策提供技术支撑。

2. 企业融合服务平台

通过企业融合服务平台整合国内外制造资源和制造能力，优化产业结构和产业布局，形成一个不受制于土地、劳动力等传统要素的新型产业发展环境,支持企业按需获得、优化配置制造资源和能力,敏捷开展协同生产制造、服务销售等。

依托企业融合服务平台,首先可以实现产业对接:开展与外地企业的对接交易,助力本地企业更好地融入全球产业新格局,也使全国乃至全球的制造交易流入当地,使外部领先的制造资源和制造能力为我所用;开展与当地相关产业链的业务协作,提升各产业链内部以及产业链之间的协作效率,整合与延伸产业链条,提高对当地重点产业的带动能力。其次可以整合产业资源,开展共性产业服务的整合,以较小的成本,整合、盘活本地已有的产业资源为企业提供公共服务,降低产业发展的总体成本,倍增已有的投资收益。

3. 社区综合服务平台

社区综合服务平台面向社区居民,致力于提供关注民生、形式多样、便捷高效的一站式融合服务,提升社区居民的家园感和归属感。面向社区管理者,致力于将政府服务延伸到社区,减轻社区工作负担,提高社区的工作效率,节约行政成本。面向社区中介组织,致力于建设社区融合服务系统,让服务机构充分共享资源整合创造出的商业价值,从而带动社区服务产业的发展。

(三) 从专项领域看智慧城市建设的主要内容

智慧城市涉及面广泛,包括城市运行的各个领域,目前我国智慧城市建设的主要专项领域包括以下几个方面。

1. 智慧政务

智慧政务是政府在其管理和服务职能中运用现代信息和通信技术,实现政府组织结构和工程流程的重组优化,超越时间、空间和部门分割的制约,全方位地向社会提供优质、规范、透明的服务,是政府管理手段的变革。智慧政务的载体是"智慧政府","智慧政府"是指利用物联网、云计算、移动互联网、人工智能、数据挖掘、知识管理等技术,提高政府办公、监管、服务、决策的智能化水平,形成高效、敏捷、便民的新型政府。

政府的四大职能是经济调节、市场监管、社会管理和公共服务，"智慧政府"就是要实现上述职能的数字化、网络化、智能化、精细化。与传统电子政务相比，"智慧政府"具有透彻感知、快速反应、主动服务、科学决策等特征。从这个意义上说，"智慧政府"是电子政务发展到一定程度以后的高级阶段，是电子政务效率最大化，是政府从服务型走向智慧型的必然产物，也是"智慧城市"可持续发展的核心推动力。

2. 智慧交通

智慧交通是通过监控、监测、交通流量分布优化等技术，整合公安、交通、城管、住建等部门的交通数据系统，形成车联网。通过智慧交通平台，主要可以实现公共交通服务、车辆调度与监控、智能支付、应急指挥、导航服务、出租车服务、新能源交通运维等多种功能，实现交通信息的充分共享、公路交通状况的实时监控及动态管理，全面提升监控力度和智能化管理水平，确保交通运输安全、畅通。

公共交通服务主要提供公交车动态查询、公交站点动态显示、自行车异地存取、电子指路、车辆违章查询、公交卡充值等基本服务，多是公共产品或准公共产品，目前一般由政府投资建设，可以采用政府引导企业经营的方式，政府提供政策支持、资金补贴等引导市场资金进入，由企业利用平台开发新的应用。

3. 智慧物流

物流产业是国民经济的动脉系统，它连接经济的各个部门并使之成为一个有机的整体，其发展程度成为衡量一个国家现代化程度和综合国力的重要标志之一。配合综合物流园区信息化建设，推广射频识别（RFID）、多维条码、卫星定位、货物跟踪、电子商务等信息技术在物流行业中的应用，加快基于物联网的物流信息平台及第四方物流信息平台建设，整合物流资源，实现物流政务服务和物流商务服务的一体化，推动信息化、标准化、智能化的物流企业和物流产业发展。

智慧物流平台无论对国家、企业还是个人来说都将是一个很大的市场，其优质的运营服务必将给供应链各个环节带来巨大的效益，当然更是一个很好的运营载体。

4. 智慧健康保障体系

重点推进"数字卫生"系统建设。建立卫生服务网络和城市社区卫生服务体系，构建以全市区域化卫生信息管理为核心的信息平台，促进各医疗卫生单位信息系统之间的沟通和交互。以医院管理和电子病历为重点，建立全市居民电子健康档案；以实现医院服务网络化为重点，推进远程挂号、电子收费、数字远程医疗服务、图文体检诊断系统等智慧医疗系统建设，提升医疗和健康服务水平。

5. 智慧教育文化服务

推进智慧教育文化体系建设，建设完善城市教育城域网和校园网工程，推动智慧教育事业发展，重点建设教育综合信息网、网络学校、数字化课件、教学资源库、虚拟图书馆、教学综合管理系统、远程教育系统等资源共享数据库及共享应用平台系统。继续推进再教育工程，提供多渠道的教育培训就业服务，建设学习型社会。深化"文化共享"工程建设，积极推进先进网络文化的发展，加快新闻出版、广播影视、电子娱乐等行业信息化建设步伐，加大信息资源整合力度，完善公共文化信息服务体系。构建旅游公共信息服务平台，提供更加便捷的旅游服务，提升旅游文化品牌。

6. 智慧城市综合体

采用视觉采集和识别、各类传感器、无线定位系统、RFID、条码识别、视觉标签等顶尖技术，构建智能视觉物联网，对城市综合体的要素进行智能感知、自动数据采集，涵盖城市综合体当中的商业、办公、居住、旅店、展览、餐饮、会议、文娱和交通、灯光照明、信息通信和显示等方方面面，将采集的数据可视化、规范化，让管理者能进行可视化城市综合体管理。

7. 智慧安居

融合应用物联网、互联网、移动通信等各种信息技术，发展社区政务、智慧家居系统、智慧楼宇管理、智慧社区服务、社区远程监控、安全管理、智慧商务办公等智慧应用系统，使居民生活"智能化发展"。开展智慧社区安居的调研试点工作，把部分居民小区作为先行试点区域，充分考虑公共区、商务区、居住区的不同需求。

除此之外，像智慧电网、智慧水务、智慧旅游、智慧环保、智慧城管等也是智慧城市建设的重要领域。

六 智慧城市建设的关键技术

智慧城市建设所依赖的技术基础主要是信息技术。智慧城市建设中的信息技术可以分为三个层次。一是感知层技术，包括传感器技术、自动识别技术、条形码技术、遥测遥感技术、无线传输技术等。二是网络层技术，包括 IP 宽带城网、宽带接入网、三网融合、泛在网络等。三是应用层技术，包括云计算、分布式计算技术、数据库与数据挖掘技术等。在这些不同层次的技术手段中，物联网、云计算、大数据被称为智慧城市建设的三大关键技术。

智慧城市是数字城市、物联网和云计算三者的整合，数字城市是骨架，物联网是神经，云计算是大脑。智慧城市的基本运作流程是，智慧城市依托数字城市的基础框架，通过遍布各处的传感网络与实体城市相关联，将城市管理与城市建设中的大数据交由云计算平台进行存储、计算、分析、决策，再依据云计算平台的输出结果对城市的各种设施进行自动化管理与控制。如果说数字城市、物联网与云计算平台等相当于高速公路，大数据则是高速公路上的车辆。

（一）智慧城市建设的三大综合性关键技术

1. 物联网技术

物联网是通信网和互联网的拓展应用和网络衍生，它利用感知技术与智能装置对物理世界进行感知、识别，通过网络传输互联，进行计算、处理和知识挖掘，实现人与物、物与物的信息交互和无缝连接，达到对物理世界实时控制、精确管理和科学决策的目的。

物联网的网络架构可以分为三层：感知层、网络层和应用层。感知层对物理世界感知、识别并控制，网络层实现信息的传递，应用层在对信息计算和处理的基础上实现在各行业的应用。

物联网的关键技术包括传感与RFID融合技术、识别与环境感知技术、物联网节点及网关技术、物联网通信与频管技术、物联网接入与组网技术、物联网软件与算法、物联网交互与控制、物联网计算与服务等。物联网的应用渗透智慧城市的方方面面，可以为智慧城市信息系统的感知和控制提供全面支持。这些应用概括起来有：①工业，如生产过程控制、供应链管理、能耗控制等；②农业，如农作物精细灌溉、生长环境监测、农产品流通追溯等；③商业，如自动贩卖机、POS终端等；④金融服务，如"金卡工程"、二代身份证等；⑤交通，如交通流量监控、交通信号控制、电子收费、定位导航、车辆状况诊断等；⑥电力，如智能变电站、智能用电、配电自动化等；⑦医疗卫生，如远程诊断、医疗废物监控等；⑧教育，如图书信息推送、远程教育等；⑨家居，如门禁、安防、电气设备远程控制等；⑩环境，如有害物质监测、气候环境监测等。

2. 云计算技术

社会经济和信息化大发展，尤其是移动互联网和物联网应用的发展，提出了对海量信息的处理与低成本、普适化、智能化应用的需求。云计算因这些需求快速发展，获得了显著的商业成功。

云计算是一种新的计算方法和商业模式，即通过虚拟化、分布式存储和并行计算以及宽带网络等技术，按照"即插即用"的方式，自助管理计算、存储等资源能力，形成高效、弹性的公共信息处理资源，使用者通过公众通信网络，以按需分配的服务形式，获得动态可扩展信息处理能力和应用服务。如果从计算效用的角度来看，云计算通过虚拟化技术形成可管理的弹性资源池，充分提升机群的CPU和存储的利用率，又通过分布式存储技术和并行计算技术，充分利用机群并行处理的强大计算能力和快速响应能力，通过中间件层对上层应用透明。构建智慧城市一体化智能控制服务平台，需要处理对城市各方面的生活、生产活动以及环境的感知数据，运用统计学、机器学习、专家系统和自动规划等多种方法，从原始数据中挖掘相关信息，提炼出信息中蕴含的知识，发现规律，提供智能的城市管理、控制和服务。对海量信息的快速处理和智能挖掘需要巨大的存储能力和计算能力，云计算的海量数据分布式存储和并行处理能力为实现人工智能提供了重要的途径。

云计算模式在显著提高资源利用率的同时，降低了对用户终端的要求。往往一个采用嵌入式芯片的终端就能承担起用户终端的功能，用户可以通过简单的终端来获得服务器端强大的计算、存储和应用程序资源。因此，云端高性能计算的支持可以降低传感器终端的复杂性，减少终端功耗，简化终端计算系统的软件结构，使复杂的协同、上下文感知、自适应策略等功能放在云中实现，从而使终端的智能能够得到显著提高。

3. 大数据技术

信息时代的重要特征就是海量信息的高度聚集、迅速传播。我们已经步入大数据时代。大数据不同于传统数据的基本特征在于大容量、高速度与多样性。大容量体现在其数据量已经从太字节（TB，240）级上升到泽字节（ZB，270）级，这种数据量已经很难用传统的技术进行处理；高速度在于数据传输速度已经可以达到实时的程度；多样性主要是指大数据的数据类型和数据来源的多样性。

智慧城市利用物联网将实体城市与数字城市连接起来，物联网每时每刻都在产生着庞大的数据信息。智慧城市管理和运作的基础就是这些通过传感器采取的大数据。这些大数据需要经过存储、处理、查询、分析等技术环节，才可用于智慧城市的相关服务和应用。为实现对城市的高效管理，智慧城市建设必须面对种类繁多、数量庞大的大数据，特别是空间、视频等方面的大数据，如何充分发挥云计算的优势，对智慧城市大数据进行有效的存储、融合、检索、挖掘等，这是亟待解决的问题。云计算技术为智慧城市大数据的有效管理搭建了从基础设施、数据到服务的一体化平台。基于云计算技术平台的大数据技术主要包括大数据存储技术、大数据融合技术、大数据检索技术、大数据挖掘技术。

（1）大数据存储技术。城市管理中产生的海量大数据的存储问题可以通过云存储和智能压缩算法来解决。在云计算技术的支持下，城市管理中产生的大数据均以虚拟化方式实现了云存储。就技术层面来说，云存储通过集群应用、网格或分布式文件系统，将城市管理中产生并存储的各种类型的大数据通过网络协同起来，共同提供数据存储和业务访问功能。

（2）大数据融合技术。为实现城市基本构成要素（人、物、环境）的协同运行，智慧城市需要将各种感知设备获得的数据信息进行有效的集成，大数据融合技术就是为了解决这个问题应运而生的。当前，我国智慧城市建设中存在的问题就是各个系统之间的数据缺乏统一的标准，导致数据无法实现有效的利用和共享。大数据融合技术要求必须强化大数据的标准化建设，同时加强异构数据建模与融合等关键技术的研发工作，为底层数据的有效集成和融合提供标准和技术保障。

（3）大数据检索技术。在智慧城市中，相当多的信息因难以实现数字化而无法通过数据库技术进行检索。比如针对视频监控图像的检索就需要全新的检索云服务。检索云服务不但能够自动提取图像和视频中的有关特征，还能针对视频中的动态行为（如翻墙、奔跑、聚集、跟踪等）进行提取并建立索引。对于最终用户来说，只要提供动态行为和地理信息，即可实现快速检索。

（4）大数据挖掘技术。数据挖掘就是从海量、不完全、随机的数据中提取出潜在的有规律的知识和信息的过程，也有学者将此过程称为数据分析。大数据挖掘技术在智慧城市建设中有着广泛的应用，为智慧政府、智慧交通、智慧社区等提供重要的技术支持。大数据挖掘的任务具体包括关联分析、聚类分析、分类、预测、时序模式和偏差分析等。

（二）智慧城市建设的其他重要具体技术

1. 移动互联网技术

移动互联网是通过智能移动终端，采用移动无线通信方式获取业务和服务的新兴业态，其包含终端、软件和应用三个层面。随着技术和产业的发展，LTE（4G通信技术标准之一）和NFC（近场通信，移动支付的支撑技术）等网络传输层关键技术也将被纳入移动互联网的范畴之内。

2. 互联互通－嵌入式技术

"更全面的互联互通"是智慧城市另外一个基本特征与要求。这里的互联互通是指将遍布整个城市的各类"感知"设备收集和储存的分散的信息及数据连接起来，进行交互和多方共享，从而更好地对环境和业务状况进行实时监控，从全局的角度分析形势并实时解决问题，使得工作和任务可以通过多方协作来远程完成，从而彻底地改变整个世界的运作方式。

要实现"更全面的互联互通"，意味着大量的运算资源将以一种小型化、分布式的方式嵌入各类设备中去，从而形成各类具备采集、运算、传输等能力的移动、互联终端设备，这些设备再通过传输网络，把现场采集到的数据传输到后端。

在这个过程中，我们看到运用嵌入式技术开发的嵌入式设备，能够很好地满足设备的小型化、多功能化、低功耗等技术要求。采用嵌入式NVR、DVR、车载DVR、PVR等设备作为整个系统的底层接入网关，完成对现场模拟高清视频、网络高清视频、SDI高清视频各类视频信号和温度数据、烟雾、报警等各类传感器采集信息的汇聚、分析、上传，以此实现"智慧城市"感知层数据的互联互通。

3. 空间地理信息集成技术（GIS）

地理信息系统（Geographic Information System 或 Geo-Information-System，GIS）有时又称为"地学信息系统"。它是一种特定的十分重要的空间信息系统，也是一门综合性学科，结合地理学与地图学以及遥感和计算机科学,已经被广泛地应用在不同的领域,是用于输入、存储、查询、分析和显示地理数据的计算机系统。它是在计算机硬、软件系统支持下,对整个或部分地球表层(包括大气层)空间中的有关地理分布数据进行采集、储存、管理、运算、分析、显示和描述的技术系统。

GIS 是一种基于计算机的工具,它可以对空间信息进行分析和处理(简言之,是对地球上存在的现象和发生的事件进行成图和分析)。GIS 技术把地图这种独特的视觉化效果和地理分析功能与一般的数据库操作(例如查询和统计分析等)集成在一起。地理信息系统(GIS)与全球定位系统(GPS)、遥感系统(RS)合称 3S 系统。

4. IPv6 技术

IPv6 是 Internet Protocol Version 6 的缩写,是 IETF(Internet Engineering Task Force,互联网工程任务组)设计的用于替代现行版本 IP 协议 IPv4 的下一代 IP 协议。它具有更大的地址空间,IPv6 中 IP 地址的长度为 128 位,并加入了对地址自动配置的支持;IPv6 的地址分配遵循聚类的原则,对 IP 包结构进行了简化,提升了路由转发效率;增强了对组播及流控的支持,增加了对网络层的数据加密,并对 IP 报文进行校验,增强了网络的安全性;可以较好地满足物联网海量节点、高安全性等应用特点的需求,是物联网网络技术的发展方向。

5. 感知技术

这里的感知是更为广泛的一个概念。具体来说,它是指更为广泛的感知、测量、采集和传递信息的设备或系统。通过使用这些设备,从室内温度、湿度、烟雾到路面车辆信息、城市交通状况等任何信息都可以被快速获取并进行分析,便于立即采取应对措施并进行长期规划。视频作为一种最为直观的感知方式,在城市中被大量应用。我们认为在目前及未来的城市应用中,视频应用方案的发展方向是多样化、高清化的,既有针对社会面资源的模拟高清视频应用方案,又有针对公安实战业务部分的 IP 网络高清视频应用方案,还有针对城市重要掌控点位部署的 HD – SDI 无损高清视频应用方案。

6. 智能技术

"更深入的智能化"是智慧城市另外一个特征与要求，智能化是指深入分析收集到的数据，以获取更加新颖、系统且全面的洞察来解决特定的问题。这就要求使用先进技术来处理复杂的数据分析、汇总和计算，以便整合和分析海量的跨地域、跨行业的数据和信息。

视频智能技术发展到今天，经历了几个阶段，主要可分为视频行为分析、车牌识别、视频诊断、智能检索、人数统计、图像复原、人脸识别等几大类。视频与图像的数据量是非常大的，它包含有大量的趋势性、经验性、模糊性的信息，视频智能的潜力是巨大的。

7. 传感器技术

"智慧城市"是多层级的物联网系统集成与组合，需要具备四大特征：全面透彻的感知、宽带泛在的互联、智能融合的应用以及以人为本的可持续创新。其中感知需求被列为首位，因为只有通过传感技术，实现了对城市管理所需各方面数据信息的监测和知晓，才有可能实现后面的智能识别、广泛互联、全面调用、智能处理等。因此，传感器在物联网中起着桥梁的重要作用，而且传感器的升级换代成为物联网能否快速发展的关键。随着物联网技术的进步，不仅要求传感器具备基础的信息收集处理功能，高度智能化与多功能集成化也成为衡量其性能高低的基本依据。智能传感器将 ASIC 电路、微处理器、通信接口、软件协议等与敏感芯片相结合，形成敏感芯传感器网络技术，将能够从根本上缓解困扰现代交通的安全、通畅、节能和环保等问题，同时还可以提高交通工作效率。

8. 数据处理与存储技术相关技术

运用好数据是智慧城市建设的关键。在大数据时代，随着数据产生速度的持续加快，数据的体量有了前所未有的增长，而需要分析的新的数据种类也在不断涌现，如文本的理解、文本情感的分析、图像的检索和理解、图形和网络数据的分析等，这些使得机器学习和数据挖掘等智能计算技术在大数据智能化分析处理应用中具有极其重要的作用。因此，智慧城市建设除了需要硬件配合，更需要拥有强大的软件系统和计算方法，其中机器学习是必不可少的支持和服务技术。

七 智慧城市建设及运营模式

智慧城市建设运营模式从不同的角度看有不同的类型，下面介绍国内外智慧城市的主要建设和运营模式。

（一）智慧城市建设运营模式：从主体要素和运营角度看

1. 政府独自投资建网模式

在该模式下，智慧城市的建设及运营主要由政府负责投资和维护，并通过部分网络容量的出租获取盈利，弥补投资成本，典型应用有美国的纽约和得克萨斯州等。该模式的优点在于政府能够深入监管工程的控制和运营；缺点是政府需要有足够的建设与运营能力，并承担所有建设费用和相应的投资风险。

2. 政府投资委托运营商建网模式

在该模式下，智慧城市的建设主要由政府主导并投资，运营商提供相关的支持并负责后续的运营与维护，运营商可通过政府补贴、广告及增值服务等方式获取盈利，典型应用有新加坡、中国香港、深圳、西安等。该模式的优点在于政府对网络监管的力度大，运营商可利用自身及政府资源降低商务风险，增加收益；不足在于政府需要承担智慧城市建设费用的相关风险，运营商对产品规划和发展的控制不足，不能有效地利用设备资源。

3. 政府指导运营商投资建网运营模式

在该模式下，智慧城市的建设主要由运营商进行投资建设，政府主要提供相关的扶持鼓励政策或进行部分的投资，通过清晰划分免费服务、政府购买服务、商业服务等服务界限，使运营商获取资费和广告、增值服务收费，典型代表城市有上海、广州、厦门、延吉等。该模式的优点在于运营商能够灵活配置投资与收益模式，获取产品规划和发展的控制点，增加客户的依存度；缺点在于智慧城市建设过程中，运营商选取战略合作伙伴需要更加周密的考察和细致的协商，增加了商务风险和投资回收期。

4. 政府牵头运营商建网模式

在该模式下，智慧城市的建设主要由政府牵头，支付少量规划咨询费用，运营商出资建设，并通过前向计时收费并支付政府部分管理费等形式获取利益，如我国台湾的台北市。该模式的优点在于大大降低了政府在智慧城市建设过程中的投资和风险，并由运营商来承担；缺点在于不能充分调动运营商的投资建设积极性和产品规划与发展的积极性。

5. 运营商独立投资建网运营模式

在该模式下，智慧城市的建设主要由运营商提供资金，政府仅提供有限的基础设施或政策支持，通过前后向相结合的收费模式获取盈利，如美国的费城、日本的东京。该模式的优点在于政府不承担智慧城市建设的投资与风险，运营商可充分发挥已有的网络、客户资源、运营经验、人才及资金等各项资源的优势，最大限度地提高运营商的积极性；缺点在于政府对网络监管的难度加大，监督难以深入。

（二）智慧城市建设模式：从驱动要素角度看

1. 技术引领模式：以美国为例

技术引领模式是指政府通过鼓励先进科技的发展，以高新技术促进城市治理能力的提升，与科技企业合作构建智慧城市。以硅谷地区为例，其在智慧城市建设领域充分吸收和学习当地企业管理的先进经验，以高科技公司、产业的各种需求为导向，不断改善基础设施，为高科技产业发展提供良好的配套环境。该模式具有以下特点：第一，政府提出科技研发计划，并配套投入充足的资金支持相关技术的研发；第二，在特殊的领域与科技商业公司进行相关技术的合作开发；第三，由联邦政府牵头实施，面向对象为联邦各政府机构，鼓励地方政府可以根据具体需求独立或者合作研发构建智慧城市的基础设施，促进地区城市治理能力的提高。

美国政府建设智慧城市的科技驱动模式是建立在美国拥有全球领先的信息技术研发能力的基础上的。美国商业公司具备自己独到的商业模式和专业领域的独特技术，政府通过合作的方式与商业公司互惠互利。一方面，商业公司可以得到政府提供的市场和数据支持；另一方面，政府可以借助商业公司提供的服务提高智慧城市的建设水平。

2. 产业促进模式：以澳大利亚为例

产业促进模式是指政府通过发展地区优势产业，加强与行业协会的联合，根据产业发展过程中的需求反馈来进一步完善基础设施建设，加强产业发展监管等，促进智慧城市的构建。澳大利亚的智慧城市建设以智慧农业建设为突破口，政府注重宏观监控，尽量减少对农业的直接干预，鼓励发挥市场机制对农业的积极作用，政府主要积极引导农业生产发展，通过互联网发布农业信息，充分发挥农业信息管理系统、地理信息系统的作用。澳大利亚智慧农业的成功建设，不仅加快完善了城区信息基础设施的铺设，同时还为其他领域的智慧建设提供了一条以政府为主体，行业协会与信息服务公司辅助发展的有效路径，推动了澳大利亚整体智慧城市建设的步伐。通过农业智慧产业建设的推动，在节能环保、绿色交通等公共服务领域自然向智慧环境、智慧交通领域发展，并为民众提供了配套的信息查询平台，在农业信息共享的基础上实现政务信息公开，带动了整体智慧城市的发展。

澳大利亚的产业促进模式需要政府投入大量资金并且需要有各个方面的机构以及技术的支持，着重发展优势产业，以优势产业的发展带动智慧城市应用领域的建设和突破。该模式比较适合某项产业较突出、占当地经济发展较大比重的地区，特别是经济发展迅速并且优势产业突出的一线、二线城市。

3. 理念引导模式：以欧盟为例

理念引导模式是指通过对先进理念的传播，提升公众对其认知程度，促进政府治理能力的提升，加强智慧城市建设在各个层面的实践。欧盟建立了一种称为"开放的协调方式"的制度框架，既尊重成员国在社会政策领域中的差异性，又建立统一的标准化规则。在建设智慧城市的过程中，欧盟采取了由欧盟委员会提出前瞻性的发展理念和建议，鼓励各成员国根据自身特点进行具体实践为主，辅以发起投资项目，推动各大企业或者学会开展科研的方式，提升各国智慧城市的建设水平。欧洲的智慧城市更多关注信息通信技术在城市生态环境、交通、医疗、智能建筑等民生领域的作用，希望借助知识共享和低碳战略来实现减排目标，推动城市低碳、绿色、可持续发展，建设绿色智慧城市。

欧盟的理念引导模式适合在国家指导层面上加以借鉴。由中央政府提出概念引导性的政策，确立下一步国家各个地区智慧城市建设的主导方向，而具体的建设措施则由各地区因地制宜来拟定，出台切实可行的实施项目，促进当地智慧城市又好又快地发展。这一模式既可以拓宽智慧城市实施项目的视野，给予项目执行者足够大的创新空间，同时也可以增强实施项目的参与度和可操作性。项目实施起来也会更加因地制宜，符合各地区的发展情况，使智慧城市的具体实践效果更加显著。

4. 项目驱动模式：以新加坡为例

项目驱动模式是指政府从实际需要出发，根据城市发展的目标、策略与重点，针对城市发展过程中遇到的实际生产生活各个领域中的问题发布具体项目，直接提升城市管理效率与公共服务水平，构建智慧城市。新加坡政府发布的项目大多是以改善民生为基础、以推动社会发展为出发点、以建立智慧城市为目标，直接解决现实发展中遇到的具体问题。新加坡智慧城市建立主要涉及如下几个方面：智能政务领域项目主要侧重于政府数据采集、数据共享和政府部门标准化环境建设；医疗健康领域项目侧重于病患数据的互通与共享；金融企业领域项目主要侧重为企业提供服务与数据支持；智能交通领域项目主要为智能交通项目，集成道路信息，优化交通环境。在项目实施过程中，政府集中社会资源与力量，吸引有能力的个人、企业与政府部门展开合作，各成员权责明确，实施进度可以实时掌握，实施效率较高。

新加坡的项目驱动模式比较适合具备一定经济发展基础的地区或城市借鉴，地区整体基础信息设备铺设完成，政府财政充足，公民信息化意识强，针对城市发展中的具体问题采取信息化手段解决，直接发展智慧领域或产业，促进智慧城市的建设。就我国而言，项目驱动模式比较适合长三角、珠三角等经济发达地区开展智慧城市建设时参考。

（三）智慧城市建设模式与路径：从路径要素和目标要素看

建设智慧城市既可以全面推进，也可以重点突破。目前国内已经提出建设智慧城市的城市中，有的是创新推进智慧城市建设，提出了"智慧深圳""智慧南京""智慧佛山"等；更多的是围绕各自城市发展的战略需要，选择相应的突破重点，提出了"数字南昌""健康重庆""生态沈阳"等，从而实现智慧城市建设和城市既定发展战略目标的统一。

1. 创新推进智慧城市建设

这类城市将建设智慧城市作为提高城市创新能力和综合竞争实力的重要途径。深圳将建设"智慧深圳"作为推进建设国家创新型城市的突破口，以建设智慧城市为契机，着力完善智慧基础设施、发展电子商务支撑体系、推进智能交通、培育智慧产业基地，已被有关部委批准为国家三网融合试点城市，并提出2012年实现宽带无线网覆盖率达到100%，组建华南地区的物联网感知认证中心等。

南京提出，要以智慧基础设施、智慧产业、智慧政府、智慧人文建设为突破口建设"智慧南京"。将"智慧南京"建设作为转型发展的载体、创新发展的支柱、跨越发展的动力,以智慧城市建设驱动南京的科技创新,促进产业转型升级,加快发展创新型经济,从根本上提高南京整体城市的综合竞争实力。

沈阳是全国著名的重工业基地,近年来致力于从老工业城市向可持续发展的生态城市转型。为此,沈阳市政府与IBM合作,借助"智慧城市"建设,创新运用绿色科技和智慧技术,以互联网和物联网的融合为基础,为沈阳市生态化建设提供一套完整的方法论,努力实现打造"生态沈阳"的战略目标。

2. 以发展智慧产业为核心

武汉城市圈与IBM合作的重点是利用IBM全球领先的软件工程技术、平台、管理经验等,完善软件与信息服务发展环境,加快信息服务业、服务外包、物联网、云计算等智慧产业的发展,推进信息化建设,促进城市圈的综合协调和一体化建设,从而实现加快构建武汉两型社会的战略目标。

昆山高新技术产业发达,生产了全球1/2的笔记本电脑和1/8的数码相机,以此为基础提出了要大力发展物联网、电子信息、智能装备等智慧产业,支撑智慧城市建设。

宁波将以建设六大智慧产业基地为重点,加快推进智慧产业发展。六大基地分别为网络数据基地、软件研发推广产业基地、智慧装备和产品研发与制造基地、智慧服务业示范推广基地、智慧农业示范推广基地、智慧企业总部基地。

3. 以发展智慧管理和智慧服务为重点

昆明和IBM公司的合作重点包括智能交通、智慧医疗、服务型电子政务等方面,从而为城市运营和管理提供更好的指导能力和管控能力。

昆山作为全国百强县之首,经济发达,但是城市建设管理水平相对滞后,因此昆山与IBM公司合作,通过实施"城市控管指挥中心""政府并联审批""城市节能减碳"三大"智慧城市"软件解决方案，解决城市管理的现实问题。

佛山市为了打造"智慧佛山"，提出了建设智慧服务基础设施十大重点工程，即信息化与工业化融合工程、战略性新兴产业发展工程、农村信息化工程、U-佛山建设工程、政务信息资源共享工程、信息化便民工程、城市数字管理工程、数字文化产业工程、电子商务工程、国际合作拓展工程。

4. 以发展智慧技术和智慧基础设施为路径

新推出的《上海推进云计算产业发展行动方案》，即"云海计划"，将为上海"智慧城市"建设所需要的云计算提供非常优质的基础条件。IBM一直致力于将顶尖的云计算技术与中国实际充分结合，推出更多适合本土的云计算解决方案，在智慧技术基础上充分支持上海"智慧城市"建设。

杭州因地制宜地提出了建设"绿色智慧城市"，把"绿色"和"智慧"作为城市发展的突破路径，着力发展信息、环保和新材料等为主导的智慧产业，加强城市环境保护，从而实现建设"天堂硅谷"和"生活品质之城"的城市发展战略目标。

南昌提出把打造"数字南昌"作为智慧城市建设的突破重点，通过实施数字南昌综合指挥调度平台、智能交通系统、市政府应急系统、"数字城运"、"数字城管"等重大工程，提升城市运行监测和城市公共信息服务水平，从而率先在中部地区建成具有区域竞争力的"数字城市"战略目标。

5. 以发展智慧人文和智慧生活为目标

成都提出要提高城市居民素质，完善创新人才的培养、引进和使用机制，以智慧人文为构建智慧城市提供坚实的智慧源泉。重庆提出要以生态环境、卫生服务、医疗保健、社会保障等为重点建设智慧城市，提高市民的健康水平和生活质量，打造"健康重庆"。上海世博会的主题是"城市，让生活更美好"，借助现代信息通信技术（ICT），打造出智慧城市的新样板，向全球展示了未来智慧人文和智慧生活的新方向。

八　智慧城市建设的投融资模式

智慧城市是一项复杂的系统工程，建设周期长、涉及面广，仅仅依靠政府财政专项资金投入已远远不能满足项目的需求。住建部表示，"十三五"期间，智慧城市试点及重点项目建设需要资金将超万亿元。如何合理选择投融资模式，是智慧城市能否长期健康有序发展的核心问题之一。

智慧城市融资来源包括政府财政支持、银行贷款、招商引资、市政债券、产业基金、风险投资等多个融资渠道。项目投融资主体要根据实际建设项目的性质来确定。对于公共产品类项目，包括公共信息平台、公共基础数据库等，没有通过市场运作产生收益的可能，只能以政府财政专项资金投入的方式进行开发建设；对于可运营类项目，包括智慧社区、智慧交通以及智慧旅游等，有一定的收益来源，将以政府引导社会资本投入的形式来建设。

（一）智慧城市的主要投融资模式

从融资角度看，目前智慧城市建设有传统的模式和新兴模式两大类，其中传统模式是以政府自建自营为主，而新兴模式则包含了服务外包、BOT、特许经营、公私合营、商业建设运营等运营模式。这六大建设运营模式各具应用特色，在应用领域、投资比例、市场化程度等方面都有着不同的特征。

1. 政府自建自营模式

政府自建自营模式是政府自行投资、自行建设、自行运营项目的一种传统投资运营模式，系统的产权归属政府部门。政府直接投资城市基础设施的意义，不仅在于城市基础设施具有公共物品的性质，而且在我国金融市场不发达的情况下，政府的直接投资可以弥补民间资金的不足，也在于政府在金融市场的资金配置上具有明显的示范和诱导效应。从我国实际情况来看，未来很长一段时间内，城市基础设施建设的主要资金来源仍然是政府。

政府自建自营模式由政府直接投资，因此对资源的掌控力比较强；政府直接管理，市场化程度低；主要适用于对国家安全、公共安全具有较大意义的项目，以及领域狭窄、不具备市场化价值的项目。

2. 服务外包

服务外包是将具有基础性的、共性的、非核心的业务剥离出来，交由外部专业服务提供商来完成。服务外包的内容受制于发展阶段、外包市场的成熟度、外包就绪条件、外包依据等要素。目前，从技术角度来看，网络基础设施、业务系统、网站等均可作为外包的重点；从业务角度来看，内部管理、决策支持、非生产性作业等也可以作为外包的重点。

外包的内容可以概括为平台建设和维护、系统建设和运维、业务需求分析和方案设计、基础设施租用、项目监理等。不同的发展阶段，外包内容有所不同。在初期阶段，外包主要集中于平台建设、终端维护等；在发展阶段，外包主要集中于统一网络维护、共用系统开发等。

服务外包模式设计的主体包括了政府相关部门和社会机构，目前的服务外包模式以信息技术的外包为主；服务外包模式赋予企业专注核心业务，同时具备辅助业务能力的特点使其在智慧城市建设中拥有比较广阔的应用空间。

3. 建设—运营—转移（BOT）模式

BOT是政府与投资者签订特许权协议，将公用基础设施或者基础产业项目交由投资者成立的项目公司融资建设和运营，回收成本、偿还债务、赚取利润，待特许期结束后再将工程的所有权移交给政府指定部门经营和管理，整个过程中的风险由政府和私人机构分担。

建设转移（BT）模式是BOT模式的变化形式，企业不参与项目的运营，而是由政府直接回购。

BOT模式适用于政府基础设施非经营性项目建设，政府利用的建设资金是非政府资金，通过融资方获得；建设转移模式仅是一种新投融资模式，建设运营转移模式的重点是建设阶段；主要应用的领域在大型基础设施建设中，包括城市轨道交通、水利水电等。

4. 公私合营模式（PPP）

公共部门与私人企业合作模式，是指政府、营利性企业和非营利性企业以某个项目为基础而形成的相互合作关系的模式。通过这种合作模式，合作各方可以得到比单独行动更有利的结果。合作各方参与某个项目时，政府并不是把项目的责任全部转移给私人企业，而是由参与合作的各方共同承担责任和融资风险。

公私合营模式为政府与企业共同出资，政府为智慧城市建设划定内容和范围，指定方向目标和总体规划，企业发挥自身技术背景落实建设内容；PPP模式可以扩展到项目设计、融资、运营、管理和维护等各个阶段，达到了对项目生命周期的全覆盖。

5. 商业建设运营

商业建设运营是一种企业建设运营活动，是企业主导型投资运营模式。采用这种模式时，政府部门发起项目，由企业进行项目建设，建设完成后通过市场化运营收回成本。

目前，商业建设运营已成为发达国家基础设施建设和运营广泛推行的模式。在该模式中，政府选择并启动合适的项目，企业组建的项目公司负责项目的设计、开发、融资、建设和运营等，通过向政府或公众提供服务或产品来获取收入，回收成本和实现利润，在整个过程中政府仅需要进行项目的启动、保障和监管。

商业建设运营模式可有效地筹集资金和转移公共部门的风险，是政府对公共项目投融资和建设管理方式的重要制度创新，其项目管理的方式灵活多样；商业建设运营模式实现项目管理队伍的专业化，能够保证资金的使用效率，有效提高项目管理水平，从而保证工程质量，提高投资效益。

6. 政府与社会多方力量共同参与

政府与多方社会力量共同参与建设智慧城市，主要针对创新型产业工程，政府与生产企业、物联网、互联网、通信等ICT企业和科研院所紧密合作，建设智慧应用的示范区。政府给予政策倾斜以及引导资金、研究经费上的扶持，由参与企业出资建设运营，拓宽融资渠道。通过整合产业链，传递价值链，打造新型业态，拉动相关产业的发展，从而以示范效应促进该工程的推广。

政府与多方社会力量围绕产业发展，产学研用相结合，发挥各方优势，能够形成良好的持续运作模式；市场化机制运作，资金保障能力强。

(二) PPP融资模式的类型与运行程序

智慧城市建设在项目投资、运营过程中的不同主体，决定着项目不同的投资运营模式。而在完全由公共部门或私人部门提供公共产品这两个极端之间的任何一种形式，都属于PPP的范畴，如BOT、BOO等。目前，国家部委关于PPP的规范文件将政府合作方定义为"社会资本"，因此，PPP模式的政府合作方应该包括国有企业、民营企业和外资企业等。

PPP模式是指政府为增强公共产品和服务供给能力，提高供给效率，通过特许经营、股权合作、购买服务等方式，与社会资本建立利益共享、风险分担及长期合作的共同体关系。关于PPP模式的定义，不同文献或机构的理解不尽相同，但内核大体一致。综合发达国家和国际组织的观点，PPP有广义和狭义之分。广义PPP是一个非常宽泛的概念，是指公共部门和社会资本为提供公共产品或服务而建立的各种合作关系；狭义PPP可以理解为一系列项目融资模式的总称，包含BOT、BOO、TOT、DBFO等多种模式，更加强调合作过程中的风险分担机制和项目的衡工量值原则。

世界银行将PPP分为特许经营、业务外包、管理外包、租赁、BOT/BOO和剥离6种模式；欧盟委员会按照投资关系，将PPP分为传统承包、一体化开发和经营、合伙开发3大类；加拿大PPP国家委员会按照转移给私人部门的风险大小，将PPP细分为12种模式。

不同投融资模式的含义及特性对比如表 11-1 所示。

表 11-1 不同投融资模式的含义及特性

类型	含义	开发风险	经营风险	融资风险	合同期限/年	风险
服务协议	采购服务	—	小	—	1~2	小
O&M	运营和维护协议	—	小	—	3~5	
DB	设计—建设	小	—	—	3~5	
DBMM	设计—建设—维护	小	小	—	8~15	
LDO	租赁—开发—经营	大	大	小	8~15	
LOM	租赁—经营维护	—	大	—	8~15	
LUOT	租赁—更新—经营—转让	—	大	小	8~15	
BLOT	建设—租赁—经营—转让	小	大	小	8~15	
BTO	建设—转让—经营	小	大	小	20~30	
PUOT	购买—更新—运营—转让	—	大	大	20~30	
BOOT	建设—运营—拥有—经营	大	大	大	20~30	
DBFM	设计—建设—融资—维护	大	大	大	20~30	
DBFOM	设计—建设—融资—运营维护	大	大	大	20~30	
BBO	购买—建设—经营	大	大	大	20~30	
BOO	建设—拥有—经营	大	大	大	20~30	
PUO	购买—更新—永久经营	—	大	大	永久	
BOO 永久	建设—拥有—永久经营	大	大	大	永久	大

资料来源：世界银行、联合国培训院。

智慧城市 PPP 模式运行程序包括选择项目合作伙伴、项目立项、成立项目公司、项目招投标、项目融资、项目建设、项目运营维护、项目移交等环节。主要组织形式是成立特殊目的公司，即"SPV 模式"，由政府和企业共同出资，成立智慧城市建设项目公司，政府通过特许经营权引入社会资本，双方全过程合作，利益与风险共担，由项目公司负责项目的建设和运营，运营时间达到双方商定年限后，再由政府出资完成企业投资回收，项目移交政府运营。

(三) 构筑智慧城市建设的多层次金融支撑体系

当前智慧城市建设仍有较大的资金缺口，仅靠政府投资和银行信贷这两种融资模式难以满足智慧城市建设的金融需求。因此，应创新金融体制，构建包含财政、信托、债券等在内的多层级金融支撑体系，满足智慧城市建设过程中巨大的融资及配套金融服务需求。

首先要建立完善的各类银行服务机制。要发挥政策性金融机构在信息基础设施、智慧公共服务、智慧市政、智慧交通等基础型、社会性较强领域的先锋、先导作用。商业银行要通过业务流程的再造主动适应智慧城市建设，为创新能力较强、发展活力较好的产业、智慧城市建设中的大型项目提供更多的金融产品与服务，如股权投资基金、外国政府转贷款、融资租赁保理、企业资产证券化等。

其次要积极发展资本市场。鼓励区域内的优质企业和巨头公司通过发行债券、上市等方式拓宽融资渠道，为智慧城市建设释放出更多的信贷资源。积极发展创业板和产权交易中心，拓宽资本退出渠道，从而为智慧产业、新兴产业引入战略投资者。

最后要优化保险、担保等金融配套服务。通过完善银行贷款风险补偿机制、增强担保能力等为智慧城市建设中的关键领域和典型项目提供有利于降低融资成本的特色能效融资产品，实现智慧城市建设的金融支持常态化。

九 智慧城市建设的评价及发展趋势

(一) 智慧城市建设的评价指标简介

在智慧城市建设中，英国经济学家集团提出的数字经济等级指标被公认为初级智慧城市的衡量标杆。其中主要考察六个方面指标，分别是"个人消费和商务应用"（权重25%），反映出智慧城市市场开发的重要性；"网络连接能力及技术基础设施"（权重20%），反映智慧城市发展的硬件和平台；反映成熟城市社会情况的"商务经营环境"（权重15%）；"社会和文化环境"（权重15%）；"政府政策和规划"（权重15%）；最后是"法律环境"（权重10%）。

在2010年，经济学家集团依据以上指标体系以国家为单位发布了全球数字经济发展国际比较。在前20名国家和地区中，欧洲国家占据领先地位，共有12席；亚洲国家和地区占据5席，包括中国香港、新加坡、中国台湾、韩国以及日本，其中中国香港和新加坡进入前十名行列；北美有美国和加拿大入围，另外为澳洲的澳大利亚。这样的排名反映出欧洲国家在发展数字经济方面的巨大领先性。

IBM作为智慧城市概念的提出者，对于智慧城市的评估标准也有相应的界定。其智慧城市评价体系分为城市服务、市民、商业、交通、通信、供水、能源共7个系统，每个系统都从4个一级指标进行进一步的评估。《IBM城市智慧程度评估白皮书》指出，在智慧城市战略规划制定阶段，评估城市的核心系统和活动是最根本的内容。IBM认为评估应遵循以下原则：第一，评估应根据城市的愿景和外部因素的影响而量身定制；第二，评估应基于整体的城市视图；第三，评估应全面地衡量整个系统的进展；第四，评估应具有可比性，并以适当的同等城市为基准进行衡量。

2012年12月，上海浦东智慧城市发展研究院、中科院上海高等研究院和智慧城市信息技术有限公司联合发布的《智慧城市指标体系2.0》，提出的智慧城市评价指标体系分为6个维度，包括18个要素和37个指标。其中6个维度包括：智慧城市基础设施、智慧城市公共管理和服务、智慧城市信息服务经济发展、智慧城市人文科学素养、智慧城市市民主观感知、智慧城市软环境建设。

住房和城乡建设部2012年发布的《国家智慧城市（区、镇）试点指标体系（试行）》涵盖了4个一级指标、11个二级指标和57个三级指标，涉及城镇化发展的价值观、推进方法论及城市整体的规划、建设、管理、运行。具体情况见图11-2。

（二）我国智慧城市发展趋势

我国各地的智慧城市建设在探索中成长，逐步从理念走向实践、

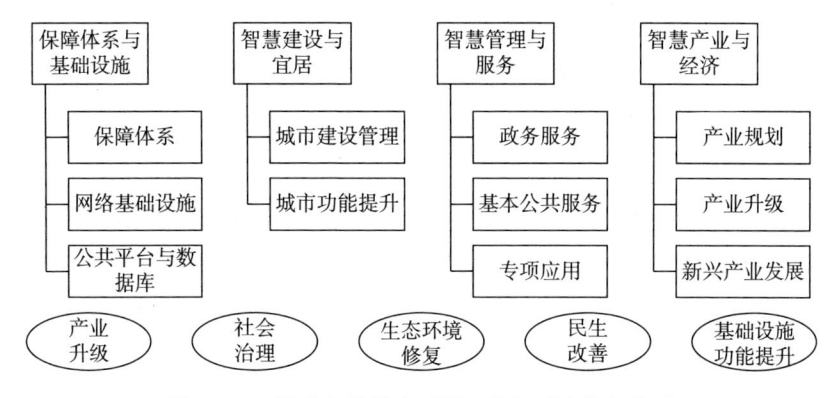

图 11-2　国家智慧城市（区、镇）试点指标体系

从无序变为有序、从注重形式到追求实效、从封闭单一走向合作共赢，日益呈现以下五个方面的特点和趋势。

1. 提供整体性的解决方案

早期的智慧城市建设普遍存在设计分散、各自运营的特点，很难成为协同高效的整体，这就让智慧城市的整体性和系统性大打折扣，从而降低了运营效率。一些新试点的智慧城市在建设时开始注意规避这类问题，从顶层架构设计、数据共享与服务平台建设，到咨询规划、运营服务等各个环节交由专业化机构提供一揽子解决方案，统一进行建设、布局和维护。比如银川市智慧城市建设走到了全国前列，就是采用了中兴公司提供的整体解决方案，实现了城市整体而不仅仅是单个部门的数据共享，大幅度提高了智慧城市的运营效率。

2. 采用多元化的运营模式

实践证明，在资金、技术、人才、服务、基础设施等诸多要素都受到制约的前提下，要想确保智慧城市的建设运营具有可持续性，就必须摒弃政府部门大包大揽的传统观念，引进更多的社会力量一起参与、共同推进，采用联合建设运营的多元化发展模式。观念的转变带来的是模式创新，其中比较典型的是 PPP 商业运营模式，由政府购买服务，鼓励社会资本投入，委托专业公司运营，以有效地解决建设和运营维护中的一系列难题。

3. 建设开放式的信息平台

目前，我们很多城市的数据都是相对孤立和封闭的，往往不向外界开放，这一现象也被称为"信息孤岛"。造成这一现象的原因，一方面是出于信息安全的考虑，另一方面也是城市本身管理体制的问题。大数据是智慧城市运营的基础，没有开放共享的数据支撑就谈不上真正的智慧城市。目前，美欧等发达国家和地区都制订了相应的数据开放计划，不断扩大信息共享的深度和广度。对我国的智慧城市建设来讲，运用开放式的信息服务平台，实现数据共享是未来发展的必然趋势。

4. 注重实用性的建设理念

不管智慧城市的建设和运营涉及多少领域和部门、由谁来参与完成，它最终的目标还是要方便城市管理，为老百姓提供更为便捷的生活。因此，新一轮智慧城市建设越来越注重以民生为导向，重点关注老百姓急需的智慧民生领域，比如智慧医疗、智慧社保、智慧交通、智慧防灾、智慧社区、智慧校园等。实用性的要求决定了在智慧城市的建设过程中，必须要因地制宜、量体裁衣，充分考虑城市的实际需求，发挥城市的优势资源和个性特点，避免由于照搬照抄而造成不必要的损失。

5. 推进融合化的发展路径

智慧城市还有一个非常重要的作用就是促进产业升级，一方面建设智慧城市可以有效带动电子信息产业、生产性服务业等领域的快速发展；另一方面"智慧园区""智慧企业"的建设可以有效地改善企业发展环境、提升企业运行效率。当前，越来越多的智慧城市建设商和运营商开始意识到这个问题，并将其作为顶层设计的重要组成部分。未来的智慧城市建设一定是走一条与城市产业融合发展的道路，以智慧城市建设带动产业升级，通过产业升级促进智慧城市建设向更高层次发展。

第十二章
韧性城市

一 韧性城市兴起的背景

韧性城市（resilient city）的概念源于20世纪90年代的西方。国外城市政府、政治家、投资者、私营机构和科学家等已经开始共同支持和培育更多的韧性城市以应对当代各类自然和非自然风险和挑战，国内城市也开始将韧性城市的理念融入城市规划和建设中。对于"resilient city"的中文翻译，有的学者直译为"弹性城市"，有的学者翻译为"韧性城市"，一些权威的国际组织，如联合国等也使用"韧性城市"。我国各地因使用习惯和强调重点的不同，对这两种翻译都有不同程度的应用，为了方便起见，我们将直接使用"韧性城市"的概念。

韧性城市具有深刻的社会背景。近年来，气候变化、生态过载、能源环境污染和经济结构局部失衡等问题所造成的城市灾害显著地冲击了城市的抵抗能力。因此，城市脆弱性或城市韧性的问题成为现阶段新型城镇化进程中制约城市可持续发展的核心问题。世界范围内不同的城市在对抗灾害或环境问题的冲击时，显现出截然不同的韧性，如在地震灾害方面，2010年海地遭遇7.3级地震，海地首都太子港基本被摧毁，全国约30万人丧生；2012年3月墨西哥格雷罗州梅特佩克市遭遇7.4级地震，全市经受住了该地震，仅伤亡2人。在城市洪水方面，2010年巴基斯坦遭遇特大全国性洪灾，大约2000人丧生，1100万人无家可归；2011年9月洪灾导致巴基斯坦最大城市卡拉奇因街道积水无法通行、汽车受困、加油站受淹，城市陷入瘫痪；荷兰首都阿姆斯特丹洪水防御系统使得该市能够抵御城市洪水的侵扰，成为防洪城市的典范。在城市经济方面，美国底特律（美国汽车之城、世界汽车工业之都）和澳大利亚墨尔本（全澳汽车中心）的经济状况相似，受到类似的冲击，但是它们的应对方式迥异。最终，底特律成为美国历史上规模最大的破产城市。我国城市在应对洪涝、公共安全、空气污染等方面也暴露出了严重的问题，如7·21北京特大暴雨（2012.7）、青岛输油管道爆炸事件（2013.11）和京津冀、长三角灰霾（2013.12）等。发达国家同样面临严峻的脆弱性问题，根据纽约州立大学布法罗分校和加州大学伯克利分校对美国361个城市的评测，美国40.2%的城市韧性处于差或极差的状态，其中较为知名的城市包括迈阿密（R317）、洛杉矶（R302）、亚历山大（R263）和奥兰多（R261）。由于气候变化的全球效应，世界绝大多数城市都可能受到由气候变化所带来的冲击风险。以城市洪水为例，瑞士再保险最新报告对全球616个中心城市内17亿市民面临的自然灾害风险进行对比，发现水灾威胁的人数超过其他任何冲击，并指出亚洲城市的水灾风险最大。如印度东部北方邦的戈勒克布尔市，该市是中恒河平原上增长最快的城市，但是该市正面临严峻的洪水和其他涉水问题，对未来气候变化的影响响应相当脆弱。因此，伴随城市快速发展、城市综合负载加大、气候变化等生态环境要素而导致的城市问题，使得城市的脆弱性正逐渐成为影响甚至制约城市生存和可持续发展的重大科学问题。国外学术界、规划界和政府间组织正在强化对城市韧性的理论认知，启动多项战略性研究示范工作，倡导在世界范围内构建韧性城市。

"韧性城市"理念为解决城市发展问题提供了新的方向。从实践层面看，国际社会高度重视韧性城市的研究和建设，韧性城市国际交流与合作平台的相关研讨日益活跃，影响范围日益扩大。目前国际性的交流与合作平台主要有联合国国际减灾署、联合国世界减灾大会、洛克菲勒基金会、韧性联盟等。2013年，由洛克菲勒基金会宣布出资1亿美元，在全球帮助打造百座韧性城市。2016年已完成100家入选城市，并构建"世界百强韧性城市关系网"。自2014年以来，我国先后有4座城市跻身"全球100韧性城市"，分别是湖北黄石、四川德阳、浙江义乌和浙江海盐。同时，国家发改委也将在全国开展韧性城市试点工作。现在，通州正在建设北京城市副中心，为将城市副中心建成"千年城市"，必须将韧性城市的理念融入城市规划建设过程中，以未雨绸缪的思维应对城市可能遇到的各种问题。

二 韧性城市的概念及特征

（一）韧性的概念及其演化

韧性（resilience）的概念最早起源于生态学，由美国学者Holling在20世纪70年代提出，直到最近10年才逐渐在社会经济领域得到应用。生态学家和经济学家提出应当运用韧性的概念来整体理解生态－社会－经济系统的发展，在生态、社会和经济三个子系统中进行适当的协同干预。近年来，韧性的概念被运用于应对气候变化和减缓自然灾害等领域的研究。目前，许多著名机构都相继给出韧性的定义。例如，联合国国际减灾战略（The United Nations International Strategy for Disaster Reduction，UNISDR）定义"韧性是一个系统、社区或社会暴露于危险中时能够通过及时有效的方式抵抗、吸收、适应并且从其影响中恢复的能力，包括保护和恢复其必要基础设施和功能"。UNISDR还进一步指出，一个社会在潜在危险事件中的韧性取决于其拥有相关必要资源和自组织的能力。

（二）韧性城市的概念

韧性城市是指城市能够适应新环境、遭遇灾难后快速恢复，而且不危及其中长期发展。联合国建议打造"韧性城市"应对自然灾害，城市必须在制定低碳可持续发展路线的同时，采取措施提高其韧性应对的能力。美国著名研究学者 Alberti 将韧性城市定义为：城市一系列结构和过程变化重组之前，所能够吸收与化解变化的能力与程度。韧性联盟将韧性城市定义为：城市或城市系统能够消化和吸收外界干扰，并保持原有主要特征、结构和关键功能的能力。但实际上韧性城市不仅包括城市系统能够调整自己，应对各种消极的不确定性和突然袭击的能力，还包括能将那些积极的机遇有效转化为资本的能力。

（三）韧性城市的特征

韧性系统具备六个基本特征：一是动态平衡特征，意味着组成系统的各个部分之间具有强有力的联系和反馈作用；二是兼容特征，指的是外部冲击可以被多元的系统组成部分带来的选择性所削减；三是高效率的流动特征，通过系统内资源的及时调动和补充，填补最需要的缺口；四是扁平特征，意味着比等级森严的系统更具有灵活性和适应能力；五是缓冲特征，要求系统具备一定超过自身需求的能力，以备不时之需；六是冗余度，通过一定程度的功能重叠以防止系统的全盘失效。

韧性城市具备五个要素。一是多功能性，即城市功能的混合性和叠加性。二是冗余度和模块化特征。韧性城市需要有一定程度的重复和备用设施模块，通过在时间和空间上分散风险，减少扰动状态下的损失。三是生态和社会的多样性，因为在危机之下，多样性可以带来更多解决问题的思路、信息和技能。四是多尺度的网络联结性，体现在城市的物质实体和空间分布层面以及人际和群体之间的协作上。五是有适应能力的规划和设计，即需要承认规划设计做决定时面临知识缺乏这一事实，并将不确定扰动视作学习修正的机会。

综上所述，韧性城市的特征如下：一是城市系统的多元性，二是城市组织具有高度的适应性和灵活性，三是城市系统要有足够的储备能力。

三 韧性城市理念与可持续城市理念的比较

1987年，联合国环境与发展委员会在《我们共同的未来》一书中正式提出可持续发展（Sustainable Development），其概念为"既满足当代人的需求，又不对后代人满足其自身需求的能力构成危害的发展"。可持续城市包括经济、环境、社会、人口和政治的可持续。

韧性城市同样涉及经济、环境、社会、人口健康、政策管理和基础设施六个方面的内容，但与可持续城市各有侧重。一是在经济方面，可持续城市侧重于强调地方经济的自给自足及经济活动的环境效率，而韧性城市概念更关注城市经济结构的稳健和多样化，以应对未知的风险和压力。二是在环境方面，可持续城市和韧性城市都提出生态系统管理和保护的具体措施，不同点是可持续城市更强调生态资源本身的利用和保护。三是在居民基本需求上，可持续城市和韧性城市都提出为居民提供充足的水、卫生、住所等基本物质条件；在生计和就业方面，可持续城市强调就业的全面性和公平性，韧性城市则更重视就业的多样性及保险福利；在社区建设方面，二者都认同增强社区交往、提升社会凝聚性和包容性，但是韧性城市则进一步提出在社会（社会网络、社区组织、艺术展览、宗教、语言、传统等）和物质（公共设施供给、公共空间及其可达性）两方面共同提升凝聚力。此外，韧性城市还关注社会安全问题，包括对犯罪的威慑力、减少腐败等。四是在人口健康方面，二者都提出公共健康管理和培养公共健康意识，但韧性城市更强调医疗资源需兼顾生理健康和心理健康，且应在空间上布局合理，具有易达性、可负担性、全面性，并有足够冗余。五是在政策管理方面，韧性城市相比可持续城市而言，更突出政策管理的内容，提出应当通过高效的领导，保证信息通达、规划管理等措施，加强韧性城市构建的制度安排，以保障韧性城市措施的落实。六是在基础设施方面，韧性城市更强调保障交通、通信等基础设施，以保证在紧急情况下畅通使用。韧性城市与生态城市等概念共同构成可持续发展的概念。

相对于城市的可持续发展，韧性城市的概念框架更具有问题导向研究和实用的特性，兼具规避风险和减灾及增强灾后恢复的针对性。近年来，我国业内提出建设"海绵城市"也是可持续排水系统在中国的应用，力求在利用雨水和防洪韧性建设方面实现长期的战略升级。但总体来看，我国韧性城市的研究尚处于初级阶段，需要建立完整的理论体系和实例数据库，并进一步完善施行的体系。

四 韧性城市建设的主要内容

从国内关于韧性城市的研究和实践看，主要集中在生态韧性、工程韧性、经济韧性和社会韧性四个方面。一是城市生态韧性。城市生态韧性是指城市生态系统在重新组织且形成新的结构和过程之前，所能化解变化的程度。气候变化和城市化是影响城市生态韧性的最重要因素。城市生态韧性用来提升城市系统应对不确定性、非线性的外来冲击的能力，提高城市自组织能力，实现人与环境系统的协调发展。二是城市工程韧性。城市工程韧性主要强调城市基础设施系统、城市人口和社区快速而有效地从自然和人为灾难中的恢复能力，主要包括评估城市基础设施韧性以及采用减灾技术、坚固城市基础设施、确保其在全球经济中正常运行等方面。三是城市经济韧性。经济韧性涉及公司、家庭、市场和宏观经济不同层次，是个体和社区在外来冲击发生时以及发生后，为避免潜在的损失所采取的灵活应对策略，它是系统对灾害与生俱来的一种响应与适应能力。四是城市社会韧性。社会韧性是指社区或者人群应对由社会、政治和环境变化带来的外部压力的能力。在环境变化的背景下，研究不同社会群体和组织结构的脆弱性是韧性研究的新兴主题。脆弱性与韧性紧密相关，是指社会群体或者个体因为环境变化遭受的压力所造成的谋生困难以及保障降低，而社会韧性则可提高个体或群体的抗压能力。

五　韧性城市建设的新思路

韧性城市的建设的新思路包括韧性建设的均等化、协同合作以及城市革新。

1. 韧性城市建设的均等化

在韧性城市建设的过程中，韧性策略带来了积极的作用，有利于城市的可持续发展，也带来了非均等化的问题。有研究表明，一个尺度（如社区层次）韧性的提升，其代价可能是另外一个尺度（家庭或个人尺度）韧性的降低。此外，韧性城市建设会带来城市建设成本的提高，对于发展中国家来说往往存在资金问题，需要利用国际基金来建设和促进中低收入国家的韧性城市建设。

2. 韧性城市建设需要跨学科、多领域协同合作

韧性城市的建设需要生态、经济、社会以及工程四个领域的共同努力，同时要借助于3S技术（遥感、全球卫星定位系统和地理信息系统），形成韧性城市多尺度、全方位综合研究体系。但各种适应和减缓策略是必不可少的，它们与城市规划相联系，致力于提升城市应对渐变事件以及突发事件的韧性。

3. 韧性城市建设的城市革新

韧性城市建设的研究内容主要集中在城市如何应对各种负面问题，并未改变城市的区位条件和经济基础，一旦城市实体重建，其社会和经济结构比较容易按照灾害发生之前重建。因此，当灾难的影响褪去之后，城市将很正常地重新走灾难发生之前的历史路径。但城市革新作为城市所面临的正面挑战，是城市能否重新调整自身发展状态并保持发展活力的关键，影响城市的经济基础和运行模式。

六 国外韧性城市建设典型实践与启示

(一) 英国：韧性城市建设

1. 英国"韧性城市"的相关法规

从历史上看，英国严重自然灾害并不多。直到20世纪末，随着气候变化和世界恐怖主义活动等带来的城市破坏频率逐步增加，英国政府对如何应对各种突发事件做出了法律要求。《市政意外法》要求城市各部门合作，特别是第一类责任人（意外反应部门，如消防、环境、卫生等）与第二类责任人（基础设施部门，包括水、能源、交通和通信等）之间对突发事件的信息共享和合作。

英格兰环境署对全境完成了"洪灾危机评估"，并将可能遭受洪灾的区域称作"洪灾区域"，然后标注到"洪灾区域地图"上。环境署根据受灾可能性将这些区域分为4个级别（见表12-1）。

表12-1 英格兰洪灾区域分级

洪灾区域	受灾可能性	受灾概率	洪灾地图颜色	对规划设计的影响
1类区	低	小于1000年一遇	白色	无影响，所有项目均可
2类区	中	河流洪灾：介于100年到1000年一遇之间； 海洋洪灾：介于200年到1000年一遇之间	浅蓝	一般项目均可，但"高危项目"需完成"例外测试"
3a类区	高	河流洪灾：概率高于100年一遇以上； 海洋洪灾：概率高于200年一遇以上	深蓝	"高危项目"不能建设，"较高危项目"和"必要基础设施"需完成"例外测试"
3b类区	高	功能性蓄洪区：洪灾发生时需将洪水引导至此储存	深蓝	区域内一般不建设，地方政府需划定蓄洪区边界，并由环境署核准

2008年英国通过了《气候变化法》（Climate Change Act）。该法规定了在应对气候变化等突发事件时，相关责任人需确保四类基础

设施（水、能源、交通和通信）正常运转的法定要求，提出了降低碳排放的国家长期战略，并责成"环境食品及乡村事务部"启动了"气候变化行动"（Climate Change Programme）开展跨政府部门的合作，对未来50年国家的规划建设如何应对气候变化和建设韧性城市开展监控、评估和引导。为提高对"韧性"建设的要求，英国政府2008年还专门通过了《规划法》（Planning Act），专门要求能源、交通和水三个方面基础设施的相关部门和单位，在开展"国家级"重大项目时，要依法考量应对突发事件的特别计划以及韧性评估。

2. 英国"韧性城市"应对灾害的过程策略

英国在国家层面制定了应对灾害的框架：国家安全策略。该策略指出，政府最重要的任务之一就是要提升国家最关键部门的基础设施韧性，使国家在受到攻击、破坏或灾害等突发事件时能正常运转。该策略指出，建设韧性城市以应对自然灾害一般包括四个阶段。

第一阶段，要提升应对自然灾害的韧性，需首先明确潜在灾害和影响。"国家安全策略"要求相关部门需清理关于灾害的基本信息，如灾害发生的可能性、频率，以及各灾害相互诱发关系等。除了解灾害本身外，理清灾害将如何影响城市正常运转也很重要，包括：①自然灾害最先和最主要可能影响的区域和部门；②次级或连带可能受自然灾害影响的区域和部门；③厘清各相关部门应对这些灾害的能力，并保证基本和核心部门的正常运转能力。

第二阶段，在了解了灾害和相关部门应对灾害能力的基础上，就可以考虑设立"韧性城市"的目标或要求。目前，英国并无统一的"韧性城市"标准，甚至针对某类基础设施也没有国家韧性标准。但政府要求所有国家级建设项目和重大基础设施的防洪"韧性"目标由能抵御100年一遇的洪水提升为能抵御200年一遇的洪水（即规划审批时按照高于洪灾区域3a类别的标准来评判项目）。

第三阶段，在建立了"韧性"目标后，实施具体建设韧性的步骤和计划。由于自然灾害的不确定性和多变性，实现"韧性"目标需要长期的循环渐进式管理和提升。一般大型建设项目都需要出台

"组织韧性策略",以确定负责的组织和各自职责,评估和管理灾害并实现"韧性目标"。

第四阶段,在开展提升韧性建设项目一定时间后,就可以评估"韧性城市"的具体表现。英国国家级重要基础设施(包括水、能源、交通、经济等9个部门)都要求被长期监控,评估并提升韧性水平。英国政府要求环境署等相关部门应与各基础设施公司一起展开全面调查,并定位相对薄弱的基础设施,出台"部门韧性计划",每年评估并更新一次。"部门韧性计划"主要包括四个方面:一是分析和更新灾害的概况;二是针对城市关键基础设施设立韧性目标;三是为实现"韧性"目标按具体步骤展开建设行动;四是定期报告评估韧性目标的各阶段步骤完成情况,以提升城市的韧性。

3. 案例:伦敦泰晤士河入海口百年防洪韧性规划

在近年的大伦敦规划中,伦敦市政府把东伦敦城市更新及泰晤士河口入海区域做了整合发展规划,以支持在未来数十年将东伦敦变为英国首都最重要的经济增长点的战略。而要实现这一目标,韧性城市的概念被政府引入,在"国家安全策略"要求的四个循环步骤原则指导下,展开了东伦敦防洪韧性规划。

第一步,明确潜在灾害。1982年,世界上第二大的移动式水闸——泰晤士河坝(Thames Barrier)建成后,伦敦市中心受到了相对有效的防洪保护。然而,随着全球气候变化加剧了突降暴雨的可能性,加上伦敦拥有的全球最早的城市地下排水系统开始出现问题,特别是东部伦敦受洪灾的可能性在逐步增加。市政府确认洪水是东伦敦发展的主要潜在自然灾害后,启动了"泰晤士河口2100项目"(The Thames Estuary 2100 Project),以提升东伦敦的防洪韧性。"2100项目"明确了基本的洪灾数据后,对应比较了伦敦当前的主要洪灾抵御系统,评估了泰晤士河入海口地区防洪体系薄弱的部分。

第二步,设立韧性目标。"2100项目"由英格兰环境署联合大伦敦政府等相关部门于2002年启动,目的是保证伦敦和泰晤士河口地区在21世纪100年之内不受洪灾,在抗洪方面成为"韧性城市"

的代表。该项目考量了包括北海潮汐、支流洪水、暴雨洪水等各种洪灾来源，并将未来100年气候变化可能引起的雨量激增纳入考量。"2100项目"对比潜在洪灾数据后，评估认为该区域韧性目标需要规避气候变化、防洪设施老旧、地理环境以及社会－经济条件变化等因素。

第三步实施具体建设韧性城市的项目计划和第四步定期评估并更新韧性目标和实施项目。由于"2100项目"启动最初十来年，其主要工作是厘清了伦敦泰晤士河两岸的洪灾数据，并设立了韧性目标，但大量进行"韧性城市"建设项目还未开展。接下来的数年时间，伦敦市政府将联合环境署、地方韧性论坛、伦敦交通局、金丝雀码头集团、EDF能源集团以及相关投资人和组织，一同协作绘制完成"危机地图"（At Risk Map），定位脆弱的开发场地和基础设施。环境署将带头与各投资商讨论确定资金来源和就"韧性"项目建设的步骤达成一致。这一阶段大约将持续25年。现有的防洪设施会在同一时间更新（到约2040年），并有后续项目一直可能持续至2100年。防洪设施更新步骤共有7种可能性，前一二种相对合理，但仍需根据届时情况选择。在第三阶段开展一段时间后，就可以评估建成的"韧性"城市设施是否有效提升了城市的韧性，并开展新一轮的潜在灾害评估。虽然由于"韧性城市"建设时间跨度长（数年到数十年），"2100项目"目前还无法提供立竿见影的数据以证明东伦敦泰晤士河入海口的100年韧性规划成功与否，但从其已经完成的两个阶段来看，该项目清楚地掌握了潜在洪灾的来源和可能引起的破坏，并定位了防灾系统中的薄弱环节，未来将会有针对性地进行"韧性"能力提升的建设项目。可以预见，东伦敦在未来100年受到洪灾的概率将极大地降低。

（二）纽约：以《纽约适应计划》打造韧性城市

2012年10月29日，纽约地区历史上破坏性最大的超级飓风桑迪（Sandy）登陆，造成纽约129平方千米土地被淹没，经济损失约

200 亿美元。2013 年 6 月 11 日，纽约市长彭博发布了《一个更强大、更具韧性的纽约》的报告。在这份长达 438 页的报告中，扉页上有这样一段醒目的文字："谨献给在桑迪飓风中失去生命的 43 个纽约人及他们的亲人。纽约将与受灾的家庭、企业和社区一起努力，确保未来的气候灾难不再重演。"

《纽约适应计划》包括六大部分，分别是桑迪飓风及其影响、气候分析、城市基础设施及人居环境、社区重建及韧性规划、资金和实施。其中城市基础设施及人居环境中又包括海岸带防护、建筑、经济恢复（保险、公用设施、健康等）、社区防灾及预警（通信、交通、公园）和环境保护及修复（供水及废水处理等）。

就其内容而言，《纽约适应计划》以建设韧性城市为导向，以提高城市抗击未来气候灾害风险的应对能力为目标，以提升城市未来竞争力为核心，以基础设施和城市重建为切入点，以大规模资金投入为保障，全面构建城市气候防护体系。总体来看，作为城市适应气候变化的总体长远规划，这项计划有以下几个独到之处。

第一，高瞻远瞩的战略视野。气候变化对传统的灾害风险管理体系提出了新的挑战，《纽约适应计划》采用了 IPCC 第五次科学评估报告的最新、精度更高的气候模式，对于纽约市 2050 年之前的气候风险及其潜在损失进行了评估，并进一步指出，如果未来发生与桑迪同等规模的飓风，经济损失将高达 900 亿美元，为目前经济损失的 5 倍，海平面上升及飓风导致的洪水淹没人口数字则是传统评估结果的 2 倍。

第二，详尽、全面的行动指南。针对未来可能影响纽约安全的几个主要风险，包括海平面上升、飓风、洪水、高温热浪，《纽约适应计划》详细列举了 250 条适应气候变化的行动计划，明确了各个重点领域、优先工作等，体现出该计划坚实的可操作性。

第三，强大的资金支持。《纽约适应计划》设计了总额高达 129 亿美元的投资项目，将在未来 10 多年间逐步落实。其中，80% 的资金用于受灾社区重建，包括修复住宅和道路，提升医疗、电力、地铁、航运、饮水系统等城市公共基础设施；20%资金将用于研究改进和新建防洪堤，恢复沼泽和沙丘及其他沿海防洪设施。

第四，关注民生的城市更新。该计划90%以上的投资将流向城市基础设施和灾害重建项目，预计未来数十年可避免上千亿美元的损失。巨大投资将推动旧城更新改造，尤其是边缘群体居住的老旧社区，通过基础设施建设，既可以消除灾害隐患，还可以创造就业计划，减小城市社会阶层的分化，增强城市凝聚力。

第五，健全法律法规以提供制度上的保障。美国是世界上最早建立国家强制性洪水保险的国家。美国国会早在1968年就颁布了《国家洪水保险法》，纽约在此基础上制定了地方性法律，为低保人群购买洪水保险。此外，美国实行灾害分级管理体制，州政府是主要的职责单位，负责募集资金进行防灾基础设施的建设、编制土地管理条例以及灾害预报工作，从而提高了区域联防的效率。另外，规定城市新开发区必须强制实行"就地滞洪蓄水"，不准在纽约地下水道入海口附近建设任何大型建筑物，而相应的建筑、设施规范也根据泛洪区地图强调了不同的应灾要求。

（三）巴塞罗那：波布雷诺地区旧城更新与规划策略

在过去的几个世纪里，波布雷诺一直是巴塞罗那制造业的领先中心，主要集中了纺织、食品/酒类、建筑产品及金属结构产品等行业的诸多大型企业。随着西班牙乃至欧洲产业的调整与转型，特别是1963～1990年，巴塞罗那制造业中心地位开始衰落，大量企业破产或迁出。这个曾经繁华的城区，出现企业和居民的大搬迁，波布雷诺周边地区都变得破落不堪，土地开发价值也急剧下降，工业遗存成为烫手山芋，如何实现再开发成为一大难题。2000年启动的"波布雷诺工业区改造计划"（又称22@计划）通过对滨海地区废弃工业用地的改造，将以工厂、仓库、集装箱等为主的海岸区改造为充满活力的新兴功能地区，带来港口地区复兴，从而成就全球首家创新城区，得到广泛赞誉。持续至今的地区更新实践以渐进式情景规划的方式推进空间优化、产业转型、功能重构、社区营造、遗产保护等多重目标的实现，可谓韧性城市规划的经典范例。

1. 城市政府主导的地区规划及适应性管理

城市政府的积极作用在波布雷诺地区规划中有突出体现，并贯穿于此后的更新实践中。自1992年巴塞罗那奥运会之后，波布雷诺被正式纳入城市发展体系。2000年7月，巴塞罗那城市委员会投票一致通过了针对波布雷诺工业区改造的总体规划修编，规划提出以新兴知识技术密集型产业的22@（互联网代码）来替代传统劳动密集型产业的22a（传统工业生产专用代码），对波布雷诺地区200公顷的废弃工业用地再开发，并重塑一个创新城区，又称22@计划。该计划包括三个具体目标。一是城市更新。通过经济和社会发展重塑波布雷诺地区的活力。在这个200公顷的更新区域将会形成一个多元开发、环境平衡空间，包括生产中心、社会居住、公共设施和开发空间等功能，最终提升生活和工作的质量。二是经济复兴。将整个区域转型为一个经济繁荣的区域，吸引更多知识技术密集型企业进驻。其中的"@活动"概念，包括与信息技术、设计、出版、多媒体等相关高技术活动，与知识、信息生产、交换等直接相关，对环境无污染和破坏，可以在城市中心区发展等。三是社会再造。创造一个企业、机构乃至居民社会互动的城市网络空间。在明确的总体规划指导下，波布雷诺工业区改造计划并无紧凑、详细的执行计划，而是根据每个子区域自身特点制定韧性的渐进式更新规划，最大限度地实现多元化、模块化及复合化，并尽可能平衡城市建设发展与区域历史文化特色保留之间的平衡，最大限度提升城市韧性。

2. "多元-复合"导向的紧凑开发

为了塑造一个全新城市发展模式，波布雷诺工业区改造计划将传统的产业组织结构进行全新转型，这个过程大概持续20年，充分利用地区原有要素并根据需求增加新功能，保持原有的风格并更新、替代，这其中的平衡性需要很好把握。波布雷诺工业区改造计划改变了原有的低密度特性，增加了空间利用的高密度和复杂性，提升了土地利用的效率和密度，推进了地区活动者的互动和交流，最终促进了集聚经济效益的产生。通过一系列的更新改造活动，产生了部分可无偿供给社区开发的土地，提供了绿地空间、服务设施和公共租赁住房。

经过近年卓有成效的工作，波布雷诺工业区改造计划将波布雷诺地区开发引入了高峰，形成了巴塞罗那城市海岸地区重新开发的重要部分，包括以下三个方面的关键工作。一是桑特安德鲁-萨格雷拉计划。随着萨格雷拉城市枢纽火车站的建设，高速火车可以直接连接巴塞罗那城市中心，使得桑特安德鲁和萨格雷拉两个地区的土地得到有效开发。二是荣耀广场的城市更新计划。直接转化37.8万平方米的土地储备。通过这项改造，可以得到1.7万平方米的绿地空间，实现50%的政府承诺新建房屋和8个新建公共服务站点。与此同时，该计划还提出拆毁现在的立交，建设一条新的通向城市的地下道路。三是贝塞斯岸线改造的基础设施建设。

通过以上开发，塑造了一个紧凑、多元开发、可持续发展的高质量城市模型，使城市发展更加均衡、更加多元化、更加具备生态效率、更加紧密、更具经济活力。

3. 文化助力下的创新计划

创新是保证城市韧性的内生力量，这一点在波布雷诺项目"地中海硅谷"的地位上可见一斑。为实现韧性的转型，波布雷诺工业区改造计划允许诸多不同的衍生性规划，主要依据区域转型发展的空间尺度及原有情况。而正是因为这些韧性规划系统，在这10年的转型过程之中诞生了新的城市创新计划。

（1）创新城市生产网络。波布雷诺工业区改造计划提出创新企业与商业、中小工作室及服务部门共存，塑造一种丰富的城市生产组织，鼓励非污染产业及创新性部门入驻，吸纳高素质产业工人集聚。为了进一步鼓励知识技术密集型产业入驻并刺激经济发展，波布雷诺工业区改造计划提出不少于20%的经济活动可以采用高建筑系数。该策略可以鼓励开发商与创新企业达成协议，以更好地满足企业或者个人的实际需求。为提升地区生产及入驻企业机构的竞争优势，创新计划培育了几个巴塞罗那容易取得国际领导权的产业集群，通过同类产业集群企业、公共机构和高校科研机构的集聚，形成产学研一体化的格局，推进了媒体、信息和通信技术、设计、生物科技及能源等新兴产业的发展。

（2）助力企业及人才成长。作为地区经济发展管理机构，22@巴塞罗那公司积极参与区域经济活动的发展，其职责包括提升区域创新能力、吸引和保留人才、商务科学和培训活动的国际计划等。一是商家委员会。已入驻90多家企业和机构组织参与其中，提供迎新规划、就业信息、网络创作室。二是寻找发展空间。波布雷诺地区管理部门负责为企业寻找布局空间以满足企业或者个人的需求，提供实时或者未来的工作空间信息，以更好地方便企业搬迁至更适宜的地方。三是新驱动计划。通过对企业进行公平、科学的评估，协助企业在不同的政府部门和公共机构得到更多支持和援助。此外，波布雷诺地区希望通过丰富区域人才资源和提升生活品质，吸引高素质人才择居于此，强化其地区归属感。通过社区环境优化、信息网络建设、专业社群打造提升区域价值，满足专业人才、创新领域对于生活环境的高标准要求。

4. 注重韧性资源的公平分配

波布雷诺项目中的基础设施建设及公共空间优化很好地体现了韧性资源在不同的社会阶层公平分配的目标。

（1）打造"复合街区"。波布雷诺工业区改造计划着力推进生产和居住功能混合利用，鼓励人们居住在工作单位的附近。根据计划目标这里将包括4600个原有家庭单位的改造，政府则将帮助现有的住房有效改造，提升利用功能和外观品质。同时，地区计划建设社区一级的中小学校、社区中心、养老院等，包括城市大学、文化设施、博物馆等。居民可以就近工作、入学、娱乐，保证了社会活动状态的连续性、整体性，促进资源的有效配置和综合利用。为了培育地区技术和社会结构的多元化，工业区改造计划还为技术人才提供短期居住的房屋。如果居住房屋不足，或者为历史文化艺术保护遗迹，则通过建设阁楼等进行居所开发。

（2）优化公共空间。工业区改造计划将约10%的工业用地改造为绿地空间（约为11.4万平方米），同时建立了最高标准质量的街道和公共空间。现今的绿地结构是通过很多措施修建而成的，包括城市尺度的空间——滨海公园、荣耀广场、中央公园等都慢慢变成小的广场和居住街道，使这些公共空间真正成为区域活动者交流的场所。传统的区域交会点，也将被4条新的主干道所打通，这样可以更好地将区域内部的区块紧密联系在一起，并给予平等的发展机会。街道作为开放空间脊柱的概念也被改变，更好地为行人服务，并能够规划好机动交通。

（3）完善基础设施。制定新的基础设施规划，改造更新37千米长的街道，提供领先水平的服务和设施，为地区提供现代化的电力设施、中央空调控制系统和气动重复收集系统。新电力系统网络的设计将重点放在能源效率和自然资源的有效管理上，更好地为城市系统和设施服务。相较于传统的系统，新的中央空调系统能够提升能源效率的40%；新的交通规划将保证波布雷诺地区70%的出行完全依靠公共交通、步行或者自行车；无线网络计划将WiFi覆盖到整个波布雷诺地区，在公共空间也提供网络服务，吸引足够多的私人服务部门和政府公共管理部门进驻。

（四）日本：基于抗震救灾为中心的韧性城市建设

日本是世界上自然灾害最为严重的国家之一，海啸、台风等"天灾"与地震、火山喷发等"地灾"的威胁很大。2011年3月11日在日本本州东海岸附近海域发生里氏9.0级强烈地震，此次地震为"千年一遇"，破坏力极大，大量房屋被海啸吞没，部分地区发生火灾，甚至造成日本福岛第一核电站爆炸，核泄漏严重，威胁着民众的生命安全。但面对这场严重的天灾，日本国民从上到下表现出来的秩序井然让人肃然起敬——几乎所有地方都没有慌乱，没有拥挤，没有喧哗，民众逃生井然有序，沉着冷静。日本国民较强的防灾减灾意识和日本各级灾害应对机制发挥了重要作用。

1. 快速有效的政府救灾体系

为了把自然灾害造成的损失降到最低，日本在与灾害的长期斗争中，建立健全了防灾救灾法律体系和高效率的综合性防灾救灾机构，对预防和处理各类突发事件具有突出成效。第一，完善的应急法律体系。日本是一个防灾减灾法律体系最完善、最细致的国家，包括灾害对策基本法、灾害预防和防灾规划、灾害紧急应对、灾后重建和复兴、灾害管理组织等共52项法律。第二，日本政府救灾体系具备发达的地震预警能力。第三，完善的应急设施，包括应急通信系统、应急航空救援系统、应急避难场所以及储备应急物资。第四，日本政府救灾体系拥有专业的救援队伍。

2. 互动型防灾减灾志愿者制度

灾害发生之后，单靠政府一家应对往往是无法完成的。因而，多种多样的志愿者组织，作为灾害应对的主体，不论是在发展中国家还是发达国家都越来越重要。在日本，有代表性的社区志愿者团体主要有自主防灾会、消防团等，比较有代表性的从事防灾减灾的官办NGO有红十字会和地域福祉协议会等。第一，日本防灾减灾志愿者活跃在防灾减灾的各个时间段。第二，紧急救援志愿者要学习如何避难、抢救伤员以及避难所的运营等。第三，日本防灾减灾志愿者的活动还具有形式多样、实用的特点，近年寻求突破、追求快乐减灾的活动也随处可见。第四，志愿者与政府形成良好互动。

3. 通过合理规划，减少城市人口密度

现代化城市是一个人口、生产、建筑物及各种灾害集中的复杂体系，潜在的严重安全隐患很多，一旦发生灾害将导致群体性伤亡或感染事故。鉴于此，及时合理规划城市人口、建筑密度具有重大意义，必须引起有关部门的重视。尽管日本国土面积狭小，但在城市建设中还是预留了大面积的绿化空间。城市中央公园被公认为是理想的应急避难场所。在日本，学校一般为应急避难场所，特别是小学对于社区居民而言通常距离较近，步行可至，因而特别适合紧急状态下的避难需求。

4. 建筑严格符合抗震标准

地震之所以造成严重人员伤亡，其中最直接的原因是大量建筑缺乏抵抗地震的能力而倒塌。而掌握世界上最先进抗震技术的日本向来重视加强建筑物的抗震能力，以立法形式严格执行建筑物抗震标准，从而减少了因房屋倒塌造成的人员伤亡。经过三次修改的《建筑基准法》强行规定将各类建筑的抗震基准提高到最高的8级，使用期限须超过100年。目前，日本多数建筑都采用一种"基地隔震"技术，即在建筑底部设置隔震层，使之与固结于地基中的基础顶面分开，从而限制地震动（简谐运动）向结构物的传递。

5. 加强防灾减灾教育

加强全民教育。将市民经常遇到的各类灾害事故的预防及自救知识编制成手册，由地方政府采取集中和零星形式发放给市民。利用大众传媒方式（报纸、电视、广播、杂志、网络等）向民众普及防灾知识，增强民众防灾意识，提高自救能力。设定防灾日、防灾周，并在此期间开设防灾现场咨询、专题公益讲座等。

加强学校教育。一是将防灾减灾工程设置为一级学科，高度重视防灾减灾工程，培养专业防灾减灾技术人才。二是将防灾教育纳入教学计划课程，从小培养孩子的防灾知识及自救技能。

开展应急演练。各地政府建立面向民众的应急体验中心，通过各种培训、演练活动，使民众亲身体验到"灾害"，从而提高民众对突发事件的反应能力和处理能力，这样在面对灾害时，才能做到镇定、坦然和井然有序。

（五）国外韧性城市建设的实践启示

1. 建设韧性城市需要强有力的领导和决策机制

《纽约适应计划》的有力推进得益于纽约市长彭博的强有力领导。彭博上任后非常重视气候变化问题，于2006年4月组建了"纽约长期规划与可持续性办公室",重点关注减排和适应议题,2007年9月推出了旨在提升纽约城市可持续性的"规划纽约(PlaNYC 2030)"计划,2010年推动成立"纽约气候变化城市委员会",并组建了适应海平面上升等跨部门的工作组,有助于将行动意愿转化为政策和实践。英国在国家层面专门立法、设立环境署等举措有力地推动了韧性城市建设。

2. 主动将韧性城市的系统理念、风险管理意识融入城市规划设计中

当前我国城市规划对不确定性因素考虑较少,预见性和响应能力不足。城市规划必须要将韧性城市的系统理念和风险管理意识主动融入进去,尤其重视对低概率、高强度潜在灾害风险的防范,关注相关的经济、社会脆弱性问题,并将这种风险意识纳入决策过程。借鉴伦敦的经验,在建设韧性城市过程中要对主要风险进行前瞻性评估和预测,预估时间要尽可能长,并制订专项计划应对不同种类的风险。

3. 加强对韧性城市的评价研究和理论研究,为规划评估及政策的制定提供理论工具

在我国,韧性城市的理论研究和实践探索还处于起步阶段,需要整合和调动各种研究力量,开展跨学科、跨国界的研究项目,针对气候变化及社会危机导致的各种灾害风险的发生概率,提出多种适应政策选项,以供城市管理者选择。

4. 在韧性城市建设中要高度重视互联网及科技的作用

韧性城市建设除了要更新城市发展理念,更重要的是运用最新的科技成果,需要与智慧城市、海绵城市、绿色城市、森林城市建设等理念有机结合,探索将互联网、物联网、新能源、绿色建筑材料、节能环保等技术应用于韧性城市建设中。

5. 发挥政府在韧性城市规划和韧性资源分配中的主导作用

借鉴英国的经验,政府要积极推进立法,发挥政策的引导作用。借鉴巴塞罗那的经验,政府作为地方资源配置、利益协调的主体,

在韧性城市规划中至关重要,须通过多种方式引导城市社会、经济、生态向可持续与更富韧性的方向发展。

6. 建立政府和民间互动的灾害应对机制

灾害应对是一个系统,既需要政府在更宏观层面配置调度资源,合理指挥救灾,同时富有韧性的民间自救机制也同等重要。从日本的经验可以看出,遭遇大灾时,日本社会的秩序井然,凸显日本社会极强的社会规范管理能力,这种社会危机管理能力源于良好的政府和民间互动的灾害应对机制。

七 国内韧性城市建设的实践及经验

(一) 成都:灾后重建发展范例城市

"5·12"汶川特大地震后,成都把防灾减灾工作与恢复重建结合起来,重视地震次生灾害防治与科学防灾减灾,不断提高全民防灾减灾意识。从政府主导到全民参与,从临危避险到预防避让,加强科学防灾减灾体系建设,防灾减灾和可持续发展能力得到了显著提高。2011年5月,成都市成为中国首获联合国"灾后重建发展范例城市"殊荣的城市,联合国减灾战略署秘书局官员格鲁如是评价:"城市更具韧性的十大准则"是"灾后重建发展范例城市"评审的重要指标,成都市在地震灾后恢复重建中,展现了令人惊叹的韧性,还建立了一套综合防控体系,形成了独具特色的经验和成果。

1. 建立防灾减灾的综合协调机制,构建完备的防灾减灾工作体系

2009年5月28日,成都市政府成立市减灾委员会,减灾委员会办公室设在市民政局。成员单位包括市民政局、市发改委、市财政局、市教育局、市公安局、市防震减灾局、市气象局、市政府应急办、市红十字会、成都传媒集团、人保财险成都分公司等30个单位。减灾委员会高效运转,致力于构建一个完备的防灾减灾工作体系,为开展科学防灾减灾工作提供了有力保障。

2. 加强设施建设，提升防灾减灾综合实力

成都市通过加强硬件和软件建设，不断提高城市整体的防灾减灾能力。一是加大应急避难场所等设施的规划和建设。2009年6月，成都发布了《成都市中心城应急避难场所布局规划》，根据规划，成都市中心城600平方千米范围内将分批建设1000个应急避难场所，主城区462个社区还计划配发防灾救援器材。目前，成都已建成400多个应急避难场所。二是完善市、县两级应急指挥中心，提高建筑物防震等级。灾区基础设施抗震设防水平普遍在7度以上，重要的公共设施，包括学校、医院，都达到了8度以上设防。三是搭建救灾物资储备网络。2010年，投资2.41亿元、占地158亩的成都中央级救灾物资储备库开工建设，全新的救灾物资储备仓库，不仅可满足紧急转移安置人口86.6万人、救助21.65万人所急需的救灾物资储存、紧急调运任务，如果有灾害发生，还可以保证国家救灾物资及时到位。四是成立应急救援大队。2009年9月，成立民兵综合应急救援大队。2010年7月，成都市公安消防支队依托都江堰防灾减灾应急救援基地成立了一支综合应急救援队，装备了涡喷车、装甲坦克和石油化工模拟训练装置等先进设施，立足成都、服务四川、辐射全国，承担各种灾害事故的生命救援、参加地质等自然灾害的抢险任务。

3. 建立自上而下与自下而上平行架构的"群测群防体系"

一是建设地震烈度速报台网一期工程。其67个地震烈度速报子台覆盖成都全域，可在3分钟内精准定位地震烈度分布，从而为成都科学救援、迅速救援提供有力的智力支撑。二是建成了成都市地质环境信息系统。这个集综合数据平台、地质灾害预警预报、地质环境三维信息展示等多功能于一体的系统，能在集合成都市现有地质条件、地质灾害发育及防治、气象预警预报等方面信息的基础上，实现地质环境相关业务在线管理，地质灾害区域化预警预报及地质环境即时展示。三是组建了专业的地质灾害防治队伍，引进了无人驾驶飞机监控装置、远程地质灾害监控装置等先进设备。四是继续

实施受地质灾害威胁群众避让搬迁、采取工程治理和应急排危除险等手段，主动消除地质灾害；发放"地质灾害明白卡"和地质灾害防灾知识宣传册，对地质灾害隐患点附近群众实现100%全覆盖培训，并建立健全市、县、乡镇、村四级群测群防网络。

4. 加强防灾减灾宣传，强化防灾减灾培训

一是加强防灾减灾教育。成都基础教育逐步增加防灾减灾知识和应急自救基本技能的内容，让孩子从小就掌握基本的灾害常识和避险自救基本技能。二是多种方式宣传防震减灾知识。利用科普宣传月、国际减灾日、法制宣传日，通过广播、电视、报纸、网络等媒体和专家访谈、知识竞赛、应急演练等方式，开展丰富多彩的宣传活动，推进防灾减灾知识进机关、进学校、进社区、进家庭、进乡村、进企业，提高群众防灾救灾能力。三是充分发挥志愿者的作用。2009年4月，团市委、市志愿服务工作委员会办公室通过媒体，在消防救援、水上救援、卫生防疫、防震减灾、心理援助等11个领域，面向社会公开招募了512名应急志愿者，组建了成都市综合应急志愿者服务队。

（二）黄石：聚焦三大重点领域，提高城市韧性

黄石多年来着力推进资源型城市转型，大力实施生态立市、产业强市战略，于2014年成为首批入选洛克菲勒基金会"全球100韧性城市"。入选"全球100韧性城市"后，黄石市进一步研究部署韧性城市建设工作，制定了"韧性城市"建设工作实施方案，成立了黄石市韧性城市建设领导小组及韧性城市建设专家小组，并聘请了"首席韧性官"，全面负责黄石市韧性城市建设工作。

根据《黄石市初步韧性评估报告》，结合黄石市既有的韧性行动、利益相关者的认知、城市的急性冲击与慢性压力、城市的资产状况及黄石市的实际，黄石市的韧性城市建设重点聚焦于三大领域建设，即韧性的水系统、经济系统、居住系统。

第一，建设韧性的水系统。多年来，黄石市在资源开发利用的

过程中忽视了水污染防治，导致很多湖泊水体污染严重。从城市韧性初步评估看，黄石市存在各种"水"问题，如暴雨、内涝、洪水、污水处理、水体污染、河流和水库等，这些都是影响城市韧性的重要因素。为此，黄石的韧性水系统建设主要集中在雨水和生活污水分离、水体的重金属污染和其他污染治理、城市污水处理以及城市内涝治理。通过建设韧性城市水系统，治理城市面临的各种水问题，防御水患灾害，打造水污分离、水体健康的城市水系统。

第二，建设韧性的经济系统。黄石市结合自身的资源环境特点，着手打造建设韧性经济系统。充分利用黄石市丰富的自然和人文旅游资源，从资源枯竭型转为绿色发展型；加快开放发展，推进健康产业国际化；提高工业现代化水平和竞争力。通过建设韧性的经济系统，大力推动黄石市多样性的经济转型，形成蓬勃、持续发展的绿色经济新格局。

第三，建设韧性的居住系统。构建韧性城市的根本目的在于为市民提供良好的宜居环境，黄石从以下几个方面着力打造韧性的居住系统：棚户区改造经验与大冶湖生态新区开发和城市化进程有机结合，提升城市抗内涝和污水处理能力；治理空气污染，恢复生态系统功能；大力推进智慧城市的建设。通过建设韧性的居住系统，大力实施生态文明城市的建设和棚户区改造，形成环境优美、社区和谐、居民幸福的城市居住系统。

第三部 北京市通州区促进城市副中心建设和发展的实践

第十三章
北京城市副中心位于通州区

一　北京城市副中心的由来

（一）党中央习近平总书记的重大决策

2016年5月27日，中央政治局专门召开会议，研究了城市副中心建设工作，对城市副中心建设的总体设想、目标方向和实施步骤等一系列重大问题做出了明确指示，这些指示是城市副中心建设的根本指针和行动纲领。

这次会议明确指出，"建设北京城市副中心，不仅是调整北京空间格局、治理大城市病、拓展发展新空间的需要，也是推动京津冀协同发展、探索人口经济密集地区优化开发模式的需要"。

2017年2月24日，习近平总书记视察北京城市副中心，进一步强调："建设北京城市副中心，是党中央一项重要决策，是推进京津冀协同发展、疏解北京非首都功能的重要一环。"

建设北京城市副中心，是以习近平同志为核心的党中央审时度势、深谋远虑、统筹设计的重大决策部署，是贯彻落实创新、协调、绿色、开放、共享新发展理念的伟大实践，具有重大的现实意义和深远的历史意义。

随着经济社会的快速发展、城镇化步伐的加快以及人口流动的频繁，近20年来，北京市常住人口迅猛增长，近10年来，北京市常住人口增长步伐更快，平均每年增长50万人以上，城市规模不断扩展。人口的迅速膨胀带来了资源紧张、环境恶化、交通拥堵等问题，同时使得教育、医疗等公共服务也面临严峻挑战。如何治理首都"大城市病"的问题，成为北京可持续发展的重要议题。

早在2004年，北京市就已经认识到建设新城的必要。《北京城市总体规划（2004年~2020年）》提出，"通州"是"北京重点发展的新城之一，也是北京未来发展的新城区和城市综合服务中心"。该规划提出，在通州预留发展备用地，作为未来行政办公用地使用。2012年，北京市第十一次党代会进一步提出，"落实聚焦通州战略，分类推进重点新城建设，打造功能完备的城市副中心"。2014年，习近平总书记视察北京时提出，"结合功能疏解，集中力量打造城市副中心，做强新城核心产业功能区，做优新城公共服务中心区，构建功能清晰、分工合理、主副结合的格局"。2015年4月，《京津冀协同发展规划纲要》（以下简称《纲要》）明确了有序疏解北京非首都功能，加快规划建设北京市行政副中心，有序推动北京市属行政事业单位整体或部分向副中心转移的思路。2015年7月，《中共北京市委北京市人民政府关于贯彻〈京津冀协同发展规划纲要〉的意见》，明确指出要加快推进北京市行政副中心的规划建设，2017年要取得明显成效。2016年5月，中央政治局召开会议，研究部署规划建设北京城市副中心和进一步推动京津冀协同发展的有关工作。从"北京市行政副中心"到"北京城市副中心"，两字之差有着不同的内涵。行政副中心的提法侧重政府机构搬迁，而城市副中心的提法更强调区域发展的定位。

（二）通州区优越的地理位置

通州区位于北京市东南部，京杭大运河北端，历史上为京东交通要道，漕运、仓储重地。万国朝拜，四方贡献，商贾行旅，水陆进京必经此地，促进了通州经济的繁荣和兴旺。享有"一京（北京)、二卫(天津)、三通州"之称。

通州历史悠久,早在新石器时期,境域内就有人类活动。西汉初始建路县。王莽篡汉后,改路县名通路亭。东汉建立后,废莽新所改,恢复西汉旧称,但改"路"为"潞",始称潞县。明朝潞县并入通州,包括三河、武清、宝坻三县。清朝改通州为通县。1948年12月通县解放,分置通县、通州市。1958年3月县市由河北省划归北京市后,合并为北京市通州区。1960年复称通县。1997年4月撤销通县设立通州区,面积906平方千米,现辖10个镇、3个街道、1个民族乡。

通州自古以来就是京畿门户,京城北有居庸关和古北口,东有山海关和海防,通州正好卡在通往京城的交通要道上,历来是兵家必争之地,中央政府高度重视。"通州乃九重肘腋之上流,六国咽喉之雄镇",特别是在军事上,通州一直承担着拱卫京城的重要作用。明朝初年,为加强北陲防卫力量,朝廷派大将镇守北平府,在通州城内驻有重兵把守,又称通州卫,直属兵部管辖。1860年9月,英法联军自天津向北京进犯,大学士瑞麟统京营兵9000人,僧格林沁骑兵和临时调集的清兵3万余人,设防于通州。9月18日和9月21日在张家湾和八里桥两次血战失利后撤离,英法联军由此进入北京。1949年1月12日,解放军平津战役前线司令部由蓟县移驻通县宋庄,为平津战役的胜利奠定了基础。因此,一直以来就有"通州安、京师安"的说法。

从建城建置史上看,通州的建设历来受到中央政府高度重视。在建设上,通州古城就是明太祖朱元璋派大将孙兴祖直接指挥和组织下督建的。在管理上,相当长一段时期,中央政府的重要部门在通州都有分支机构,比如,清代的都察院、户部、工部、漕运总署等都在通州派驻分支机构,包括江浙等九省的漕运局也都设在通州。过去外国使节进京必于潞河驿码头上下船,并由礼部官员至此接送。1793年7月10日英国公使马戈尔尼抵达张家湾,先在通州学习中国礼仪后,乘船通过通惠河闸门去京城。历史上通州就承担着首都北京的一部分行政职能，起着全面服务京城的重要作用。

从经济发展上看，通州历来为大运河北端的重要城市。特别是随着明清两朝大运河的疏浚、漕运的兴盛，通州成为漕运枢纽和漕运重镇，掌握着京城粮食、木材等物资运送保障的命脉，最多的时候运送京城的粮食六成存在通州。以京杭大运河为纽带，通州与沿运河的 20 几个大城市在经济上高度融合、广泛串联，形成了当时全国最繁华的运河经济带。鼎盛时期，国家 70% 的税收都来自运河经济带沿线城市和漕运。可见，通州在融入区域协同发展、带动整个京城东部与外部经济发展上发挥着独特的作用。

从功能疏解上看，通州历史上承担着分流京城人员、物资的重要功能。随着漕运的兴起，不同阶层、不同地域、不同背景的人们在通州集聚，各种文化在通州融合交流，通州成为政治、经济、文化、民族融合的一个重要交汇点。明清两朝的京门首驿——潞河驿也坐落在大运河西岸，地方大员进京觐见，随从人员大部分留在通州等候。大量的人员、物资在此完成交流、交换，通州在一定程度上发挥着分担和疏解京城压力的重要作用。

二　北京城市中心区与城市副中心的关系

（一）共同组成城市中心区完整体系

北京城市副中心是在中心城区发展出现规模不经济、大城市病问题突出、CBD 功能向外扩散过程中伴随而产生的，位于城市边缘、城市新功能集聚点和结合点上，既具有疏解和互补人口、产业等非首都功能，也具有互补城市中心功能。城市副中心与城市中心区共同组成城市中心区体系，二者共处于同一个大城市系统中，既功能互补，又机能相通。

（二）功能定位不同

习近平总书记在北京市考察工作时指出，北京中心城区要明确城市战略功能定位，坚持和强化全国"政治中心、文化中心、国际交往中心、科技创新中心"的首都核心功能，建设国际一流的和谐宜居之都。

北京城市副中心要充分发挥行政副中心的综合优势，紧紧围绕对接中心城区功能和人口疏解，发挥对疏解非首都功能的示范带动作用，促进行政功能与其他城市功能有机结合，要坚持和细化副中心的行政办公、商务服务和文化旅游三大功能定位。北京城市副中心要构建成蓝绿交织、清新明亮、水城共融、多组团集约紧凑发展的生态城市，着力打造国际一流和谐宜居之都示范区、新型城镇化示范区、京津冀区域协同发展示范区。

三　北京城市副中心与通州区的关系

（一）位置和面积不同

北京城市副中心北起通州区潞苑北大街，南到京哈高速，西接北京朝阳区，东至潞城镇，面积约155平方千米，约占通州区总面积的1/6。

北京城市副中心在通州，但通州却不等于北京城市副中心，因为北京城市副中心为155平方千米，通州区却有906平方千米。有个很形象的比喻：城市副中心和通州全区就是鸡蛋黄和鸡蛋清的关系。通州全区是城市副中心外围控制区。

北京城市副中心就是通州新城范围。

（二）通州区要服务于城市副中心建设和发展的需求

中央政治局会议强调，城市副中心的建设要坚持世界眼光、国际标准、中国特色、高点定位，以创造历史、追求艺术的精神进行规划设计、建设副中心。

北京城市副中心所具有的四大功能，一是首都行政次中心，二是北京中心商务新区，三是文化创新基地，四是京津冀协同发展先行区。

随着城市副中心的规划建设，副中心原有区域内的人口、产业、公共服务等要进行调整，副中心外围的通州区区域也要按照城市副中心的配套要求和规模水平来建设。但是，通州区的发展首先要考虑城市副中心建设和发展的需要，也就是首先要建设好城市副中心区域内的项目，服务好城市副中心的需求。

（三）通州区与城市副中心一体化建设和发展

副中心的建设和发展既要把握好副中心和中心城区的关系，带动中心城区功能疏解和公共服务资源转移，还要把握好副中心和通州区的关系，通州全区作为副中心的外围控制区，与副中心一体建设发展。

通州区要彻底告别郊区的概念，强化"北京两翼"意识和首善意识。

城市副中心的发展还要考虑如何带动京津冀，特别是如何带动河北省三河、大厂、香河（廊坊北三县）的发展，廊坊北三县要与城市副中心协同发展、统一规划、统一政策、统一管控。

四 北京城市副中心主要建设内容

（一）北京城市副中心的规划目标与空间布局

1. 规划目标

2017年，北京城市副中心行政办公区具备入住条件，对中心城区的功能承接取得了明显成效。2020年，与功能定位相适应的空间格局基本形成，国际化城市框架初步搭建，非首都功能疏解取得重大突破。2030年，常住人口规模调控为130万人以内，就业规模调控为60万~80万人。通过有序推动市级党政机关和市属行政事业单位整体或部分转移，带动中心城区其他相关功能和人口疏解，到2030年承接中心城区40万~50万常住人口。

2. 空间布局

北京城市副中心规划范围为原通州新城，位于长安街东延长线上，距东二环路约23千米，总面积约155平方千米。构建蓝绿交织、清新明亮、水城共融、多组团集约紧凑发展的绿色生态城市，遵循中华营城理念、北京建城传统、通州地域文脉，形成城市副中心"一带一轴多组团"的空间布局。"一带"是以大运河为骨架，构建城市水绿空间格局，形成一条蓝绿交织的生态文明带。"一轴"是一卷清新明亮的创新发展轴，向外纵向联系北京东部地区和首都国际机场、北京新机场，对内串联宋庄文化创意产业集聚区、行政办公区、城市绿心、环球主题公园等多个功能中心。"多组团"是依托水网、绿网和路网形成12个民生共享组团，建设支柱平衡、宜居宜业的城市社区，并规划36个幸福家园。

同时，处理好副中心（155平方千米）与通州区（906平方千米）的关系，以城市副中心带动通州区全区发展，在906平方千米内的通州区建设一批特色小镇和美丽乡村。

（二）以行政办公、商务服务、文化旅游为主导功能，形成配套完善的城市综合服务功能

紧紧围绕对接中心城区功能和人口疏解，发挥对疏解非首都功能的示范带动作用，促进行政功能与其他城市功能有机结合，以行政办公、商务服务、文化旅游为主导功能，形成配套完善的城市综合服务功能。

行政办公功能包括市属行政办公及与行政办公相关的智库、决策机构、研发设计机构等，商务服务功能包括国际商务、企业总部（市属国企总部）、科技研发、信息服务、金融服务等，文化旅游功能包括运河文化及衍生的文化产业、环球主题公园及相关文化创意产业、宋庄文化创意产业等。同时，综合配置宜居的生活环境和优质的公共服务设施。

1. 加快推动行政办公区建设

行政办公区总面积约6平方千米。其中启动区约1.2平方千米，

地上建筑面积约66万平方米，2017年底具备入驻条件，同步完成周边骨架性路网、市政基础设施建设。

2. 提高运河商务区建设水平

运河商务区是承载北京中心城区商务功能疏解的重要载体。依托金融后台服务功能，形成以金融创新、互联网产业、高端服务为核心的综合功能片区。启动区已在建设中，地下隧道和综合管廊已建成。围绕五河交汇环湖筑心，形成传统与现代相依、传承与创新相容的空间景观。

3. 推进文化旅游区高水平建设

依托文化旅游区提升国际知名度，承接具有重大国际影响力的主题公园类旅游职能，建设国际文化旅游服务区，塑造国际化的开放形象。北京环球主题公园及度假区位于东六环路（副中心段）与京哈高速交会处西北侧，为满足我国旅游消费升级、旅游服务业创新发展而部署的重大战略性项目。建设2个主题公园、1个水上乐园、7家度假区酒店及景观水系、地铁等。以环球主题公园游览与服务为核心，带动周边区域的文化旅游、商务服务、会展及其衍生的文化创意等产业发展。

4. 建设民生共享的城市绿色

城市绿心位于行政办公区南侧，占地面积约1119公顷，东、北至北运河，西邻六环路，南邻京津公路，是城市副中心"一带、一轴、多组团"空间结构中的重要节点，是城市从工业文明走向生态文明的实践示范。通过对原东方化工厂地区实施生态治理、土壤修复等措施，恢复生态多样性，建设城市绿肺；通过集聚一批重要的公共设施，形成功能复合、富有活力、服务全市人民的市民中心；通过传统东方园林美学和现代建筑理念的完美结合，传承历史文化，形成北京文化新地标。同时，这颗"绿心"，还将引入剧院、博物馆等文化设施，打造一个成为居民休闲放松的好去处，同时也避免形成副中心核心区偏重行政办公功能的单调结构。

（三）突出绿色生态，以自然为美，实现城市与自然和谐共处

1. 建设一个水城共融的北方水城

顺应现有水系脉络，科学梳理、修复、利用流域水脉网络，建立区域外围分洪体系，形成"上蓄、中枢、下排"多纵级滞洪缓冲系统，涵养城市水源，将北运河、潮白河、温榆河等13条水系打造成景观带。"上蓄"即在上游建设通州堰进行蓄水；"中枢"即营造开放可达的"水网"，形成亲水空间；"下排"即保持下游排洪通道畅通。

通过水系综合治理，使城市绿心、丰字沟等重要河段水质达到Ⅲ类，城市副中心内水质2020年基本达到Ⅳ类，2030年整体达到Ⅳ类。城市副中心内采用自然化、半自然半人工化、人工化三种岸线类型，使80%以上岸线为亲水岸线，亲水开放空间15分钟步行可达。

2. 建设海绵城市，实现雨水综合管理

结合自然水网，借鉴传统营城的龟背排水理念，形成依托自然地形排水的城市综合排水体系，实现雨而不涝。强调雨水的自然渗透、净化和收集利用，采用点、线、面三种方式布局雨水收集调蓄利用设施，建设更能适应环境变化和自然灾害的海绵城市。在生态社区中示范推广海绵城市建设技术，通过集雨型公共绿地，源水管道收集系统、屋顶绿化等技术进行雨水收集，实现对雨水渗、蓄、滞、净、用、排的综合目标。

3. 建设一个蓝绿交织的生态城市

构建大尺度绿色空间，实现城绿融合发展，形成"两带、一环、一心"的绿色空间结构。"两带"是位于城市副中心与中心城区、廊坊北三县地区东西两侧各约1000米、3000米宽的城市绿廊；"一环"是在城市副中心外围形成一个长度约56千米的森林公园环；"一心"即依托大运河森林公园，围绕东方化工厂地区生态治理形成的11.2平方千米城市绿心，集中建设大型城市绿地，形成以若干公

共服务设施为主的市民中心，打造成休憩带、河道绿廊、城市中心公园、组团中心绿地、城市绿荫道、街坊口袋花园、建筑垂直绿化七级绿化系统。

（四）延续城市历史文脉，塑造鲜明的城市特色和城市精神

1. 加强文物保护，恢复古河道、古码头，传承运河文化

发挥世界文化遗产——中国大运河的"金名片"价值，塑造城市副中心运河文化特色，对城市副中心内历史文化资源进行保护、改造和利用，恢复玉带河故道，复建石坝、土坝等10座古码头，并沿大运河新建部分码头，形成大运河水上游览线路，承担城市副中心的水上交通和大运河特色游览功能。

2. 整体保护古城遗存，创新历史文化遗产保护方式

整体保护和利用路县古城（西汉）、通州古城（北齐）、张家湾古镇（明嘉靖），通过恢复历史文脉肌理，并置入现代城市功能，古为今用，提升城市副中心的文化创新活力。

（五）均衡布局公共服务体系，营建宜居宜业、职住平衡的幸福家园

1. 建设36个幸福家园

按照宜居宜业、职住平衡的理念，构建以幸福家园为单元的生活模式。城市副中心内划分36个幸福家园，每个家园面积在4平方千米左右，人口规模为3万~5万人。建设用地高效混合利用，合理布局工作、居住、休闲、教育、医疗五类功能，实现步行15分钟可达的预期目标。

2. 建设生态社区

提倡节能环保，充分利用可再生能源，采用新型建筑材料和技术，满足建筑采光、通风、采暖等需求，新建建筑100%达到绿色建筑星级标准，建筑能耗节能15%以上。通过生态草沟、雨水花园、

透水铺装等多层次的雨水过滤系统，降低地表径流，实现非传统水源利用率超过50%。通过垃圾分类收集和循环利用促进可持续的能源使用，利用可再生能源提供30%以上的生活热水，建设生态社区。

3. 推动中心城区教育、医疗等公共资源向城市副中心疏解

积极应对城市人口规模和结构变化，统筹考虑非首都功能疏解和城市副中心的建设，创新公共服务供给方式和管理模式，建构公平多元、便利高效的公共服务体系。建设一批文化、体育、医疗、养老等民生工程，全面提升公共服务水平，增强城市副中心的综合吸引力。

（六）建设绿色交通体系，提升城市智能精细化管理水平

1. 通过多种措施缝合城市，消除城市空间割裂

六环路原有的国家高速公路功能疏解至首都地区环线，东六环路（城市副中心段）入地改造并建设城市绿廊，使两侧城市功能更好地衔接融合。东六环路入地后的地面景观以恢复生态水绿空间为主，建设立体景观和运动公园，提升景观绿带品质和活力。

通过特色桥梁强化运河商务区、城市副中心交通枢纽地区、行政办公区等重要功能节点的跨河联动，提升城市活力，缝合城市空间。采用生态景观桥、活力人行桥、快速车行桥等多种桥梁形式将生态景观、建筑艺术与桥梁相结合，丰富城市空间特色。

2. 高标准建设"公交都市"，推动低碳出行

遵循"公交优先"的规划理念，建设以轨道交通为主、快速公交和常规公交为辅的交通发展模式，使公共交通分担率达到75%以上。提高城市副中心内部轨道线网覆盖率，沿轨道环线形成若干公共交通换乘枢纽，实现地铁站点500米覆盖率达60%，有轨电车300米覆盖率大于60%。依托主要干道建设快速公交线和公交走廊，串连地铁站点及城市主要功能地带。结合轨道交通、快速公交、有轨电车、常规公交，建立多级交通接驳系统，形成无缝对接的便捷公共交通网络。

3. 建设适合步行和自行车的城市

强化慢行系统的空间连续性和网络化，满足市民通勤与休闲需求，并与公共交通系统相协调，确保慢行系统的安全、方便、宜人。建设以北运河两岸为主干设置向周边城市干道放射延伸的自行车高速公路，沿主要道路及城市绿廊设置自行车专用道，满足自行车通勤需求。依托公园绿地、城市道路设置专用步道，设计充满生活气息、适宜步行的林荫街道，形成特色街道网络，满足市民休闲需求。

4. 围绕城市内部环线，集成设置城市生命支撑体系

城市副中心内部环线串联各组团和主要公共服务节点，保障城市副中心核心功能的整体联动，提供平等、高效的公共服务和社会保障功能。城市内环地上以环状绿带连接各主要公共服务节点，并与城市慢行系统和绿荫文化健康网络相结合，构成连续完整的城市公共服务环和绿荫文化健康空间环。地下集成全球最前沿的地下空间建设科技，综合配置地下轨道交通、市政设施、物流仓储、能源储配、应急避难、战略储备等多项城市基础设施系统。

5. 构建智慧城市管理系统，提升城市治理和服务水平

以城市智能大数据（CIM）平台为核心，利用三维空间地理信息系统（3DGIS）、建筑信息模型（BIM）、物联网技术等构建城市规划—建设—管理全周期、多维度管理平台。建立全方位的立体感知体系、全贯通的数据资源体系、全程全时的民生服务体系、高效精准的社会运行管理体系，实现市政物联网智能监测和绿色公共交通智能调度。数字网络基础设施覆盖率达到100%，实现城市资源和功能的定向配置。

基于数字化大容量的光纤通信技术，建立容量更大、安全更好、网络速度更快的专用政务高速智能网，连接各区，服务全市，实现政务高效运转。基于智慧大数据平台的智能民生服务，为市民提供智慧运输、智慧出行、智慧通信、智慧医疗、智慧教育等最先进的城市生活智能服务。

6. 推进交通、市政基础设施建设

构建以城市副中心为交通枢纽门户的对外综合交通体系，以城

市副中心站客运枢纽为节点组织城际交通和城市交通转化。加强城市副中心与中心城区之间的快速、便捷联系，建设 2 条地铁快线、3 条地铁普线和 1 条市郊铁路的轨道交通线网。加密内部轨道交通线网，建设"五横"（京秦高速公路、潞苑北大街、京通快速路、广渠路、京哈高速公路）"两纵"（六环路、密涿高速公路）的高速、快速路网系统。集成全球前沿技术进行地下空间建设，综合配置轨道交通、市政管廊、物流仓储等多项城市基础设施系统。

（七）建设高品质的活力公共空间和亮丽的城市景观，打造体现时代风貌的精品力作

1. 建设高品质的活力公共空间，形成特色城市广场、街道和艺术空间

围绕大运河沿线的运河商务区、城市副中心交通枢纽地区、行政办公区、城市绿心，以及重要轨道交通节点，建设高品质的活力公共空间。改变传统站前广场模式，在北京城市副中心站周围建设具有多面向、立体服务功能的城市客厅。结合重要城市节点设计主题多样的开敞空间，形成市民喜爱、充满魅力的特色广场体系。建设景观道、滨水道、活力街巷等特色街道，满足多样的公共活动需求。通过丰富的景观小品与精心的植栽搭配，提升步行体验。将本地文化特色与国际文化艺术相结合，设置多条艺术大道与艺术轴线，串联各具特色的公共艺术空间节点与艺术展示区，营造浓郁的艺术氛围。

2. 建设迎宾景观，控制城市色彩和第五立面，打造亮丽的城市景观线

将进入城市副中心的京通快速路、铁路绿廊、广渠路、观音堂路、京哈高速公路 5 条标志性门户道路建设成迎宾景观大道，将通惠河建成景观河道，展示城市活力形象。结合城市主要功能节点，打造优美而富于变化的运河天际轮廓。建立城市视廊与景观眺望系统，科学布局标志性建筑和景观点，结合风貌分区引导第五立面设计。确定清新明亮的城市色彩，传统风貌区以灰色系为主，营造庄

重大气、古老厚重的城市气质；现代风貌区以浅灰色系为主，打造清新淡雅的形象，与蓝天白云、碧水绿树相得益彰。

3. 以创造历史、追求艺术的精神，打造让人眼睛一亮的精品力作

规划建设城市副中心是历史性工程，要加强主要功能区块、主要景观、主要建筑物的设计，开展北京大剧院、北京市民文化中心、运河博物馆、体育中心等重要公共设施方案设计的国际招标，建设一批精品力作。

（八）协调推进"三个示范区建设"

1. 围绕国际一流和谐宜居之都示范区建设，处理好与中心城区的关系，示范带动非首都功能疏解，优化提升首都核心功能

以市属行政事业单位搬迁示范带动非首都功能疏解，强化与中心城区、东部其他郊区城区、机场、周边跨界地区的交通联系，统筹中心城区搬迁腾退的空间利用，更好履行"四个服务"职能，优化提升首都核心功能。

2. 围绕新型城镇化示范区建设，处理好与通州区的关系，带动通州全区发展，建设一批特色小镇和美丽乡村

统筹城市副中心与通州区全城的发展关系，发挥城市副中心"以城带乡、城乡统筹"的作用，将部分延伸和服务功能布局在城市副中心周边的乡镇中，建设潞城智慧小镇、宋庄艺术创意小镇、台湖演艺文化小镇、漷县文化健康小镇等9个特色小镇，促进城乡功能联动一体发展，推动新型城镇化示范区建设。

综合区位条件、资源禀赋和发展基础，分类引导乡村地区发展，建设一批环境优美、文化繁荣、设施完善、乡风文明的美丽乡村。

3. 围绕京津冀区域协同发展示范区建设，处理好与廊坊北三县地区的关系，实现统一规划、统一政策、统一管控

统一规划：通州区与廊坊北三县地区共同划定生态红线和城市开发边界，城乡建设用地开发强度统一控制在30%以下。规划跨区

域大尺度生态绿洲，控制区范围约345平方千米。

统一政策：针对规划审批管理、人口规模控制、房地产市场调控、产业协作发展等，研究提出统一的实施机制和政策保障。

统一管控：完善协商机制，促进基础设施互联互通，引导廊坊北三县地区自我完善配套设施，加强交界地区规划建设管控，严防房地产过度开发，避免形成"铁围子"，影响非首都功能向外疏解。

第十四章

北京市通州区促进城市副中心建设的策略

一 北京城市副中心交通堵点分析及治理拥堵的策略

交通问题是城市副中心建设面临的突出问题，随着北京市党政机关搬迁至通州，交通拥堵问题率先显现。因此，要立足实际，广泛借鉴国内外治堵经验，做好谋划。

（一）北京城市副中心交通基本情况

1. 交通设施方面

截至2016年底，通州全区道路总里程2483千米，城市道路里程达到550千米，城市路网密度3.55千米/平方千米；公交运营线路130条，公交车辆2233辆，日客运量约94万人次；地铁线路3条，日客运量约24万人次；区域电动出租车500辆，日客运量约2万人次；普通燃油出租车企业12家，出租汽车2087辆，日客运量约10万人次；货运企业5271家，车辆2.5万辆；公共自行车租赁站点453个，自行车2万辆，桩位1.51万个，覆盖85%以上城区。

2. 居民出行方面

据不完全统计，通州居民每日跨区出行30万人次，占居民出行总量的 18.4%，主要出行方式为小汽车、地铁、公交，分别占跨区出行的 32.50%、29.98%、28.41%。通州居民每日区内出行 131 万人次，占居民出行总量的 81.60%，主要出行方式为自行车、小汽车、电动自行车、公交，分别占区内出行的 48.16%、22.34%、13.37%、11.38%。

（二）北京城市副中心交通拥堵的主要特点

1. 对外交通方面

一是高峰时段向中心城区、亦庄以及南部各乡镇对外集散通道交通压力大，京通快速、京哈高速、朝阳路、朝阳北路潮汐式交通拥堵严重。二是六环路对通州新城对外交通集散的服务有限，六环路主要承担首都地区货运过境通道任务，交通压力巨大，为通州提供对外出行服务作用有限。三是对外集散节点（台湖立交、耿庄立交、果园环岛、北苑路口）交通压力大。四是地铁、公交通勤时段潮汐现象明显，单向客流压力大。

2. 内部交通方面

一是新城内部路网布局不合理，缺少南北向道路和环新城的外环线，致使过境交通穿城而过，与区域内部交通相互混杂、相互干扰。二是城区内重要道路部分节点不畅，在通勤时段出现拥堵情况。三是社会公共停车场历史欠账较多，停车配建标准低。四是智能化交通管理水平有待提高，道路交通配套设施建设速度还需要加快。

（三）北京城市副中心内部交通主要堵点分析

1. 潮汐式交通堵点

主要有京通快速、京哈高速、广渠路二期等城市主干道与中心城区联络线形成的堵点，如北苑路口、台湖路口、北关桥下、果园环岛等堵点；与中心城区联络的地铁站点周边形成的堵点，如地铁八通线梨园站、九棵树站、北苑站，地铁 6 号线的北运河西站、通州北关站、物资学院路站。拥堵方式为单向拥堵，拥堵时间在早晚上下班高峰期。

2. 重要公共配套设施周边的交通堵点

区内的学校、医院、行政单位等重要公共配套设施周边形成的堵点，主要是玉带河大街与新华南路、车站路交叉点以及中小学周边。拥堵方式为双向拥堵，拥堵时间为早晚上下班高峰期以及中午用餐时段、学生放学时段，拥堵持续时间较长。

3. 交通干道出入通州的堵点

主要在京津公路和六环路交叉的土桥路口、通燕高速与芙蓉东路交叉的耿庄桥下、京哈高速与通马路交叉口的台湖出口。拥堵方式为双向拥堵，拥堵时间为早晚上下班高峰期。

4. "卡脖子"路的交通堵点

主要有京津公路科印铁道桥路段、新华南路铁道桥路段、玉桥中路铁道桥路段、玉桥西路铁道桥路段。拥堵方式为双向拥堵，拥堵时间为早晚上下班高峰期。

5. 未来两年可能新产生或加剧的交通堵点

跨北运河的桥梁将成为新的拥堵节点，包括东关大桥、玉带河桥、北运河大桥、潞阳桥、运通桥和二道闸路；广渠路二期、运河西大街、通燕高速路耿庄桥出口、六环路土桥出口、小圣庙出口受进出行政办公区新增的车流影响，拥堵情况可能进一步加剧。拥堵方式将由潮汐式单向拥堵转化为双向拥堵，拥堵时间主要是早晚上下班高峰期。

北京市通州区主要交通拥堵分布见图 14-1。

（四）北京城市副中心内部交通拥堵的主要原因分析

交通拥堵是一个系统性问题，有职住不平衡、规划布局不合理、基础设施短板突出、交通组织管理水平不高、市民文明素质有待提升等深层次原因，全面解决这些问题并非一朝一夕之功，考虑到副中心治堵的紧迫性，我们将调研聚焦于现有条件下能够有所作为的领域、环节，找准原因，以便对症下药，尽快见效。我们梳理的原

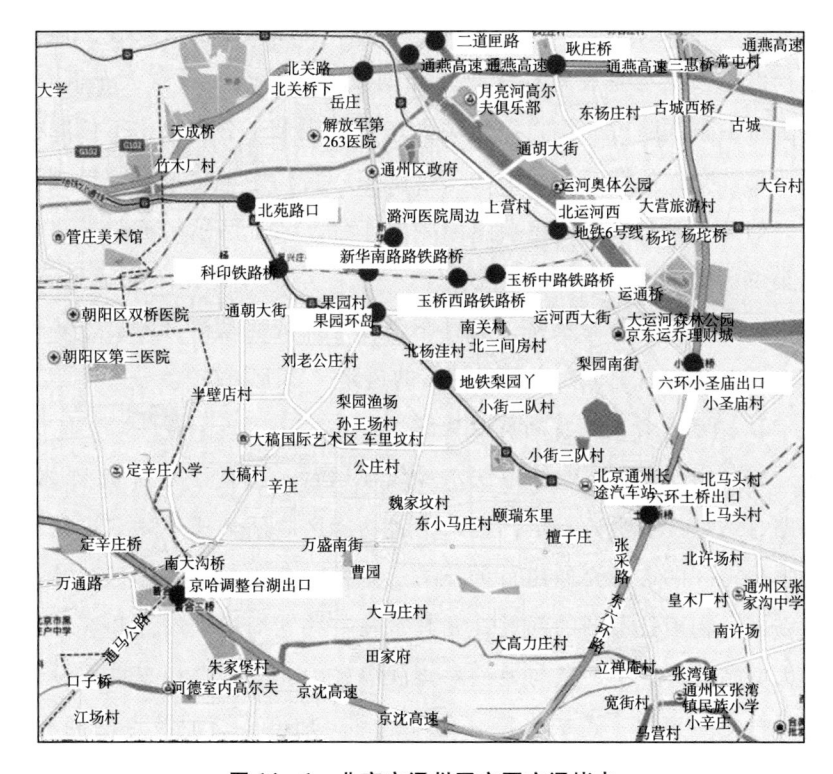

图 14-1　北京市通州区主要交通堵点

因主要有以下五个方面。

1. 管理不严格造成的秩序混乱

机动车随意占道、并道、转弯、掉头、加塞抢行等容易阻塞交通的行为频频发生，却很少能够受到处罚。特别是违章停车执法缺位严重，违停成本低。对于行人和非机动车闯红灯、挤占机动车道等行为缺乏行之有效的监管办法，尤其是对老年代步车等电动车辆管理存在执法空白，进一步加剧了拥堵。

2. 交通硬件设施设置不合理导致的拥堵加剧

在部分路段，除了交通压力本身较大外，交通设施设置不科学进一步加剧了拥堵。这一问题在穿城铁路桥路段更加凸显，如红绿灯设置不合理，从京津公路科印铁路桥北侧出口到京通快速路北苑入口1千米左右的道路上设置了4处红绿灯，极大地影响了整体交通效率。铁路桥下非机动车道过宽，又造成浪费。立体化过街设施设置不足也比较突出，部分人流、车流密集地区既没有设置立体化过街设施，也没有设置红绿灯，却划设人行横道，导致人车混行，如玉桥中路铁路桥北侧，该区域人车抢道现象十分突出，不仅降低了通勤效率，还带来了很大的安全隐患。路侧停车挤占道路行驶资源，如玉带河大街占用主要道路划停车位，两上两下的道路被路侧停车位占据了两个车道，导致只有一上一下的车道用于交通通行，相当于形成了一条瓶颈路，而且车辆在停放或启动离开时，还要借道，影响后车通过，让本已经拥堵的道路"雪上加霜"。

3. 绿色出行没有得到有效保障

城区内仅有八通线、地铁六号线在运营，总里程不到 20 千米，线路、站点设置明显不足，且未在各功能区之间形成串联，难以有效地分担区内自身交通出行的压力。地铁、公交、公共自行车站点存在着一定接驳不畅的问题，尤其是在一些老旧地铁站点和客流量较大的站点，公交站点与地铁站点间隔较大，公共自行车桩位设置不足等矛盾突出，造成人流、车流混乱，加剧了交通节点的拥堵。公交车、自行车、行人出行路权保障不足，在人车混行的道路上，机动车挤占自行车道、自行车挤占人行道，公共交通无法满足方便、快捷的要求。

4. 智能交通基础薄弱

运用科技手段管理交通的意识和措施不足，用于交通管理的科技设备在数量和质量上差距比较大，导致交管部门对实时路况的掌握极其有限，路口信号灯无法根据整体交通情况统一指挥、智能调节，也无法通过科技手段对违章违法行为进行及时、有效的处置，难以有效缓解拥堵。

5. 外埠车、大货车增加交通压力

通州的外埠车辆大致有两类：一类是进出北京中心城区的通勤过境外埠车辆；另一类是常驻通州的外埠牌照车辆，主要是通州本地常住人口的车辆，他们由于无法取得北京牌照，办理外埠牌照作为代替。据初步估计，这两类长期在通州行驶的外埠车辆达 30 万辆左右，给通州的交通带来了很大的压力。另外，大货车过境，交通事故经常发生，特别是在一些重要路口，造成了长时间严重拥堵。

（五）北京城市副中心治理交通拥堵的策略

缓解交通拥堵，需要从严管理、提效率、促绿色、强智慧、减总量五个方面入手，综合施策，加快行动，统筹推进。严管理就是要加大执法力度，切实做到见违必纠、纠违必处、处罚必严；提效率就是通过交通硬件设施改造等技术手段，提高道路通行效率；促绿色就是通过构建方便、快捷、舒适的绿色出行体系，形成对市民的吸引效应，减少私家车出行；强智慧就是更多地通过科技的手段来组织运行交通，摆脱过分依靠人力的旧模式；减总量就是最大限度减少机动车在城区内的行驶数量。

1. 严格交通管理

一是加大对交通违章行为的管理力度。在主要路段、重要交通节点增设专用监控探头，对违章停车、乱掉头、随意并线等行为24小时监控，对违章违规行为，发现一起，处罚一起，通过严格执法，有效治理各种违章违规乱象，督促驾驶者树立文明行车的意识。实施交警流动执法，实现车辆主要由探头监督，交警主要负责行人监督的交通管理模式，把有限的警力用在刀刃上。探索建立对区域内快递、送餐电动车的管理并严格执行。把引导和处罚结合起来，对不文明出行的行人和非机动车驾驶员进行专项整治，可以通过罚款、曝光、协助引导交通等多种方式进行处罚。尽快建立起井然有序、各行其道的交通环境。

2. 改造交通设施，提高道路运行效率

一是对重要交通节点进行改造，如在通燕高速耿庄桥处，设置定向匝道，让上下高速的车辆可以不经过红绿灯直接驶入高速或芙蓉东路，减少高速出入口的拥堵。对科印、新华南路铁路桥下的非机动车道，建议增设一条机动车道，实行机非隔离，形成整个南北向小汽车道三上三下的格局，提高通行效率。跨运河大桥南北新修建非机动车道（桥），使主桥东西向增加2个车道，打开跨运河大桥瓶颈。二是加强交通组织。对部分道路采取单向行驶、禁止左转等措施，如北运河、通惠河等河流两侧道路实行单行，跨河桥梁两侧禁止左转，避免河流两岸、桥上桥下交通互相影响，形成系统性拥堵。三是在骨干道路建设禁停示范区域。以新华大街、玉带河大街、运河大街和新华南北路4条主干路为试点，取消路侧停车位，设立禁停示范区。四是打造快速通行示范道路。以通朝大街、运河大街为试点，在早晚高峰时段，通过沿线红绿灯智能配时，对东西向直行通过车辆进行"绿波控制"，实现车辆最多只需要等待一个红灯，随后通过的路口都是绿灯，无须等待，快速通行。

3. 大力发展绿色交通，促进居民选择绿色出行

（1）统一规划公共交通等绿色出行方式，做到有效衔接。一是大力发展轨道交通项目，让轨道交通成为城市副中心最主要的出行方式，有效缓解地面交通压力。对于新建轨道项目，在轨道交通站点、公交站点、公共自行车站点的规划布局上，相关部门加强联动，把合理衔接问题考虑在先，合理预留各自空间，实现换乘便捷、秩序良好的目标。特别是行政办公区、文化旅游区等重点区域新线路的核心站点，提前设计公交线路，规划、建设一批适应新能源公交车辆的新式公交枢纽、场站，实现与周边重点居民密集区的便捷联络。二是建立各公交运营公司的统筹协调机制，优化线路和站点设置，合理配置公共交通资源。在早晚高峰时段，增加微循环公交车线路，缩小重点线路公交车行车间隔，满足群众出行需求。

（2）保障行人、非机动车绿色出行路权。尽快实行人车分流，对于未实现人车分流的路段增设护栏，并合理设置入口宽度，对已设置护栏的路段进行改造，试点划设非机动车引导带，限制机动车驶入，防止行人、非机动车与机动车互相抢道，影响交通运行。尤其是在运河西大街、新华南北街等车流量较大的路段，尽快建设立体化过街设施，取消人行过街步道和红绿灯，增设道路护栏，避免人车混行，提高道路通勤效率。

（3）切实促进公交优先，并提升公交服务。公交车道除让校车、班车行驶外必须严格限制其他车辆行驶。对轨道交通、快速公交、干线及支线公交进行优化，顺畅接驳，严禁公交车特别是区内小公交车串线行驶，让市民换乘无忧。

（4）探索设立"门到门"公交专线。在学校周边形成的拥堵，与接送孩子的车辆关系很大。可以考虑调动区属公交公司，围绕学校与学生分布密集的小区设立公交微循环专线，由小区门口直达学校门口，该专线只在上学、放学时段运营，其他时段仍可运行普通公交线路。同时对学校门口违章停车严格执法、对学校门口上下学时间段实行单行，保障公交车顺利通行，疏导并缓解学校周边路段上下学时间的交通拥堵问题。

4. 尽快提升交通智能化水平

对城市副中心道路的交通指数、出行分担率、出行分布情况等基础数据进行监测，争取将城市副中心的交通管理纳入北京市交通运行协调指挥中心的统一管理，或成立城市副中心交通运行协调指挥中心。深挖大数据运用潜力，通过拥堵预警系统、智能交通管理系统等，对交通拥堵、违法行为等进行预警，实现警力科学配置，以应对由潮汐式拥堵转化而来的双向拥堵。

5. 严格外埠车辆、大货车治理

针对外埠车辆（不包括公共交通），在早晚高峰期实施限行，在其他时段参照五环内做法实施尾号限行。针对大货车，对于国Ⅲ标准以下的大货车全域禁行；对排放达标的，分时限行。同时研究划设绕行路线，避免过境大货车影响副中心内部交通。具体的限行范围可由交通支队、交通局等部门具体研究划定，但至少应涵盖行政办公区、商务中心区、文化旅游区和通州老城区等板块。同时，针对当前建设工程车辆多的特点，统筹研究限行措施和通行路线，减少与其他车辆的汇流。

二 北京城市副中心解决停车难问题的策略

（一）合理规划布局停车设施，使之融入城市整体布局

解决停车难问题，规划是源头、是关键。高度重视停车设施，将停车设施的规划建设与城市的整体有机规划相结合。一是及时调整停车设施的规划布局。在副中心建设过程中，特别是在新城规划范围内，立足于承接中心城区功能疏解、推进首都可持续发展的高度，重新审视原有规划布局，根据城市整体发展布局的调整，统筹考虑换乘需要、居住密集程度、商圈分布情况等，及时调整停车设施的分布、数量等，实现均匀布局、规模适度。二是区分不同区域、不同类别停车设施的规模和分布。根据《北京市机动车停车管理办法》提出的以配建停车场为主、以独立建设的停车场为辅、以临时停车场为补充的原则，针对不同类型停车设施采取不同措施。对于路侧占道停车位，逐步取消新华大街、运河大街等主干道路上的停车位，恢复道路的通行能力；支路和街坊路的停车位在白天要严格限制，保障道路微循环的畅通，夜间则允许向周边小区居民开放。对新建的居住小区、公共建筑，明确配建标准，要求按标准配建足够量的停车位，避免出现新的"欠账"。对于独立建设的公共停车场，要考虑到周边道路容量的能力，对停车需求有所控制和引导，从而避免因停车场过于集中而吸引更多的车流。三是鼓励发展多元化的停车设施。针对城市副中心目前可利用的土地资源紧缺，尤其是旧城区的停车空间非常有限，积极创新土地利用方式，鼓励新建的停车设施充分利用现有空间和资源，利用公共设施、绿地的地下空间科学合理建设立体停车场、地下停车场；利用医院、居住小区等的边角地建设简易机械式立体停车设施，最大限度地利用城市空间。新建停车位按照一定比例安装配备充电设施，以适应新能源汽车的发展趋势，减少今后改造的难度。

（二）加大违章停车处罚力度，倡导文明停车

在新建或划定临时停车泊位后，以严格执法扭转乱停车现象，保证停车位的使用效率。

1. 重点加强主干道路占道停车的管理和执法

逐步取消区内主干道路路侧停车位，同步加大路侧违章停车的整治力度，重点路段、节点要加装非现场处罚设备，通过设置监控探头等，加大巡查的频次和力度等，释放对违法停车零容忍的信号，逐步培养群众的规则意识。此外，执法突出精细化，不留盲点，对主干道路逐条开展整治，再逐步扩大范围，以点带面，逐步形成规模效应，让市民养成良好的停车习惯。

2. 鼓励群众参与监督，倡导文明停车

畅通监督渠道，使群众参与到停车治理的过程，鼓励市民在发现违章停车行为时及时以短信、微信、微博等形式对违章车辆进行举报，增强停车入位、停车付费的自觉性。充分利用报纸、电视、网络、自媒体等传播方式，以及文明城区创建的活动，加强对文明停车理念的宣传，使公众了解并逐步建立起"停车入位、停车付费、违停受罚"的意识。

（三）新建停车设施，增强社会资本投资建设的积极性

政府对停车设施的提供具有重要职责，但政府毕竟精力、财力有限，鼓励和吸引社会资本投入，是更为有效保障停车设施供给的路径选择，也是未来的发展趋势。

1. 要灵活投入方式

对于 M6 号线周边的 P+R 停车场和中小学校、医院的公益性停车设施，按照"政府出地、市场出资"的公私合作模式（PPP），吸引社会投资人参与。其他路外公共停车设施鼓励单位和个人通过租赁、合作、建设—经营—移交（BOT）等方式，投资、建设和经营。

2. 出台鼓励政策

通过政府给予一定的财税补贴、简化建设手续等，减少社会资

本建设停车设施的阻碍，增强投资建设的积极性。

3. 鼓励发展停车产业

推动停车设施市场化之后，将建设停车设施与发展停车产业结合起来，引入多种经营模式，如停车场内汽车维修养护、清洗美容和便利商店等商业服务，制造新的盈利点，实现多元化收入，在解决停车难问题的同时，促进相关配套产业的发展。

（四）建立统一、高效、协调的监管体制机制，提升停车管理科学化、智能化水平

1. 明确管理责任，变多头管理为一头主导

明确停车的主管部门，统一行使停车收费、管理、处罚等职能，建立起多部门之间分工明确、合作联动的机制，提高管理的效率和效果。

2. 强化信息技术应用，推进智能管理

结合"智慧交通工程"建设，建立起包含停车诱导、收费、监管的停车智能管理体系。一是建立停车诱导信息系统。通过设立三级电子信息屏，在区外围、区内主要道路、停车设施附近，动态更新停车设施的空满信息，逐级对车辆停放进行引导，减少因寻找车位而造成的交通混乱。二是建设停车信息服务系统。将该系统与各停车场和车载电子系统相连接，为出行车辆及时提供停车信息服务，有效提高现有停车泊位的利用率，并能对全区各类停车资源进行统一调控和合理使用，实现资源共享。

（五）试行错时共享机制，提高停车设施利用率

一是充分借鉴先进经验。区级层面出台有关规定，鼓励停车需求大的区域试行错时停车。二是制定完善的政策做保障。政府严格把关，做好小区物业、居民、商场或行政事业单位等多个利益群体的引导工作，指导共享双方提前做好沟通和协调工作，在规定范围内自行设计，明确收费标准、停放时间等具体问题，保证各方的利

益和需求最大限度得到满足。

三 北京城市副中心大气污染防治的策略

（一）大气污染治理的主要措施及成效

城市副中心的大气状况，除了受到副中心内部环境要素的影响外，更多受到通州区乃至北京和华北地区的大气扰动的影响。

近年来，通州区认真落实中央、市委关于大气污染治理的一系列重大决策部署，健全完善领导体制和工作机制，围绕重点难点攻坚克难，高标准谋划推进大气污染治理各项工作，取得了较大进展。

1. 制定行动方案，完善工作措施

（1）在规划编制方面。制定了《通州区2013~2017年清洁空气行动计划实施方案》《通州区关于进一步强化大气污染防治 持续改善空气质量的工作意见》以及专项方案40余个，从压减燃煤、治污减排、控车减油、清洁降尘等方面，全面治理大气环境。

（2）在能源结构调整方面。为实现"无煤化"目标，制定农村地区"减煤换煤，清洁空气"工作方案、《通州区燃煤锅炉改造工作方案》等，强力组织实施煤改清洁能源。

（3）在产业结构调整方面。制定《通州区产业调整退出工作实施方案》及14个配套政策，积极疏解非首都功能。

2. 落实职责任务，严格监察考评

（1）建立了"党政同责、一岗双责"的大气污染防控责任体系。成立了以区长为组长、各分管副区长为副组长及区有关部门负责人为成员的生态环境建设指挥部大气分指挥部。

（2）加强效能监察。把推进大气污染防治工作作为纪检监察部门重点监察任务，全程跟踪执纪，给相关责任人传导压力。区环保局在各个乡镇、街道设立大气污染监控点，每天以手机短信的形式向乡镇、街道党政一把手通报辖区空气质量情况。乡镇书记、乡镇长，街道工委书记、办事处主任一上班就能看到辖区内大气污染指数和辖区排名情况，第一时间安排部署本辖区大气污染防治工作。

（3）建立绩效考核评价机制。以细颗粒物年均浓度、空气质量改善率、年度清气计划完成情况为考核重点，加大对乡镇、街道以及各牵头单位的考核力度。

3. 摸清污染现状，细化监督管理

（1）摸清生态环境状况。开展全区 PM2.5 源解析、污染源溯源、污染源普查性监测等工作，明晰污染现状，建立各类污染源台账并提出治理建议。

（2）构建信息化体系。利用"互联网+环保"模式，初步完成了大气颗粒物自动监测系统，实现了科技助推环保监管的快速反应和有针对性地清除。

（3）构建网格化管理体系。逐步完善建立基层环保机构，配备乡镇专职及协管人员。构建了1809个三级环境监察网格，聘请专职环保网格监管员239名，各负其责、分层管理、条块联动，将环境污染问题发现并解决在基层和萌芽状态。

（4）积极主动推进专业执法重心下移、力量下沉。首批7个乡镇环保执法分支机构正式入驻乡镇政府。

4. 坚决控制好本地区污染源

（1）全力以赴做好减煤换煤工作。2015年，全部完成了农村优质煤替代工作，全部完成全区经营性燃煤茶炉大灶的拆改工作。2016年，完成了全区所有工业燃煤锅炉的改造工作，关停了全区所有燃煤小锅炉，在全市远郊区县中率先建成"无燃煤锅炉区"。2013~2016年，累计完成"煤改电"4.8万余户，"煤改气"1398户，任务总量在全市排名第一。

（2）着力压减机动车污染排放。在完成淘汰老旧机动车任务的基础上，六环及其内全面实现无黄标车行驶。大力推动绿色出行，累计投放纯电动出租车500辆，清洁能源公交车745辆，公租自行车1.8万辆，均居全市首位。

（3）加强扬尘治理。加强对全区所有建设工地的监管，"绿色工地"达标率100%。清退了区内全部不符合绿色生产要求的混凝土搅拌站、沙石灰存储等企业，扬尘治理达标率达到95%以上。

（4）全面加强城乡垃圾管理。严禁城区露天烧烤和露天焚烧废弃物，全面禁止城区及农村焚烧工业垃圾和生活垃圾。

5. 严格执法，加强协作

（1）坚持铁腕执法。对环境违法行为，实行"曝光""罚款""停产""查封""移交"五策并举，一经发现，从严、从重处罚，提高企业违法成本、增强震慑作用。2014~2016年，处罚违法企业1200多家，立案及处罚额度均位居全市前列。

（2）强化部门协作。加强住建、城管、环保、公安等部门的协作力度，开展多层次、全方位联合执法。

通过不懈的努力，通州区的空气质量有了明显的改善。2013年、2014年PM2.5累计均值为106微克/立方米；2015年PM2.5累计均值为92.5微克/立方米，同比改善率位列全市第二；2016年PM2.5累计均值为80微克/立方米，同比改善率位列全市第二。

（二）大气污染防治存在的主要问题

2015年，通州区PM10和PM2.5年均浓度分别为122.4微克/立方米和92.5微克/立方米，在全市各区中居末位。2016年1~11月，PM2.5累计均值为72微克/立方米，同比改善率为16.3%，位列全市第一。尽管通州区在防治大气污染工作中取得了良好的成效，但距离打造和谐宜居示范区的目标仍有较大差距。一是距离国际和国家标准限值差距明显。2015年通州区PM10年均浓度是WHO过渡时期最低目标值和我国国家标准二级限值的1.7倍，2016年1~11月PM2.5累计均值是WHO过渡时期最低目标值和国家标准二级限值的2.1倍。二是与世界其他城市相比差距较大。2016年5月WHO公布的数据显示，其监测的德国城市中空气质量最差的是雷根斯堡，PM10和PM2.5年均浓度分别为28微克/立方米和19微克/立方米（2013年数据）；美国城市中空气质量最差的是加州的波特维尔，

PM10 和 PM2.5 年均浓度分别为 33 微克/立方米和 18 微克/立方米（2014 年数据）。《东京都统计年鉴》数据显示，2014 年东京都和区部 PM2.5 年均浓度分别为 16 微克/立方米和 16.9 微克/立方米。这些城市 PM10 年均浓度值最高约相当于 2015 年通州区的 27%，PM2.5 年均浓度值最高约相当于 2016 年 1～11 月通州区的 26%。

虽然近两年通州区空气质量保持较高的改善率且浓度均值大幅下降，但总体来说，在全市格局中，通州区被环保部称为"南部四区"，仍处于大气污染排放强度高值区，在京津冀及周边地区城市空气质量排名处于中下游位置，特别是 PM2.5 累计均值较高，在全市排名比较靠后。要完成 PM2.5 年均浓度在 65 微克/立方米以下的目标，任务艰巨，难度极大，如不采取更多超常规措施很难完成。

1. 城市发展阶段的特殊性使得扬尘污染任务艰巨

通州区正处于北京城市副中心建设提速期，建筑工地开工面积大，2014～2015 年开复工面积共计 2889 万平方米，2016 年开复工面积达 1900 万平方米，未来 5 年全区计划实施 5 大领域 350 项重大工程。工地多、工程量大、时间紧，工地扬尘、道路扬尘和施工机械排放量较大。同时渣土车敞篷拉土、道路遗撒、土堆苫盖不严等问题时有发生。依据区域 PM2.5 源解析结果，施工扬尘、道路扬尘等为 PM2.5 首源，占比 47%～50%。在这么一个"大工地"里既要保工期、保质量，又要保环境，做好施工扬尘控制任务特别艰巨。

2. 城市大气复合污染问题依然突出

（1）大型货车穿越城区、六环路交通污染未得到有效缓解。经统计，东六环路每日车流量 3.4 万辆左右，其中，重型车辆每日 1.8 万辆，交通污染问题严重。

（2）部分企业环境违法违规屡禁不止。部分企业依然存在生产车间无净化设施、违规使用燃煤设施、应急设备不完善等问题。

（3）"三烧"问题面广点多，防控难。秋冬季节，农村地区焚烧垃圾、秸秆现象较为严重，未得到有效遏制。

3. 基层环保能力及部门联动存在不足

（1）乡镇环保力量薄弱。虽然各乡镇、街道成立了环保科室，配备了专职人员，但受管理体制限制，个别人员为临时借调，缺乏一定的专业知识，严重制约了基层环保工作的开展。

（2）在部门联动方面，按年度清气计划要求，虽明确各部门职责，建立相应工作机制，但仍存在有分工、无协作、部门之间推诿扯皮的现象，影响了环保工作的顺利开展。

（三）大气污染防治的策略

1. 优化能源利用

（1）加快实施煤改清洁能源工程，完成全区 209 个村 10 万户的"煤改电""煤改气"工作，压减燃煤 20 万吨。同时，制定差别补助政策，统筹推进燃气锅炉低氮改造，完成 1303 台 5832 蒸吨燃气锅炉改造。

（2）开展散煤治理专项行动。全面排查燃煤锅炉、茶浴炉大灶，实现"动态清零"。重点排查种植养殖业燃煤使用情况，完成种植养殖业"无煤化"目标。严把交通入口进煤关，逐步停止优质煤供应，实现散煤"禁运、禁售、禁存、禁燃"，逐步解决存量煤炭问题。

2. 采取最严格的措施控制机动车污染排放

（1）加快推进老旧机动车淘汰更新。大力推广新能源和清洁能源汽车应用，推动公交车、环卫车、邮政车、渣土车等车辆结构调整及节能减排。新增绿色自行车 1 万辆，进一步提高绿色出行比例。

（2）严格执行对本市、外埠机动车和高排放机动车的限行规定，制定并执行副中心交通管理禁限措施，分时段、分路段禁止重型货车、外埠小客车通行。划定禁止高排放非道路移动机械的使用区域，在副中心 155 平方千米范围内试点非道路移动机械备案制度，探索建立台账和监管平台。

（3）加大车辆尾气和油品检查力度。重点加强对过境大型车辆尾气排放的检查力度。严查高排放柴油机械，突出重型柴油车监管。严格在用车辆达标排放和油品质量监管，严厉打击非法生产、添加、销售不合格油品行为。

3. 坚决治理好建筑工地扬尘和餐饮油烟污染

（1）综合整治工地扬尘。切实落实区域降尘考核指标，确保区内降尘量达到 8 吨/（月·平方千米）。严格落实施工单位"100 米"三包责任、部门监管责任，在重点区域率先试行扬尘污染第三方管理模式，2017 年底前推广至副中心 155 平方千米范围内所有施工工地使用，实现地空立体式、全方位的扬尘治理。积极推进绿色施工管理模式，提高工地精细化管理水平，在重点区域工地建设颗粒物监测系统，实现 100% 全覆盖。

（2）完善渣土车运输管理制度。强化联合督导检查制度，严惩违法运输、道路遗撒。对存在渣土车不规范、带泥上路、路面遗撒的，倒查追究施工单位、运输单位责任。

（3）实施道路扬尘管控"网格街长制"。划定重点保洁区域，提高道路清扫保洁标准，加大冲洗频次，大力推广"吸、扫、冲、收"清扫保洁新工艺，降低道路积尘负荷。

（4）加强餐饮业油烟污染控制。加快推进餐饮业油烟在线监测（四期）系统建设，督促餐饮企业和单位食堂安装高效油烟净化设施、达标排放、定期清洗烟道，确保油烟净化设施正常使用率不低于 95%。

4. 严格控制本地区企业污染排放

（1）严格执行《北京市工业污染行业生产工艺调整退出及设备淘汰目录》，调整退出 150 家不符合城市副中心定位的工业企业，清理整治 460 家违法违规排污及生产经营行为企业。集中整治镇村产业集聚区（原工业大院），完成全区 19 个镇村产业集聚区污染企业退出。督促现有工业企业环保技改，完成市级部门下达的 14 项技改工程。

（2）实施重点行业挥发性有机物治理工程，实现医药、农药、机械设备制造等重点行业减排 485 吨挥发性有机物。全面启动氨污染控制，完成禁养区内规模化畜禽养殖场关停以及散养户退出任务。

5. 加强大气污染治理联防联控，妥善应对空气重污染

（1）认真落实《通州区2013～2017年清洁空气行动计划实施方案》，明确责任分工，加强部门联合治理。继续深化大气污染治理"信息化+网格化"建设，建立污染源动态更新与管理机制、监管分类分级处理和上报反馈制度，做到执法全覆盖、监管无盲点。组织重点行业企业进行排污许可申报，全面开展排污许可证核发管理工作。加大对露天焚烧、秸秆焚烧的执法力度，推进农作物秸秆和园林绿化废弃物综合利用，试点推行村镇生活垃圾就地或相对集中无害化、资源化处理模式。

（2）强化重污染天气应急响应预案。加大对《通州区空气重污染应急预案》特别是公众健康防护、强制响应措施和公众适应性措施的宣传力度，营造全社会共同应对空气重污染的良好氛围。严格落实应急预案，坚持"零容忍、最严格"原则，持续加大对违法行为的查处和曝光力度，压缩违法企业生存空间。加强督察检查，及时处置群众举报问题。

6. 强化制度保障，确保责任追究落实到位

进一步完善空气质量考核、空气质量排名等制度，制定相关配套措施，将生态环境建设中各部门、属地的工作指标及阶段任务与绩效考核直接挂钩，将大气污染控制措施及主要污染物减排任务纳入区委、区政府对各乡镇街道、各部门绩效考核，实行一票否决；将责任追究上升到制度追查，压实责任主体，确保各项制度执行到位。

7. 积极推进京津冀大气污染协同治理

针对秸秆焚烧、油品质量、机动车排放等区域性污染问题，开展联动执法。加快建设区域大气污染防治信息共享平台，实现空气质量和重点污染源数据、治污技术和经验等信息共享。同时推动建立区域空气重污染预警会商和应急联动长效机制，推动建立重点地区大气污染防治结对合作工作机制。

四 北京城市副中心水污染治理的策略

（一）水环境现状及主要治理成效

通州区多河富水，境内三级以上河流19条，总长239千米，干、支灌排沟渠311条，总长868.4千米。多年平均水资源总量11.01亿立方米，其中本地及过境地表水8.88亿立方米，占总量的80.6%；地下水2.13亿立方米，占总量的19.4%。多年平均地下水资源可利用量为1.96亿立方米。16条入境河道水质均为劣Ⅴ类。目前，全区公共污水（主要是生活）处理能力为22.52万吨/日，城区污水处理率达到90%以上，全区污水处理率约70%。其中城区运行污水处理厂6座，乡镇9座，村级污水处理站23座。全区排污管线长度1401千米，其中污水管线长度480千米，雨污合流管线长度921千米。

通州区以系统治理为抓手，不断加强水环境治理。2013年以来，将截污治污与景观建设相结合，完成7条中小河道总长84千米的治理工程。目前还有4条河道治理工程正在进行中，共计79千米。完成63座再生水厂、污水处理厂、村级污水处理站建设，处理规模约29.3万吨/日。基本完成建成区19条黑臭水体治理。2016年，在全市率先实施水环境乡镇跨界断面补偿办法，率先建立起区级河流自动在线监测系统，率先开展污水处理厂自动监测设备管线标准化的改造，对11个乡镇河流跨界断面不达标情况实施生态补偿。2016年1～11月，共核算补偿金总额12.6亿元，其中上游乡镇缴纳补偿金8.14亿元，下游乡镇获得补偿金4.46亿元。率先建立起区级河流自动在线监测系统，率先开展污水处理厂自动监测设备管线标准化的改造。实施河长制，明确143名河长，其中区级河长8人，乡镇级河长11人，村级河长124人，实现区、镇、村三级河长全覆盖。开展污染源溯源排查，实施了一系列截污治污、污水处理设施建设、中小河道治理等水环境治理工程，努力实现2020年水质达到责任书要求的目标。

（二）水污染治理存在的主要问题

这些年，通州的生态文明建设和环境保护工作得到了较大改善，但生态文明建设基础差，水污染防治压力仍很大。

1. 输入型水污染物总量大

通州有九河下梢之称，周边及上游地区输入型水污染物总量大，目前16条入境河流及区内河流水质均为劣Ⅴ类。入境水不达标且占绝对数量，界河污水超标或直排还没有得到根本遏制，同时由于河道缺乏清水补给，水体流动性差，河流不具备生态功能，也使通州水环境状况难以快速改善。

2. 区内水污染比较严重，治理难度较大

全区污水收集管网不完善，雨污合流状况难以彻底改善。

（1）乡镇污水处理设施规模不足，村庄未全部建设污水处理设施，村镇两级至少再建80座污水处理厂（站）才能满足需求，任务量特别大。

（2）污水管线建设进度受规划制约。由于规划、拆迁手续办理复杂、拆迁成本高和铁路、高速等部门协调难度大，多处截污工程、管线配套工程进展缓慢。

（3）垃圾、污泥及粪污规范收集及处置还未实现区域内全覆盖。随着再生水厂、污水处理厂站大规模建设，污泥无害化处置需求大幅增加，污泥处理厂站建设亟须加快。农村生活垃圾、粪污收集和处理不规范，站点建设规划和能力存在不足，仍然存在垃圾、粪污入河现象，给水环境治理带来极大困难。

（三）水污染治理的对策

城市副中心水污染治理更应强化源头治理，防治结合，注重点面控制，推进跨区域协同治理，实现从源头到末端污染治理的全覆盖。

1. 强化区域内部水污染源头治理

(1) 落实饮用水水源地环境保护规划。对饮用水水源保护区科学合理地划定和调整，对全区饮用水水源地环境状况开展集中和分散式评估，2017年底前完成乡镇级集中式饮用水水源地环境状况评估工作，2018年底前完成农村分散式饮用水水源地环境状况评估工作。进一步制定污染预防和防控规划，制订城市和农村水源保护计划，禁止废污水向饮用水水源地排放，提高水环境质量。

(2) 建立水环境污染实时监测网络。建立健全水污染监测与处理技术，优化和完善各级河道监测断面（点位）水质监测，形成常态化的污染预警和应急响应系统。对水域沿线污染源进行系统排查、实时监测，对污染源、污染企业或个人实施严厉的处理措施。完善土壤环境监测网络，开展土壤环境普查工作，掌握土壤环境质量状况，制订通州区污染土壤修复方案，重点对工矿企业用地和集中式饮用水水源地土壤进行修复。

(3) 严格执行污水排放标准。实行严格的限排制度，绝不允许制造新污染源的企业进入，坚决淘汰不能达标排放的企业。严格新建项目环境准入，实施水污染物减排工程、重点企业污水深度治理工程，对工业废水、农业废水实时监测，对辖区内工业企业进行重点监控，严格限制污染企业的生产建设，严禁非法排污，强化对工业、农业水污染防治。大力推进雨污分排，实施雨污分流管网改造工程，将污水截流纳入城市污水收集和处理系统，从源头控制污水向城市水体排放。

2. 推进协同治污

探索跨区域水污染治理协同机制。争取市级统筹，加强与北京市其他区县以及河北、天津相邻区域水环境治理的协调力度，促进建立流域水污染防治协调机构，重点要协调上游污水处理设施建设和污水处理厂提标改造工作，使上游来水水质基本达到地表水Ⅳ类水体的标准，减少污染物的输入，确立水域治理的区域合作机制，明确污染处置责任与措施。借鉴区内乡镇跨界断面补偿经验，建立跨区域水生态补偿机制，构建上下游双向水环境补偿机制，以保护流域水环境、改善水质、保障生态需水量等为考核要求，完善各区跨界断面水质考核体系，通过经济手段（杠杆）培育水污染治理市场，控制水污染行为。

3. 全面提高城乡污水处理能力

推进污水处理设施建设，提高污水处理能力。加快北京城市副中心污水处理设施建设，完成黑臭水体的治理任务，按照污水治理第二个三年行动方案（2016年7月至2019年6月）要求，通过区、镇、村三级治污措施的分类实施，城区及乡镇中心区通过截污纳管、集中建厂的方式解决污水排放治理问题，农村地区按照"城带村""镇带村""村级处理""粪污收集"等模式解决。到2017年底，污水处理总规模达到37.65万吨/日，建成区污水处理率达到95%以上，农村地区达到50%以上，全区基本消除黑臭水体。强化城区污水处理配套设施，完成碧水污水处理厂升级改造及配套管线建设、张家湾再生水厂、减河北再生水厂等一批重点污水处理设施建设，实现污水零直排。

4. 继续推行PPP水环境投融资建设模式

政府与社会资本合作（PPP）模式是推进多种形式吸引社会资金参与水务建设和运营的有益尝试，是政府和市场两手发力加快实现北京城市副中心水环境建设目标的重要途径。城市副中心水环境建设项目多、时间紧，标准高、难度大，政府面临着工作任务繁重、人力资源有限及当期资金需求量大的三重压力。结合国家及市政府出台的相关政策，创新采用PPP模式解决当前副中心水环境建设中面临的资金、人才、技术管理等相关问题。

5. 改善河流生态化环境

实施全面清淤工程，加强现场踏勘和测量，全面掌握区内河道淤积情况，优先对淤积严重、影响区域排涝能力的河道开展清淤工作，结合河道及护岸的特点，合理确定疏浚规模。选择合适的清淤方式，清除河道底泥及污染物，增加河道的调蓄能力和过水能力，改善行洪配水条件。在河道内、河堤上种植水生、陆生植物,修复河道生态系统,提高水体自净能力,建立河道淤积效果监测和清淤长效机制。

五 北京城市副中心人口现状及调控的策略

通州区作为北京城市副中心,其特殊的区位优势、强劲的发展建设势头、大幅提升的城市基础设施与公共服务水平等各种利好因素叠加在一起,必然会造成人口持续向通州集聚。如何有效调控城市副中心人口,促进人口均衡发展,避免形成新的"城市病",是我们必须研究和解决的全局性重大问题。

(一) 城市副中心人口现状

1. 人口基本情况

在人口总量上,截至 2016 年 9 月底,通州区常住人口 141.7 万人,与 2015 年底相比增加 3.9 万人。其中,户籍人口占六成,比年初增加 2.1 万人,特别是市内迁入 1.55 万人,是上年同期的 2 倍多,占新增户籍人口的 76%。在人口结构上,从年龄来看,0~14 岁、15~64 岁、65 岁及以上的常住人口之比约为 1.2∶10∶1,人口老龄化程度较高,且 65 岁以上常住人口占比由 2010 年的 7.7% 上升至 2015 年的 8.3%,呈一定上升趋势;从受教育程度来看,小学、初中、高中、大学及以上的人口占比分别约为 12.1%、39.4%、20.0%、22.0%,人口素质结构处于偏低水平,与北京城市副中心建设要求严重不符,亟待优化。在人口分布上,区域分布不均衡,呈现自西北向东南递减,半数以上人口集中于永顺镇、马驹桥镇、梨园镇、宋庄镇、台湖镇、张家湾镇等城乡接合部地区以及建有开发区的乡镇。

另外,根据户籍、工作生活地点等,可将全区常住人口分为三大类。一是在通州就业生活的户籍人口,约 64 万人,占总人口的

45%。这部分人数量长期稳定，绝大部分是通州本地居民和通过劳动人事部门正规引进的公职人员。这部分人的自然增长率为 2‰ 左右，对未来人口疏解造成的压力并不大。二是在通州就业生活的外来人口，约 42 万人，占总人口的 30%。这部分人口整体受教育程度偏低，从事行业以二、三产业的中低端业态为主。同时，由于通州正处于城市建设的高峰期，全区目前约有 1.5 万名建筑工人（居住超过半年的农民工）也属于这一范围。这部分人口是通州进行调控的重点。三是在中心城区就业但在通州居住生活的人口约 22 万人，占总人口的 15%。这部分人口无论是本市户籍还是外省市户籍，均为学历较高的人群，大多集中在中心城区高端商务商业、IT 等企业。此外，还有十多万因拆迁等原因选择定居通州，但户籍和工作仍在北京中心城区的人口。以上这些人口属于典型的人户分离或职住分离，虽然在通州居住，但对中心城区日间人口及早晚通勤均构成较大压力。

2. 人口调控工作进展

近年来，通州区委、区政府大力加强人口调控治理工作，在人口规模控制、流动人口管理等方面取得了显著成效。

（1）加强统筹协调，工作机制不断健全。成立了区人口规模调控领导小组，建立人口调控部门联席会议制度、述职报告制度、联络员制度、信息报送制度等多项制度，建立健全了部门联动、定期磋商、密切配合、综合评估、信息互通等各项机制，形成了上下衔接、部门联动、条块结合的人口调控工作格局。同时，进一步落实人口调控奖惩措施，在全面考核的基础上，充分发挥"以奖促管"的激励作用，并切实做到奖罚分明。

（2）明确指标任务，调控责任进一步压实。明确了从 2015 年起，全区流动人口总量每年递减 5%~10%，力争到 2020 年总量控制在 64 万人以内的工作目标。2016 年以来，按照城区流动人口总量下降 5%、城乡接合部下降 7%、偏远地区零增长三类地区流动人口调控指标，牵头制定《通州区 2016 年度流动人口总量调减任务表》，并逐一与各街乡镇主要领导签订了《2016年度人口规模调控责任书》，截至2016年底，全区登记流动人口为67.5万人，比2015年底的74.4万人下降6.9万人，流动人口调控效果明显。

（3）加强动态监测，基础信息数据进一步完善。积极推动流动人口调查登记工作，举全区之力集中开展流动人口和出租房屋大摸排工作。2016年，制定了《通州区人口、产业、房屋、车辆、土地等全面清查工作方案》，对相关基础数据进行全面普查，通过整合各部门数据资源，摸清基础数据底数，为人口调控工作提供了扎实的数据支撑。全面加强流动人口动态监测工作，实时掌握人口数量、结构、分布及增减变化趋势等情况，完善了流动人口数据月度分析、通报等各项工作机制，建立了人口承载预警机制，围绕具体调控任务，加强对人口倒挂地区、流动人口增长过快地区的监测评估工作，强化工作指导，坚决抑制局部流动人口无序增长。

（4）以重点任务为抓手，推动综合整治，人口疏解效应持续显现。根据《关于加强人口规模调控工作的实施方案》，以"六个方面二十四项"具体调控任务为抓手，突出低端业态清理和住宅管控两条主线，全力推动综合整治，仅2016年就有效疏解外来流动人口近7万人，常住外来人口增量逐年下降。

（二）城市副中心人口调控工作面临的挑战和难点

1. 北京城市副中心的新定位，必然吸引大量的人口涌入

通州作为北京城市副中心，担负着承载中心城区功能疏解的重要使命，长期来看，通州对流动人口的吸引力可能不降反升，具体表现为：随着城镇化的持续推进，大规模的固定资产投资与开发强度、各功能区的快速建设与强劲的发展势头必然会带来产业的扩容和就业岗位的增加，大幅提升的城市基础设施与公共服务水平、人才引进的政策利好与首都先天吸引力、城市副中心特有发展优势的相互叠加，必然会造成流动人口持续涌入通州。可见，通州区人口调控的压力非常大。

2. 与副中心建设相匹配的高端人才的缺口较大，劳动力文化素质仍处于偏低水平

目前，通州区的劳动力文化素质放在远郊区县或者城市发展新区来看并不差，但是作为城市副中心，与北京市中心城区、全市平均水平相比，还存在较大差距。在人才的"内升外引"方面，需要做的工作还很多。

3. 通州区疏解自身非首都功能及其所依附人口、为副中心建设腾退空间的压力也很大

由于历史的原因，通州区的中低端产业比较多，在全市最为突出，吸附了大量流动人口，既给环境治理带来很大压力，也占用了大量建设用地，副中心规划建设受到了很大影响。因此，通州区自身疏解的任务比较紧，难度和压力也都比较大。

（三）城市副中心人口调控的策略

人口调控是"大城市病"治理中的关键环节，是一项系统性、长期性的战略任务。我们必须有破解"大城市病"、疏解非首都功能、推动京津冀协同发展的大局观，坚持源头管控、标本兼治、调控与引导相结合的原则，按照控增量、调存量、优布局的思路，统筹谋划、综合施策、系统推进，重点在以下几个方面下功夫。

1. 强化规划空间源头管控，严控城市开发强度，控制人口规模总量

（1）在城市总体规划编制中综合考虑人口调控。在研究制定的通州区总体规划中，统筹考虑人口因素，确定城市空间结构，优化城市空间格局；控制城乡建设用地开发强度；从通州区环境资源承载力提出管控要求，科学设定各区域人口规模上限；调整存量用地结构；通过用地结构调整，降低人口密度；在城市副中心区域合理扩大生态绿地、公共设施用地、区域交通设施用地比例；合理确定城市建设时序，加强土地储备、开发与供给的计划性，保证副中心集中成片、稳步有序地滚动发展，防止由于过快推进、无序和低水

平扩张，形成新的外来人口与低端产业的集聚区。

（2）高标准规划城市副中心，强化人口与产业集聚功能。重点处理好"建城"、"兴业"与"引人"的关系，必须坚持高标准规划建设，打造多组团集约紧凑发展的城市副中心；以有效承接中心城职能和产业疏解以及疏解自身非首都功能为核心任务，持续推动产业优化，促进多种产业和各类公共服务相互支撑，实现产业、居住与公共服务功能的整体优化；以国家新型城镇化试点为契机，着力推进城乡一体化发展；按照新城与村庄规划、建设和改造一体化的思路，加大城中村、棚户区和城乡接合部地区的改造力度，防止新的"城中村"产生；在生态宜居方面，要大力支持教育、科技、文化、体育、卫生等公共服务和生态环境建设，努力实现副中心人性化、精细化、集约化、生态化发展。

2. 建立和完善人口信息统筹机制，引导人口合理布局，促进人、房、业区域平衡

坚持人口监测、承接、引导相结合，加强对人口综合信息的掌握，有序承接中心城区人口，通过功能定位、产业布局、公共服务配置等方式引导人口合理分布。

（1）以强化人口信息化建设全面提升通州区人口宏观决策、公共服务和科学管理水平。建立人口信息收集、监测、预警机制。利用大数据分析通州区及周边地区（北京东部地区及廊坊北三县地区）人口流动等现状特征，加强重点地区人口监测、预警及定期评估，通过预警机制建设，防止人口过快增长；运用政策引导手段，定向承接中心城区人口；严格落实本区户籍人口临时性限控措施，对本市户籍人口迁入实行控量节流，重点引导中心城区户籍人口有序迁入。

（2）做好人口布局的工作。以功能区定位引导人口分布，着力打造城市副中心的功能布局，形成与其定位相适应的人口分布。其中，加强北京城市副中心区域配套建设，以服务为重点，满足市行政办公迁入人口多方面需求，促进迁入人口有序融入，实现业城均

衡；以产业布局引导人口分布，构建高精尖经济结构，进一步优化产业布局，统筹好生产、生活、生态空间，促进产城融合、职住平衡，使工作、居住、休闲、交通等有机衔接、便利快捷；以公共服务引导人口分布，在区域视角下，构建公共服务设施布局与共建共享模式，加大投入力度，通过教育、医疗资源的合理布局引导人口的均衡分布；特别是要重视完善南部农村地区基础设施、生活服务设施和公共服务设施，引导人口向特色小城镇集聚。

3. 突出重点，加快不符合功能定位产业的调整退出，推动流动人口向外部转移

（1）完善产业调控政策，制定系列调控措施。严格控制增量，完善产业准入目录，提高产业准入门槛，严格企业准入审批，建立人口与企业准入绑定机制，严格限制人口集聚的专业性市场进入；建立产业退出机制，根据新的产业目录，对不符合城市副中心功能定位的存量产业，改造升级一批、转移疏解一批、淘汰退出一批，力争用 2~3 年时间，完成全区全部工业污染企业的调整、淘汰和退出。

（2）清理整治工业大院和传统商品交易市场。重点抓好全区剩余 80 多个工业大院的清理整治和 95 个商品交易市场的清理关停、改造升级工作，推动流动人口向外部转移。

（3）加强综合治理，压缩待疏解人口的生活空间。有序推进棚户区改造步伐，加快拆除腾退现有违法建筑和违法用地，持续开展对城中村、城乡接合部等重点区域违法建设治理工作，加强对群租、无证出租、地下空间出租等违法违规行为的处罚力度，减少人口无序集聚；研究提出《通州区房屋出租管理规定》，分类管理城市租房、农村住房出租以及中介租房服务，设立住房出租的相关标准和有关规定。

4. 加强区域多维度交流合作，构建区域人口调控体系

立足副中心、协同京津冀，建立副中心—北京市—京津冀多层级的人口调控机制，明确角色和责任，共同完成人口调控任务。在

京津冀的范围内，以京津冀协同发展为目标，加快推进京津冀区域在基础设施、产业发展、生态建设、环境保护、城镇体系等方面的协作，从区域的角度平衡资源和产业，带动周边区域发展；通过产业布局调整和城市功能的跨区域配置，形成功能互补、布局合理的区域协作体系，增强周边城镇人口承载能力，缓解周边地区向副中心、北京集聚的压力，形成人口合理流动、均衡分布的趋势。

六　北京城市副中心建设绿色城市的策略

城市副中心坚持建设绿色城市应以"绿色智慧"为原则，通过追求城市综合承载能力和服务功能最佳化来实现人与自然、生产与生活和谐共生，达到资源能源高效利用、自然环境清洁健康、基础设施配套完善、居民生活舒适便捷、经济社会和谐文明的发展目标。

（一）加强绿色城市规划

绿色规划的核心理念是"3R"原则，即 Reduce，减少环境污染；Rseuse，减少能量消耗；Recycle，回收再循环或重新利用。在城市规划中，应规范城市用地空间布局，尤其是加强对于生态环境、自然地貌、农用地等陆地生态系统的保护；应实施景观层次规划，减少城市与自然的冲突。建议通州区在城市景观建设中对城市景观进行有效规划，将其分类为自然生态圈、文化景观区和核心商业圈等类型，针对不同类型，采取针对性、差别性的维持或保护措施。在城市建设中融入绿色建设的理念，对于新建建筑均应达到绿色建筑相关评价标准的要求，最大限度节约能源，增强对于气候变化的适应性；在城市更新与管理中，严格城市生态环境监管，确保城市生态空间不减少，不断提升城市绿色发展能力。应综合考虑城乡关系，全方位规划和建设绿色城市，在深入研究城市总体发展战略和目标、重点资源时空分布、资源承载力和环境容量、生态系统敏感性和生态服务功能的基础上，针对城市的生态敏感区、生态恢复区和生态建设区，制定科学合理的生态重构方案。同时，根据城市副中心的定位，应在规划建设中借鉴紧凑型城市建设理念，有利于节约土地、降低资源能源消耗，有效提高城市的运作效率，并应注意对老城区的绿色改造，实现新老城区均衡发展。

（二）完善城市环境基础设施建设

城市环境基础设施是指与保护和改善环境质量密切相关的所有公用设施，这类设施是绿色城市建设和管理的重要组成部分，也是保障城市环境质量的物质基础。在绿色城市的建设中应贯彻"公交"优先的原则，建立清洁便利的智能化交通系统；重视城市水、电、气、热综合供应系统的建设，提高能源效率，降低建造成本，提高城市居民生活质量；建立先进的城市环境监测系统，集中高效地处理城市废弃物；重视城市绿色生态系统的建设，将"点、线、面"有机结合，提高城市的"呼吸"效率，改善生活环境质量；构建安全完善的城市防灾减灾系统，将城市生命线与绿色规划相结合，提高城市空间利用价值。

（三）加快发展绿色产业

由北京师范大学亚太绿色发展中心联合亚洲理工学院亚太地区资源中心、新加坡国立大学东亚研究所组织协调，来自中国、美国、俄罗斯、澳大利亚、新加坡等国知名智库和高水平研究机构的 50 余位专家学者历时 2 年完成的《亚太城市绿色发展报告》对亚太地区100 个主要城市的绿色发展水平进行了评估和分析，发现在亚太城市绿色发展指数中排名前 30 位的城市中，几乎全都是服务业占主导的城市，大多数城市服务业占比超过 80%，这些城市的服务业主要以金融、信息、科技研发等高端服务业为主。由此可见，高端服务业是城市绿色发展的必然选择。

城市副中心的绿色发展应高度重视服务经济发展，助力服务业特别是高端服务业的成长，通过构建发达的生产性服务业和生活性服务业体系，促进产业融合、产城融合，实现城市产业结构合理化和高端化演变，将城市发展建立在稳定的高端产业体系基础之上。一方面应继续加大能耗高、污染重的低端产业淘汰退出力度，将调整退出落后产能与新型城镇化、棚改、农村集体建设用地改革统筹考虑，坚决调整退出落后产能；另一方面尽快构建与城市副中心相匹配的经济结构，重点发展高端商务、楼宇经济和总部经济，依托环球主题公园，做大做强文化休闲旅游，着力发展高品质生活性服务业。应将绿色技术注入城市建设中，大力使用和推广新能源，提高其在城市能源供应方面的比例；规划、升级城市公共交通网络，形成立体、直达、快捷、方便、细致、全面的公共交通线路，并以信息技术、物联网技术为支撑，健全城市智能化交通系统；研发高效环保的节能绿色建筑，予以推广和改造。

（四）大力发展绿色交通

发达的公共交通是世界各地建设绿色城市的一项重要内容和显著特征，比如瑞典斯德哥尔摩，越是在交通高峰期，公共交通比例越高，一般全天公共交通比例为40%，而在交通高峰期高达70%。

城市副中心要建设绿色城市，交通拥堵是一个亟须解决的难题，应将构建绿色交通体系作为建设绿色城市的突破口，尽快抓好落实。城市副中心应织密轨道交通网络，加密城市次干路网；优化公交网络，实现门到门出行、无缝隙换乘对接。应突出以人为本的理念，比如，实行人车分流，划分机动车禁行区域，个别区域实现无车区，把路权还给行人，打造慢行交通，在副中心要形成步行＞自行车＞公交车＞小汽车的路权结构。应更加重视绿色的出行方式，比如，强化以公共交通为先导的发展模式，大规模开展自行车路网建设，鼓励居民自行车出行；公交车辆采用新能源动力，减少污染排放。

（五）构建绿色发展治理体系

《亚太城市绿色发展报告》研究发现，绿色发展水平落后的城市与绿色发展水平领先城市之间存在较大"治理鸿沟"。城市副中心要实现长期、稳定、持续的绿色进步，不仅需要进一步推动经济上生产与消费的绿色化，更要注重绿色发展治理体系构建，通过不断提升城市治理能力、社会组织和公众参与水平，弥补与领先城市之间的差距。加强绿色政务垂范，充分发挥政府绿色采购的引领作用，大力倡导政府机构节约行为；推动绿色商务服务，大力推动节能环保产品进商场、入超市，支持企业加大健康环保建材、绿色家居的供应比例；培育引导绿色生活，提倡节俭理性的绿色生活方式，引导市民选择公共交通、自行车等绿色出行方式，鼓励市民购买各类绿色环保、高效节能产品。

（六）坚持改革创新

综观世界各地绿色城市建设，都是结合自身特征，形成各具特色的绿色城市发展方式。《亚太城市绿色发展报告》研究发现，亚太城市绿色发展与创新具有明显的相关性，绿色发展水平高的城市，创新能力也相对较强，通常是一个区域和国家的创新中心，引领城市经济社会发展的时代潮流，保持城市的可持续竞争力。城市绿色发展需要高度重视创新的价值，鼓励以技术创新为核心，包括产品创新、业态创新、模式创新、制度创新等的全面创新，通过创新提升绿色发展能力，共享绿色发展成果。城市副中心要围绕建设绿色城市，坚持不懈地推进改革创新，特别是在投融资机制、土地管理机制、新型城镇化建设、产业疏解提升、绿色城市管理等方面勇于开拓，大胆创新，强力推进。

（七）倡导绿色生活方式

绿色城市建设需要政府的引导和投入，更需要公民的积极参与。建设绿色城市除了绿色能源、绿色交通、绿色建筑、绿色技术等硬件的升级，更需要社会公众、企业、政府、非政府组织等软件的支撑。没有活跃的绿色企业和绿色公民，绿色城市的建设也将失去根基。要将绿色城市建设理念、要求纳入创建全国文明城区内容，大力宣传，引导绿色消费观念，形成城市副中心的绿色生活新风尚。可以以创建全国文明城区为契机，将创城宣传等各项工作加入绿色城市建设内容，比如学习多伦多用 LED 照明系统取代传统灯泡和霓虹光管，以节约用电、减少城市的光污染。

（八）完善绿色城市建设持续推进的保障措施

推动政策衔接配套，成立绿色城市建设领导小组，对绿色城市建设重大问题进行研究部署。转变传统观念，优化资源配置，摒弃"先建设后治理"和"末端治理"的传统模式，主动重视前端生产过程。完善绿色税收体系，健全绿色金融体系，采用政府补贴或减税的方式，鼓励绿色屋顶、绿色建筑、绿地面积等绿色城市项目营建，支持商业银行提供绿色专项优惠贷款，积极推行环境污染责任保险。

七 北京城市副中心建设国家森林城市的策略

（一）城市副中心造林应突出削减污染、涵养水土、改善环境的功能

通州区地处北方地区，降水总体偏少并且分布不均衡，水污染、空气污染、噪声污染都比较严重，因此通州区造林应注重发挥削减污染、涵养水土、改善环境的功能。在交通要道、主要街道和街心公园应多栽种一些吸附污染物、净化空气能力比较强的树种，在主要河道和湿地公园应配置水土保持、水污染净化能力比较强的植被。

国外许多城市非常注重沿河植被、自然景观的保护。莫斯科、温哥华、华盛顿、布达佩斯等城市，河岸森林植被得到很好保护，形成林水结合的自然景观带，有效发挥了保护河流、连接城内外森林与湿地的生态廊道功能。

（二）汲取国外教训，避免过度追求整齐划一和人工化

德国曾经栽种了面积庞大的人工林，几乎全是针叶树，一开始没什么问题，但到了20世纪60年代，出现很严重的生态危机。因为树种单一，栽得过密，后期又缺乏管理，森林里病虫害泛滥，树根本长不起来，林子里连只鸟都看不见。从20世纪60年代起，德国开始探索森林的"近自然经营"，通过间伐针叶树、补植阔叶树等措施，尽量使人工林变得像自然林，树种要尽量丰富，实现针阔混交；大树、小树都要有，不追求整齐划一。这样，森林才会有稳定的生态系统，借助自然力，自己就能发育、更新。

纽约闹市区的森林公园在建造之初，也犯过追求人工化的错误，在经历了诸多生态问题之后才走上了近自然的道路。

（三）造林选种上要侧重乡土树种，显地带性植被特征

从发达国家的经验看，在绿化建设过程中要注重本地乡土树种的使用与保护，从而使整个城市森林生态系统的主体具有地带性植被特征，保证森林生态系统的健康稳定。

过去，北京平原绿化树种比较单一，最常见的就是杨树，所占比例达到了60%以上。据统计，北京市平原地区树种分布情况是：4.79%的为刺槐，2.01%的为油松，62.88%的为杨树，3.01%的为其他阔叶树，27.31%的为侧柏。通州区造林在树种选用上，应综合选用多种滞尘效果好、碳汇作用明显的乡土树种。造林的树种选择和技术规范可以参考国家林业局制定发布的《生态公益林建设》系列标准。

（四）森林城市建设要重视满足居民休闲游憩需求

总结欧美许多发达国家的经验，城市化地区森林资源的主导功能是改善人居环境，提供清洁水源及休闲游憩场所。除了划定城市附近大量的森林、湿地资源建立森林公园、湿地公园和城市郊野公

园外，还建设了多样化的森林游憩步道，形成贯通城乡、便民游憩的森林健康廊道。副中心城市森林里也应建设"健康绿道"，让市民在林子里跑步、骑车、遛弯，尽情享受大自然的乐趣。

（五）森林城市建设与绿色城市、海绵城市、园林城市建设规划统筹考虑，减少重复和浪费

森林城市、海绵城市、园林城市建设都具有显著的生态效益，不少建设内容有交叉和重叠，为减少重复建设和资源浪费，充分发挥生态效益、经济效益和社会效益，森林城市建设要与副中心城市规划和海绵城市、园林城市建设规划统筹考虑，努力做到空间布局合理优化，生态景观效益和经济社会效益相互促进、相互协调。

（六）坚决防止建筑用地对林地的挤占与蚕食

随着我国城市化的快速推进，建筑用地紧张局面日益严重，不少地方出现了建筑用地、基础设施建设用地挤占和蚕食林地、湿地的现象。因此，在副中心建设规划中，应该明确规划林地的范围和边界，对林地转为建设用地严格管制，林地必须用于林业发展和生态建设，不得擅自改变其用途，必要时可以通过人大法定程序加以约束；也要加强对林地转为其他农地的管制，禁止毁林开垦、毁林挖塘等将林地转化为其他农用土地。在农业综合开发、耕地占补平衡、土地整理过程中，不得挤占林地。除国务院有关部门和北京市人民政府批准的基础设施建设项目外，不得占用、征收公益林地。

（七）重视市场化手段的应用，适度追求经济效益

通州区在推进森林城市创建的过程中，应积极鼓励、引导企业和居民参与绿化造林，在土地、资金、政策方面给予优惠激励，支持企业和居民家庭分片种植和领养树木，培育企业和居民的环保意识。同时应适度重视城市森林的经济效益，这体现在两个方面：一

方面是建设和维护成本要低一些，森林就是森林，简单朴素一点，铺几条石子路，适当点缀几处休闲设施就好，要和大自然融为一体，使树木处于自然生长状态，不能搞得像城里公园那么精致；另一方面要尽量从城市森林中取得一定的经济效益，例如树种选择上可以选择经济林木，或者栽种果树类，大面积的果林花海形成的景观和经济价值都是比较可观的，可以开发赏花、采摘等旅游经济价值，以促进绿化造林的可持续发展。

（八）积极塑造每个主要森林公园的文化主题特色，适度营造景观效应

通州区历史悠久，文化底蕴深厚，古迹众多，在创建森林城市的过程中，应积极塑造每个主要森林公园的文化特色，和所在区位的历史地位、文化特色、民族民俗特点结合起来，把传统的运河文化、通州味儿和现实中的文化艺术集聚区有机结合，通过树种选择、文化设施营建、宣传引导打造每个主要森林公园鲜明的文化主题特色。例如，可以依托相应区域的文化特色和区位需求打造画家林、音乐林、唱戏林、练歌林、桃花岛、梨花谷、老年健身林、儿童乐园林、爱心领养林、骑行林等，甚至可以在相对偏远的地区开辟公墓林。公墓林将最具有经济效益，也具有显著的公益性。

通州区地处平原，不是偏僻山区，因此对部分近郊森林公园在树种选择、布局搭配等方面要适度追求景观效应，尽力做到看起来赏心悦目，以更好地满足人们的休闲游憩需求。通过绿化造林促进文化旅游开发，通过文化旅游开发促进绿化造林。

八 北京城市副中心建设海绵城市的策略

（一）建设海绵城市的优势

2016年通州区被确定为全国第二批海绵城市建设试点，试点区域位于北京城市副中心两河片区，总面积19.36平方千米。试点区

域海绵城市建设任务包括海绵型建筑与小区、海绵型公园和绿地、海绵型道路与广场、水系整治与生态修复、防洪与排水防涝、管网建设、管控平台建设7大类51项建设工程项目,将着力打造自然积存、自然渗透、自然净化的"海绵城市"。

通州区地势低平,森林湿地分布较广,河流众多,水资源相对丰富,排水条件良好,具有建设海绵城市的便利条件。同时,通州区地处温带季风区,降水季节分布不均,夏季降水集中、强度大,容易引起内涝,冬春季节降水稀少,水资源短缺,具有建设海绵城市的必要。

通州区作为"海绵城市"建设试点城市,不仅有国家和地方层面的资金和政策支持,也受到了从中央到地方政府和人民的欢迎,建设生态宜居的城市副中心是大家的共同心愿,前景乐观。

(二) 建设海绵城市的策略

1. 结合副中心发展规划,做好海绵城市全局性、中长期建设规划

海绵城市试点范围只有19.36平方千米,而通州副中心区域有155平方千米,通州行政区有906平方千米,都应逐步纳入海绵城市建设范围,需要对全区范围内的河流、湿地、林地、公园、绿道、社区、街道等海绵体有一个统筹考虑,同时考虑全区的供水管道、雨水管道、污水管道等管网和污水处理厂、中水回用设施、大型蓄水设施的合理布局和衔接问题。海绵城市建设是一个长期的系统工程,不能急功近利,要科学论证,科学规划,稳步推进。

2. 要综合考虑防涝、抗旱和污染治理需求

通州区夏季降水集中,加上地势低平,尤其是城区有一些主要干道下凹式通过铁路桥,容易成为内涝地区;同时通州降水四季分布不均衡,应重视夏季对雨洪的资源化利用。此外,通州由于降水少,机动车多,面源径流污染比较严重。海绵城市建设应在综合考虑防范内涝的基础上,先行收集、处理初雨带来的面源污染,之后应重点做好雨水的蓄滞和利用。

3. 在海绵城市建设和后期维护中重视市场化运作

海绵城市建设具有重要的生态和社会效益，公益属性明显，直接产生投资回报的能力比较弱，重视投资效益的社会资本参与意愿会比较低。主要由政府资金支持的前期工程项目建设阶段，企业参与积极性会比较高，但如果让企业参与投资或独自筹资建设，则不少企业会缺乏兴趣。海绵城市建设项目众多，政府可以分类梳理，挑选出一些有经济效益的项目开展 PPP 模式合作，或者把能赚钱的项目和公益项目适当打包，捆绑招标。在新建道路、公园等项目时，通过特许经营等模式允许作为合作方的社会资本配建一些可以带来经济收益的停车场、娱乐设施、餐饮、旅游或文化产品零售设施，以增强项目的吸引力。

4. 创新筹资模式，多渠道筹集海绵城市建设资金

除了 PPP 模式利用社会资金之外，以下做法也可以考虑。

（1）仿效其他省市成立海绵城市建设基金，以项目收益和政府补贴作为预期回报来源筹集资金。

（2）开展排污收费或征收雨水排放费。对于无须关闭的轻微排污企业和不符合海绵城市建设标准的社区征收海绵城市建设税（费），社区可以向开发商、物业管理公司征收，物业管理公司可以考虑把费用摊入物业费。

（3）向濒临主要海绵体的房地产项目收取由环境改善带来的房地产升值收益。那些紧挨着湿地公园、森林公园、滨河公园的房地产项目往往会价格比较高，不仅土地出让价格高，而且建成的房屋价格也高，可以考虑从土地出让收益和房地产商售房收入中适当提成用于弥补海绵城市建设成本。对于不愿收入分成的房地厂开发商可以排除其土地投标资格。

（4）积极利用政策性银行的信贷资金，如国家开发银行和中国农业发展银行的低息贷款。

5. 对于新建和改建项目都植入海绵城市理念，避免日后频繁改造

对于新建房地产、道路、公园等项目，要求必须符合海绵城市标准，否则，不予批准或验收通过。尤其是房地产小区项目，对开发商规定明确的绿化率及技术要求，例如透水铺装、下凹式绿地、社区蓄水池、绿色屋顶等，不符合要求不予验收合格认定。而对于新建道路、公园等公益性项目，则政府应加强设计和监督，使之符合低影响开发的要求。

6. 通州区海绵城市建设应重点放在雨水收集、污水处理、中水回用上

由于通州区整体上属于缺水的城市，加上雨水分布季节不均衡，应重视雨水收集、污水处理、中水回用。建议在建设各类公园和绿地时，在其中或其下面建设多个大型蓄水池，可以是露天的，也可以是封闭的，公园有了湖光水色也往往会增加风景。这些蓄水池和污水处理厂或中水回用设施相连通，满足城市绿化和街道洒水需要。此外，也可以要求居民社区配建雨水收集设施，用于社区绿化用水。雨水收集、污水处理、中水回用是海绵城市建设中可以产生经济效益的重要环节，对于社会资本具有较强吸引力，可以开展PPP等模式运作。

九 北京城市副中心建设智慧城市的策略

智慧城市建设需要大智慧，需要从全局和长期高度进行科学规划，结合现有基础和本地特色选择合适的智慧城市建设模式、运营模式、融资模式，重视智慧城市的"软件"建设和配置，避免成为形象工程和烧钱黑洞的硬件堆砌，切实发挥智慧城市应有的提升城市运行效率、便民、经济增长"倍增器"的作用。通州区配合城市副中心建设智慧城市策略如下。

（一）高度重视，科学规划

智慧城市代表着现代城市发展方向，通州区应当从区域全局发展高度给予足够的重视，要有一个强有力的主导部门和相应的支持系统来有序推进智慧城市建设工作。

要做出科学规划，必须成立智慧城市建设工作协调小组和决策咨询专家指导组两个专门机构，牵头制定"智慧城市实施方案"，明确发展目标、建设规划、产业布局以及公共技术服务平台建设计划，并研究制定智慧城市建设的相关产业政策，以便于政府批准后，该方案能尽快出台实施。

要完全助力一座城市实现"智慧城市"的战略构想，需要政府机构、咨询机构、研究院所、合作供应商等多方资源汇集和融合，循序渐进，优势互补，协同推进。例如，"智慧沈阳"由沈阳市政府、IBM及东北大学三方共建沈阳生态城市联合研究院；而同济大学-IBM"智慧城市"研究中心的成立，也是意在推动"智慧上海"建设。通州区也应重视建立有关城市建设和治理的咨询研究机构，以便为科学决策提供参考。

（二）明确目标，分步实施

建设智慧城市存在一个要建设什么样能级和水平的问题，如北京提出要建设世界级的智慧城市。明确与城市地位相匹配的定位和分阶段目标，选准近期突破重点，是推进智慧城市建设的基本前提。通州区作为北京城市副中心所在地，是众多新的城市发展理念的创新试验区，在一定程度上代表着北京城市的发展方向，应高标准规划副中心智慧城市建设，力争引领我国智慧城市建设的潮流。

智慧城市建设永远在路上，智慧城市建设的智慧提升永远没有止境。因此，要从现实出发，分阶段逐步推进，不能好高骛远，欲速则不达。通州区在电子政务、电子商务、智能信息手段应用上有了一定的基础，首先应进一步夯实城市信息化基础和数字城市架构，例如带宽扩展、感知层等硬件配置、信息互联互通、数据库建设、应用平台建设等，其次再整合信息网络实现自动监控、信息自动采集、自动分析处理、自动决策反应等智慧应用，在此基础上再发展高级人工智能系统并推广应用领域。

（三）重点突破，示范引领

智慧城市建设涉及面非常广，几乎渗透到了城市管理、经济社会运行和居民生活的方方面面。但智慧城市建设不是一个什么都可以装的筐，也不是包治百病的万能药，如果没有科学的态度和理念做指导，智慧城市建设可能成为烧钱的黑洞和浪费资源的形象工程。在资源有限的情况下，智慧城市建设不可能面面俱到、全面开花、同等用力。建议选择一部分对城市发展发挥全局性影响、信息化基础比较好的重点领域，高标准开展智慧城市建设，探索合适的建设、融资、运营模式，以及软硬件整合和资源优化的路径和方法，为全面的智慧城市建设积累经验，树立标杆，发挥示范引领作用。

通州区作为北京城市副中心，必将产生强大的资源和人口集聚效应，而副中心核心区又处于通州区的咽喉部位，东西南北的车流量比较大，容易遭受大城市病的困扰。此外，由于通州区历史上属于北京郊区，城市基础设施、社会服务水平和城市管理水平都比较薄弱，故其智慧城市建设的重点领域应选择智慧交通、智慧政务、智慧社会服务（医疗、社保、教育、民政等）、智慧基础保障（水、电、气、网络、电信等）、智慧物流、智慧社区等。

（四）要重视智慧"软件"建设，充分发挥智慧硬件的功能

智慧"软件"不仅包括各种指挥平台上运行的各种管理或服务软件系统，也包括智慧城市运行机制建设、相关管理制度、专业技术人员配置、应急处理方案等软环境建设。当代智能化信息设备更新换代很快，一些价格不菲的高大上的智慧设备设施，如各种传感

器、存储传输控制设备、应用软件系统等配备到位，如果使用这些设备的人员还是原来的一套人马，要么不会用，要么不愿意用，要么不认真用，这些设备可能就成了摆设，会造成巨大的浪费。

智慧城市的"智慧"主要体现在以人为中心的"软件"系统，目前智能硬件往往只限于"看到"或"实时监控"，而看到后"怎么做"才是最重要的。比如，摄像头发现了小偷在爬窗户或发现火情，或者监控设备报告了交通事故，但如果没有相应的应急机制，智能设备报警后如果没人及时处理，还是会造成严重的损失；再如，智慧设备积累了大量的业务数据，但没有人会进行数据挖掘分析，也就不会从中发现问题或规律，对改进管理就没有帮助。因此，在建设智慧城市的同时，要培训相关人才，建立相关的规章制度和应急处理规则，使得人、设备和管理对象能够科学配置，紧密协作，才能高效运转。在此基础上逐步发展具有判断和应急处理能力的人工智能软硬件系统，而这种智慧系统需要专业研发团队在实践中长期探索完善才能投入实际应用。

（五）要统筹规划，避免重复建设，突出特色

要处理好智慧城市建设与城市发展战略和城市定位的关系，智慧城市与信息化、数字化城市的关系，智慧城市与绿色城市、生态城市、海绵城市的关系，智慧城市建设与战略性新兴产业发展、信息安全建设的关系等，要尽可能地把已有的各种建设资源整合起来，使得各种城市新理念在落实过程中相互促进，避免重复建设。

在建设智慧城市过程中要突出特色，体现个性。要充分学习吸收其他城市的有共性的解决方案，但绝对不能千篇一律、完全照搬，必须根据自身基础优势和实际需要，打造建设智慧城市的特色牌和创新牌。同时，目前许多国内城市采取的都是与IBM公司战略合作的纯商业化推进模式，如何创新智慧城市建设模式、寻找适合城市特点的智慧支点也值得研究探索。

（六）搞好基础设施建设，抓好大项目引进

建设智慧城市，一要通过互联网、现代通信网和物联网把城市中的物理基础设施、信息基础设施、社会基础设施和商业基础设施连接起来，建设成新一代的智慧化基础设施；二要落实运营项目，包括智慧的交通、智慧的教育、智慧的公共事务服务管理等；三要发展与物联网、"云计算"相关联的产业。

同时，要重视并抓好大项目引进、建设，在智慧城市建设中，大项目的支撑、集聚效应十分重要。为此，要按照智慧城市的目标定位与规模质量要求，重点对国际 IT 500 强企业、国内软件 100 强企业等重点企业进行分类、分析，按各产业载体建设进度定向引入，以推动智慧城市建设的进程。

（七）重视采用市场化、多元化融资、建设和运营模式

智慧城市建设需要巨额的投资，高度专业的技术、人才和设备，仅仅依靠政府的资金、政府的人员去推进和建设智慧城市是远远不够的。建议重视打造多元化的设计建设团队、市场化的融资和运营模式，充分调动多种资源，发挥各自特长，高效率地打造高效益的智慧城市运行和服务平台。

在设计团队方面，要有多方面的专家，不能只是信息技术或城市建设方面的专家。在融资方面，政府投资可以作为引导，主要投资到公共事务平台，而在有经济收益的智慧城市建设领域，如智慧交通、智慧电网、智慧水务等可以采取各种 PPP 模式，引入企业共同投资、共同运营。在建设路径和模式上，建议采取欧盟的理念引导模式，以创建"国际一流和谐宜居之都示范区"为发展理念，引入知名的 IT 企业或运营商，制定高标准规划并逐步落实。在智慧城市运行的不同领域，建议采取市场化的运营方式，政府通过购买服务，或特许给特定企业运营，或实行 BOT 等运营方式，以便发挥企业在运营方面的优势，也有利于政府的硬性考核。

(八) 构建"单一窗口",推进智慧政务和智慧社会服务

以人为本、方便居民是智慧城市建设的重要目标之一,构建电子政务"单一窗口"是服务企业和民众的重要途径,是国际上电子政务发展的趋势。"单一窗口"理念来源于国际贸易监管中的国际通行规则,目的是破解部门林立、窗口过多、各自为政的弊端,促使部门整合实现单一机构运作,促使信息整合形成单一系统管理,促使信息共享搭建公共平台,由"多个部门、多个窗口"变成"一个部门、一个窗口",企业在互联网上通过一个窗口向政府各部门提交贸易进出口或中转所需的所有资料和数据,力求进出口贸易的便利化。

"单一窗口"管理模式将传统审批模式通过职能归并、资源整合、流程优化,一个窗口对外,一个后台办理,一个出口领证,统一受理、统一审批、统一出件,将传统的流程搬到网上处理,涉及的单据和收费都通过网上传输和办理,大大提高了业务办理效率,大大缩短了办理时间。智慧政务和智慧社会服务建设的最优形式就是"单一窗口"的形式,把多个针对企业和居民服务的政府部门都整合到互联网的一个窗口,通过这个平台在网上就可以办理诸如工商税务和民政社保的各种事务,节约了企业和居民的经济和时间成本。国家试行的智慧城市(区、镇)试点指标体系见表 14-1。

表 14-1　国家智慧城市(区、镇)试点指标体系(试行)

一级指标	二级指标	三级指标	指标说明
保障体系与基础设施	保障体系	智慧城市发展规划纲要及实施方案	智慧城市发展规划纲要及实施方案的完整性和可行性
		组织机构	成立专门的领导组织体系和执行机构,负责智慧城市创建工作

续表

一级指标	二级指标	三级指标	指标说明
保障体系与基础设施	保障体系	政策法规	保障智慧城市建设和运行的政策法规
		经费规划和持续保障	智慧城市建设的经费规划和保障措施
		运行管理	明确智慧城市的运营主体并建立运行监督体系
	网络基础设施	无线网络	无线网络的覆盖面、速度等方面的基础条件
		宽带网络	包括光纤在内的固定宽带接入覆盖面、接入速度等方面的基础条件
		下一代广播电视网	下一代广播电视网络建设和使用情况
	公共平台与数据库	城市公共基础数据库	建设城市基础空间数据库、人口基础数据库、法人基础数据库、宏观经济数据库、建筑物基础数据库等公共基础数据库
		城市公共信息平台	建设能对城市的各类公共信息进行统一管理、交换的信息平台,满足城市各类业务和行业发展对公共信息交换和服务的需求
		信息安全	智慧城市信息安全的保障措施和有效性
智慧建设与宜居	城市建设管理	城乡规划	编制完整合理的城乡规划,并根据城市发展的需要,制定道路交通规划、历史文化保护规划、城市景观风貌规划等具体的专项规划,以综合指导城市建设
		数字化城市管理	建有城市地理空间框架,并建成基于国家相关标准的数字化城市管理系统,建立完善的考核和激励机制,实现区域网格化管理
		建筑市场管理	通过制定建筑市场管理的法律法规,并利用信息化手段促进政府在建筑勘察、设计、施工、监理等环节的监督和管理能力提升
		房产管理	通过制定和落实房产管理的有效政策,并利用信息技术手段进行房产管理,促进政府提升在住房规划、房产销售、中介服务、房产测绘等多个领域的综合管理服务能力
		园林绿化	通过遥感等先进技术手段的应用,提升园林绿化的监测和管理水平,提升城市园林绿化水平
		历史文化保护	通过信息技术手段的应用,促进城市历史文化的保护水平
		建筑节能	通过信息技术手段的应用,提升城市在建筑节能监督、评价、控制和管理等方面的工作水平

续表

一级指标	二级指标	三级指标	指标说明
智慧建设与宜居	城市建设管理	绿色建筑	通过制定有效的政策，并结合信息技术手段的应用，提升城市在绿色建筑建设、管理和评价等方面的水平
	城市功能提升	供水系统	利用信息技术手段对从水源地监测到龙头水管理的整个供水过程实现实时监测管理，制定合理的信息公示制度，保障居民用水安全
		排水系统	生活、工业污水排放，城市雨水收集、疏导等方面的排水系统设施建设情况，以及利用现代信息技术手段提升其整体功能的发展状况
		节水应用	城市节水器具的使用和水资源的循环利用情况，以及利用现代信息技术手段提升其整体水平的发展状况
		燃气系统	城市清洁燃气使用的普及状况，以及利用现代信息技术手段提升其安全运行水平的发展状况
		垃圾分类与处理	社区垃圾分类的普及情况及垃圾无害化处理能力，以及利用现代信息技术手段提升其整体水平的发展状况
		供热系统	北方城市冬季供暖设施的建设情况，以及利用现代信息技术手段提升其整体水平的发展状况
		照明系统	城市各类照明设施的覆盖面和节能自动化应用程度
		地下管线与空间综合管理	实现城市地下管网数字化综合管理、监控，并利用三维可视化等技术手段提升管理水平
智慧管理与服务	政务服务	决策支持	建立支撑政府决策的信息化手段和制度
		信息公开	通过政府网站等途径，主动、及时、准确公开财政预算决算、重大建设项目批准和实施、社会公益事业建设等领域的政府信息
		网上办事	完善政务门户网站的功能，扩大网上办事的范围，提升网上办事的效率
		政务服务体系	各级各类政务服务平台的连接与融合，建立上下联动、层级清晰、覆盖城乡的政务服务体系
	基本公共服务	基本公共教育	通过制定合理的教育发展规划，并利用信息技术手段提升目标人群获得基本公共教育服务的便捷度，并促进教育资源的覆盖和共享
		劳动就业服务	通过法规和制度的不断完善，结合现代信息技术手段的应用，提升城市就业服务的管理水平，通过建立就业信息服务平台等措施提升就业信息的发布能力，加大免费就业培训的保障力度，保护劳动者合法权益

续表

一级指标	二级指标	三级指标	指标说明
智慧管理与服务	基本公共服务	社会保险	通过信息技术手段的应用，在提升覆盖率的基础上，通过信息服务终端建设，提高目标人群享受基本养老保险、基本医疗保险及失业、工伤和生育保险服务的便捷程度，提升社会保险服务的质量监督水平，提高居民生活保障水平
		社会服务	通过信息技术手段的应用，在提升覆盖率的基础上，通过信息服务终端建设，提高目标人群享受社会救助、社会福利、基本养老服务和优抚安置等服务的便捷程度，提升服务的质量监督水平，提高服务的透明度，保障社会公平
		医疗卫生	通过信息技术手段应用，提升基本公共卫生服务的水平。通过信息化管理系统建设和终端服务，保障儿童、妇女、老人等各类人群获得满意的服务；通过建立食品药品的溯源系统等措施，保障食品药品安全供应，促进社会舆论监督，提高服务质量监督的透明度
		公共文化体育	通过信息技术手段应用，扩大公益性文化服务的服务面，提高广播影视接入的普及率，通过信息应用终端的普及，提升各类人群获得文化内容的便捷度；提升体育设施服务的覆盖度和使用率
		残疾人服务	在提高服务覆盖率的基础上，通过信息化、个性化应用开发，提升残疾人社会保障、基本服务的水平，提供健全的文、体、卫服务设施和丰富的服务内容
		基本住房保障	通过信息技术手段应用，提升廉租房、公租房、棚户区改造等方面的服务水平，增强服务的便利性、提升服务的透明度
	专项应用	智能交通	城市整体交通智慧化的建设及运行情况，包含公共交通建设、交通事故处理、电子地图应用、城市道路传感器建设和交通诱导信息应用等方面的情况
		智慧能源	城市能源智慧化管理及利用的建设情况，包含智能表具安装、能源管理与利用、路灯智能化管理等方面的建设
		智慧环保	城市环境、生态智慧化管理与服务的建设情况，包含空气质量监测与服务、地表水环境质量监测与服务、环境噪声监测与服务、污染源监控、城市饮用水环境等方面的建设
		智慧国土	城市国土资源管理和服务的智慧化建设情况，包含土地利用规划实施、土地资源监测、土地利用变化监测、地籍管理等方面的建设

续表

一级指标	二级指标	三级指标	指标说明
智慧管理与服务	专项应用	智慧应急	城市智慧应急的建设情况，包含应急救援物资建设、应急反应机制、应急响应体系、灾害预警能力、防灾减灾能力、应急指挥系统等方面的建设
		智慧安全	城市公共安全体系智慧化建设，包含城市食品安全、药品安全、平安城市等建设情况
		智慧物流	物流智慧化管理和服务的建设水平，包含物流公共服务平台、智能仓储服务、物流呼叫中心、物流溯源体系等方面的建设
		智慧社区	社区管理和服务的数字化、便捷化、智慧化水平，包含社区服务信息推送、信息服务系统覆盖、社区传感器安装、社区运行保障等方面的建设
		智能家居	家居安全性、便利性、舒适性、艺术性和环保节能的建设状况，包含家居智能控制，如智能家电控制、灯光控制、防盗控制和门禁控制等，家居数字化服务内容，家居设施安装等方面的建设
		智慧支付	包含一卡通、手机支付、市民卡等智慧化支付新方式，支付终端卡设备、顾客支付服务便捷性、安全性和商家支付便捷性、安全性等方面的建设
		智能金融	城市金融体系智慧化建设与服务，包含诚信监管体系、投融资体系、金融安全体系等方面的建设
智慧产业与经济	产业规划	产业规划	城市产业规划制定及完成情况，围绕城市产业发展、产业转型与升级、新兴产业发展的战略性产业规划编制、规划公示及实施的情况
		创新投入	城市创新产业投入情况，包括产业转型与升级的创新费用投入，新兴产业发展的创新投入等方面
	产业升级	产业要素聚集	城市为产业发展、产业转型与升级而实现的产业要素聚集情况、增长情况
		传统产业改造	在实现城市产业升级过程中，实现对传统产业的改造情况
	新兴产业发展	高新技术产业	城市高新技术产业的服务与发展，包含支撑高新技术产业的人才环境、科研环境、金融环境及管理服务状况，高新技术产业的发展状况及在城市整体产业中的水平状况
		现代服务业	城市现代服务业发展状况，包含现代服务业发展的政策环境、发展环境，发展水平及投入等方面
		其他新兴产业	反映城市其他新兴产业的发展及提升状况

十 北京城市副中心建设韧性城市的策略

通州区位于北京市最低洼地带，海拔比天安门还低，区域内纵横交错的主要河流多达 13 条，使得通州成为易发生水患的地区之一，"7·21"北京特大暴雨就造成了很大破坏。因此，需要树立韧性城市建设目标，不断提高防范和治理这些自然风险的能力。

（一）将韧性城市理念融入城市规划与建设中

结合副中心建设，通州区提出了建设绿色城市、森林城市、海绵城市、智慧城市的目标，并作为城市发展长期的努力方向。但与此同时，必须认识到，应对气候变化、生态环境过载和经济社会冲击等城市灾害的挑战，也是现阶段必须高度重视的城市工作。在建设"四个城市"的过程中需要注重将韧性城市理念融入其中，使城市在实现智能、绿色的同时，能够有序应对风险，实现有序、可持续的发展。

（二）摸清家底，全面评估通州城市韧性，从战略层面提高能力水平，推动韧性规划的中长期能力建设框架思路

委托专业机构对通州区的城市韧性情况进行评估，对城区、街区、乡镇不同空间尺度进行评价，提高通州区空间格局高分辨率的脆弱性识别，为城市韧性的精细化规划提供依据。

（三）主动融入国际韧性城市网络，不断提升韧性城市建设水平

韧性城市的建设是一个新的课题，可以借助国家社会的研究力量和交流平台，主动融入国际韧性城市网络，通过主动学习，以最先进的理念、最符合实际的策略不断提升城市规划和建设的水平。

（四）设置基础设施的优先性，致力于建设更具有韧性的城市基础设施系统

完善的城市基础设施与环境是城市的"免疫系统"，可以帮助城市顺利、平安地抵挡每一次冲击与伤害。国外有一些研究项目把韧性的基础设施系统作为城市和地区防灾的关键要素。在建设城市基础设施时，应当在满足多样性和冗余性的同时，通过风险排序、多目标分析等方式，设置基础设施的优先性，以保障城市基础设施抵御和吸纳风险的能力。

（五）增加城市韧性的措施

第一，不采取任何动员，发生灾害后开展城市重建工作。第二，加固重要设施，采取更好的保护措施，如提高地铁枢纽站的防洪能力。第三，制定方案降低电力需求的峰值，即采用先进的计量设备和能源管理系统，构建智能电网，增强其灵活性和敏感度，如自动化需求管理，将建筑与电网连接、自动断开不重要的设备。

（六）不断提升社会应急管理能力和社会规范管理能力

加快构建和完善多层次、责任明确、快速反应的应急管理体制机制，提高民众灾害意识和加大应急管理培训和实战演练力度。除了气候因素造成的城市灾害，近年来因社会问题引起的风险问题也越来越突出，亟须引起重视。基于社会治理和社会管理的视角，加强对社会危机的预警和反应能力建设也是韧性城市建设的应有之义。运用大数据、信息化技术加大城市风险预警信息系统建设。借鉴国内外经验做法，加大建立城市重大灾害的情景构建与推演研究平台和城市多灾种、多尺度大型实验基础设施。

（七）构建城市居民之间互信、互助的人际关系网络

韧性城市建设除了要重视工程、经济、社会管理因素之外，还

需要营造良好的互信互助文化环境。为此，需要在文化软环境建设方面加大对和谐、互信、互助、敬畏自然等观念的社会植入，探索在社区、邻里建立良好的人际关系网络。

第十五章
北京市通州区促进城市副中心产业发展策略

2016年北京市通州区GDP达650.3亿元，社会事业也实现了大发展，开创了新局面，但通州区当前经济社会发展过程中还面临一些挑战，具体体现为"四个不匹配"。一是经济实力与城市定位不匹配。从经济总量看，通州区实现的GDP仅占全市GDP总量的2.6%，仅为朝阳区、海淀区的1/8左右，在5个发展新区中，也仅为顺义区的2/5左右，经济总量不具备优势。二是产业结构与发展目标不匹配。2016年通州区三次产业结构分别为2.5∶45.7∶51.8，第三产业比重分别低于全市、东城、朝阳区28.5个、44.3个、41.4个百分点。三是高精尖企业比重与发展愿景不匹配。2016年通州区高精尖企业共有15家，其中技术密集型企业8家，精品优质型企业1家，效益领先型企业6家。从企业数量看居全市中下游，且仅为昌平区的1/4左右。从企业构成看，技术密集型企业占高精尖企业的50%左右。四是城市综合服务功能与功能定位不匹配。2016年通州区工业、建筑业增加值占通州区经济的比重分别为31.1%和14.6%。而符合功能定位的商务服务业、科技服务业和信息服务业占比分别仅为1.4%、2.8%和0.3%，与居民生活息息相关的文化、体育和娱乐业占比分别仅为7%、3.7%和0.2%。

如何促进通州区的产业发展，首先要发展北京城市副中心的产业。发展副中心产业要注意与雄安新区产业发展适当错位，并应遵循几个原则。

一 北京城市副中心与雄安新区要错位发展

（一）产业的错位发展

所谓错位，是指竞争主体各寻其位，错落有致，顺序前行。错位发展是各区域主体有意选择与其他区域不同的方式，以谋求更符合自身条件和客观规律的发展路径和发展方式，是实现区域产业协同发展的一种途径。产业错位发展的目的，就是要扬长避短，力求实现地区经济集约发展与效益的最大化。

错位发展不等于某些产业一定不可发展，只是要考虑自身基础与条件，根据比较优势发展最有潜力的产业，避免同质化竞争。除了发展不同类型的产业，错位还可以在另外三个层面上实现。一是产业环节上的错位，一种产业包括研发设计、加工制造、市场营销等多个环节，即使是发展同一种产业，也可以在环节上实现错位。二是差异化产品的错位，地区间由于产业基础、区位优势、资源禀赋等不同，可以选择在同样产业内挖掘产品特色，走特色化产品发展之路。比如同样是汽车产业，不同地区考虑自身的综合条件，可以发展不同层次客户需求的高、中、低档轿车系列产品。三是辐射范围的错位，发展同一产业，如果把握好规模和辐射范围，也可以实现错位。

（二）北京城市副中心与雄安新区产业发展的不同特点

规划建设北京城市副中心和设立雄安新区，都是京津冀协同发展国家战略中的两项重大举措，是国家大事、千年大计。与此同时，北京城市副中心和雄安新区作为北京新的两翼，各自处于不同的发展阶段，有不同的特点。

第十五章 北京市通州区促进城市副中心产业发展策略

1. 从中央要求上看

2016年5月27日中央政治局会议指出，北京城市副中心要着力打造国际一流和谐宜居之都示范区、新型城镇化示范区、京津冀区域协同发展示范区。要建成绿色城市、森林城市、海绵城市、智慧城市。2017年4月1日《中共中央国务院关于设立河北雄安新区的通知》中指出，雄安新区要建设绿色生态宜居新城区、创新驱动发展引领区、协调发展示范区、开放发展先行区，努力打造贯彻落实新发展理念的创新发展示范区。设立北京城市副中心和河北雄安新区，目的都在于疏解北京非首都功能，推动京津冀协同发展。

在具体要求上，北京城市副中心是调整北京空间格局和拓宽发展新空间的需要，在和谐宜居的标准上要求更高，达到国际一流的水平；在新型城镇化方面要走在全国前列；在京津冀协同发展中要发挥更大作用。同时，城市副中心侧重于建设城市要建成绿色、森林、海绵、智慧城市，要坚持统筹规划生产、生活、生态布局。相应地，在产业发展上，就要坚持绿色低碳智能、宜居宜业。雄安新区是北京非首都功能疏解集中承载地，主要侧重于贯彻落实新发展理念，在落实新发展理念上要求更高，在创新发展、协调发展、开放发展等方面的要求要高于城市副中心。创新驱动引领区的要求，就是要集聚科研院所和发展高端高新产业，打造一批高水平的创新创业载体，吸引高新技术企业集聚，建设集技术研发和转移交易、成果孵化转化、产城融合的创新引领区和综合改革试验区。协调发展示范区的要求，就是提升区域公共服务整体水平，打造要素有序自由流动、主体功能约束有效、基本公共服务均等、资源环境可承载的区域协调发展示范区，为京津冀建设世界级城市群提供支撑。开放发展先行区的要求，就是要积极融入"一带一路"建设，加快政府职能转变，积极探索管理模式创新，形成与国际投资贸易通行规则相衔接的制度创新体系，培育区域开放合作竞争新优势，打造扩大开放新高地和对外合作新平台，为提升京津冀开放型经济水平做出更大的贡献。

2. 从区位上看

北京城市副中心位于北京市东南部，距离北京市中心约 20 千米，与天津市武清区、河北省廊坊市接壤，处在京津冀协同发展的桥头堡位置，既要辐射北京市东部地区的发展，包括东北部的顺义、平谷，还有东南部的大兴和亦庄，又要推进与天津武清、河北廊坊，特别是北三县等区域的协同发展。雄安新区位于河北省中部，距离北京市中心约 120 千米，与北京市、天津市形成三角支撑，应该成为新的区域发展极，促进冀中南地区崛起，带动河北全省快速发展。

在《京津冀协同发展规划纲要》中，中央明确提出了北京市与河北省的功能定位：北京市作为首都，是全国的政治中心、文化中心、国际交往中心和科技创新中心，河北省则是全国现代商贸物流重要基地、产业转型升级试验区、新型城镇化与城乡统筹示范区、京津冀生态环境支撑区。北京城市副中心和雄安新区分别作为京、冀两省市的重要组成部分，其功能定位应该服从和服务于整体的功能定位。与雄安新区相比，城市副中心作为北京的一部分，面临着疏解和承接的双重任务，既要疏解自身的非首都功能，又要承担从北京中心城区疏解出的部分首都非核心功能和北京城市功能。在空间位置上，城市副中心与业已建成的北京中心城区的距离更近、联系更紧密，因此更要注意防止摊大饼式发展。城市副中心的功能定位，应该更加精而少，尤其是产业功能，既要有足够的分量，能为全市添秤加码，又要节约集约高效利用土地资源，防止与中心城区连成一片，加剧大城市病。

3. 从发展基础上看

雄安新区刚刚启动建设，开发程度较低，城市副中心的起步较早。北京市自 2014 年全面推进城市副中心建设，与雄安新区在一张白纸上谋划发展建设相比，城市副中心建设主要都是在建成区，建设成本高、工作挑战难度更大。从经济总量看，2016 年，通州区生产总值 650.3 亿元，而同期雄县、安新、容城三县生产总值之和为 200.05 亿元。从产业结构来看，通州区三次产业结构比重为

2.5∶45.7∶51.8，已经初步迈入后工业化阶段，发展的程度较高。雄安新区产业结构以农业、劳动密集型工业和旅游业为主，其中，雄县的主要产业是塑料包装、乳胶制品以及电线电缆等，容城的支柱产业是服装业，安新县主要产业是旅游、制鞋、有色金属加工以及羽绒，产业低端化特征比较明显。从产业要素基础上看，在人力资源上，北京城市副中心人力资源丰富，还背靠北京这个人才库，而雄安新区人力资源底子较薄；在土地资源上，北京城市副中心工业用地主要集中在17个工业园区，闲置用地不多，腾笼换鸟任务繁重，而雄安新区土地成本就低得多。从基础设施建设、公共服务配套、社会管理水平等城市发展情况看，北京城市副中心的配套设施更加成熟完善，发展基础也优于雄安新区，更有利于吸引发展较为成熟的产业类型，雄安则更适宜创新、创业型产业发展。

二 发展北京城市副中心产业的选择原则

北京城市副中心未来产业，必须符合中央要求的京津冀协同发展背景，必须符合中央建设城市副中心的目标，必须着眼于疏解北京城市非首都功能，必须与雄安新区实现错位发展，必须与周边地区实现协同发展，必须符合北京市最新版的城市规划和对城市副中心规划的要求。

（一）符合中央要求的京津冀协同发展

习近平总书记就推进京津冀协同发展提出7点要求，其中有三条涉及产业协同。一是要着力加强顶层设计，抓紧编制首都经济圈一体化发展的相关规划，明确三地功能定位、产业分工、城市布局、设施配套、综合交通体系等重大问题，并从财政政策、投资政策、项目安排等方面形成具体措施。二是要着力加快推进产业对接协作，理顺三地产业发展链条，形成区域间产业合理分布和上下游联动机制，对接产业规划，不搞同构性、同质化发展。三是要着力加快推进市场一体化进程，下决心破除限制资本、技术、产权、人才、劳动力等生产要素自由流动和优化配置的各种体制机制障碍，推动各种要素按照市场规律在区域内自由流动和优化配置。这些是北京城市副中心产业选择必须要遵循的。

（二）符合中央建设城市副中心的目标

中央建设北京城市副中心是调整北京空间格局和拓展发展新空间的需要，在京津冀协同发展中要发挥更大作用。同时，城市副中心侧重于建设城市，要建成绿色城市、森林城市、海绵城市、智慧城市，要坚持统筹规划生产、生活、生态布局。高水平规划建设北京城市副中心。坚持世界眼光、国际标准、中国特色、高点定位，以创造历史、追求艺术的精神，以最先进的理念、最高的标准、最好的质量推进城市副中心规划建设，着力打造国际一流的和谐宜居之都示范区、新型城镇化示范区和京津冀区域协同发展示范区。突出水城共融、蓝绿交织、文化传承的城市特色，构建"一带、一轴、多组团"的城市空间结构。有序推进城市副中心规划建设，带动中心城区功能和人口疏解。相应地，在产业发展上，就要坚持绿色低碳智能、宜居宜业。

（三）着眼于疏解北京的非首都功能

北京的首都功能是"四个中心"，即政治中心、文化中心、国际交往中心、科技创新中心。中央对北京的城市规划批复指出，加强"四个中心"功能建设。坚持把政治中心安全保障放在突出位置，严格中心城区建筑高度管控，治理安全隐患，确保中央政务环境安全优良。抓实抓好文化中心建设，做好首都文化这篇大文章，精心保护好历史文化金名片，构建现代公共文化服务体系，推进首都精神文明建设，提升文化软实力和国际影响力。前瞻性谋划好国际交往中心建设，适应重大国事活动常态化，健全重大国事活动服务保障长效机制，加强国际交往重要设施和能力建设。大力加强科技创新中心建设，深入实施创新驱动发展战略，更加注重依靠科技、金融、文化创意等服务业及集成电路、新能源等高技术产业和新兴产业支撑引领经济发展，聚焦中关村科学城、怀柔科学城、未来科学城、创新型产业集群和"中国制造2025"创新引领示范区建设，发挥中关村国家自主创新示范区作用，构筑北京发展新高地。除此之外的是北京的非首都功能。北京城市副中心应该着眼于承接疏解北京的部分非首都核心功能。

（四）北京城市副中心产业定位的进一步深化

未来的北京城市副中心，应充分发挥行政副中心的综合优势，产业布局定位为行政办公、商务服务以及文化旅游，打造成为国际一流的和谐宜居之都示范区。

1. 行政办公

行政办公是北京城市副中心独有的产业门类，要更好地服务首都核心功能和全市人民，牵引带动市属公共服务资源向副中心疏解。城市副中心的行政办公功能包括市级机关的行政办公和企事业单位的行政办公，以及与行政办公相关的智库、决策机构、研发设计机构等，也涵盖总部经济发展。

（1）行政办公。广义的行政办公，不但包含行政事业，也包括企事业单位的一切办公行为，有人也提出了行政办公业的概念。直观上讲，行政是指由国家行政机关对不属于审判、检察工作，立法中的其他法律的具体应用问题以及自己依法制定的法规进行的解释。狭义地讲，行政是指国家职能中，除了立法和司法以外的全部职能的总称；广义地讲，行政是指作为决策职能的政治之外的执行职能。办公是指办理公事，处理公事；行政办公是指国家机关、企事业单位和社会团体的日常办公事务与各项服务，如收发文档、办文办会、接待来宾、收支买办、车辆、安全、福利、卫生、后勤补给及保障等。有人也按照产业要素来分析行政办公业：以人的要素来说，行政办公业，包含人力资源业；以物的要素来分，就包含会计结算以及办公用品行业；以行为的要素来考量，就主要包括了总部经济的所有方面。

"北京城市副中心行政办公区"建筑群采取的是组团式布局，可分可合，突出建筑功能的开放与交流，公共活动区域将面向市民最大限度开放，行政办公区及各楼宇之间将不设围墙，并按照开放要求规划建设停车设施、文化设施、体育设施、会议中心、图书馆、博物馆、文化活动广场等。此外，通过会议设施、活动设施、地下食堂、接待中心等办公区域配套设施的集约化建设，下沉庭院、绿化露台、绿化屋面等公共空间建设，以及行政办公区内地下空间的互联互通建设，行政办公区内将实现内部办公功能共享。在建设智慧城市方面，为打造世界领先的行政办公区信息基础设施和智慧化应用系统，办公区内将实现全光网络覆盖，率先应用5G移动通信技术，并将物联网、大数据、云计算、虚拟现实等信息技术应用于智慧楼宇设计管理与施工配合等方面，提升建筑设计管理运行的可量化和可视化操控。

（2）集聚多元总部经济。总部经济是伴随着商务园区、中心商务区（CBD）的出现而产生的一种经济模式。它因为某单一产业价值的吸引力而出现众多资源大规模聚合，形成有特定职能的经济区域，在此区域高端集合，如同军队里发号施令的司令部，司令部辐射周围区域，成为一种特殊的经济模式。

总部经济可以给当地区域经济发展带来诸多外溢效应，比如税收供应效应、产业聚集效应、产业关联效应、消费带动效应、就业乘数效应、资本放大效应等明显的外溢效应。抓住京津冀协同发展的战略机遇，吸引京津冀开发银行、京津冀开发公司等新设大型国际国内企业总部落户城市副中心；推动北京国际知识产业园建设，加快新的文化、产权、能源等要素市场引进，集聚高端商务服务业，打造华北地区最大的要素交易中心；注重总部经济的多元化构建，依托现有总部经济基础，以环渤海高端总部基地为主要载体，大力吸引和承接国内外企业集团总部、区域性总部入驻园区，加快国家车联网产业基地等项目建设；加强永乐店经济技术开发区对中心城区总部企业的承接。

2. 商务服务

广义的商务服务，应该包含商务业、服务业以及商务服务业三个产业门类，其中的商务服务业应是商务业和服务业融合发展后产生的业态。国家统计局参照ISIC第三版将"商务服务业"作为单独门类进行统计，包括企业管理服务、法律服务、咨询与调查、广告业、知识产权服务、职业中介服务、市场管理、旅行社及其他商务服务共九类，具有技术密集、知识密集、资本密集、高附加值、低资源消耗、低环境污染、高聚集性和高产业带动力等特点。城市副中心在商务服务业发展上，应体现产业竞争优势，与其他商务区错位竞争，互相弥补，优先提高运河商务区建设水平，形成以金融服务、国际商务、科技研发等商务服务业为核心的综合功能区。其中，也有将总部经济归为商务服务业的。

(1) 推进金融服务发展。广义上的金融服务，是指整个金融业发挥其多种功能以促进经济与社会的发展。具体来说，金融服务是指金融机构通过开展业务活动为客户提供包括融资投资、储蓄、信贷、结算、证券买卖、商业保险和金融信息咨询等多方面的服务。在京津冀协同发展的背景下，北京城市副中心推进金融服务的发展非常有必要。要以金融服务为抓手，提高金融产品创新能力。积极引进市属金融资源，增加农行、工行、建行等金融机构在城市副中心建立分支机构的数量，并加快金融增值业务的发展，将金融服务业打造成城市副中心的支柱产业。

(2) 创新发展国际商务服务业。以商务中心区为主要载体，加快新北京中心、运河壹号等一批地标性项目建设，瞄准国内外商务服务业的领军企业，用好北京市服务业扩大开放试点政策，着力引进一批具有国际影响力的咨询、会计、律师事务所等专业商务服务机构和技术服务型企业总部。以商务园区为依托，大力引进国内、国际智库机构，着力吸纳中心城区疏解的政府智库，打造首都智力高地，实现高端商务服务业的跨越式发展。发展高端商务配套，完善城市商务体系，优化城市商业环境。

（3）开拓发展科技服务业。以科技服务业为重点，深入实施创新驱动发展战略。充分把握"大众创业、万众创新"的时代契机，以现有产业园区为依托，完善科技孵化器体系，打造科技创新发展平台。以现有科技产业基地为依托，集聚一批相关领域的研究中心、工程实验室及工程研究中心等技术资源，引进一批检测中心、认证中心等职能机构，加快形成科技转化交易市场，完善区域科技服务体系。加快经济技术开发区西区、光机电一体化产业基地等园区的整体转型升级，发展科技研发服务产业。

3. 文化旅游

广义的文化旅游业也包含文化产业、旅游产业以及二者融合发展后产生的文化旅游业。狭义的文化旅游是指以旅游文化的地域差异性为诱因、以文化的碰撞与互动为过程、以文化的相互融洽为结果的旅游，它具有民族性、艺术性、神秘性、多样性、互动性等特征。文化旅游包括历史遗迹、建筑、民族艺术、宗教等内容，其涵盖性强，几乎可以囊括所有相关的产业。北京城市副中心的文化旅游功能包括运河文化及衍生的文化产业、环球主题公园及相关文化创意产业、宋庄文化创意产业以及这些文化产业和旅游业结合在一起而形成的文化旅游产业带等。

（1）全面打造环球影城相关产业。对接国际化高端要素，做大环球影城相关产业。北京环球主题公园及度假区建成开放，深挖北京环球主题公园项目价值，引入国际化、高品质的电影产业元素，举办高端电影品牌活动。加快国家大剧院舞美基地、煤矿文工团和北京儿艺通州区排演基地建设，争取更多的剧院落户，打造北京市文化演艺中心区。

以北京环球主题公园及度假区建设为契机，带动周边区域的文化旅游、商业服务、会展及其衍生的文化创意等产业发展。围绕北京环球主题公园项目，吸引上下游产业在城市副中心集聚，实现一个项目形成一个产业链、带动一个区域发展的目标。在张家湾镇、梨园镇、台湖镇等周边地区拓展表演艺术、主题文化设计、餐饮住宿等配套服务业。推进旅游信息服务、设施维护等配套产业发展。联结宋庄文化、大运河文化等，在区内形成文化休闲旅游上下游产业链条。高标准、高水平规划设计配套交通体系及人流预估引导，避免交通拥堵。

（2）重点发展文化创意核心产业。规范原创艺术产业发展，形成体系与规模。建成中国艺术品交易中心，打造高端艺术品交易市场，推动国内、国际原创艺术作品展示、交易和拍卖活动的集聚，促进形成"创意—创作—交易"的原创艺术产业链。加快宋庄文化创意产业集聚区的基础设施建设，完善地区配套，形成稳定可靠的基础设施支撑。

（3）打造生态之城，开发生态旅游业。打造水城共融的北方旅游水城，通州区共有北运河、潮白河、温榆河等13条主要河流，借鉴都江堰分水原理，通过上蓄中疏下排，把水系打造成景观带。打造蓝绿交织的生态旅游城市，分别在与中心城区、廊坊北三县交界地区东西两侧建设城市绿廊，在副中心外围形成一个森林公园环，建设城市绿心，形成"两带、一环、一心"绿色空间结构，规划建设潮白河国家公园、国家级植物园等33个公园。打造文化传承的人文旅游城市，突出挖掘和传承大运河的历史文化，保护和恢复路县古城（西汉）、通州古城（北齐）、张家湾古镇（明嘉靖）三个重要历史遗迹。

（4）尽快制定北京城市副中心产业发展细分目录。在城市副中心（155平方千米）要加快形成以行政办公、商务服务、文化旅游为主导产业，并配套完善的城市服务功能相关的产业（见图15-1）。同时，围绕新型城镇化示范区建设，在通州区（906平方千米）加快建设一批特色小镇和美丽乡村。

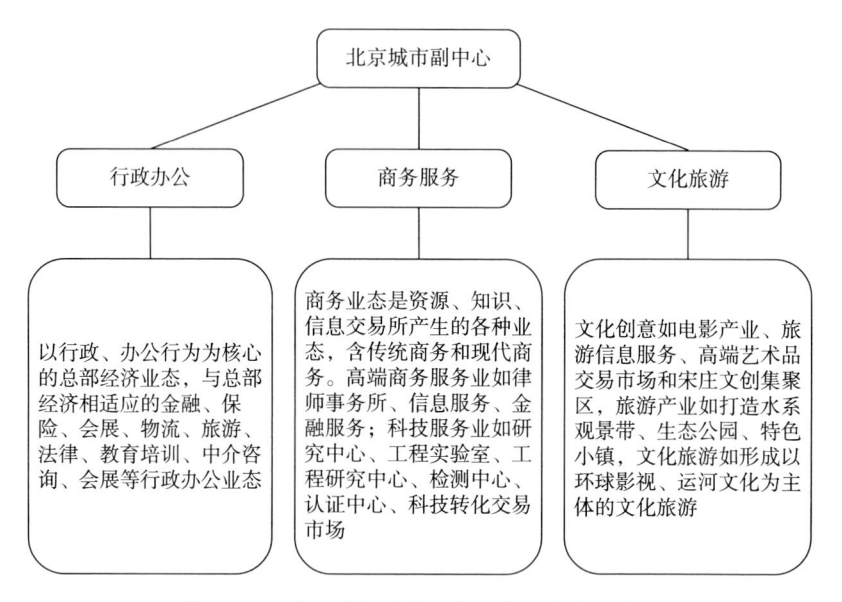

图 15-1　北京城市副中心主要发展的产业内容

三　建设北京城市副中心优先发展的两个产业

(一) 教育产业

1. 优化教育资源对北京城市副中心建设的意义

(1) 新时期教育资源对城市建设的意义。第一，教育是最大的民生，教育资源的数量与质量在一定程度上影响一个城市是否"宜居宜业"。习近平总书记在十八届中央政治局常委与中外记者见面会上，用人民的"十个期盼"生动地描述了中华民族对于全面小康的强烈期盼和美好憧憬。位于"十个期盼"首位的便是"更好的教育"，这既是全面小康的群众心声，也是全面小康的首要特征。中华民族自古以来就有重视教育的优良传统，人们在选择工作和居住地时会慎重考虑这个地区的教育资源配置。如果一个城市的教育资源相对落后，不排除有市民会选择"用脚投票"——移居到另一个城市生活。一项针对全国220个地级市的实证研究表明，劳动力选择流向某个城市，不仅为了获得该城市更高的工资水平和就业机会，而且还为了享受该城市的基础教育和医疗服务等公共服务。长期流动的劳动力更会选择流向公共服务好的城市。

第二，教育资源的分布在很大程度上影响城市的人口分布。在"就近入学"的政策背景下，这种影响更为明显。以北京市为例，北京市优质教育资源集中在东城、西城、海淀等中心城区，这是中心城区人口疏解困难的重要原因之一。北京市近年来居民生活水平、就业机会和优质的教育资源对人口密度产生了较大的正向作用。从教育资源看，普通中小学对人口密度的影响不显著，而重点中小学数量对人口密度的影响非常大，每增加一所重点中小学，则该地区的人口密度增加5087.4人/平方千米，可见，优质的教育资源对北京人口空间分布的巨大影响力。近年来，北京市政府通过名校办分校、城乡一体化学校、教育集团化建设、加强市级政府对高中阶段教育资源统筹等举措，扩大了优质教育资源的覆盖面，在城市功能拓展区和城市发展新区聚集了一批优质教育资源，吸引了一批人在城市功能拓展区和城市发展新区居住和生活。

第三，教育资源分布对城市交通运行产生连带影响。由于公交车辆运行密度低、运行速度慢、准点率低，私家车越来越普及化，同时学校选址缺乏长远规划，上学放学时间段学生流、车流相对集中，一些学校和生源集中的地区，容易成为交通热点。例如，北京市西城区南新华街，北京第一实验小学和北京师范大学附属中学隔路相望，上学和放学时间段往往交通拥堵。相反，寒暑假期间，北京城市交通运行压力明显减小。可见，教育资源分布对城市交通产生影响。

（2）教育资源优化配置对北京城市副中心建设的独特意义。北京市委十一届十次全会提出，要做好副中心155平方千米范围的规划，坚持基础设施先行和生态环境建设优先，扎实推进市级行政机关搬迁，带动公共服务资源转移，注重创业、就业与居住功能均衡，增强对中心城区疏解功能的吸引力。在这种思路指导下，北京城市副中心在建设之初，就要重视教育资源的优化配置。

第一，教育资源优化对整体提升北京城市副中心的吸引力至关重要。"北京城市副中心"既然不再被称为"北京市行政副中心"，那么搬迁的就不仅仅是北京市行政事业单位。从地理位置来看，通州东部紧邻河北省廊坊市北三县，距离河北省廊坊市中心约40千米，距离天津市武清区约58千米，副中心位于京津发展轴和京唐秦发展轴在北京市域内的交会点上。在京津冀协同发展的背景下，通州的区位优势很明显。因此，通州不仅是北京市的副中心，还将在京津冀协同发展中扮演重要角色。一方面，通州区将承接北京市疏解的一部分非首都功能；另一方面，通州区还将带动周边区域协同发展。吸引大批优秀人才集聚通州，教育资源优化配置显得尤为重要。

第二，教育资源优化对北京城市副中心能否实现"职住平衡"至关重要。所谓"职住平衡"，不是住在副中心，去城区工作，来回往返，而是工作和居住都在副中心。只有把副中心的相关配套设施都做好，让市民安安心心、舒舒服服、踏踏实实地在那里工作、生活，才能避免潮汐式的道路拥堵现象。2017年北京市四套班子搬往副中心，此举将带动疏解40万人。如何吸引这些人留在副中心居住生活，教育资源优化配置是其中一项重要因素。因此，教育资源优化，不仅直接影响北京城市副中心能否成为"步行可达、实用舒适、智能高效的'一刻钟社区生活服务圈'"，还对北京城市副中心能否打造成为"功能完备的城市副中心"至关重要。从国际经验来看，韩国的世宗市于2007年动工，历时5年，到2012年基本建成，同年9月起，包括国务总理室在内的17个政府部门的1.3万名公务员开始陆续前往世宗办公。但由于世宗市的生活配套设施不足，新建的幼儿园、中小学无法与首尔的同类学校媲美，许多公务员仅将世宗作为个人上班的地方，子女教育等仍然留置首尔，不惜每天花费数小时往返两地之间。

2. 通州区教育资源发展

2015年，通州区共有幼儿园138所，其中，教育部门办园43

所，民办幼儿园 38 所，其他部门办园（含村办）57 所。全区一级一类园 12 所（包含 1 所市级示范园），在园幼儿 25455 人，教职工 3752 人；共有小学 83 所，在校生 60717 人（其中北京市户籍学生 27105 人，约占 44.6%），教职工 4001 人；共有中学 40 所，在校生 27166 人（其中北京市户籍学生 18680 人，约占 68.8%），教职工 4654 人，教职工中高级教师职称 607 人。近年来，通州区委、区政府以办人民满意的教育为宗旨，不断加大对教育事业的投入，深入实施"打造教育强区"战略，着力改善办学条件，着力促进教育均衡发展，着力构建和谐教育，全区教育实现了快速、健康、协调的发展。

但是，与东城、西城和海淀等中心城区相比，通州区的优质教育资源薄弱。通州区仅有市级示范幼儿园 1 所（通州区东里幼儿园），市级示范高中 3 所，分别为潞河中学、运河中学和永乐店中学。而东城、西城和海淀的市级示范幼儿园分别为 21 所、19 所和 27 所，市级示范高中都达到十几所。同样，就教师占中小学专任教师的比例等反映教育质量的指标而言，通州区与中心城区的差距也非常明显（见表 15-1）。可见，通州区与中心城区的优质教育资源悬殊。

表 15-1　通州区与东城区、西城区、海淀区优质教育资源对比

单位：所，%

	东城	西城	海淀	通州
市级示范幼儿园	21	19	27	1
市级示范高中	12	15	11	3
高级教师占比	7.04		18.39	9.23

资料来源：北京市教委网站及《北京教育年鉴》等资料汇总整理。

近年来，通州区也注重对区内学校进行改造升级。例如，通州区对 3 所示范高中进行了改扩建，其中，永乐店中学实现了择址新建，运河中学、潞河中学都建了新校区。截至 2016 年，3 所示范高中已达到 180 个班的规模，每个学校 60 个班。但是总体而言，按照

目前对北京城市副中心的规划定位，北京将按照国际一流的和谐宜居之都的标准，以不低于或超过"中心城"的水准建设好城市副中心，通州区的优质教育资源配置还没有达到该标准的要求。

3. 通州区教育资源存在的不足

北京市政府、北京市教委以及各区教委都十分关注城市副中心的教育资源配置，对城市副中心的教育资源配置给予各项政策支持。但是也应注意到，城市副中心的教育资源配置仍然存在一定的问题与不足。充分认识这些问题与不足，有助于未来更好地建设城市副中心。

（1）优质教育资源的数量不足。根据《北京市居住公共服务设施配置指标》和《北京市居住公共服务设施配置指标实施意见》（京政发〔2015〕7号），每1.44万人口至少需要配置1所12个班的幼儿园，每2.29万人口至少需要配置1所24个班的小学，每5.71万人口至少需要配置1所30个班的初中，每8.1万人口至少需要配置1所36个班的高中。这是该文件规定的北京市居住公共服务设施配置的最低标准。按照2017年北京市四套班子搬往副中心，带动40万人疏解至副中心来计算的话（暂不考虑为副中心的运行提供配套支持的就业者以及其他疏解至副中心的人口），副中心需要配置幼儿园约28所，小学约17所，初中约7所，高中约5所。对比副中心目前已有的教育资源配置，可见初中和高中学校的数量基本达到上述文件的要求，但幼儿园和小学的数量明显不足，优质教育资源更显短缺。

目前，副中心引进的优质教育资源主要集中在中学阶段，而且多所中学已经开始正式招生；相反，引进的优质幼儿园和小学比较少，仅有1所幼儿园（北海幼儿园）和少数几所小学（如史家小学、北京实验二小、黄城根小学）尚处在规划和建设阶段，没有开始正式招生。但是，从长远来看，只有加强幼儿园和小学阶段的教育资源建设，才能吸引一批年轻人在副中心安心工作、居住。对一些子女已经上中学的人来说，他们可能更倾向于让子女继续在中心城区完成学业，而非转移到副中心学习。

（2）优质教育资源的地域分布过于集中。根据北京中心城区的发展经验，优质教育资源过于集中可能带来城市人口集聚、交通堵塞等难题，还将引发"上学难"、教育不均衡、学区房价不合理上涨等问题。北京城市副中心要打造成为人口经济密集地区优化开发模式的范本，在规划和设计之初，就应该避免重走老路，避免优质公共资源集中。但是从目前来看，城市副中心引进的优质教育资源主要集中在新华街道、永顺地区、潞城镇、北苑街道等地（即运河核心区），其他地区如协同发展区、生活配套区和发展备用区的优质教育资源配置较少。

（3）市场参与城市副中心教育资源建设的积极性没有充分调动起来。行政部门配置资源的优点包括：对资源有较强的动员能力；可集中全社会资源实现某重大单一目标；可将有限的政府资源用于对市场失灵的弥补，以实现市场与政府的良性互动，等等。北京城市副中心短时间内引进东城、西城和海淀的大量优质教育资源，充分体现了行政部门配置资源的优点。但是，行政部门配置资源也存在一定缺点：视野较窄、期待短期见效带来配置的无效率，缺少在具体交易环节中产生的信息等。从副中心主要引进中学阶段优质教育资源而忽视幼儿园和小学阶段来看，这正体现了行政主导行为的短视现象。中学阶段因为有中考和高考等高利害考试，显得中学阶段的教育质量更加重要。而幼儿园和小学阶段因为不存在升学考试，同时离升学考试还有一段时间距离，相对而言显得不是那么重要。

4. 优化通州区教育资源

北京城市副中心担负着中心城区功能转移和城市核心区人口疏解的重任，应具备良好的教育、文化、医疗等公共服务设施以及优良的生态和生活居住环境。教育资源优化，对整体提升北京城市副中心的吸引力、实现北京城市副中心"职住平衡"具有重要作用。

第一，进一步引进优质教育资源，并加强对引进资源的持续支持。城市副中心的教育资源优化不是一朝一夕的事，也不能仅仅依靠引进几所名校。将名校资源引进来后，要切实加强通州新校区与主校区之间的实质性合作，避免流于形式。在北京市实施人口和生源调控导致教师编制难以增加的背景下，要想方设法对城市副中心引进优质师资给予政策支持；相关教育行政部门要对通州新校区的建设给予持续关注，政策支持要追踪跟进；注意加强幼儿园和小学阶段的优质教育资源引进。

第二，改变优质教育资源在运河核心区聚集的现状，新增优质教育资源向其他区域倾斜。在城市副中心大量引进优质教育资源、提升原有教育资源质量的同时，那些没能参与教育资源优化升级的学校，相对处于发展劣势。今后要在协同发展区、生活配套区和发展备用区引进优质教育资源，并要在这三个区域以外的通州其他区域开办校区或分校，鼓励中心城区优质教育资源对口支援和扶持这些区域的学校发展，对这些区域的学校发展给予一定的扶持，缩小它们与运河核心区教育质量的差距。

第三，调动市场参与城市副中心教育资源建设的积极性和主动性，协调运用好市场和政府"两只手"。城市副中心建设是一场政府主导行为，但归根结底要在市场化竞争中检验其建设质量。鼓励民办学校参与城市副中心教育资源建设，对在城市副中心办学的民办学校给予放宽准入、加大政策扶持等，鼓励它们提高质量，为学生提供优质、多样的教育选择，建立民办学校与公办学校相互竞争、共同发展的格局。

第四，规范优质学校的入学程序，增强普通市民的获得感。北京城市副中心引进大批优质教育资源，引起公众广泛关注。对一些普通市民而言以往"遥不可及"的优质教育资源，如今就在家门口。因此，各级教育行政部门要加强监管，确保这些优质学校的招生入学程序规范，确保普通市民能从北京城市副中心建设中获得实惠。

(二) 金融产业

1. 通州区金融支持问题分析

(1) 产业发展基金不足。按照城市副中心产业规划的布局，以文化创意、医疗康体、现代商业、高端商务、休闲旅游等为代表的服务业产业体系发展的步伐不断加快，而成立产业发展基金现已成为各类金融机构参与产业投资的主流方式，此类基金一般由政府引导，引进战略投资参与，拓宽融资渠道，打造金融平台，推动经济产业化、规模化、现代化发展。目前，通州区各类项目的投入主要依靠的是财政解决，在区财力不够的情况下，通州区政府应当以市场化的手段搭建、企业化方式运营，并在政策层面积极倡导成立产业发展基金，通过产融结合的创新模式，聚集社会资本，并通过聘请专业的金融机构来实现基金管理的专业化和市场运作，将产业资本同金融资本有机结合，进而推动产业发展。同时，还可以分担风险，减轻财政负担，形成批量化、标准化、长效化的融资机制。

（2）金融微观体系不发达。金融微观体系不发达突出表现在小额贷款公司、民间金融种类和数量上的不足，也体现在金融工具过少。数据显示，截至2013年底，通州区小额贷款公司从无到有，已开业5家，这5家小额贷款公司也是近期刚刚入驻。副中心产业集群的发展将带动周边中小企业的不断发展，中小企业也日益成为产业发展中不可或缺的重要力量。虽然中小企业发展前景良好，商业银行在中小企业信贷业务上态度依然审慎，而将大部分的资金都投向了国有企业及大中型企业，故中小企业从商业银行渠道得到的资金支持极其有限，融资难已成为制约中小企业发展的重要因素。在支持融资的问题上，积极发展小额贷款公司，支持中小企业良性发展，特别是在社会经济发展到一定阶段，企业和个人所拥有的资本逐步积累、产业资本向金融资本转化、正规金融尚不能满足社会需求等多种因素作用的情况下，为中小企业服务的民间金融及其在金融结构中地位的重要性将继续显现。此外，金融工具的种类和数量上严重不足，金融发展理论研究表明，金融工具的单一化往往缘于金融机构的单一性。就目前副中心的金融工具发展状况而言，依然以债券、股票、票据等一些基本的金融工具为主，且数量较少。以票据为例，由于票据市场欠发达、企业信用差导致企业票据的流通性差，在开出、转让、贴现的过程中受到极大限制，企业间票据仅能够在几家长期合作的企业之间流通。而除股债票据以外，创新金融工具及金融衍生品直至现在仍处于空白阶段。另外，金融工具的单一化，决定了副中心金融服务体系的不完善，无法为产业发展提供所需要的金融服务，削弱了金融对产业发展的支持作用。

（3）金融交易不发达。城市副中心金融交易的不发达主要表现在区域内金融机构与非金融机构在种类和数量上的不足。近年来，通州区金融业发展迟缓，现有金融机构中仍旧以最基本的商业银行为主，其中几家大型国有商业银行占主导地位，非银行类金融机构，例如证券、保险、资产管理、信托、金融租赁等金融机构极少，发展明显滞后，无法为通州区的金融行业注入活力。截至2013年底，随着南京银行、光大银行、江苏银行等多家银行的相继开业，各类金融机构达到了45家，其中银行就占到了21家，且由工商银行等国有商业银行占主导地位，民生银行等股份制商业银行虽然近两年来进入通州的数量有所增加，但与国有商业银行相比，无论在资产规模、业务规模和所拥有的金融资源份额方面都尚处于弱势；地方性银行规模不大，只有5家如北京农商银行、北京银行、江苏银行等。证券公司7家，都属于分支营业部，证券机构规模不大，实力也不是很强。保险公司9家，且均为近两年新入驻，发展缓慢，资金的运用渠道不宽。融资担保公司3家，小额贷款公司5家，均为近期入驻（见图15-2）。

（4）产业研发投入少。在国家创新体系中，企业是技术创新的主体。现阶段北京进入了新的历史发展阶段，将实行的是科技创新与文化创新双轮驱动的发展战略。副中心要实现高端商务、高端总部基地、文化创意等产业的发展，创造有更强市场竞争力的产业，离不开对高新科技产品的研发投入。根据2014年的数据统计，通州区2013年在研发的经费支出上为9.67亿元，同比增长56.8%；在专利申请量上为2450件，同比降低了1.5%；授权量1453件，同比降低了12.8%。虽然在研发经费支出上增长很大，但是从全市角度

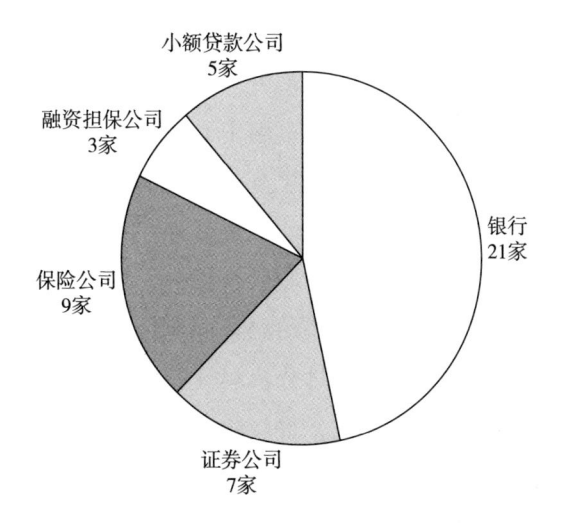

图 15-2　2013 年北京市通州区金融机构数量

资料来源：由北京市通州区发改委金融办提供的数据分析制成。

看，北京市 2013 年全年的研发支出为 1185 亿元，研发经费的支出还不及全市的零头。仅从专利申请量和授权量上，同朝阳区 22916 件和 12707 件相比较，也仅为朝阳区的 10.7% 和 11.4%，在研发投入规模、强度等指标上落后明显。造成研发投入强度偏低主要在于：一是财政科技投入与经济发展水平不相适应，政府科技资金没有发挥出应有的引导作用和杠杆效应；二是产业区域内的企业对研发投入的积极性不高或者经济实力不足，导致没能很好地承担起企业作为科技研发投入主要力量的责任。由此可见，金融支持产业发展不足，会影响企业创新的动力。

2. 完善金融支持北京城市副中心产业发展的策略

通州区建设北京城市副中心离不开金融体系的大力支持，在产业发展的进程中更离不开金融支持，要强化金融对城市副中心产业发展的支持作用，应从以下三个方面着手。

（1）积极构建普惠金融体系。一是创新政府投融资方式。深化投融资机制改革，健全、完善组织机构。可以明确由一个部门牵头，主责领导投融资改革，并对重大项目的投资和融资进行协调和推进，研究制定符合副中心产业发展的金融支持规划和政策措施，协调金融系统内外关系，特别是加强对重大产业项目的支持力度。积极与信托等开展全面合作，稳步解决地方融资平台产生的债务问题。探索改革现行融资机制，对北京城市副中心基础设施和公共服务设施项目尝试引入PPP模式，考虑PPP模式也是一个探索的过程，可以选择几个示范工程，如污水处理、垃圾处理、自来水项目，这既可以减轻财政负担，也可以优化财政收入结构，更能确保政府融资的长效化。在未来副中心产业发展的融资问题上，需要大胆创新，尝试构建多元化融资方式，改变过分依赖商业银行贷款的单一融资渠道局面，鼓励创新投融资方式，进行各种融资实践活动，从而实现投融资渠道多样化、格局多元化、融资定量化等目标。

除此之外，还要充分鼓励金融机构向其他机构提供金融专业咨询服务，更大限度地增加金融机构服务的附加值。而政府机构及一些下属投资单位，在进行自身投融资业务时，往往由于专业水准和项目经验等因素的限制，对投融资操作的规范性、复杂性和重要性没有正确认识，与专业的投资机构相比，在投融资行为及信息获取等方面的能力有所欠缺，造成投融资项目达不到预期收益，甚至有亏损的可能。因此，注重与专业咨询服务机构的合作，充分发挥专业咨询服务机构自身的能力，为投资单位提供相关信息及建议就显得很有必要。同时，简化政府扶持资金的申请审批手续，并采取提供贷款担保等方式为产业发展中的中小微企业提供更多的贷款支持，或考虑发放贷款补贴，降低中小微企业的融资成本。积极对接国外平台，做到对文化创意产业等信息的共享。

二是构建多层次融资服务保障。单纯依靠通州区财政实力和单一的银行信贷，对于需要大量资金投入的副中心"一核五区"产业发展成长而言，显然是远远不够的。对此，积极推动金融合作，构建副中心产业建设的多层次融资服务保障就显得尤为重要。尝试推进发行地方政府债券。地方政府债券自发、自还的试点工作早已开展，取得了显著效果。通州区大力推进城市副中心建设和"一核五区"内基础设施和公共服务等重大公益性项目建设，适度举债很有必要，地方政府可在国家批准的发债规模限额内，自行组织推进本地区政府债券的发行、支付利息和偿还本金，关键在于风险可控、债务管理要有序、投向要符合规定。

支持引导地方产业龙头企业上市直接融资。要充分利用国内资本市场现有的资源优势，在上证、深证、创业板和中小板直接上市融资，或者采取国外上市等多种方式，加快本地区龙头企业或产业区域内优秀企业的上市进程，比如金福艺农等示范式都市型现代农业企业。同时，引导鼓励已经上市的企业扩大投入和经营，将上市募集的资金继续投向科技研发以提升竞争力，或投向本地区产业区域内的新兴产业和产品，实现以龙头企业带动周边快速发展的支持作用，达到资金循环利用的目的，鼓励企业自身通过发行企业债券、设立共同基金等方式进行融资。

合理引进外资。北京城市副中心的建设吸引着国内外的目光，对其要有开放的姿态，作为首都，要充分利用外生因素，吸引国外资本的投入，采取外商独资、双方合资或直接利用外国商业贷款等筹资方式，积极参与城市副中心产业发展的建设，吸引跨国公司在副中心建厂生产，也可以参与大型项目，或者直接对本地企业进行并购或股权互换。同时，强化其经营活动和研发的本地化，带动本地企业的发展。其中，文化旅游区环球影城项目作为国内企业与国外企业合作的典范，可以作为引进外资的成功例证，为其他产业项目发展引进外资提供范本。

争取从市级层面设立副中心专项发展基金。通州区政府要积极争取市级层面的支持，研究设立副中心产业专项基金，以此为母基金，设立如"通州区文化创意产业基金""新城基础设施建设基金""医疗康体产业基金"等若干子基金，专项用于副中心重点功能区、重点产业、重点项目等的开发建设。积极研究推出使用社会资本开展经营性项目和准经营性项目的方式，如浦东新区的"捆在一起综合还债"模式、"空转起步、滚动开发"模式以及BOT、PPP、特许经营、项目收益债等。

引入风险投资或私募股权投资。可通过制定相关政策把发展风险投资和私募股权投资纳入经济和社会发展总体规划之中，鼓励风险投资基金和私募基金的发展，并给予其优于其他基金的税收政策。

积极撬动民间资本参与城市副中心产业发展的建设。近年来，随着温州金融综合改革试验区、滇桂建设沿边金融综合改革试验区相续通过国务院批复并实施，对合理引导民间资本进入金融领域，用来支持实体经济的发展，这对通州区城市副中心和产业发展建设、稳定增长、调整结构作用重大。特别是对政府筹资建设、鼓励投资的项目，往往政府从银行机构获取大规模、低成本贷款资金的数额远远满足不了建设需求，资金压力巨大。因此，作为市场经济中的一股重要力量，撬动民间资本参与城市副中心产业发展建设，是提高融资效率、拓宽融资渠道的有效路径。对此，要研究国内外比较成熟的产业投资基金等模式，鼓励民间资金以设立的副中心新城建设基金等形式，参与城市副中心基础设施、产业发展、土地一级开发等建设。同时，对于文化创意、高端商务、现代农业、医疗康体、文化旅游等一系列新兴产业板块未来的发展方向，各部门及市场主体可以借鉴副中心新城建设基金的模式设立其他的产业引导基金，由此弥补副中心新城建设基金功能上的不足，同时也有助于实现城市副中心产业发展建设资金来源的多元化。

（2）提升金融服务功能。一是推动金融生态环境建设。为了更好地延续城市副中心产业的投资，使其产生更大的价值，加强金融生态环境的建设和优化也显得极为重要，其覆盖了城市建设及产业发展的各个领域，主要包括金融的政策环境、执法环境、服务环境以及舆论环境。一方面，作为地方金融生态环境建设的主导者，地方政府要发挥其主导作用，结合城市副中心建设标准的实际，以国家、北京市制定的产业政策为基础，制定科学的区域产业集群建设和发展战略，合理配置资源，优化产业结构，引导企业积极引进、开发符合国家产业政策和货币信贷政策导向、科技含量高的项目。运用相关金融机构提供的信息指导相关产业集群建设、合理布局，引导和发展绿色金融，与金融机构建立起形式、渠道多样化的协调和制约机制，及时向金融机构发布有关信息，进行良好、有效的沟通，增强政府工作透明度。另一方面，不断强化社会信用体系的建设，完善金融法制建设，将诚信教育纳入公民教育体系，不断完善失信惩戒机制，严厉打击逃避债务的行为和破坏金融秩序的各类金融违法犯罪活动，切实增强企业和公众的信用意识、法治意识，营造稳定和谐的融资环境。努力健全本地区金融安全机制，完善金融监管制度，提高本地区金融监管能力和水平。各级金融机构也应积极投身金融市场秩序的建设和维护，与地方政府一起为营造规范、透明的竞争环境发挥积极的作用。

二是推动金融产品和服务方式创新。金融创新是金融机构增加活力的源泉，也是不同客户对金融追求多样化的必然要求，政府要积极鼓励驻通州区的金融企业开发多种多样的金融产品和服务方式。一方面，要立足于客户综合性的金融需求，丰富金融产品的多样性，加快从"以产品为中心"向"以客户为中心"的营销方式转变，全方位地满足客户要求。要实施精细化的客户关系管理以及差异化的营销策略，针对产业区域内企业客户的特点，量身定做企业客户的发展规划。要从市场细分处着手，找准市场中那些中高端的客户和有潜力的客户，把提高客户的价值和满意度作为主要目标来执行。积极探索适应市场需求的业务流程模式，积极发展供应链融资、应收账款质押融资、国际贸易融资、流动资金贷款、海外代付等多种融资方式。针对文化创意产业集聚区、现代农业等产业区域内中小企业抵质押物不足、财务管理不规范等问题，应该开发出相应的金融产品，最大限度满足农户及中小企业贷款担保方式。同时，积极推动产业集聚区内企业通过提高综合服务水平，带动基金、代理、个人理财、财务顾问等各金融服务产品的交叉销售，进而带动金融服务产品附加值的提升，最大限度提高产业集聚区内的客户在享有多样化金融服务产品过程中的效用。另一方面，加大对符合国家产业政策的企业、特色优势的产业项目的信贷投入，建立企业信贷审批"绿色通道",减少审批环节,加快审批速度,从而提高审批效率。修正和完善信贷管理的整体标准化流程,健全和完善信贷管理各环节政策制度,实现中小企业贷款的评级、授信、押品、融资等一系列流程的集中化处理,形成系统性操作,将"一站式、标准化、高效率"的审查审批理念落实到位,为产业客户高效、便捷地提供其所需的金融服务。要在推进"农保贷"等业务产品推广的基础上,继续加大金融支农、惠农服务的突破力度,提升农村金融服务水平。此外,针对农业物联网技术的兴起,要把金融服务由面向"人"向"物"延伸,实现物联网金融服务。

三是推动"信用通州"平台的创建。对于目前城市副中心的一些中小企业融资难的问题,更多的还是因为信用问题,没有诚信做基础,融资问题难以解决。对此,建议成立一个社会体制改革领导小组,尝试在通州区进行社会信用体系改革,推动"信用通州"平台的创建,具体做法是将政府所掌控的如工商、法院、税务、金融等部门系统整合在一起,在平台上共享信息,建立一个信用体系,有这个信用体系,市场就会自我约束,这对于解决中小企业融资难的问题可以起到一定的作用。同时,政府也可以通过这个信用平台披露一些融资、上市的政策、补贴等。

(3)推进金融资源优化配置。一是进一步发挥政策支持作用。金融对城市副中心建设和"一核五区"产业发展的支持主要依靠市场推动,但也需要政府力量调节,对市场推动加以利用与引导。因此,政策性金融支持力度必不可少,以弥补市场机制的不足,同时诱导商业性金融的参与。通过相关金融政策的安排,逐步建立起全方位的保障体系。积极加强与国家部委、市级相关部门的沟通,积极争取专项政策支持,借鉴上海自贸区、北京中关村的经验,积极争取北京城市副中心产业发展建设的配套政策体系,包括将审批权限下放、财政资金支持、融资支持、人才和税收优惠政策、资源配置等方面,真正形成聚焦之势。

加强政策引导,健全金融体系。在国家、北京市制定的一系列鼓励企业发展政策及措施落实的同时，还要制定、实施符合城市副中心建设和产业发展的政策措施。特别是通州区相关部门在制定金融政策时，要突出有利于城市副中心产业发展，有利于文化创意产业、医疗康体等产业集聚，形成各具特色的产业集群为目标，建立与之相适应的金融政策体系。

完善落实税收优惠政策。税收作为国家财政收入的最主要来源和政府宏观调控体系中的重要组成部分，在城市副中心建设中的作用是重要且不可替代的，充分运用税收政策已成为金融支持的主要方式。因此，通州区应完善金融财税政策，制定落实北京市和本地区激励企业发展的税收优惠政策的具体办法，在总体税负、中小企业税收优惠以及人力资源等方面发挥金融支持作用。

二是建立金融人才的引进培养机制。建设城市副中心，人才是最宝贵的资源。金融领域是高端服务行业，也是知识密集型行业。金融人才的工作是重中之重，要正视当前通州区高端金融人才仍然不足的现状，坚决从服务北京城市副中心建设的大局出发，从服务京津冀区域发展的背景出发，充分挖掘现有人才优势，借助优质的人才资源，引进培养一批能够在城市副中心建设中发挥巨大作用的专业人才，并形成学金融、用金融、懂金融的良好氛围。

金融机构层级的提升不是一项短期的工作，金融人才的提升更不是一朝一夕就能做好的工作，要有顶层设计，分步实施，稳步推进。现阶段，政府部门要建立起通州区的"金融之家"，为通州区现有的金融人才创造一个可以交流研讨的平台，在更好地促进各类金融资源优化整合的同时，也可以让金融办等相关职能部门通过这个平台更好地了解当下金融形势和金融人才的需求，以便更好地与时俱进，切实改进工作方式方法，为金融人才提供更好、更贴切的服务，为引进更好的金融人才夯实基础。特别是要真正利用好金融人才这个"软件"，不仅要发挥人才本身的专业才能优势，也要注重发挥好这些金融人才的桥梁作用、杠杆作用，为通州区吸引到更为优秀、更为专业、拥有更多资源的人才，鼓励他们发挥自己的聪明才智为北京城市副中心建设服务。

同时，还要加大高端金融机构和金融人才的培养力度，根据城市副中心建设的需求，围绕"一核五区"产业发展，以全球化的视野、更高标准的要求，培养本地区的金融人才，创造优化人才发展的政策环境，制定专项人才政策，强化央地、城乡、京津冀人才合作，集聚各类高端人才资源，创建平台为高端金融人才提供创新、创业机会，进而由人才培养产业向人才引领产业转变，为北京城市副中心产业发展提供优质的人才保障。

四 促进北京城市副中心产业发展的路径与策略

城市副中心产业的发展关系能否顺利实现和完成北京中心区非首都功能的疏解，关系河北廊坊北三县的经济繁荣和产业发展，还关系京津冀协同发展，因此，要重视此问题。

（一）建立跨区域政府协调机构，实行统一规划、统一政策、统一管控

健全京津冀三地产业协同的对话机制，建立京津冀政府高层常态联席会议制度，解决单一地区难以解决的共性问题，在全面统筹考虑三省市各自产业结构发展程度、产能现状、未来趋势和区域内合作方式可行性等问题的基础上出台相关产业政策，指导各地政府有重点、有目标地推进各自优势产业的内部升级和外部延伸，推进落后产能的削减和弱势产业的调整，利用并深化区域间产业合作的机会，探索合作模式；设立联席会议，下可设办公室为常设机构，负责落实联席会议所做出的各项决策，各市的发展改革部门是市长联席会议决策的具体执行者，要定期召开会议，沟通有关信息，及时反映合作中的问题，提出解决办法，开展联合推介活动。因此，北京城市副中心应加强廊坊市北三县、天津武清的统一规划、统一政策、统一管控，统筹做好北京城市副中心与廊坊市北三县区域规

划建设管理，推动建立跨区域规划建设管控新机制。一是统一规划，与廊坊市北三县地区共同划定生态红线和城市开发边界，规划区域大尺度生态绿洲。二是统一政策，针对规划审批管理、人口规模控制、房地产市场调控、产业协作发展等，研究出统一的实施机制和政策保障。三是统一管控，完善协调机制，加强交界地区规划建设管控，严防房地产过剩开发，避免形成"铁围子"，影响非首都功能向外疏解。

（二）制定并落实北京城市副中心产业规划

不但要落实北京城市副中心 155 平方千米内的产业规划，更要加快制定通州区 906 平方千米内产业规划详细目录，要坚持和细化行政办公、商务服务和文化旅游三大产业功能定位。一是加快推动行政办公区建设，完成行政办公区周边骨架性路网、市政基础设施建设。二是提高运河商务区建设水平。规划依托金融后台服务功能，形成以金融创新、互联网产业、高端服务为核心的综合功能片区。围绕五河交汇环湖筑心，形成传统与现代相依、传承与创新相融的空间景观。三是推进文化旅游区高水平建设。依托文化旅游区提升国际知名度，承接具有重大国际影响力的主题公园类旅游职能，建设国际文化旅游服务区，塑造国际化的开放形象。四是建设民生共享的城市绿色。通过对原东方化工厂地区实施生态治理、土壤修复等措施，恢复生态多样性，建设城市绿肺。集聚一批重要的公共设施，形成功能复合、富有活力、服务全市人民的市民中心。此外，加快落实北京城市副中心 155 平方千米之外区域的产业规划制定，与北京城市副中心 155 平方千米之内的产业规划有机结合，形成协调互补的产业分工体系，带动生产要素在城市副中心区域内的良性循环。

（三）编制区域产业详细细分目录

产业目录作为我国产业政策的主要方式之一，对区域产业发展起到引导和控制作用。一是强化产业目录的重点导向，产业目录既要考虑对各种类型的产业进行引导和控制，同时也要突出重点，明晰重点培育的产业和布局区域。在产业目录的前部分应增加地区优先重点发展的产业类型，明确主导产业方向，在此基础上再列明鼓励类、限制类、禁止类的产业类型明细。优先和鼓励发展的产业要围绕产业链发展延伸考虑，注重产业之间的衔接。同时，产业目录还应对区域范围内各个地区、园区重点打造产业进行引导，促使各地、园区产业发展逐步向专业化、特色化和集群化方向发展，通过有序引导发挥比较优势实现区域合作。二是加强产业目录的整合衔接，对不同维度和不同层级的产业目录应理顺其关系，明确分工定位，将产业目录统一到一个部门进行管理，形成系统的目录体系，明确主要的产业目录和在此基础上细化的特殊行业产业目录、各维度产业目录界限范围以及具体执行中的适用性。三是健全产业目录的产业结构体系，发挥产业目录对完善产业结构体系的作用，围绕三地特色确定主导产业，加强对产业链的培育和集聚，通过加强对第三产业的扶持来带动津冀产业结构的调整和升级。

特别是要抓紧编制产业目录下的落地企业目录。在符合产业功能定位的前提下，分为两个门类三个层次来编制。两个门类，一类是属于市级或中央级的国有企业，必须或协调后可以搬至城市副中心的。要详细罗列北京市属企业或中央属企业搬至通州区的目录。另一类是需要通过市场招商可以引进的。这又可以分为三级：区级招商能引进的，市级领导可以协调引进的，通过中央协调可以引进的。目录要列出最迟落地的时间限制。

（四）加快产城融合的实现和区域产业价值链的形成

1. 促进产城融合，实现职住平衡

在以住宅为导向的城市功能区域，要关注区域产业的培育与发展，增加就业岗位，尽力规避"睡城"现象的发生。在以产业为导向的城市功能区域，应当倡导并秉承以人为本的发展理念，针对工作人群的属性特色，打造实用优质的居住生活空间，构建综合商服中心，提升区域综合实力。北京城市副中心在促进区内产城融合的同时，亦可最大限度地发挥各自潜能，实现城市副中心和武清、廊坊市北三县的优势互补，实现区际产城联动和职住平衡。

2. 加快区域产业合作，形成产业价值链

京津冀产业互补合作的潜力很大，三地应通过加强产业合作，消除地方市场壁垒，建立紧密的合作机制，搭建良好的政府合作平台来构建完善区域内各自比较优势的产业链，实现区域整体经济效益最大化。通过不同产业的关联度和影响度，以及京津冀区域产业发展水平，实现区域产业的合理分工与协作，使产业布局更加合理。区域内同构较大的产业实行"强强联合"，较小的向特色化方向发展，避免恶性竞争、资源浪费，朝着产业集群化的方向发展。加强对区域内产业链两端的控制，提升产业链中产品的附加值，对京津冀地区深化产业链合作有着重要的战略性意义，可以降低对区外的依赖程度。

（五）实现区域产业协同的绿色转型

绿色转型要求京津冀充分发挥北京科技创新中心、天津全国先进制造业研发基地的支撑作用，协同河北共同建设产业转型升级试验区。努力做好先进制造的加法、节能降耗的减法、转型升级的乘法、集约节约的除法。一是协同疏解传统优势产业的过剩产能，降低产业结构重量，共同实施企业转型升级行动，坚决淘汰落后产能，鼓励通过市场手段压减过剩产能、处置僵尸企业，为优势企业腾出资源和市场空间。二是协同开展绿色、智能制造行动，降低产业消耗和排放强度，积极对接国家"绿色制造工程"，协同实施区域绿色制造技术改造行动，协同推广科技含量高、资源消耗低、环境污染少的清洁型生产方式，改造提升传统优势产业。三是协同构筑现代产业体系，降低产业的资源能源依赖度，促进金融业创新发展、现代保险服务业加快发展、生产性服务业和现代商贸物流业对接发展，建立大文化旅游产业、健康养老产业发展格局，将其打造成京津冀区域新的经济增长点和支柱产业，提高第三产业比重。四是协同壮大节能环保低碳循环产业，提升产业的环境友好度，搭建区域节能环保产业平台，促成三地处于上下游的节能环保技术开发与咨询、节能环保工程设计、施工、运营和管理，节能环保监测、治理装备制造等，把节能环保产业技术优势尽快转化为产业优势和竞争优势。五是协同建设清洁低碳、安全高效的现代能源体系，将京津的科技、人才、资本优势与河北的清洁和可再生能源的产业和资源优势相结合，加大研发和联合攻关力度，解决清洁和可再生能源开发、存储、长途传输、利用的核心和关键技术以及资金问题。

（六）提升区域产业协同创新的能力

加快科技资源在津冀区域内自由流动，加强三地间的科技创新合作。加大对科学技术的财政投入，完善法律法规，加强对知识产权的保护。完善京津冀区域的科技创新体系，提高创新产出效率以及科技成果产业化的能力。加强北京城市副中心科技创新的引领和辐射带动作用，积极向津冀输送高新技术。同时，促进区域间人才的流动，以产业合作为基础，通过人才整合，提升区域综合发展优势；通过三地各自的人才结构及专长、特色，采取错位发展、合理利用人才，共同享长补短，形成三地在人才开发方面的优势集成与互补；通过建立统一、开放、竞争、有序的人才市场，充分发挥市场在人才资源配置中的基础性作用。城市副中心应积极搭建更广阔的人才交流平台，如"通武廊人才一体化发展示范区"和"京津冀人力资源服务产业园区"，实现三地人才的错位互补，引导人才在区域内产业间的合理流动，实现京津冀三地对区域人才发展成果的共享。

（七）提供产业协同发展需要的条件

1. 交通一体化

产业之间的紧密联系意味着生产要素和产品从投入到产出都必

须在区域内畅通无阻，这也要求现代交通网络体系这一经济活动融通的最基本条件达到或超出现有发展水平的要求。城市副中心应以解决交通拥堵、建设高效交通体系为首要任务，构建一流交通网络，统筹做好区域交通的规划建设和运行管理。坚持交通引导发展的建设理念，编制交通建设规划，分步加快实施。积极配合市专业公司推进京秦高速、密涿高速等一批快速联络线建设，缓解过境交通压力。大规模打通断头路和瓶颈路，建设广渠路东段并加强沿线环境整治，大力改造交通拥堵节点，提升内部通行能力。到"十三五"末，全区路网密度达到9千米/平方千米，基本形成畅达高效、绿色安全、辐射性强的综合交通系统。遵循"公交优先"的规划理念，建设以轨道交通为主，快速公交和常规公交为辅的交通发展模式。串联地铁站及城市主要功能节点，形成无缝对接的便捷公共交通网络。

2. 空间布局一体化

城市不是孤立的，是与周围区域密切相关的，城市经济的发展在全球化、区域化的大趋势下将更加依赖于区域合作分工。合理优化的产业布局不仅限于满足静态和近期的发展需求，还要面向中远期，以动态的思想指导产业布局，要为城市经济职能的不断升级演变留出一定的发展空间。北京城市副中心要以区域经济一体化的发展趋势为指导进行产业布局，留出区域分工接口。同时，从多个层面构建区域内城乡产业体系与空间布局，协调产业布局与城乡发展，促进产业集聚及规模效应的形成，从而加快城镇化发展，为产业协同发展创造条件。构架蓝绿交织、清新明亮、水城共融、多组团集约紧凑发展的绿色生态城市布局，遵循中华营城理念、北京建城传统、通州地域文脉，形成城市副中心"一带一轴多组团"的空间布局。启动城市副中心155平方千米之外的特色小镇建设，将符合通州区功能定位的产业布局在特色小城镇内，打造诸如文化健康漷县镇、漕运古镇张家湾、艺术创意宋庄镇、台湖国家大剧院镇等定位准确的特色小城镇。

3. 社会资源和公共服务一体化

进一步提高社会资源一体化和公共服务水平，增强对周边地区的辐射能力。在教育方面，注重辐射廊坊市北三县和天津市武清地区，实现地区协同发展。合理布局优质教育资源，抓好中国人民大学新校区建设，有序引进一批市级名校，新建一批优质幼儿园。加强与津冀的合作，推进疏解京津优质高校教育资源，通过建立高校分校、合作科研项目、联合培养学生等方式提升河北省各大高校和研究机构对人才的吸引力；在医疗方面，积极引入民间资本，规划建设一批国际高端教育和医疗机构，建立起与城市副中心功能需求相匹配的三级医疗卫生服务体系。全区千人拥有医疗卫生资源量超过全市平均水平，医疗卫生服务能力和公共卫生保障水平显著提升。高标准建设综合性体育场馆，大力推广群众性体育运动，提高竞技体育水平，促进体育产业发展。全面深化科技体制机制创新，深入实施"科技创新驱动发展1+6系列政策"，全力建设国家知识产权试点城区，组织开展丰富多彩的主题科普活动。大力发展非基本公共服务，进一步满足区域群众在购物、餐饮、娱乐、休闲等方面的多元化需求。

第十六章
北京市通州区促进京津冀区域协同发展的策略

一 京津冀区域协同发展的现状

（一）京津冀协同发展的概况

京津冀是中国的"首都圈"，包括北京市、天津市以及河北省的保定、唐山、廊坊、秦皇岛、张家口、承德、石家庄、沧州、邯郸、邢台、衡水等11个地级市。北京、天津、河北人口加起来有1亿多，土地面积有21.6万平方千米，京津冀地缘相接、人缘相亲，地域一体、文化一脉，交往半径相宜、交往历史悠久，完全能够相互融合、协同发展。

京津冀协同发展是我国加快地区发展、实现区域合作共赢的重要战略。2015年4月30日，中央政治局审议通过了《京津冀协同发展规划纲要》，更加明确了京津冀协同发展、合作共赢的目标。京津冀协同发展是当前我国区域发展、城市发展的重大国家战略，京津冀协同发展战略的核心是在坚持北京首都全国政治中心、文化中心、国际交往中心、科技创新中心的核心功能的前提下，分散北京的非首都功能，调整经济结构和空间结构，探索出一种大城市、特大城市优化开发的模式，促进区域协调发展，形成新的增长极。

京津冀协同发展战略的实施既是机遇，也是挑战，京津冀地缘相接、交往历史悠久，完全能够相互融合、协同发展。但是，在协同发展的过程中，要坚持区域优势互补原则、坚持地区产业特色、坚持合作共赢理念。要想实现京津冀有效协同发展的目标，其中的关键点是环保和交通设施先行。当前京津冀地区有1亿多人口，面临着生态环境持续恶化、城镇体系发展失衡、区域间交通一体化困难等突出问题。实现京津冀协同发展，推进区域发展体制机制创新、生态文明建设、公共基础设施建设，是面向未来打造新型经济圈、实现国家发展战略的需要。

（二）京津冀协同发展取得的成果

2014年2月26日，习近平总书记视察北京并发表重要讲话，明确了北京在新形势、新时期的战略定位，提出了建设国际一流和谐宜居之都的奋斗目标，发出了推动京津冀协同发展的"总动员令"。京津冀协同发展上升为国家发展战略，其实施对北京未来打造新的首都经济圈、推进区域发展体制机制创新有着重大的意义和影响。3年来，这一具有里程碑意义的重要讲话，犹如一座领航灯塔，廓清了北京的发展思路，指明了北京的工作方向。习近平总书记指出："北京要解决遇到的突出问题，必须纳入京津冀和环渤海经济区的战略空间加以考量，以打通发展的大动脉，更有利地彰显北京优势，更广泛地激活北京要素资源。同时，天津、河北要实现更好发展，也需要连同北京发展一起来考虑。"

经过1年多的研究讨论，2015年4中央发布了《京津冀协同发展规划纲要》，该纲要在深刻分析京津冀协同发展的重大意义、面临的主要问题和发展的有利条件的基础上，对协同发展需要坚持的基本原则、总体目标和发展定位，疏解北京非首都功能，交通环保产业三个领域率先突破、体制机制改革以及组织领导等方面都进行了部署。

3年来，北京有序疏解非首都功能，天津加快布局先进制造业，河北承接京津冀产业转型升级发展，以经济建设带动政治建设、文化建设、社会建设、生态文明建设协同发展。三地按照各自的角色与分工进行功能疏解和承接，在产业、交通、环保一体化方面取得了显著的成效。北京加快"瘦身提质"，"高精尖"经济结构加快构建，2016年实现地区生产总值2.49万亿元，增速6.7%，服务业占地区生产总值比重达到80.3%，与国际大都市发展水平接近。2016年1~11月，文化创意产业实现收入1.19万亿元，增长8.3%；规模以上现代制造业增加值增长11.9%，制造业加快向高端化发展。天津推动"强身聚核"，2016年地区生产总值达到1.79万亿元，增速9%，继续位居全国前列；河北省积极承接北京非首都功能，加快产业结构调整，实现"健身增效"，2016年地区生产总值3.18万亿元，增速6.8%。2016年，河北装备制造业增加值首次超过钢铁业。

1. 在疏解方面

在北京新发地高碑店农副产品物流园已经建成了十几座农副产品库房和交易大厅，这里从2015年10月29日开始启动运营，目前已有约5000商户，其中大多数是由北京而来。据了解，这里承接了北京4000多商户。随着京津冀地区的协同发展，河北高碑店承接了北京新发地的"菜篮子"。公开资料显示，该项目计划总投资54亿元，占地2081.3亩，总建筑面积160万平方米，拥有中国目前最大的冷库集群。2016年北京新发地高碑店农副产品物流园纳税1.12亿元，位居高碑店市第二位。

疏解北京非首都功能是京津冀协同发展战略的核心所在，新发地的外迁只是疏解北京非首都功能的冰山一角。在2015年发布的《京津冀协同发展规划纲要》中，京津冀三地扮演着不同的角色，北京被定位为全国政治、文化、国际交往和科技创新中心，并提出2017年有序疏解北京非首都功能取得明显进展的目标。

功能疏解的成效主要体现在人口上，截至2016年末，北京市常住人口为2172.9万人，同比增加2.4万人，增量同比减少16.5万人，增速同比下降0.8个百分点，其中城六区常住人口实现由升到降的拐点，比2015年下降3%。这是近年来北京市城六区常住人口首次出现负增长的现象。

2. 在交通一体化方面

京津冀三地与中国铁路总公司共同出资成立京津冀城际铁路投资公司，编制了城际铁路网规划（2015~2030年）。三地谋划了10条高速铁路和城际列车，保津、张唐铁路年内通车。京津城际延伸至滨海新区中心商务区，从北京南站到于家堡站只要1个小时。津保铁路开通后天津到保定只要40分钟，且与京广高铁连通，天津到石家庄从目前的4个多小时缩短到一个半小时。京滨城际、京唐高铁等线路都已开工。

公路方面，已经打通了京昆、京台等多条高速公路及一批省内干线、农村公路中的"断头路""瓶颈路"。太行山高速、延崇高速控制性工程开工，首都地区环线高速公路河北境内全线（替代路线）贯通。

港口方面，成立了渤海津冀港口投资公司，在北京和河北设立了10个无水港。机场方面，北京新机场开工建设，天津民航在京津冀地区建设候机楼，推出空铁联运、陆空联运等多项服务。天津机场全年旅客吞吐量突破1700万人次，其中增加的客流量绝大部分来自河北和北京。通关一体化改革深化，已有超85%的北京企业选择以京津冀跨关区一体化方式通关，天津经北京空运进口货物通关时间、北京经天津海运进口货物通关时间和运输成本均节省近三成。

京冀交界的新机场也是协同发展的亮点。2017年，新机场航站楼计划投资约68.5亿元。根据工程进展，3月中旬已实现航站楼核心区及指廊工程的混凝土结构封顶，全面转入钢结构安装阶段，年底前航站楼将完成封顶封围；市政配套项目第一至八标段已于3月初全面开工，主要包括道路、桥梁、管廊、雨水、污水、供水、再生水、天然气、热力管线、电力管沟和通信管沟等工程，总造价43亿元。同时还将加快新机场交通配套工程实施，起步稍晚的机场北线高速计划四季度开工，将串联新机场高速、京台高速和京开高速。

京开高速拓宽，主路将从两上两下拓宽至三上三下，辅路也将有所拓宽。

运输服务方面，提前完成公交"一卡通"任务，河北省内643条公交线路、1.2万余辆公交车与京津实现一卡通行。

3. 在产业对接协作方面

财政部和税务总局制定了《京津冀协同发展产业转移对接企业税收收入分享办法》。2015年1~10月，北京企业在天津投资项目327个，到位资金1172.7亿元；在河北投资项目2896个，到位资金2381亿元。1~10月，北京、河北在天津投资资金到位额超过1520亿元，占天津利用内资的43%。

从北京（曹妃甸）现代产业发展试验区、新乐的三元河北工业园到廊坊京冀电子商务协同发展示范区，在河北省10多个地市的10多个园区、基地、企业，或已奠基开工，或已投产。伴随亦庄—永清高新技术产业开发区、中关村海淀园秦皇岛分园等一批协同创新平台建设的加快，京津冀协同创新共同体正在形成。迄今，中关村企业已在津冀两地设立分公司1903家、子公司1426家；2016年，北京输出到津冀技术合同3103项，成交额154.7亿元，同比增长38.7%。

北京与河北共建曹妃甸协同发展示范区，设立了200亿元的首钢京冀协同发展投资基金，20多家北京企业到曹妃甸落户发展。北京现代第四工厂落户河北沧州，2015年4月实现开工建设，并于2016年10月18日开始量产，预计带动2000人就业，实现"一个工厂带动一个产业基地"的协同发展效应。除汽车产业外，北京·沧州渤海新区生物医药产业园吸引了86个项目落户，其中北京医药企业59家，成为"产业承接集聚化、园区建设专业化、异地监管协同化"的范例。2015年4月，北京·沧州渤海新区生物医药产业园首批10家入园企业集中开工建设。为此，沧州市于2016年正式出台《关于促进医药产业健康快速发展的实施意见》，提出以渤海新区生物医药产业园为核心，进一步深化与京津知名医药科研院所合作，承接一批关键技术成果转化和产业转移，着力打造千亿元级京津冀医药产业区域合作示范区。沧州对北京现代汽车、医药产业的承接是三地产业转移的一个缩影。3年来，津冀两地不断承接北京产业的外溢，如中关村在天津、保定、承德等地设立基地，目前已建有天津滨海·中关村科技园、京津中关村科技城及承德大数据产业基地、张北云计算基地、北京中关村（曹妃甸）高新技术成果转化基地、保定中关村创新中心等。推动了中关村示范区、亦庄开发区与津冀合作共建大数据走廊、保定中关村创新中心等科技园区，加快打造跨京津冀科技创新园区链，促进三地创新链、产业链、资金链、政策链、服务链深度融合。

2015年北京企业在津冀投资额为1642亿元，同2014年相比增长了2.5倍；2016年，北京企业在天津、河北的投资认缴额分别为899亿元、1140亿元，分别增长26%、100%。

4. 在生态方面

联防联控共同改善区域生态环境质量。京津冀三地环保部门签署《京津冀区域环保率先突破合作框架协议》，明确以大气、水、土壤污染防治为重点，以协同治污等10个方面为突破口，联防联控，共同改善区域生态环境治理。召开京津冀环境执法与环境应急联席会议，并启动区域环境执法联动工作机制，实现统一人员调配、统一执法时间、统一执法重点、统一京津冀重污染预警标准。北京、天津、保定、廊坊主城区实现散煤"清零"；北京淘汰高排放老旧机动车38万辆；京津冀及周边地区大气污染防治协作机制进一步发挥作用。自2013年以来，北京PM2.5平均浓度持续下降，2016年PM2.5年均浓度为73微克/立方米，同比下降9.9%。天津2016年PM2.5的浓度下降到69微克/立方米，比2013年下降了28.1%。2016年河北省PM2.5平均浓度为70微克/立方米，同比下降9.1%。2016年京津冀区域PM2.5平均浓度比2013年下降约33%。"三北"防护林完成造林面积2.81万亩，京津风沙源治理工程完成建设任务19.7万亩。成立京津冀及周边地区水污染防治协作小组，编制完成环首都国家公园体制试点区实施方案。

5. 公共服务方面

景山学校曹妃甸分校已经开学；北京市属11家医院和1家企业医院已与河北13家医院开展合作办医，2016年上半年北京市二级以上医疗机构出院患者中，河北患者占比从2013年的9.05%降至7.47%。北京50多家医院与津冀150余家医疗机构开展合作办医；京津冀三地102家医疗机构试点互认17项医学影像检查资料；组建京津冀地区4个高等教育联盟，北京市、区两级与津冀各地方共实施教育合作项目30余个，组建了京津冀地区12个创新发展联盟，北京五中、八一学校在河北建设分校项目有序实施。公共服务领域的协同也在全面推进。

（三）京津冀协同发展中存在的问题

相对长三角、珠三角等地区而言，京津冀发展不协调、不平衡的矛盾最为突出、最为复杂，关注度最高，解决难度最大，重要原因就在于协同发展还存在诸多体制机制障碍，如要素流动面临显性和隐性壁垒，区域发展统筹机制欠缺、产业结构单一，环保问题短期难以解决等政策壁垒还有待破除。

1. 三地内部发展差距较大，促使要素单向流动

据统计，2015年天津和北京两市的人均GDP分别为107960元和106497元，均超过15000美元，据世界银行的标准，都已达到高收入国家水平。而作为京津腹地的河北省，2015年的人均GDP为40255元，甚至还不及全国平均的48008元，仅为北京的37.8%和天津的37.3%。除唐山市外，2013年河北省其他地区的人均GDP均在50000元以下，与京津相比，河北省经济发展明显落后，形成了发达的京津与环京津的贫穷带两极分化的非均衡发展态势。

此外，由于内部差距过大导致医疗、卫生、教育等公共服务资源以及养老保险等社会保障资源在京津冀区域间的分布也存在着巨大的不同。从公共卫生医疗服务来看，京津冀之间差距悬殊。京津

卫生医疗资源丰富，河北省卫生医疗资源非常紧张，特别是基层农村医疗资源尤为薄弱。如2014年，京津冀三地每百万人口平均拥有的三甲医院数量的倍数差距是3.56∶3.2∶1；京津冀三地每万名常住人口拥有的执业医师人数分别为37人、22人和21人。具体到公共卫生医疗服务水平方面，京津两市的执业医师在业务水平、卫生医疗服务能力和服务效率等方面，明显高于河北的卫生医疗服务水平。

在公共教育服务方面，京津冀存在很大差距。如在2014年的人均公共教育支出方面，京津冀三地人均公共教育支出分别为3525元、3409元、1087元，京津冀之间的人均公共教育支出差距是3.24∶3.14∶1。从区分不同教育层级的生均教育经费保障程度的对比角度看，京津冀财政拨付的普通小学的生均教育经费差距是4.38∶3.22∶1，京津冀财政拨付的普通初中的生均教育经费差距是4.71∶3.48∶1，京津冀财政拨付的普通高中的生均教育经费差距是5.26∶3.88∶1。

据统计，相邻两村（隶属于北京的郑家磨村和隶属于河北省的蓬家磨村，两村只相隔一条马路）的农村养老金，郑家磨村几乎是蓬家磨村近7倍。对于运营养老机构的企业来说，在补贴方面存在地域差别。北京一张床位最高可补贴5.5万元，而在燕郊则只有4000元，并且廊坊市规定对老年公寓床位的补贴总共不能超过100万元。这种公共服务资源的巨大差异性使得生产要素特别是优质生产要素加速向北京集聚，三地发展差距进一步加大。

京津冀之间以内部经济发展形成的核心－边缘分布格局，固然可以使核心区通过获得规模经济和集聚经济而进一步发展，但在循环累积因果关系作用下，集聚区与非集聚区的发展差距会越来越大，进而形成了当前京津冀地区"北京吃不下、天津吃不饱、河北吃不着"的局面。此外，京津两市与河北在科教文卫等社会领域的发展水平以及资源投入上的悬殊，导致了公共服务水平差距较大，进一步助推着优质生产要素的单向流动，使京津冀地区特别是作为龙头的北京缺少和天津及河北协同发展的动力,三地协同发展更加艰难。

2. 三地协同治理机制需进一步常态化

在当前中国各个区域的协同发展问题上,参与各方之间能否建立完善的协调和合作机制成了区域协同发展甚至是区域一体化能否顺利突进的基础和关键。在这方面,长三角地区协同发展的成功经验值得京津冀借鉴。在长三角区域合作之初,相关省市政府就高度重视区域合作制度和机制的构建工作,到目前为止,已经基本形成了层次分明、分工合理的四级区域合作与协调机制。第一层是每两年举办一次的沪苏浙皖等省市主要领导出席的定期会商机制,决定区域合作方向、原则、目标与重点等重大问题;第二层是常务副省(市)长主持的"沪苏浙经济合作与发展座谈会"机制,负责落实主要领导座谈会的部署,协调推进区域重大合作事项;第三层是每年举办一次的长三角城市市长参加的长江三角洲城市经济协调会机制,主要任务是将宏观合作目标变成合作专题,在城市之间以专题合作的形式进行不同领域合作;第四层是部门间及行业间的合作机制,长三角城市政府相关职能部门间也建立了联席会议、论坛、专题等合作机制。这种从宏观到微观的会商—决策—协调—执行四级联动、有机协调的合作运作机制成了长三角一体化逐渐深入的最重要基础和制度保障。

反观京津冀地区,虽然三地之间也建立了类似长三角的区域合作机制,并签订了加强双边合作的协议,但只是领导参加的区域务虚合作会议,执行层面的务实项目合作还没有完全跟进,使实际效果大打折扣。

3. 三地利益协调机制不够完善

京津冀三地协同发展迟缓的重要原因之一是没有构建起基于平等关系的利益协调机制,三地之间在产业结构、政治地位、相关制度以及自身努力等方面存在着较大差异。在政府看得见的手和市场看不见的手的共同作用下,极易导致优质资源和要素的单向流动,进一步限制京津冀协同发展的步伐。因此,迫切需要建立三地之间协同发展，包括利益表达、利益分配以及利益保障机制等在内的利益协调机制。

在推进三地利益协调机制的构建中，也没有建立完善利益表达机制，缺少地方政府、企业、居民以及各种社会组织等非政府力量表达他们各自意愿和利益诉求的渠道和机会，特别是缺少对处于弱势一方（如河北省）的利益表达和诉求的重视。而当前，能够优先表达利益诉求的依然是强势的北京。据报道，国家层面为了配合京津冀协同发展而成立的京津冀协同发展专家咨询委员会，在全部16位成员中，只有一位非北京的专家，而占京津冀人口、面积、经济规模最多的河北省则没有人入选专家委员会。

没有建立和完善事前分配与事后协调相结合的区域利益分配机制。事前分配指各方经过事先协商一致达成一定的区域协定或公约，使各方都具有同等的发展机会和分享经济利益的权利，通过调整各地的产业政策，利用不同区域的发展优势，合理分布产业链条，使不同产业利益在不同地区实现合理分享。事后协调是指通过多种途径对参与区域分工而蒙受损失的一方事后进行一定的补偿，或者对区域内发展缓慢的落后地区给予一定的支持，体现利益兼顾和适当补偿的原则。对于京津冀而言，河北省为了京津的环境可持续发展，自身做了大量的牺牲，因此京津应探索建立"利益补偿机制"，在环境、空气、水等方面给予河北省相关地区一定的利益补偿，并逐步通过产业帮扶、人员培训、产业合作等形式加大补偿力度，进而建立利益共同体。当前，京津对于河北省的生态补偿才刚刚开始，且数量较小。据报道，天津市每年给予承德调水的经济补偿仅为两千多万元，且这部分补偿也是近年才有的，还仅是对水源地生态区保护环境的补偿，对于水源地生态区失去发展机会的补偿考虑不够完全，这些补贴远远不能弥补水源地付出的经济和环境代价。省际补偿机制要从制度上加以确立，这更多需要中央政府来决定和建立，而不是地方政府的讨价还价，地方政府的博弈往往会导致政府失灵。

二 京津冀产业协同发展的基础及策略

推进京津冀产业协同发展,要立足各自比较优势、现代产业分工要求、区域优势互补原则、合作共赢理念,以京津冀城市群建设为载体、以优化区域分工和产业布局为重点、以资源要素空间统筹规划利用为主线、以构建长效体制机制为抓手,从广度和深度上加快产业发展。同时,以产业结构优化升级和实现创新驱动发展为合作重点,把合作发展的功夫主要下在联动上,努力实现产业优势互补、良性互动、共赢发展。

(一) 京津冀区域产业协同发展的基础

1. 京津冀区域产业协同发展的条件

(1) 地域相连和交通网络发达是京津冀产业协同发展的客观条件。京津冀地区已基本形成了以北京为主中心、天津为副中心的陆海空综合运输网络,并呈现以首都为中心的放射式的组织形态。河北环抱京津,北京、天津两市的周边为河北省,地域紧密相连,三地之间有多条干线铁路和地方铁路贯穿其间,公路联系更是发达便捷,为三地产业转移和产业对接提供了可能,特别是得天独厚的河北唐山港,成为京津冀与东北亚进行经济合作的窗口。

(2) 资源禀赋的互补特性是京津冀产业协同发展的资源基础。河北省的自然资源居三地之首,尤其是河北唐山,矿产资源丰富,钢铁、煤炭、电力、化工、水泥、装备制造等产业基础雄厚;北京市的政治、文化、教育、科技、人才、旅游等资源名列三地前茅;天津市的科技成果转化以及工业制造能力处于三地的龙头地位,京津冀三地的资源禀赋的互补性十分明显,三地合作可使资源得以优化配置,发挥出更大的资源效应。

(3) 产业的互补是京津冀产业协同发展的内在需求。京津两市作为首都和直辖市,服务业有绝对的优势,河北第一产业有天然优势，而在金融、保险、社会服务、科技等方面不具有比较优势；北京是全国政治、文化中心，属于知识型地区，高新技术产业和文化产业都具有优势。天津是商贸、物流、制造业中心，属于加工型地区，以非农产品为原料的轻、重加工工业具有优势；河北唐山属于资源型地区，采掘业、重加工工业占优势，定位于港口、京津装备制造业及现代制造业配套产业与农副产品生产供应基地，因此，京津冀产业之间存在很大的互补性。

2016年，京津冀区域三地生产总值合计74612.6亿元，约占全国生产总值的10%。在国民经济持续快速增长的同时，京津冀经济结构调整明显加快，通过优化发展第三产业，推进产业结构升级，积极培育高新技术产业，逐步形成了新的产业发展格局。京津冀区域三产比重继续提高，2016年，京津冀三次产业构成为5.2∶37.3∶57.5。与2015年相比，第三产业比重提高1.4个百分点，第一、二产业比重分别下降0.3个和1.1个百分点。其中，北京第三产业比重突破80%，达到80.3%，比上年提高0.6个百分点；天津、河北第三产业比重分别为54%和41.7%，分别提高1.8个和1.5个百分点。

2. 京津冀区域产业协同发展存在的问题

（1）产业同构。京津冀在资源、项目、投资等方面过度竞争，导致重复建设、产业结构趋同。三地已经在港口建设、汽车、电子、高科技研发等方面形成内部竞争，各方应以互利共赢的合作规划为突破口，引导区域内产业集聚，发展外向型经济合作。应考虑将有竞争的产业在地域范围上进行合理转移、集聚，促进各地方的产业合理分工，形成产业分工和产业集聚同时进行、互相促进的局面。

（2）产业发展差距加大与产业对接困难相伴而生，产业联动动力不足，未能形成利益共同体。京津冀区域内河北与京津两市的发展差距已经很突出，产业对接断带已经出现，可能会加剧不平衡，产业结构的趋同使得京津冀经济圈内各城市之间无法形成合理充分的产业链条，仅有的几个产品的价值链也十分单薄。京津对地域经济的辐射和带动作用不强，三地产业联系不够紧密，缺乏区域内强大的产业链，没有形成紧密的分工协作关系。

（3）地方保护与恶性竞争。为了减少与北京的差距，河北自己发展高科技产业，自主研发、自己制造，很有可能在研发力量上造成和北京水平重复建设。当产业制造技术成熟时，结果却在研发上形成与北京的竞争，产业对接还是无法实现。为了保护已开发的项目，地方壁垒可能相继出现，条块分割变成保护手段，区域内的经济合作被竞争取代，条块分割进一步拉大发展差距。

（4）对已有重复建设整合的矛盾促使域内竞争加剧。为避免区域内的重复建设和恶性竞争，各地应积极商讨区域经济一体化规划。在规划当中，必然涉及各方的产业分工问题，涉及重复建设的部分如何整合的问题。在都希望联合、都有相同产业的情况下，都希望自己的投资能实现最大效益，为此争论不休。联合协作会议经常召开，重复建设的项目不停上马，恶性竞争不断加剧。

（5）产业承接转移效果不佳。北京新功能定位确立以后，天津和河北都面临着承接北京产业转移的机会，有实力、技术好的企业大多更看重市场和发展机会，对核心城市周边落后地区的招商引资政策积极性不高，转移出来的可能性不大，实力较弱、技术落后、高污染、高消耗企业转移出来的积极性却很高。京津两市的合作欲望很强，河北在参与合作过程中优势不突出，这将进一步加剧河北吸纳产业的落后状态。

总的来说，相对国内外的区域协同发展，京津冀区域产业发展存在以下问题：京津冀城市群中，不同城市产值水平参差不齐，产业结构落差巨大，产业同构情况严重并且产业内部的技术水平有较大差距，京津冀完整的区域产业链尚未形成。产业发展的不均衡直接导致了三地的经济发展状况呈现阶梯状分布，经济地位悬殊衍生出人均收入差距、要素单向流动、基础设施建设和公共服务水平的差异化，使得人口长期过度集中于经济发达的核心城市，形成了巨大的环京津贫困带。

(二) 京津冀区域产业协同发展策略

实现京津冀协同发展是一个重大国家战略,要加快走出一条科学、持续的协同发展路子来。京津冀协同发展的关键在于实现三地的产业协同,产业协同的关键又在于各个产业内部的协同。从京津冀区域产业发展现状的重要性考虑,京津冀产业协同发展的主要内容应包括现代服务业产业协同、商业产业协同、文化旅游产业协同、制造产业协同以及农业产业协同。至于其他产业因为非京津冀产业发展的主要方面或现代产业地位相对不重要,所以略去分析。

1. 现代服务业产业协同

现代服务业作为社会经济发展的趋势,也是实现京津冀地区产业协同发展的重要内容之一。随着经济全球化的迅猛发展和信息技术的不断深入,世界经济逐渐从工业经济向服务经济转型,同时各发达经济体加快了向现代服务经济转变,已成为一个国家或地区经济发展新的增长点。不断推动地区经济的转型,可以缓解国家或地区的经济增长压力。

(1) 京津冀现代服务产业的发展现状。现代服务业作为社会经济发展的趋势,也是实现京津冀地区产业协同发展的重要内容之一。随着经济全球化的不断深入和信息技术的迅猛发展,世界经济逐渐从工业经济向服务经济转型,同时各发达经济体加快了向现代服务经济转变,且已成为一个国家或地区经济发展新的增长点。

北京作为我国推动经济发展的主要城市之一,重要的高新技术与高科技人才集中地,现代服务业发展迅速,第三产业增加值不断提高。2016 年北京第三产业的增加值上升到 19995.3 亿元,增长 7.1%,第三产业占全市生产总值的 80.3%,是全国第三产业发展水平最高的城市之一。其中金融服务业、信息服务业和文化创意产业占第三产业总比重较大,有力地促进了第三产业的发展。

天津市是环渤海经济区的中心,是现代化港口城市以及我国北方的经济中心。天津市现代服务业发展潜力巨大,新兴服务业发展加快，2016年，第三产业增加值为9661.3亿元，占地区生产总值的54%。现代服务业占第三产业增加值逐渐上升，达50%以上；金融业的产值为1735.33亿元，占第三产业增加值的18%，金融业的快速增长已成为第三产业的重要支柱产业，在经济中的作用日益凸显。

随着改革开放的深入，河北省的服务业发展也取得了较大的进步，服务业产值迅速增长，1978年河北省服务业产值为38.48亿元，1986年首次突破百亿大关，1996年首次突破千亿大关。随着高新技术的发展和产业结构的调整，现代服务业增加值呈上升趋势。第三产业占地区总产值的比重不断增长，到2016年，第三产业增加值为13276.6亿元，占地区生产总值的41.7%。数据表明，河北省现代服务业有所发展但增长缓慢，与京津地区的差距较大，还有很大的发展空间。

（2）京津冀现代服务产业协同的基本思路。一是合理分工和定位，发挥比较优势。京津冀现代服务业协同发展，要根据各区域的现代服务业发展现状明确各行业的产业区域定位，充分发挥行业比较优势，依靠产业的联动效应发挥优势产业的带动作用；构建合理的现代服务业体系，实现京津冀区域内产业的转移和对接，合理分工以及竞争性行业的合理规划与集聚，避免由于过度竞争、重复建设等造成的资源浪费，以形成现代服务业的规模效应。北京重点提升现代服务业原始创新和技术服务能力，天津重点提高应用研究与工程化技术研发转化能力，河北重点强化科技创新成果应用和示范推广能力。京津冀三地只有合理分工定位，才能提高现代服务业发展水平。

二是提高科技水平，加快创新步伐。现代服务业的快速发展源于现代科技和管理手段的运用，特别是随着互联网技术的飞速发展，推动现代服务业呈现爆炸式增长。现代服务业的发展离不开科学技术的创新，开展集聚区的科技创新，发挥北京市中关村科技园等高科技园区的技术带动作用，实现高科技在三地的运用以及科技成果的转化；开展金融创新，探讨新型投资方式，拓宽现代服务业融资渠道和风险分担机制；培养高科技人才，提升现代服务业服务人员的素质与服务能力。

2. 商业产业协同

京津冀协同发展是在经济和商业进入新常态条件下启动的，这就意味着不能用传统的商业思维在京津冀协同中寻找机会，要有新思维、新路径、新方法。京津冀商业协同是一种新的商业业态。京津冀协同过程即是京津冀商业相互融合的过程，也是建立京津冀商业新生态的过程，这涉及体制、政策、规划、布局等诸多方面，要经历一个复杂的竞争、整合过程。

（1）京津冀商业产业发展现状。京津冀区域是拥有鲜明商业产业特点的城市或地区，具有更好的现实基础与成长潜力。如全国首座环球主题公园确定落户北京市通州区。按照规划，这一项目每年会吸引2.5亿左右游客，带动文化创意、制造业、酒店、餐饮等配套建设，通州也将加速成为北京商业发展的核心。天津的武清凭借成功引入欧洲品牌佛罗伦萨小镇一举奠定了产业特色。按照武清的商业规划，到2020年将入市的20余个商业项目都将围绕"购物游"展开，吸引京津地区的消费者。根据北商商业研究院对京津冀区域商业综合分析的结果显示，42%的消费场所集中在超市，58%的居民消费集中于日常的刚性需求（服装鞋帽、生活消费），27%的消费用于餐饮。由此看来，这些区域的消费者近九成消费都集中于最基本的生活配套服务。相比于百货、购物中心等零售企业，销售生活基本用品的超市更容易在新入驻的地区站稳脚跟，这一业态也更容易吸引知名品牌连锁店，这一现象在通州、燕郊等地区都颇为明显。

京津冀商业环已经初步形成，固安、燕郊等"卫星城"特质尽显。然而，巨量资金涌入使得部分地区忽视自身需求和定位。一些地方青睐高大上的购物中心，盲目招揽了一些高端品牌，导致了商业结构性局部过剩问题的出现。比如，受益京津冀协同发展比较明显的燕郊，目前就有多个体量达到30万~50万平方米的商业地产项目正在建设中，这样的增量很难在短期内消化，反过来看，居民们可能更多地会在健康会所、药房、亲子、母婴等场所消费。在京津冀14个地区，集购物、休闲、娱乐、教育、亲子、旅游等于一体的"一站式消费"新模式已经萌芽。然而，目前京津冀一些地区的商业发展相对滞后，一站式消费场所还有很多空白，而这些空白正是未来巨大的商业潜力所在。

（2）京津冀商业产业协同的基本思路。一是制定切实可行的商业规划与政策。制定统筹京津冀市场资源的流通规划，同时也要有统筹商业与旅游、商业与物流的规划。出台相应政策对商业进行引导，支持优势商业项目。比如支持缩小城乡差距的农村商业、引领行业潮流的先进零售业态、节能减排（绿色商业）项目以及能够促进商业发展的物流设施等，在生产要素、人才流动、土地资源配置等方面给予支持。优化大型商业网点、各类市场空间布局，出台一些限制措施，限制不合适的项目上马。从解决长期形成的市场壁垒角度看，特别需要靠政府的力量，协同制定统一、带有强制性的商业规划和统一的商业政策与标准、统一的交通设施标准等。

二是优化资源配置和布局。其一，优化市场资源配置。北京、天津的市中心和近郊区搞了很多商业市场，占用大量土地和商业资源。在京津冀商业协同过程中，应对各类市场进行合理调整、科学布局，促使像白沟、辛集等知名市场凝聚资源，获得快速发展。其二，协调港口资源统一使用。目前初步解决了空港的问题，寄希望于早日实现海港的统一运营。其三，优化物流设施配置，京津冀统一考量，京津可以腾出更多土地资源，物流成本也会大大降低。

三是发挥品牌带动与资本平台的作用。首要是发挥三地优势商业品牌的作用，发展连锁商业。如北京每年评选的"十大商业品牌"，不仅在北京，而且在全国都有很大影响，北京又是中华老字号的重镇，可以利用这些优势，延伸品牌，拓展市场空间。当然，北京也不是光走出去，也可以引进来，京津冀优势企业、特色品牌相互延伸、融合发展大有可为。同时，京津冀商业人才培养、交流等方面也有很多机会。

3. 文化旅游产业协同

文化旅游是指以旅游经营者创造的观赏对象和休闲娱乐方式为消费内容，同时使得旅游者在参与的过程中能够获得富有文化内涵和深度旅游体验的旅游活动。文化旅游产业协同不仅是京津冀协同发展的题中应有之义，同时也可为京津冀产业协同发展提供强大的精神动力和有力的文化支撑，三地文化旅游产业如何实现协同协作和联动发展成为京津冀区域产业协同发展的重要内容之一。

（1）京津冀文化旅游产业发展现状。现阶段，京津冀三地的文化旅游产业合作的进程从大体上来看还算基本顺利，和文化旅游产业相关的活动开展顺利，例如：京津冀国际旅游季的举办、京东休闲旅游示范区的建设，实现了三地人流、物流、信息流、资金流的互联互通，都体现出了三地对于文化旅游产业合作的重视和高度关注。除此之外，三地还为文化旅游产业合作制定了多项措施，提供了多项服务设施，如京津冀多条旅游直通车的开通，三地旅游质监执法信息共享平台的建立，京津冀旅游一卡通的发行等，总体来说体现在以下三个方面。

一是三地的合作意识进一步强化。随着京津冀区域一体化的发展，三地政府对区域旅游合作的重视程度越来越高，在各自的"十三五"规划中均有对区域旅游合作相关的内容。北京提出深入广泛地与津冀开展合作，天津提出了资源共享、客源互送，河北提出了产业带发展规划，三地的种种作为都表示了区域合作的加强。但是从合作状态上看，大都由政府组织，合作的主体多为各地的政府，三地的企业参与的较少。然而在当今市场经济为主的经济体制下，市场对资源的调节起着决定性作用，市场对各种资源的供给以及旅客的需求最清楚，应该突出企业在市场中的主体作用，发挥市场的基础性作用。

二是合作机制的效果开始初步显现。虽然京津冀三地在早些年前就成立了京东旅游区，联合旅游资源；又于两年之后召开了第一次京津冀区域旅游合作研讨会，探讨区域合作的问题。但是三地合作一直处在学术讨论研究阶段，并没有实质性的进展。直到2009年召开的京津冀旅游合作恳谈会，三地签署了合作协议，区域旅游合作才开始步入实质性合作阶段。在现阶段，连续召开的京津冀旅游会议，以及制定的协议和措施中，落实工作有了初步的效果，合作机制开始发挥作用。

三是统一的旅游市场局面基本形成。伴随着三地合作意识的加强，以及合作机制效果的初步显现，京津冀文化旅游产业合作的局面尚算乐观。三地政府主持开展的多项合作，使企业之间的合作活动越来越密切。例如在京津两地分别举办关于宣传河北旅游的各项活动、京津两地开通旅游绿色通道等措施，都显示了随着三地之间合作的不断强化，区域统一的旅游市场正在加快形成。

（2）京津冀文化旅游产业协同的基本思路。一是政府引导。作为政治主体，需要引导和支持区域的产业发展；作为经济主体，可以从自身出发来发展某一行业，从两方面来带动区域的经济效益。因此，就京津冀三地文化旅游产业合作，三地政府需要加强合作意识，抛弃竞争意识，共同为三地产业合作出谋划策，以促进和保障三地产业合作平稳快速地进行。同时，政府需要在区域产业政策上多下功夫，针对文化旅游产业制定相关的产业布局政策、产业结构政策、产业技术政策来保障文化旅游产业的合作与发展的顺利进行。

二是市场推进。十八届三中全会上，第一次强调了市场在资源配置中所起的决定性作用，由以前的基础性作用到现在的决定性作用，明显地体现出了市场在资源配置中的重要性，要更好地发挥市场作用。市场是配置资源的最佳方式，在京津冀文化旅游产业合作的进程中，要将市场的作用发挥到极致，通过市场的发展来掌握产业动态，调节文化旅游资源的配置，促进产业合作。

三是金融保障。文化旅游资源的发展离不开金融支持。将优势的文化旅游资源转化为旅游产品需要金融的大力支持，文化资源的产业化经营离不开金融的大力支持。积极向各类金融企业和金融机构介绍优势文化旅游资源的特色和发展前景，以及将优势文化旅游资源转化为文化旅游产品后将会带来的社会效益和经济效益，争取金融机构的大力支持。

四是人才培养。文化旅游产业是一个创意性很强的产业，因此需要大量精通文化和旅游并具有创新能力和策划能力的人才。以人为本，对当今存在的旅游人才培养机制进行改革，使其更符合文化旅游产业的需要，学习西方国家优秀的人才培养机制，做好专业旅游人才的培养，培育一支素质高、专业化的人才队伍，保证文化旅游产业的发展。

4. 制造产业协同

京津冀制造产业协同发展体系的建设可以增强对环渤海地区和北方腹地的辐射带动能力，成为参与国际竞争合作的先导区域。

（1）京津冀制造产业发展现状。京津冀三地所处工业化阶段不同，制造业互补性较强，制造业发展重心不同，三地对产业分工协作的需求迫切。从经济发展阶段来看。北京、天津、河北分别处于后工业化阶段、工业化后期阶段和工业化中期阶段，三地呈明显的梯度变化格局。北京主要以高技术产业及汽车、通信、医药制造等现代制造业为主；天津形成了航空航天、装备制造、电子信息、生物医药、新能源新材料等优势产业。此外，在通信设备、计算机及其他电子设备制造业、黑色金属冶炼及压延加工业、交通运输设备制造业、废弃资源和废旧材料回收加工业等产业在全国具有明显优势，同时在资源吸附和聚合上具有良好的区域和产业优势。河北是我国重要的材料、能源基地，钢铁、水泥、玻璃等产能在全国占有重要份额。京津冀各有其优势与劣势，制造业产业梯度较为明显，且呈现互补状态。这就使得三地的制造产业对接与转移存在可能性。然而，由于行政区划的分割导致生产要素流动不畅，削弱了市场资源配置效率，资源分布不集中，利用效率不高，以致京津冀制造业整体经济效益下降。

（2）京津冀制造产业协同的基本思路。一是建设京津冀协同创新示范区。京津冀根据各自制造产业特色与发展优势，建设京津冀协同创新示范区，构建京津冀创新资源的"汇集区"和创新成果的"扩散源"，通过示范区先行先试催生示范效应，推进制造业产业集群和产业链群整体转移。创建协同创新平台，形成引领京津冀协同创新与发展的"轴线"，带动技术创新、资源重组、人才培养等，推进区域主导产业链的合作网络，打破行政限制分割，促进资源和要素自由流动，形成差异化、高端化为特色的区域创新集群。其中，着重发展核心基础零部件、元器件、关键基础材料、先进基础工艺及产业，加快服务型制造业和生产性服务业创新发展，提升自主创新能力，占据未来市场竞争的制高点。依托产业集聚区，培育引进龙头企业和实施大项目为支撑的建设集聚载体，打造先进制造业关键产品的核心竞争优势，推动京津冀制造产业重点突破和整体提升。

二是建立合理的协同创新利益共享和风险共担机制。在区域发展中，谋求自身利益最大化是单个区域的必然选择，京津冀制造业协同发展的根本动力就是协同创新能提高单个区域利益和区域整体利益。地方竞争与垄断是出于利益的争夺和既得利益保护的目的，会损害区域整体利益和长远利益。京津冀制造业协同创新领导小组应建立行政干预机制，积极推进制度创新，以制度和规则保障京津冀制造业的协同进程，及时解决区域间的利益争端，对区域关系和区域利益做出协调。

三是促进京津冀区域制造产业现代化。信息技术是新一轮科技革命中创新最活跃、渗透性最强、最广泛的领域，信息技术正在与制造、能源、材料、生物等产业深度融合，京津冀地区应密切关注全球信息化应用与发展进程，加快适应经济结构战略性调整和经济增长方式转变的需要。依托京津冀科技创新与人才优势，面向云计算、物联网、移动互联网等重点领域，建设"信息高速路"，共建数据信息共享机制，加快从生产制造向基于信息和网络技术的服务型制造转变，实现对传统制造业的升级改造和新兴制造业产业的发展。依托开发区、保税区、临港经济区、工业园区等重点功能区，推动新一代信息技术在制造装备、业务流程、生产要素等产业体系全面渗透。通过信息技术更新换代，促进企业生产制造的智能化、敏捷化、柔性化，改造提升京津冀传统制造业。

5. 农业产业协同

农业是经济发展基础性支撑产业，在京津冀协同发展进程中更具有紧迫性和必要性。在京津冀协同发展的大背景下，打造环首都现代农业高地是京津冀产业协同发展的重要内容之一。

（1）京津冀农业产业发展现状。河北农业在地区经济发展中占有较大比重，一定程度上主导着当地经济的发展。在农业生产效率方面，北京土地产出率和劳动生产率最高，天津居中，河北最低；在人力资源方面，北京在农业人力资源方面拥有绝对的领先优势，天津具有相对优势，相比之下，河北农业人力资源较为缺乏；在农业资金投入方面，北京在财政支农规模上占绝对优势，近年上升幅度最快，天津次之，但增长相对平稳，河北最低，且落后于同期全国平均水平，上升幅度基本与全国保持同步；在水资源方面，京津冀地处华北水资源匮乏地区，水资源总量与人口分布及不匹配，京津冀属于极度缺水区，这使得三地农业发展面临着重大挑战；在耕地资源方面，京津冀耕地资源也较为紧张，京津冀耕地面积653.8万平方千米，占全国耕地面积的5.37%，人均耕地面积仅为0.06平方千米，与全国平均水平差距较大。

（2）京津冀农业产业协同的基本思路。一是搭建协同发展平台。以京津冀协同发展领导小组为主，设置相应的农业发展与管理职能部门，以建立沟通机制、共享资源信息、打造协作平台、强化协同联动为着力点，构建京津冀顶层设计为主的多形式、多层次沟通协调机制，以会议形式，积极引导三地省级、市级、区县级有关农业发展机构共同商议农业协同发展目标、功能定位、建设重点等内容，逐步缓解区域发展中的不协调因素。同时，成立由龙头企业、农民专业合作社等民间团体和机构等共同组建的京津冀农业协同发展联盟，以论坛形式，邀请基层民众和有关专家建言献策，共同探讨解决协同发展存在的诸多难题。

二是创新合作发展模式。以优势互补、需求对接为导向，勇于先行先试，探索跨区域合作、利益分享新模式。从优化区域整体农业布局出发，以首都产业转移、联合创新、科技金融合作、人才交流、重大项目建设等多种合作方式为载体，以"产业招商、股份合作、飞地自建"等为依托共建农业基地，发挥京津技术、资本、管理、信息、市场等优势，河北土地、劳动力等优势，京津冀统筹规划共建异地农业园区，形成"前市后场"式的大农业生产格局。由此，使河北在科学承接、创新承接、绿色承接中，形成一批特色鲜明的农业产业集群和产业基地，激发河北农业发展活力。通过创新合作发展模式，最大限度地满足三地合作的多元诉求，形成区域农业产业集聚效应和规模效应，实现相互之间合作大于竞争，大幅提高京津冀区域农业综合生产能力。

三是加强流通市场建设。以市场流通促进三地农业协同发展，重点建设农产品产地集配中心、建设跨区域农产品批发与配送网络体系和发展农产品电子商务，通过市场把三地农业产前、产中、产后服务各个环节结成利益共同体，努力实现信息共享。在健全完善农业标准化体系的条件下，加强三地农产品流通市场建设，开辟京津冀农产品绿色通道，促进三地特色农产品市场互通，支持鲜活农产品运销，使优质农产品在区域内的"新鲜半径"不断扩大，彰显同城效应。

四是流域生态补偿协作。增强对环京津贫困带扶持力度，对退耕还林给予补偿，并逐渐提高京津两市对冀在植树造林、水资源输送、"稻改旱"工程等补偿标准。发挥"输血"与"造血"两轮驱动作用，一方面，利用市场机制和政府扶持，加大资金支持；另一方面，以有利于生态建设和环境保护的经济技术项目为载体，引导京津市场、资金、技术等资源要素向贫困区流动，培育循环经济为导向的产业体系，为河北农业发展提供强大支撑，增强其在生产性服务业、科技信息、市场流通、人才资源、高新技术等方面对环京津贫困带的辐射带动作用，加快解决环京津贫困带的问题。

后 记

2018年12月27日，中共中央、国务院批复了《北京城市副中心控制性详细规划（街区层面）（2016年~2035年）》，这标志着北京城市副中心规划建设迈出了新的重要一步。该规划提出，到2035年初步建成具有核心竞争力、彰显人文魅力、富有城市活力的国际一流的和谐宜居现代化城区。北京城市副中心的战略定位是国际一流的和谐宜居之都示范区、新型城镇化示范区和京津冀区域协同发展示范区。

目前，北京城市副中心建设取得了阶段性成果，也为国内其他地区建设城市副中心提供了经验。

北京城市副中心位于通州区，本书主要作者之一张奉君同志作为通州区委研究室副主任参与了北京城市副中心通州区层面的规划研究工作，其间他们总结汲取了国内外大城市发展理念，确定了北京城市副中心建设路径和发展策略。本书正是基于这些研究，总结了主要成果，将其分为三大部分展示给读者，其中，第一部分是城市副中心建设的必要性，第二部分是城市副中心建设的理念和路径，第三部分是北京市通州区促进城市副中心建设和发展的实践。

北京工业大学北京城市副中心研究院院长赵立祥教授、北京市通州区委研究室副主任张奉君研究员一起主编了本书。北京工业大学经济与管理学院院长李国俊教授对本书的框架和内容的确定提出了许多重要意见和建议，北京工业大学北京城市副中心研究院王宛秋教授、艾小青教授、戴铁军教授、刘洁副教授、刘俊婉副教授、姚盈老师，北京工业大学经管学院在读博士生王文杰等参与了本书的统稿工作。

希望本书能为其他地区建设城市副中心或者城市新区提供可参考、有价值的资料。

图书在版编目(CIP)数据

大城市治理：城市副中心建设的理论与实践 / 赵立祥，张奉君主编. -- 北京：社会科学文献出版社，2020.12
　ISBN 978-7-5201-7449-7

　Ⅰ.①大… Ⅱ.①赵… ②张… Ⅲ.①城市建设-研究-通州区 Ⅳ.①F299.271.3

　中国版本图书馆 CIP 数据核字(2020)第 266397 号

大城市治理
——城市副中心建设的理论与实践

主　　编 / 赵立祥　张奉君

出 版 人 / 王利民
组稿编辑 / 任文武
责任编辑 / 王玉霞
文稿编辑 / 李艳芳

出　　版 / 社会科学文献出版社·城市和绿色发展分社 (010) 59367143
　　　　　地址：北京市北三环中路甲29号院华龙大厦　邮编：100029
　　　　　网址：www.ssap.com.cn
发　　行 / 市场营销中心 (010) 59367081　59367083
印　　装 / 三河市东方印刷有限公司

规　　格 / 开　本：787mm×1092mm　1/16
　　　　　印　张：26.5　字　数：363千字
版　　次 / 2020年12月第1版　2020年12月第1次印刷
书　　号 / ISBN 978-7-5201-7449-7
定　　价 / 128.00元

本书如有印装质量问题，请与读者服务中心 (010-59367028) 联系

　版权所有 翻印必究